Wagenbachs Taschenbücherei

Georg Simmel

Philosophische Kultur

Über das Abenteuer, die Geschlechter und die Krise der Moderne

Gesammelte Essais

Mit einem Vorwort von
Jürgen Habermas

Verlag Klaus Wagenbach Berlin

Die Originalausgabe erschien 1923 im Gustav Kiepenheuer Verlag, Potsdam

Wagenbachs Taschenbücherei 133

Umschlaggestaltung: Rainer Groothuis
Satz und Druck: Poeschel & Schulz-Schomburgk, Eschwege
Gesetzt aus der Borgis Baskerville Antiqua
Bindung: Augsburger Industriebuchbinderei

ISBN 3 8031 2133 7

Inhalt

Jürgen Habermas
Simmel als Zeitdiagnostiker 7

Einleitung 19

Zur philosophischen Psychologie
Das Abenteuer 25
Die Mode 38

Zur Philosophie der Geschlechter
Das Relative und das Absolute im Geschlechter-Problem 64
Die Koketterie 93

Zur Ästhetik
Der Henkel 111
Die Ruine 118
Die Alpen 125

Über künstlerische Persönlichkeiten
Michelangelo 131
Rodin 151

Zur Religionsphilosophie
Die Persönlichkeit Gottes 166
Das Problem der religiösen Lage 180

Zur Philosophie der Kultur
Der Begriff und die Tragödie der Kultur 195
Weibliche Kultur 219

Jürgen Habermas
Simmel als Zeitdiagnostiker

Georg Simmel hat die *Philosophische Kultur* zuerst 1911 publiziert; die dritte und letzte Auflage ist 1923 erschienen. Der Umstand, daß diese Essaysammlung seit sechzig Jahren verschollen war und erst heute wieder präsentiert wird, könnte ein Anzeichen dafür sein, daß uns der kulturkritische Simmel auf eigentümliche Weise fern und nah zugleich ist.

I.

Gewiß, die beiden einführenden Göschen-Bändchen, die *Hauptprobleme der Philosophie* (1910 als Jubiläumsband 500 erschienen) und die *Grundfragen der Soziologie*, sind längst wieder greifbar. Zwei der bedeutendsten Bücher, die *Philosophie des Geldes* (1900) und die *Soziologie* (1908) sind wieder aufgelegt worden. Michael Landmann hat sich zudem 1958 mit einer Festschrift aus Anlaß des 100. Geburtstages[1] und mit der Herausgabe von zwei Aufsatzsammlungen[2] energisch bemüht, das Interesse an Simmel erneut zu beleben. Noch vor wenigen Jahren ist Simmel in eine erlauchte Reihe von Klassikern der Gesellschaftstheorie aufgenommen worden.[3] Und in den USA hat Kurt Wolff in den 50er Jahren mit einer Sammlung von Simmels soziologischen Schriften tatsächlich eine Diskussion ausgelöst.[4]

Aber der Philosoph und Soziologe Simmel hat nach dem Zweiten Weltkrieg weder in der Bundesrepublik noch in Amerika eine intellektuelle Präsenz erlangt, die etwas von seinem zeitgenössischen Einfluß ahnen ließe. Das zeigt sich nicht nur im Vergleich mit Dilthey und Bergson, die den Anstoß zur »Lebensphilosophie« gegeben haben; das gilt erst recht im Hinblick auf die gleichaltrigen Gründungsväter der Soziologie: Simmel ist 1858, im selben Jahr wie Durkheim geboren worden; er war nur wenige Jahre älter als George Herbert Mead (1863) und Max Weber (1864). In den frühen 50er Jahren konnte G. Lukács Simmels Lebensphilosophie ebenso als ein abgeschlossenes Kapitel behandeln wie R. Aron Simmels »formale Soziologie«[5], mit der sich Hans Freyer noch 1930 als einem lebendigen theoretischen Ansatz auseinandergesetzt hatte.[6] Zum »Klassiker« hat es Simmel nicht gebracht – und dazu war er auch nach seinem intellektuellen Zuschnitt nicht prädestiniert.

Simmel repräsentiert einen *anderen* Typus. Trotz seines Einflusses auf das philosophische Klima der Zeit vor dem Ersten Weltkrieg, trotz seiner Bedeutung für die deutsche und fast mehr noch für die amerikanische Soziologie während ihrer Formierungsperiode, ist Simmel eher Anreger als Systematiker gewesen – eher philosophierender Zeitdiagnostiker mit sozialwissenschaftlichem Einschlag als ein solide im Wissenschaftsbetrieb verwurzelter Philosoph und Soziologe. Simmel, der aufgrund souveräner wissenschaftlicher Leistungen im Ausland hohes Ansehen genoß, hatte zur Welt der deutschen Universitäten niemals ein ungebrochenes Verhältnis. Das kam nicht von ungefähr. Von Zeller und Helmholtz wird eine musikpsychologische Arbeit als Dissertation abgelehnt; man einigt sich stattdessen auf eine zusätzlich eingereichte Preisarbeit über Kants Naturphilosophie. Auch die Habilitationsschrift wird, mit der Begründung, das Thema sei verfehlt, zurückgewiesen. Als Simmel dann doch zugelassen wird, fällt er bei der Probevorlesung durch. Die Ernennung zum Extraordinarius wird von der Fakultät ungewöhnlich lange herausgezögert. Bei Berufungsverfahren wird Simmel immer wieder übergangen. 1908 wird Simmel von Max Weber für einen philosophischen Lehrstuhl in Heidelberg vorgeschlagen; aber das Ministerium beruft ihn nicht. Endlich, 1914, erhält der inzwischen Sechsundfünfzigjährige ein Ordinariat in Straßburg; der Abschied vom urbanen Milieu seiner Heimatstadt Berlin fällt Simmel nicht leicht. 1915 bemüht sich Rickert noch einmal, Simmel nach Heidelberg zu ziehen – wiederum vergeblich.

Wie stets speisen sich solche Vorbehalte aus trüben Quellen. Man wirft Simmel eine relativistische Einstellung zum Christentum vor; seine unorthodoxe Denk- und Vortragsweise wirkt provozierend; sein Erfolg bei den Studenten, seine Wirkung auf das große Publikum erwecken Neid; Antisemitismus verbindet sich mit dem Ressentiment gegen den schriftstellernden Intellektuellen. Dies ist es wohl vor allem, was Distanz schafft zur akademischen Welt – eine Mentalität, die gekennzeichnet ist durch ein empfindliches Sensorium für zeittypische Reize, für ästhetische Neuerungen, für geistige Tendenzwenden und Orientierungsumschwünge im großstädtisch konzentrierten Lebensgefühl, für subpolitische Einstellungsänderungen und schwer greifbare, diffuse, aber verräterische Alltagsphänomene. Kurzum, die Membrane für den Zeitgeist waren weit geöffnet. In Simmels Haus verkehrten eher Literaten und Künstler als die Berliner Kollegen. Er unterhielt Verbindungen zu Rilke, Stefan George, Paul Ernst und Gundolf, zu

Max Weber, Troeltsch und Heinrich Rickert, auch zu Bergson, der ihn seit 1908 tief beeinflußte. Jüngere wie Ernst Bloch und Georg Lukács besuchten seine Privatkolloquien. Über Vorlesungen, die Simmel für ein allgemeines Auditorium hielt, erschienen sogar Berichte in der Tagespresse. Dazu passen der essayistische Zug in Simmels Denken und der Essay als bevorzugte Form der Darstellung.

Adorno hat sich über den »ärgerlich einverstandenen« Titel, unter dem Simmel die vorliegenden Essays veröffentlicht hat, beklagt; aber auch er bekennt, was er der frühen Lektüre von Simmels Schriften verdankte: »Georg Simmel ... hat doch als erster, bei allem psychologischen Idealismus, jene Rückwendung der Philosophie auf konkrete Gegenstände vollzogen, die kanonisch blieb für jeden, dem das Klappern von Erkenntniskritik und Geistesgeschichte nicht behagte«.[7] Blochs *Spuren*, zwischen 1910 und 1929 entstanden, verraten den Schritt des Mannes, der auf diesem Weg vorangegangen war. Bloch hat das Sinnieren über »Lampe und Schrank« oder über die »erste Lokomotive« einem Simmel abgeschaut, der gleichermaßen über den Schauspieler wie über das Abenteuer philosophiert, der über »Brücke und Tür« reflektiert hatte, um in diesen exemplarischen Gebilden Grundzüge des menschlichen Geistes verkörpert zu finden. Simmel hat nicht nur, eine Generation vor Heidegger und Jaspers, die Studenten ermutigt, aus den Bahnen der Schulphilosophie herauszuspringen und »konkret« zu denken; seine Arbeiten haben, von Lukács bis Adorno, den Anstoß dafür gegeben, den wissenschaftlichen Essay als Form zu rehabilitieren.

Adorno, bislang der letzte unter jenen Philosophen, die den Essay zum geschmeidigsten Instrument ihrer Äußerungen gemacht haben, sieht in dieser literarischen Form vor allem das Moment der Befreiung: »Der Essay läßt sich sein Ressort nicht vorschreiben. Anstatt wissenschaftlich etwas zu leisten oder künstlerisch etwas zu schaffen, spiegelt noch seine Anstrengung die Muße des Kindlichen wider, die ohne Skrupel sich entflammt an dem, was andere schon getan haben. Er reflektiert das Geliebte und Gehaßte, anstatt den Geist nach dem Modell unbegrenzter Arbeitsmoral als Schöpfung aus dem Nichts vorzustellen.« (ebd., S. 10) Freilich nennt Adorno auch den Preis, der für diese Lösung vom methodischem Zwang zu entrichten ist: »für seine Affinität zur offenen geistigen Erfahrung hat der Essay mit dem Mangel an Sicherheit zu zahlen, welchen die Norm des etablierten Denkens wie den Tod fürchtet.« (S. 21) Vielleicht ist es ein bißchen auch diese Furcht und nicht nur die differenzierte Sprachkultur des 19. Jahrhunderts, die dem Simmelschen Stil eine gewisse Umständlichkeit verleiht – als habe Simmel gezögert, sich dem Tempo und der rücksichtslosen Selektivität zu überlassen, die die Form des Essays fordert.

Simmels Stücke schwanken zwischen Essay und wissenschaftlicher

Abhandlung; sie *schweifen* um den kristallisierenden Gedanken. Nichts weist darauf hin, daß dem Autor je die Frage sich gestellt hätte, ob nicht ein einziger zugespitzter Satz wie der, daß »die antike Plastik sozusagen die Logik des Körpers suchte, Rodin seine Psychologie«, zu einer Abhandlung von zwanzig Seiten über Rodin als »künstlerische Persönlichkeit« ernsthaft in Konkurrenz treten könnte. Die kurzen ästhetischen Stücke verraten noch am ehesten etwas von jenen Korrespondenzen, die zwischen dem verdichtenden Essay und dem sprengenden Aphorismus bestehen. Aber selbst hier macht sich ein Abstand geltend, der das Altmodische des Buchtitels *Philosophische Kultur* rechtfertigt.

Es ist der Kulturbegriff des Neukantianismus, der signalisiert, was uns von Simmel trennt. Simmel ist ein Kind des fin de siècle; er gehört noch der Epoche an, für deren bildungsbürgerliches Element Kant und Hegel, Schiller und Goethe Zeitgenossen geblieben waren, Zeitgenossen freilich, die von Schopenhauer und Nietzsche schon überschattet waren. So sind es die Grundbegriffe der Kantisch-Schillerschen Ästhetik – Freiheit und Notwendigkeit, Geist und Natur, Form und Stoff – in denen sich Simmel Rodins Überwindung von Klassizismus und Naturalismus zurechtlegt. Mit den Blicken der Romantik entziffert er den ästhetischen Reiz der verwitterten Ruine als die Rache des einstmals nur widerwillig unterworfenen Naturgesteins an der Gewalttat architektonischer Formung. Worringers *Abstraktion und Einfühlung* liefert ihm die Kategorien für die Naturästhetik der Meeres- und der Alpenlandschaft; die hellsichtige Antizipation der im Entstehen begriffenen expressionistischen Malerei erkennt er darin nicht.

Simmel steht noch diesseits der Kluft, die sich zwischen Rodin und Barlach, zwischen Segantini und Kandinsky, zwischen Lask und Lukács, Cassirer und Heidegger auftun wird. Er schreibt über Mode *anders* als Benjamin. Und doch ist er es, der den Zusammenhang zwischen Mode und Moderne herstellt, der den jungen Lukács bis in die Wahl seiner Titel prägt, der Benjamin zu Beobachtungen im reizüberfluteten, kontaktdichten, bewegungsakzelerierten Erfahrungsraum der Großstadt inspiriert, der die Wahrnehmungsweise, die Themen, den Schreibstil einer ganzen Intellektuellengeneration verändert. Wie erklärt sich das in der Weimarer Zeit zur Geltung kommende Anregungspotential bei einem Manne, der selber so tief im historisch aufgeklärten 19. Jahrhundert wurzelt? Ich denke, daß Simmel seine erstaunliche, wenn auch vielfach anonyme Wirkung jener kulturphilosophisch begründeten Zeitdiagnose verdankt, die er zuerst im Schlußkapitel der *Philosophie des Geldes* (1900) entwickelt hat. Diese Theorie des gegenwärtigen Zeitalters hat er in dem Essay über »Begriff und Tragödie der Kultur« fortgeführt und in seinem späten Vortrag über den »Konflikt der modernen Kultur«[8] einer zweifelhaften Metaphysik des Lebens untergeordnet.

II.

Der Aufsatz über die Tragödie der Kultur bildet das Zentrum der in diesem Bande versammelten Essays. Simmel entfaltet darin einen dynamischen Begriff der Kultur. Darunter versteht er jenen Prozeß, der zwischen der »Seele« und ihren »Formen« anhängig ist. Kultur meint beides: sowohl die Objektivationen, in die sich ein der Subjektivität entspringendes Leben entäußert, also den objektiven Geist – wie auch umgekehrt die Formierung einer Seele, die sich aus der Natur zur Kultur emporarbeitet, also die Bildung des subjektiven Geistes. Simmel folgt dem von Herder über Humboldt bis Hegel maßgeblichen expressivistischen Bildungsideal. Das Leben im ganzen wird nach dem Modell des schöpferischen Produktionsvorgangs gedeutet, in dem der geniale Künstler das organische Gebilde seines Werkes schafft und dabei die Totalität seiner eigenen Wesenskräfte entfaltet. Das Telos dieses Bildungsprozesses ist die Steigerung des individuellen Lebens. In der Simmelschen Version behält der subjektive Geist entschieden die Oberhand gegenüber dem objektiven, behält die Kultivierung des Subjekts Vorrang vor der objektiven Kultur.

In diesen Kulturprozeß ist nun das Risiko eingebaut, daß sich die objektive Kultur gegenüber den Individuen, die sie doch erst hervorbringen, verselbständigt. Denn der objektive Geist gehorcht anderen Gesetzen als der subjektive. Simmel betont mit Rickert den Eigensinn der kulturellen Wertsphären. Wissenschaft und Technik, Kunst und Moral bilden sachliche Zusammenhänge mit eigensinnigen Geltungsansprüchen, denen sich das erkennende, das produzierende, das schöpferische wie das praktisch urteilende und handelnde Subjekt unterwerfen muß. Ein Übergewicht der objektiven Kultur soll aber in dem Maße unausweichlich werden, wie der subjektive Geist dem Zug des abendländischen Rationalismus folgt und immer tiefer in die Sachgesetzlichkeiten des objektiven Geistes eindringt, dabei die kulturellen Wertsphären ausdifferenziert und vertieft, die Kulturentwicklung beschleunigt, das Kulturniveau steigert. Im selben Maße verkehrt sich nämlich der Geist zum Widersacher der Seele: »Uns ist die Form persönlicher Einheit, zu der das Bewußtsein den objektiven geistigen Sinn der Dinge zusammenführt, von unvergleichlichem Wert... Hier entwickeln sich erst jene dunklen Wärmestrahlen des Gemüts, für die die klare Perfektion rein sachlich bestimmter Ideen keinen Platz und kein

Herz hat. So aber verhält es sich auch mit dem Geiste, der durch die Vergegenständlichung unserer Intelligenz sich der Seele als Objekt gegenüberstellt. Und zwar wächst der Abstand zwischen beiden in demselben Maße, in dem der Gegenstand durch das arbeitsteilige Zusammenwirken einer wachsenden Anzahl von Persönlichkeiten entsteht; denn in eben diesem Maße wird es möglich, in das Werk die Einheit der Persönlichkeit hineinzuarbeiten, hineinzuleben, an welche sich für uns gerade der Wert, die Wärme, die Eigenart der Seele knüpft. Daß dem objektiven Geist durch die moderne Differenziertheit seines Zustandekommens eben diese Form der Seelenhaftigkeit fehlt ..., das mag der letzte Grund der Feindseligkeit sein, mit der sehr individualistische und vertiefte Naturen jetzt so häufig dem ›Fortschritt der Kultur‹ gegenüberstehen«.[9]

Simmel beschreibt zunächst, wie der Komplexitätszuwachs der Kultur die Seele, von der diese Bewegung ausgeht, vor die paradoxe Frage stellt, ob sie »noch Herr im eigenen Hause ist oder wenigstens zwischen ihrem innersten Leben und dem, was sie als impersonale Inhalte in dasselbe aufnehmen muß, eine Harmonie in Bezug auf Höhe, Sinn und Rhythmus herstellen kann«. (ebd., S. 529) Er versucht dann, den Mechanismus aufzufinden, der erklärt, warum dieses Anwachsen einer in immer größere Fernen entrückten objektiven Kultur unausweichlich ist; und macht ihn im Medium des Geldes dingfest. In seiner *Philosophie des Geldes* überträgt Simmel den Begriff der Kultur von der Ebene geistiger Gebilde auf den gesellschaftlichen und materiellen Lebensprozeß im Ganzen. Wie bei Max Weber entfalten die Lebensordnungen der Ökonomie, des Staates und der Familien eine ähnliche Eigengesetzlichkeit wie die kulturellen Wertsphären Wissenschaft, Kunst und Moral; auch die Gesellschaft tritt der Seele als ein Bestandteil der objektiven Kultur entgegen. Nun spielt in modernen Gesellschaften der Markt offenbar die Rolle eines Komplexität erzeugenden Mechanismus. Über das Geldmedium treibt er die gesellschaftliche Arbeitsteilung und damit den Komplexitätszuwachs der Kultur im Ganzen voran. Letztlich ist freilich auch das Geld nur eine von jenen »Formen«, in denen sich der subjektive Geist auf der Suche der Seele nach sich selbst objektiviert. Deshalb soll eine »Philosophie des Geldes« das Programm einlösen, das Simmel in der Einleitung aufstellt. Sie soll »dem historischen Materialismus ein Stockwerk unterbauen derart, daß der Einbeziehung des wirtschaftlichen Lebens in die Ursachen der geistigen Kultur ihr Erklärungswert gewahrt wird, aber eben jene wirtschaftlichen Formen selbst als das Ergebnis tieferer Wertungen und Strömungen psychologischer, ja metaphysischer Voraussetzungen erkannt werden.« (ebd. VIII) Lukács bemerkt dazu trocken, daß ökonomisch soziale Gesetzlichkeiten ihren konkreten Gehalt und ihre revolutionäre Spitze verlieren, sobald sie als Ausdruck eines allgemeinen »kosmischen« Zusammenhangs verstanden werden.[10]

In seiner vehementen Abrechnung mit Simmel, eine Generation nach dessen Tod, geht Lukács freilich nicht auf die Wirkungsgeschichte der Simmelschen Zeitdiagnose ein, die nicht zuletzt ihn selbst betrifft. Gewirkt hat Simmel nicht nur mit griffigen Formeln wie dem Zurückbleiben der Kultur der Personen hinter der gesteigerten Kultur der Dinge, Einfluß hatte er auch mit seiner phänomenologisch genauen Beschreibung des modernen Lebensstils: »Der Objektivierungsprozeß der Kulturinhalte, der ... zwischen dem Subjekt und seinen Geschöpfen eine immer wachsende Fremdheit stiftet, steigt nun endlich in die Intimitäten des täglichen Lebens hinunter«. (ebd., S. 519) In den Interaktionsformen des großstädtischen Verkehrs entdeckt Simmel wie in der Naturerfahrung, der Reklame oder den ehelichen Beziehungen strukturell ähnliche Verschiebungen. Im selben Maße, wie sich die sozialen Lebensverhältnisse versachlichen, setzt der Subjektivismus ungebundene seelische Energien frei. Gegenüber dieser fragmentarisierten, formlosen Innerlichkeit der Subjekte gerinnen die kulturellen und gesellschaftlichen Objekte zu entfremdeten und zugleich autonomen Mächten. Das Geld hat exemplarischen Charakter; es stellt die Objektivität der Tauschhandlungen in reiner Abstraktion dar und ist doch zugleich die Basis für die Ausbildung einer Subjektivität, die sich ebenso in ihren kalkulierenden Verstandeskräften wie in ihren vagierenden Antrieben ausdifferenziert.

III.

Die zeitdiagnostisch angelegten Gesellschaftstheorien, die – von Weber ausgehend – auf der einen Seite über Lukács zu Horkheimer und Adorno, auf der anderen Seite über Freyer zu Gehlen und Schelsky führen, schöpfen allesamt aus dem Reservoir der Simmelschen Kulturphilosophie. Max Weber entwickelt in seiner berühmten *Zwischenbetrachtung* eine Paradoxie der Rationalisierung, die sich auf die neukantischen Elemente der Simmelschen Diagnose, nämlich auf das Konfliktpotential eigensinnig ausdifferenzierter Wertsphären und Lebensordnungen stützt. Lukács kann in *Geschichte und Klassenbewußtsein* die Deformationen des bürgerlichen Alltags und seiner Kultur nur darum materialistisch als Verdinglichungsphänomene begreifen, weil Simmel den umgekehrten Weg zurückgelegt und die Abstraktionen der entfremdeten Industriearbeit als speziellen Fall der Entfremdung der schöpferischen Subjektivität von ihren kulturellen Objekten behandelt hatte.[11] Auch Horkheimer und Adorno variieren mit ihrer Theorie der Massenkultur nur ein Simmelsches Thema. Und mit ihrer *Dialektik der Aufklärung*, in der sich der Prozeß der Verdinglichung zur Allgemeinheit eines weltgeschichtlichen Rationalisierungsprozesses verflüchtigt, nehmen sie die These Simmels auf: »Der äußerlichen Objektivität und Sichtbarkeit nach ist allerdings die wachsende Herrschaft auf Seiten des Menschen; aber damit ist noch gar nicht entschieden, daß der subjektive Reflex, die *nach innen* schlagende Bedeutung dieser historischen Tatsache, nicht im entgegengesetzten Sinne verlaufen könne... Der Satz, daß wir die Natur beherrschen, indem wir ihr dienen, hat den fürchterlichen Revers, daß wir ihr dienen, indem wir sie beherrschen.« (ebd., S. 549)

Während die Marxisten am expressivistischen Bildungsideal festhalten, aber der Verselbständigung des objektiven Geistes eine materialistische Lesart abgewinnen, entfernt sich die bürgerliche Kulturkritik Schritt für Schritt vom lebensphilosophischen Anspruch auf Versöhnung und wendet die These von der Entfremdung des objektiven Geistes ins Affirmative. Hans Freyer und Joachim Ritter sehen in der Dynamik der Versachlichung von Kultur und Gesellschaft nur die Kehrseite der Konstituierung eines Bereichs erstrebenswerter subjektiver Freiheit. Simmel hatte dieses »Ideal peinlicher Scheidung«, demzufolge das Leben »immer sachlicher und unpersönlicher wird, damit der nicht zu verdinglichende Rest desselben umso persönlicher, ein umso unbestreitbareres Eigen des Ich werde« (ebd., S. 532), noch mit Skepsis betrachtet. In dieser Hinsicht ist Gehlens Kritik an der Ausbreitung einer leeren, von allen sachlichen Imperativen losgesprochenen Subjektivität näher bei Simmel. Andererseits weist Gehlens neukonservative Verherrlichung der »kulturellen Kristallisationen« (übrigens ein von Simmel entlehnter Ausdruck) bereits in die Richtung des Luhmannschen Funktionalismus, der von Simmel einzig die zu Systemen geronnenen Objektivationen behält, während er die Subjekte selber zu Systemen verwesen läßt. Der Systemfunktionalismus hat »das Ende des Individuums«, das Adorno negativ-dialektisch einkreist, um es als selbstverhängtes Schicksal zu denunzieren, sprachlos besiegelt.

Wenn man sich die Wirkungsgeschichte der Simmelschen Zeitdiagnose in Umrissen vor Augen führt, läßt sich auf diese anwenden, was Gehlen einmal von der Aufklärung behauptet hat: ihre Prämissen sind tot, nur die Konsequenzen laufen weiter. Alle Parteien scheinen sich einig zu sein in den Konsequenzen, gleichviel ob der eine als negative Totalität anklagt, was der andere als Kristallisation feiert, ob der eine als Versachlichung denunziert, was der andere als Sachgesetzlichkeit technokratisch festschreibt. Übereinstimmend sieht man die Signatur der Moderne darin, »daß die Objekte eine eigene Logik ihrer Entwicklung haben – keine begriffliche, keine naturhafte, sondern nur ihrer

Entwicklung als kultureller Menschenwerke – und in deren Konsequenz von der Richtung abbiegen, mit der sie sich der personalen Entwicklung menschlicher Seelen einfügen könnten.« (in diesem Band, S. 203) Aber Lukács, Horkheimer und Adorno sehen darin den verhängnisvollen Preis für eine kapitalistische Modernisierung der Gesellschaft; Fryer, Ritter und Schelsky die immerhin kompensationsbedürftige Nebenfolge des gesellschaftlichen Rationalisierungsprozesses; Gehlen und Luhmann schließlich das begrüßenswerte Äquivalent für die Naturwüchsigkeit der großen Institutionen. Gehlen liquidiert als erster die Prämisse, an der die anderen noch festhalten: daß sich die konkrete Kultur allein durch die »Verwebung« der Subjektivität mit den Sachelementen herstellen würde – durch das Einholen der Objektivationen in den Bildungsprozeß und den Lebenszusammenhang der Subjekte, die Versöhnung der Seele mit ihren Formen. Luhmann kann dann als trivial bereits voraussetzen, daß personale und gesellschaftliche Systeme *Umwelten* füreinander bilden.

IV.

An *dieser* Konsequenz zeigt sich, daß die schmerzlichen Phänomene, an denen sich einst der Diskurs der Moderne entzündet hat, am Ende spurlos verschwinden, wenn wir nicht die Grundbegriffe der Bewußtseinsphilosophie, ihre Versöhnungsperspektive und das expressivistische Bildungsideal – statt alles dem Vergessen anheim fallen zu lassen – einer Revision unterziehen. Einer Sicht, aus der die Seele und die Formen *unvermittelt* interagieren, aus der das schöpferische Subjekt seinen entäußerten Wesenskräften nur noch als Objekten begegnet, müssen sich die Phänomene der Verdinglichung am Ende entziehen. Sie verlangen nach einer präziseren Sprache, einer überzeugenderen Formulierung. Die systemisch induzierte Verformung kommunikativ strukturierter Lebenszusammenhänge kommt erst in den Blick, wenn der handgreifliche Eigensinn der versehrbaren Intersubjektivität unserer alltäglichen Verständigungspraxis ganz unmetaphysisch herausgearbeitet ist. In deren Medium sind die kulturellen und die gesellschaftlichen Objekte, wenn denn von »Objekten« überhaupt noch die Rede sein kann, immer schon eingetaucht – so wie die stets in Bildung und Umbildung begriffenen, höchst zerbrechlichen Identitäten der von zwanghafter Integration und Vereinzelung gleichermaßen bedrohten »Subjekte«.[12]

Simmel ist uns heute auf eigentümliche Weise fern und nah zugleich. Die Nähe verdankt sich freilich nicht allein der lehrreichen Wirkungsgeschichte seiner Zeitdiagnose, sondern auch einer Konstellation, in der

der lebensphilosophische Funke auf eine eher ansteckende denn erhellende Weise überspringen könnte. Simmels Kulturphilosophie verleiht jenem »ratlosen Drängen unter der Schwelle des Bewußtseins« (a.a.O., S. 551) Ausdruck, »das den jetzigen Menschen vom Sozialismus zu Nietzsche, von Hegel zu Schopenhauer jagt« – so wie drei Generationen später von Marcuse zu Heidegger und vom Kurs- zum Konkursbuch. Simmel spricht von einer *Tragödie* der Kultur; er löst die am modernen Lebensstil abgelesenen Pathologien aus ihren geschichtlichen Zusammenhängen und führt sie auf die im Lebensprozeß selbst angelegte Tendenz zur Entfremdung zwischen der Seele und ihren Formen zurück. Eine Fremdheit, die so tief metaphysisch verankert ist, raubt der Zeitdiagnose die Kraft und den Mut zu politisch-praktischen Schlußfolgerungen. Natürlich sind Simmels Sympathien leicht zu erraten. Er erwähnt einmal jene von Morris und Ruskin in Gang gesetzte Reformbewegung, die gegen die Häßlichkeit der industriellen Massenprodukte die Formimperative des Kunsthandwerks zur Geltung bringen will. Und jene Sehnsucht nach entdifferenzierten, überschaubaren Ganzheiten, welche die Experimente der Lebensreformer auf dem Monte Verità und anderswo beflügelt, kann sich mindestens im Einklang wissen mit Simmels Streben nach »konkreter Kultur« – Rudolf Steiner ist schließlich ein Zeitgenosse. Aber am Ende reagiert Simmel doch nur auf eine einzige Bewegung – auf die Emanzipationsbewegung der bürgerlichen Frauen vor dem ersten Weltkrieg.

Die in diesem Band enthaltenen Essays über das Geschlechterproblem und die weibliche Kultur werden auch heute Resonanz finden – in den Teilen der Frauenbewegung, die ihre Hoffnungen und Ansprüche auf die spezifisch weiblichen, die spezifisch mütterlichen Qualitäten gründen. Freilich ist das »Wesensapriori« der Frau, das bei Simmel herauskommt, nicht gerade frei von Männerphantasien; es verdankt sich im übrigen der kühnen Ontologisierung zeitgenössischer Phänomene. Wieder einmal steht die Frau dem Pol des Daseinsgrundes und der Subjektivität, der Geschichtslosigkeit und der Passivität, der Geschlossenheit und der Totalität näher als der Mann. Das erklärt Simmels Interesse an der Frauenbewegung: eine (nicht nur schmeichelhaft charakterisierte) weibliche Kultur erscheint ihm als das Heilmittel gegen die Entfremdung der lebendigen Subjektivität von den erstarrten Objektivationen einer »männlichen Kulturarbeit«, die sich die Würde des allgemein Menschlichen zu Unrecht bloß vindiziert.

Anmerkungen

1 K. Gassen, M. Landmann (Hg.), *Buch des Dankes an Georg Simmel*, Berlin 1958

2 G. Simmel, *Brücke und Tür*, Stuttgart 1957 (leicht verändert wieder aufgelegt unter dem Titel *Das Individuum und die Freiheit. Essais*, Berlin 1984)

3 P. E. Schnabel, *Georg Simmel*, in: D. Käsler, *Klassiker des soziologischen Denkens*, Bd. I, München 1976, S. 267 ff.

4 K. H. Wolff (Ed.), *The Sociology of Georg Simmel*, Glencoe, Ill. 1950; zur Rezeption in den USA vgl. Schnabel, a.a.O., S. 276 ff.

5 G. Lukács, *Die Zerstörung der Vernunft*, Berlin 1955, S. 350 ff. R. Aron, *Die deutsche Soziologie der Gegenwart*, Stuttgart 1953

6 H. Freyer, *Soziologie als Wirklichkeitswissenschaft*, Darmstadt 1964, S. 46 ff.

7 Th. W. Adorno, *Henkel, Krug und frühe Erfahrung*, in: ders., *Gesammelte Schriften*, Bd. 11, Frankfurt am Main 1974, S. 558

8 in: G. Simmel, *Das individuelle Gesetz*, a.a.O., S. 148 ff.

9 G. Simmel, *Philosophie des Geldes*, Berlin 1977, S. 528

10 G. Lukács, *Die Zerstörung der Vernunft*, a.a.O., S. 358

11 »Das Ware-Werden der Arbeit ist nur eine Seite des weit ausgreifenden Differenzierungsprozesses, der aus der Persönlichkeit ihre einzelnen Inhalte herauslöst, um sie ihr als Objekt, mit selbständiger Bestimmtheit und Bewegung gegenüberzustellen.« (*Philosophie des Geldes*, a.a.O., S. 515)

12 J. Habermas, *Theorie des kommunikativen Handelns*, Frankfurt am Main 1981, Bd. II, Kapitel 8

Einleitung

Wenn Versuche zusammengefaßt dargeboten werden, die, wie die folgenden, ihrem Stoffe nach keinerlei Einheit besitzen, so kann das innere Recht dazu in einer Gesamtabsicht liegen, welche alle inhaltliche Mannigfaltigkeit übergreift. Hier nun geht eine solche von dem Begriff der Philosophie aus: daß ihr Wesentliches nicht oder nicht nur der Inhalt ist, der jeweils gewußt, konstruiert, geglaubt wird, sondern eine bestimmte geistige Attitüde zu Welt und Leben, eine funktionelle Form und Art, die Dinge aufzunehmen und innerlich mit ihnen zu verfahren. Indem die philosophischen Behauptungen unvereinbar weit auseinander liegen und nicht eine von ihnen unbestrittene Geltung besitzt; indem dennoch etwas Gemeinsames in ihnen gespürt wird, dessen Wert alle Anfechtung der einzelnen überlebt und den philosophischen Prozeß weiter und weiter trägt, kann jenes Gemeinsame nicht in irgendeinem Inhalt, sondern nur in diesem Prozeß selbst liegen. Das mag freilich als Grund, den Namen der Philosophie allen Entgegengesetztheiten ihrer Dogmen zu belassen, selbstverständlich sein. Aber nicht ebenso selbstverständlich ist es, daß auf diesem Funktionellen, auf dieser gleichsam formalen Bewegtheit des philosophierenden Geistes das Wesentliche und Bedeutsame der Philosophie ruhen soll, mindestens neben den dogmatisch ausgedrückten Inhalten und Resultaten, ohne die freilich der philosophische Prozeß als solcher und abgelöster nicht verlaufen kann. Solche Trennung zwischen der Funktion und dem Inhalt, dem lebendigen Vorgang und seinem begrifflichen Ergebnis bedeutet eine ganz allgemeine Richtung des modernen Geistes. Wenn die Erkenntnistheorie, oft zum allein verbleibenden Gegenstand der Philosophie erklärt, den reinen Prozeß des Erkennens von all seinen Objekten löst und analysiert; wenn die kantische Ethik das Wesen aller Moral in die Form des reinen oder guten Willens verlegt, dessen Wert selbstgenugsam und frei von aller Bestimmung durch Zweckinhalte bestünde; wenn für Nietzsche und Bergson das Leben als solches die eigentliche Wirklichkeit und den letzten Wert bedeutet, nicht durch irgendwelche, gleichsam substanziellen Inhalte bestimmt, sondern diese erst seinerseits schaffend und ordnend – so ist mit alledem jene

Lösung zwischen Prozeß und Inhalt und die selbständige Akzentuierung des ersteren vollzogen.

So nun kann man den metaphysischen Trieb, den Prozeß oder die Geisteshaltung, die ihm entfließen, als einen Charakter oder einen Wert erfassen, der durch alle Widersprüche und Unhaltbarkeiten seiner Inhalte oder Ergebnisse nicht betroffen wird. Und, prinzipiell von der starren Verbindung mit diesen gelöst, gewinnt er eine Biegsamkeit und Erstreckungschance, eine Unpräjudiziertheit gegenüber allen möglichen Inhalten, wie sie undenkbar waren, als man noch das Wesen von Philosophie oder Metaphysik aus ihren gegenständlichen Problemen bestimmen wollte. Begreift man das Funktionelle, die Einstellung, Tiefenrichtung und Rhythmik des Denkprozesses als das, was diesen zum philosophischen macht, so sind seine Gegenstände von vornherein unbegrenzt und gewinnen an jener Gemeinsamkeit der Denkart oder Denkform eine Einheit für die inhaltlich heterogensten Untersuchungen, diejenige Einheit, die die hier vorgelegten für sich in Anspruch nehmen.

Die geschichtliche Erfahrung zeigt, daß jedes Festlegen der metaphysischen Gerichtetheit auf einen systematischen Inhalt ungeheuere kosmische und seelische Gebiete jenseits der philosophischen Deutung und Vertiefung belassen hat; und dies nicht nur als Folge der immer nur relativen Leistungsfähigkeit jedes absoluten Prinzips, sondern vor allem seiner Starrheit und Unplastizität, die das Einbeziehen der unscheinbaren Segmente des Daseinskreises in die metaphysische Tiefe ausschließt. Dieser Bewegung sollte sich doch keine auch der flüchtigsten und isoliertesten Oberflächenerscheinungen des Lebens entziehen dürfen; aber zu keinem einzelnen metaphysischen Grundbegriff scheint eine Richtlinie von jedem derartigen Phänomen herabzuführen. Soll der philosophische Prozeß wirklich von der universellen Breite des Daseins ausgehen, so scheint er vielmehr in unbegrenzt vielen Richtungen laufen zu müssen. Manche Erscheinungen, manche Stimmungen, manche Verknüpfungen des Denkens weisen die philosophische Reflexion in eine Direktive, die, bis ins Absolute verfolgt, ein Pantheismus wäre, manche umgekehrt in die Richtung des Individualismus; manchmal scheint diese Reflexion in einem idealistischen, manchmal in einem realistischen, hier in einem rationalen, dort in einem voluntaristischen Definitivum enden zu müssen. Es besteht also ersichtlich eine innerlichste Beziehung zwischen der ganzen Fülle des gegebnen Daseins, das der philosophischen Tiefenschicht zugeführt zu werden verlangt, und der ganzen Fülle möglicher metaphysischer Absolutheiten. Das flexible Gelenk zwischen beiden, die mögliche Verbindung, um von jedem Punkte des einen zu jedem des andern zu gelangen, wird von jener, auf keine Absolutheit festgelegten Bewegtheit des Geistes dargeboten, die in sich selbst metaphysisch ist. Nichts hindert sie, die angedeuteten und viele andern Wege abwechselnd zu begehen, in solcher Hingebung an die metaphysische Funktion nun gerade den Symptomen der Dinge selbst treuer und schmiegsamer, als die Eifersucht einer materialen Ausschließlichkeit gestattete. Die Forderung des metaphysischen Triebes wird nicht erst am Ende dieser Wege eingelöst, ja der ganze Begriff von Weg und Ziel, der die Illusion eines notwendig einheitlichen Schlußpunktes mit sich bringt, ist hier unzutreffend und nur ein Mißbrauch räumlicher Analogien; nur damit sozusagen die Qualitäten jener Bewegtheiten einen Namen hätten, mögen ihnen die absoluten Prinzipien als ideelle Zielpunkte vorstehen. Ein Widerspruch besteht zwischen ihnen nur in der dogmatischen Kristallisierung, nicht aber innerhalb der Bewegtheit des philosophischen Lebens selbst, dessen individueller Weg ein einheitlicher und personal charakterisierter sein kann, durch wie viele solcher Biegungen und Krümmungen er auch führe. Von Eklektizismus und Kompromißweisheit ist dieser Standpunkt im allertiefsten geschieden. Denn beide sind nicht weniger an den festgewordenen Resultaten des Denkens verankert, als irgendeine einseitig exklusive Philosophie; nur daß sie die gleiche Form, statt durch einen prinzipiellen Gedanken, durch ein Mosaik von Stücken solcher ausfüllen oder deren Gegensätze graduell bis zur Verträglichkeit herabsetzen. Hier aber handelt es sich um die ganz prinzipielle Wendung von der Metaphysik als Dogma sozusagen zu der Metaphysik als Leben oder als Funktion, nicht um die Art des Inhalts der Philosophie, sondern um die Art ihrer Form, nicht um die Verschiedenheiten zwischen den Dogmen, sondern um die Einheit der Denkbewegung, die all diesen Verschiedenheiten so lange gemeinsam ist, bis sie eben an einem Dogma erstarren und sich damit die Rückkehr zu den Schnittpunkten aller philosophischen Wege und also zu dem Reichtum aller Bewegungs- und Umfassungsmöglichkeiten abschneiden.

Nun ist kein Zweifel, daß von den genialen Schöpfern innerhalb der Geschichte der Philosophie wohl keiner dieser Akzentverlegung von dem terminus ad quem der philosophischen Bestrebung auf ihren terminus a quo zugeben würde. Bei ihnen ist die geistige Individualität so stark, daß sie sich nur in ein dem Inhalt nach völlig und einseitig bestimmtes Weltbild projizieren kann, und daß der Radikalismus der formalen philosophischen Lebensattitüde mit diesem Inhalt unlösbar und intolerant in eins schmilzt; so bedeutet zwar die Religiosität aller wirklich religiösen Menschen ein immer gleiches Sein und inneres Verhalten, das aber im Individuum, und zwar insbesondere in den religiös schöpferischen, mit einem bestimmten, eben diese Individualität ausprägenden Glaubensinhalt zu so organischer Einheit wird, daß für diesen Menschen eben nur dieses Dogma Religion sein kann. Wird sich also die individuelle Wesensart des produktiven Philosophen als solchen auch immer in einer absoluten, anderes ausschließenden Weltkonzeption niederschlagen – was übrigens neben dem prinzipiellen Anerkenntnis jener Akzentverlegung der Metaphysik geschehen könnte – so erscheint mir die letztere jedenfalls als die Bedingung einer »philosophischen Kultur« in einem weiteren und modernen Sinne. Denn diese besteht doch nicht in der Kenntnis metaphysischer Systeme oder dem Bekenntnis zu einzelnen Theorien, sondern in einem durchgehenden geistigen Verhalten zu allem Dasein, in einer intellektuellen Bewegtheit auf die Schicht hin, in der, in mannigfaltigsten Tiefengraden und angeknüpft an die mannigfaltigsten Gegebenheiten, alle überhaupt möglichen Linien der Philosophie laufen – wie eine religiöse Kultur nicht in der Anerkennung eines Dogmas, sondern in der Auffassung und Gestaltung des Lebens mit dem steten Hinblick auf das ewige Schicksal der Seele besteht, künstlerische Kultur nicht in der Summe einzelner Kunstwerke, sondern darin, daß die Inhalte des Daseins überhaupt nach den Normen künstlerischer Werte empfunden und geformt werden.

Verbleibe die Philosophie in ihrem inneren Gange auch in der Diskontinuität dogmatischer Parteiung, so liegen doch, wie diesseits und jenseits dieser, zwei Einheitlichkeiten: die funktionelle, von der ich zuerst sprach, und diese teleologische, für die die Philosophie ein Träger, ein Element oder eine Form der Kultur überhaupt ist. Beide Einheitlichkeiten sind gleichsam unterirdisch verbunden; die philosophische Kultur jedenfalls muß sich labil erhalten, muß von jeder singulären Theorie auf die funktionellen Gemeinsamkeiten aller zurücksehen und zurückgehen können. Die Ergebnisse der Bemühung mögen fragmentarisch sein, die Bemühung ist es nicht.

Von dem Interesse an dieser philosophischen Haltung überhaupt ist die Bearbeitung und Zusammenfassung der Probleme dieses Bandes ausgegangen. Nachzuweisen, wie gerade ihre Vereinzeltheit und Heterogenität diesen Grundbegriff der philosophischen Kultur trägt oder von ihm getragen wird, ist nicht mehr Sache des Programms, sondern der Arbeit selbst. Je nach dem genommenen Blickpunkt ruht sie auf der Voraussetzung oder führt den Beweis: es sei ein Vorurteil, daß die Vertiefung von der Oberfläche des Lebens her, das Aufgraben der je nächsten Ideenschicht unter jeder seiner Erscheinungen, das, was man deren *Sinngebung* nennen könnte – notwendig auf *einen* letzten Punkt führen müsse und haltlos in der Luft schwebe, wenn es nicht von einem solchen her seine Richtung bekäme.

In einer Fabel sagt ein Bauer im Sterben seinen Kindern, in seinem Acker läge ein Schatz vergraben. Sie graben daraufhin den Acker überall ganz tief auf und um, ohne den Schatz zu finden. Im nächsten Jahre aber trägt das so bearbeitete Land dreifache Frucht. Dies symbolisiert die hier gewiesene Linie der Metaphysik. Den Schatz werden wir nicht finden, aber die Welt, die wir nach ihm durchgraben haben, wird dem Geist dreifache Frucht bringen – selbst wenn es sich in Wirklichkeit etwa überhaupt nicht um den Schatz gehandelt hätte, sondern darum, daß dieses Graben die Notwendigkeit und innere Bestimmtheit unseres Geistes ist.

Zur philosophischen Psychologie

Das Abenteuer

Jedes Stück unseres Tuns oder Erfahrens trägt eine doppelte Bedeutung: es dreht sich um den eigenen Mittelpunkt, es hat so viel an Weite und Tiefe, an Lust und Leid, wie sein unmittelbares Erlebtwerden ihm gibt; und es ist zugleich der Teil eines Lebensverlaufes, nicht nur ein umgrenztes Ganzes, sondern auch Glied eines Gesamtorganismus. Beide Werte bestimmen jeden Lebensinhalt in mannigfacher Konfiguration; Ereignisse, die in ihrer eigenen, nur sich selbst darbietenden Bedeutung einander sehr ähnlich sein mögen, sind gemäß ihren Verhältnissen zum Ganzen des Lebens äußerst divergent; oder, in jener ersteren Hinsicht vielleicht unvergleichbar, können ihre Rollen als Elemente unserer Gesamtexistenz zum Verwechseln gleich sein. Wenn von zwei Erlebnissen, deren angebbare Inhalte gar nicht weit unterschieden sind, das eine als »Abenteuer« empfunden wird, das andere nicht – so ist es jene Verschiedenheit des Verhältnisses zum Ganzen unseres Lebens, durch die dem einen diese Bedeutung zufällt, die sich dem andern versagt.

Und zwar ist nun die Form des Abenteuers, im allerallgemeinsten: daß es aus dem Zusammenhange des Lebens herausfällt. Mit jener Ganzheit eines Lebens meinen wir doch, daß in seinen einzelnen Inhalten, so kraß und unversöhnlich sie sich voneinander abheben mögen, ein einheitlicher Lebensprozeß kreist. Dem Ineinandergreifen der Lebensringe, dem Gefühl, daß sich mit all diesen Gegenläufen, diesen Biegungen, diesen Verknotungen doch schließlich ein kontinuierlicher Faden spinnt, steht dasjenige, was wir ein Abenteuer nennen, gegenüber, ein Teil unserer Existenz freilich, dem sich vorwärts und rückwärts andere unmittelbar anschließen – und zugleich, in seinem tieferen Sinne, außerhalb der sonstigen Kontinuität dieses Lebens verlaufend. Und dennoch ist es unterschieden von all dem einfach Zufälligen, Fremden, nur die Epidermis des Lebens Streifenden. Indem es aus dem Zusammenhange des Lebens herausfällt, fällt es – dies wird sich allmählich erklären – gleichsam mit eben dieser Bewegung wieder in ihn hinein, ein Fremdkörper in unserer Existenz, der dennoch mit dem Zentrum irgendwie verbunden ist. Das Außerhalb ist, wenn auch auf einem großen und ungewohnten Umweg, eine Form des Innerhalb. Durch diese seelische Position bekommt das Abenteuer für die Erinnerung leicht die Färbung des Traumes. Jeder weiß, wie schnell wir Träume vergessen, weil auch sie sich außerhalb des sinnvollen Zusammenhanges des Lebensganzen stellen. Was wir als »traumhaft« bezeichnen, ist nichts anderes als eine Erinnerung, die sich mit weniger Fäden als sonstige Erlebnisse dem einheitlichen und durchgehenden Lebensprozesse verknüpft. Wir lokalisieren unsere Unfähigkeit, ein Erlebtes eben diesem einzuordnen, gewissermaßen durch die Vorstellung des Traumes, in dem dies Erlebte stattgefunden hätte. Je »abenteuerlicher« ein Abenteuer ist, je reiner es also seinen Begriff erfüllt, desto »traumhafter« wird es für unsere Erinnerung. Und so weit rückt es oft von dem zentralen Punkte des Ich und dem von ihm zusammengehaltenen Verlaufe des Lebensganzen ab, daß wir an das Abenteuer leicht so denken, als ob ein anderer es erlebt hätte; wie weit es jenseits dieses Ganzen schwebt, wie fremd es ihm geworden ist, drückt sich eben darin aus, daß es sozusagen mit unserem Gefühl vereinbar wäre, ihm ein anderes Subjekt als jenem zu geben.

In einem viel schärferen Sinne, als wir es von den anderen Formen unserer Lebensinhalte zu sagen pflegen, hat das Abenteuer Anfang und Ende. Dies ist seine Gelöstheit aus den Verschlingungen und Verkettungen jener Inhalte, seine Zentrierung in einem für sich bestehenden Sinn. Von den Ereignissen des Tages und Jahres empfinden wir sonst, das eine sei zu Ende, indem oder weil das andere einsetzt, sie bestimmen sich gegenseitig ihre Grenzen, und damit gestaltet oder spricht die Einheit des Lebenszusammenhanges sich aus. Das Abenteuer aber ist, seinem Sinne als Abenteuer nach, von dem Vorher und Nachher unabhängig, ohne Rücksicht auf diese bestimmt es sich seine Grenzen. Eben da, wo die Kontinuität mit dem Leben so prinzipiell abgelehnt wird oder eigentlich nicht erst abgelehnt zu werden braucht, weil von vornherein eine Fremdheit, Unberührsamkeit, ein Außer-der-Reihe-Sein vorliegt – da sprechen wir von Abenteuer. Ihm fehlt jene gegenseitige Durchdringung mit den benachbarten Teilen des Lebens, durch die dieses ein Ganzes wird. Es ist wie eine Insel im Leben, die sich ihren Anfang und ihr Ende nach ihren eigenen Bildungskräften und nicht, wie das Stück eines Kontinentes, zugleich nach denen ihres Diesseits und Jenseits bestimmt. Diese entschiedene Begrenztheit, mit der das Abenteuer sich aus dem Gesamtverlauf eines Schicksals heraushebt, ist keine mechanische, sondern eine organische. Wie der Organismus sich seine Raumform nicht einfach dadurch, daß ihm von rechts und links eine Hemmung kommt, bestimmt, sondern aus der Triebkraft eines von innen formenden Lebens – so ist das Abenteuer nicht zu Ende, weil etwas anderes anfängt, sondern seine Zeitform, sein radikales Zu-Ende-sein, ist die genaue Ausformung seines inneren Sinnes. Zunächst hierin liegt die tiefe Beziehung des Abenteurers zum Künstler, vielleicht auch die Neigung des Künstlers zum Abenteuer begründet. Denn es ist doch das Wesen des Kunstwerkes, daß es aus den endlos kontinuierlichen Reihen der Anschaulichkeit oder des Erlebens ein Stück herausschneidet, es aus den Zusammenhängen mit allem Diesseits und Jenseits löst und ihm eine selbstgenugsame, wie von einem inneren Zentrum her bestimmte und zusammengehaltene Form gibt. Da ein Teil des Daseins, das in dessen Ununterbrochenheit verflochten ist, dennoch als ein Ganzes, als eine geschlossene Einheit empfunden wird – das ist die Form, die dem Kunstwerk und dem Abenteuer gemeinsam ist. Und wegen ihrer werden beide, in aller Einseitigkeit und Zufälligkeit ihrer Inhalte, so empfunden, als ob sich in jedem irgendwie das ganze Leben zusammenfaßte und erschöpfte. Und nicht schlechter, sondern vollkommener scheint dies darum zu geschehen, weil das Kunstwerk überhaupt jenseits des Lebens als einer Realität steht, das Abenteuer überhaupt jenseits des Lebens als eines ununterbrochenen, jedes Element mit seinen Nachbarn verständlich verflechtenden Verlaufes. Gerade weil das Kunstwerk und das Abenteuer dem Leben gegenüberstehen (wenn auch in sehr verschiedener Bedeutung des Gegenüber), ist das eine und das andere analog der Ganzheit eines Lebens selbst, wie es sich in dem kurzen Abriß und der Zusammengedrängtheit des Traumerlebnisses darstellt. Darum ist der Abenteurer auch das stärkste Beispiel des unhistorischen Menschen, des Gegenwartswesens. Er ist einerseits durch keine Vergangenheit bestimmt (was seinen nachher zu behandelnden Gegensatz zum Alter trägt), andererseits besteht die Zukunft für ihn nicht. Ein extrem charakteristischer Beleg dafür ist, daß Casanova, wie aus seinen Memoiren zu ersehen ist, so und so oft im Lauf seines erotisch-abenteuerlichen Lebens ersthaft beabsichtigte, eine Frau, die er gerade liebte, zu heiraten. Bei dem Naturell und der Lebensführung Casanovas war etwas Widerspruchsvolleres, innerlich und äußerlich Unmöglicheres nicht ausdenkbar. Casanova war nicht nur ein vortrefflicher Menschenkenner, sondern ersichtlich auch ein seltener Kenner seiner selbst; und obgleich er sich sagen mußte, daß er eine Ehe nicht vierzehn Tage ausgehalten hätte, und daß die allerjammervollsten Konsequenzen dieses Schrittes völlig unvermeidlich waren – so verschlang der Rausch des Augenblicks (wobei ich den Akzent mehr auf Augenblick als auf Rausch legen möchte) die Zukunftsperspektive gleichsam mit Haut und Haaren. Weil ihn das Gegenwartsgefühl unbedingt beherrschte, wollte er ein Verhältnis für die Zukunft eingehen, das gerade durch sein Gegenwartsnaturell unmöglich war.

Daß ein Isoliertes und Zufälliges eine Notwendigkeit und einen Sinn enthalten könne – das bestimmt den Begriff des Abenteuers in seinem

Gegensatz zu allen Stücken des Lebens, die die bloße Fügung der Geschicke in dessen Peripherie einstellt. Zum Abenteuer wird ein solches erst durch jene doppelte Sinngebung: daß es in sich eine durch Anfang und Ende festgelegte Gestaltung eines irgendwie bedeutungsvollen Sinnes ist, und daß es, mit all seiner Zufälligkeit, all seiner Exterritorialität gegenüber dem Lebenskontinuum, doch mit dem Wesen und der Bestimmung seines Trägers in einem weitesten, die rationaleren Lebensreihen übergreifenden Sinne und in einer geheimnisvollen Notwendigkeit zusammenhängt. Hier klingt die Beziehung des Abenteurers zum Spieler an. Der Spieler ist zwar der Sinnlosigkeit des Zufalls preisgegeben; allein indem er auf dessen Gunst rechnet, indem er ein durch diesen Zufall bedingtes Leben für möglich hält und verwirklicht, stellt sich ihm der Zufall doch in einen Zusammenhang des Sinnes ein. Die typische Abergläubischkeit des Spielers ist nichts anderes als die greifbare und vereinzelte, deshalb aber auch kindische Form dieses tiefen und umfassenden Schemas seines Lebens: daß in dem Zufall ein Sinn, irgendeine notwendige – wenn auch nicht nach der rationalen Logik notwendige – Bedeutung wohne. Durch den Aberglauben, mit dem der Spieler den Zufall durch Vorzeichen und magische Hilfsmittel in sein Zwecksystem hineinziehen will, enthebt er ihn seiner unzugänglichen Isoliertheit, sucht in ihm eine zwar nach phantastischen Gesetzen, aber immerhin doch nach Gesetzen verlaufende Ordnung. Und so läßt auch der Abenteurer den außerhalb der einheitlichen, von einem Sinn gelenkten Lebensreihe stehenden Zufall dennoch irgendwie von diesem umfaßt sein. Er bringt ein zentrales Lebensgefühl auf, das sich durch die Exzentrizität des Abenteuers hindurchleitet, und gerade in der Weite des Abstandes zwischen seinem zufälligen, von außen gegebenen Inhalt und dem zusammenhaltenden, sinngebenden Zentrum der Existenz eine neue, bedeutungsvolle Notwendigkeit seines Lebens herstellt. Zwischen Zufall und Notwendigkeit, zwischen dem Fragmentarischen äußerer Gegebenheit und der einheitlichen Bedeutung des von innen her entwickelten Lebens spielt ein ewiger Prozeß in uns, und die großen Formen, in denen wir die Inhalte des Lebens gestalten, sind die Synthesen, die Antagonismen oder die Kompromisse jener beiden Grundaspekte. Das Abenteuer ist eine von ihnen. Wenn der professionelle Abenteurer aus der Systemlosigkeit seines Lebens ein Lebenssystem macht, wenn er die nackten äußeren Zufälle sucht, aus seiner inneren Notwendigkeit heraus und jene in diese einbauend – so macht er damit nur gleichsam makroskopisch sichtbar, was die Wesensform jedes »Abenteuers«, auch des nicht abenteuerlichen Menschen, ist. Denn immer meinen wir mit dem Abenteuer ein Drittes, jenseits sowohl des bloßen abrupten Geschehnisses, dessen Sinn uns schlechthin außen bleibt, wie es von außen kam, als auch der einheitlichen Lebensreihe, in der jedes Glied das andere zu einem Gesamtsinne ergänzt. Das Abenteuer ist nicht ein Gemengsel beider, sondern das unvergleichlich gefärbte Erlebnis, das sich nur als ein besonderes Umfaßtsein jenes Zufällig-Äußeren durch dieses Innerlich-Notwendige ausdeuten läßt.

Hier und da aber wird dieses ganze Verhältnis noch von einer tieferen inneren Gestaltung umgriffen. So sehr das Abenteuer auf einer Unterschiedlichkeit innerhalb des Lebens zu beruhen scheint, so kann doch das Leben als Ganzes wie ein Abenteuer empfunden werden. Es ist dazu weder nötig, ein Abenteurer zu sein, noch viele einzelne Abenteuer durchzumachen. Wer diese einzigartige Attitüde zum Leben hat, muß über dessen Ganzem eine höhere Einheit, gleichsam ein Über-Leben fühlen, das sich zu jenem verhält wie die unmittelbare Lebenstotalität selbst zu den einzelnen Erlebnissen, die uns die empirischen Abenteuer sind. Vielleicht gehören wir einer metaphysischen Ordnung an, vielleicht lebt unsere Seele ein transzendentes Dasein, derart, daß unser irdisch bewußtes Leben nur ein isoliertes Stück gegenüber einem unnennbaren Zusammenhange einer über ihm sich vollziehenden Existenz ist. Der Seelenwanderungsmythus mag ein stammelnder Versuch sein, diesen Segmentcharakter jedes gegebenen Lebens auszudrücken. Wer durch alles reale Leben hindurch eine geheime, zeitlose Existenz der Seele spürt, die mit diesen Realitäten nur wie von der Ferne her verbunden ist – der wird das Leben in seiner gegebenen und begrenzten Ganzheit jenem transzendenten und in sich einheitlichen Schicksal gegenüber als ein Abenteuer empfinden. Gewisse religiöse Stimmungen scheinen dies zu bewirken. Wo unsere irdische Laufbahn als ein bloßes Vorstadium der Erfüllung ewiger Geschicke gilt, wo wir auf der Erde nur einen flüchtigen Gastaufenthalt, aber keine Heimat haben, da liegt offenbar nur eine besondere Färbung des allgemeinen Gefühls vor, daß das Leben als Ganzes ein Abenteuer ist; womit eben nur ausgedrückt ist, daß die Symptome des Abenteuers in ihm zusammenrinnen: daß es außerhalb des eigentlichen Sinnes und stetigen Ablaufes der Existenz steht und dieser doch durch ein Schicksal und eine geheime Symbolik verbunden ist, daß es ein fragmentarischer Zufall ist und doch nach Anfang und Ende wie ein Kunstwerk geschlossen, daß es wie ein Traum alle Leidenschaften in sich sammelt und doch wie dieser zum Vergessenwerden bestimmt ist, daß es wie das Spiel sich gegen den Ernst abhebt und doch wie das Va banque des Spielers auf die Alternative eines höchsten Gewinns oder der Vernichtung geht.

Die Synthese der großen Lebenskategorien, als deren eine besondere Formung sich das Abenteuer verwirklicht, vollzieht sich weiterhin zwischen der Aktivität und der Passivität, zwischen dem, was wir erobern, und dem, was uns gegeben wird. Freilich macht die Synthese des Abenteuers den Gegensatz dieser Elemente extrem fühlbar. Wir reißen einerseits mit ihm die Welt gewaltsam in uns hinein. Der Unterschied gegen die Art, wie wir ihr in der Arbeit ihre Gaben abgewinnen, macht das deutlich. Die Arbeit hat sozusagen ein organisches Verhältnis zur Welt, sie entwickelt deren Stoffe und Kräfte kontinuierlich zu ihrer Zuspitzung im menschlichen Zwecke hin, während wir im Abenteuer ein unorganisches Verhältnis zu ihr haben; es bringt die Geste des Eroberers mit sich, das rasche Ergreifen der Chance, gleichviel ob wir damit ein zu uns, zu der Welt oder zum Verhältnis beider harmonisches oder unharmonisches Stück für uns heraustrennen. Andererseits aber sind wir ihr im Abenteuer doch schutzloser, reserveloser preisgegeben als in allen Verhältnissen, die mit der Gesamtheit unseres Weltlebens durch mehr Brücken verbunden sind und uns deshalb gegen Chocs und Gefahren besser durch vorbereitete Ausbiegungen und Anpassungen verteidigen. Die Verflechtung von Handeln und Leiden, in der unser Leben verläuft, spannt hier ihre Elemente zu einer Gleichzeitigkeit von Erobertum, das alles nur der eigenen Kraft und Geistesgegenwart verdankt, und völligem Sich-Überlassen an die Gewalten und Chancen der Welt, die uns beglücken, aber in demselben Atem auch zerstören können; daß die Einheit, zu der wir in jedem Augenblick unsere Aktivität und unsere Passivität der Welt gegenüber zusammenleben, ja, die in einem gewissen Sinne das Leben ist, ihre Elemente zu so äußerster Zuspitzung treibt und sich eben damit – als wären diese nur die beiden Aspekte eines und desselben, geheimnisvoll ungetrennten Lebens – um so tiefer fühlbar macht: das ist wohl einer der wunderbarsten Reize, mit denen uns das Abenteuer verlockt.

Es ist noch mehr als die Einstellung des gleichen Grundverhältnisses unter einen anderen Gesichtswinkel, wenn uns das Abenteuer weiterhin als eine Kreuzung des Sicherheits- mit dem Unsicherheitsmoment des Lebens erscheint. Die Sicherheit, mit der wir – berechtigt oder irrend – um einen Erfolg wissen, gibt dem Tun eine qualitativ besondere Färbung; wenn wir umgekehrt unsicher sind, ob wir dahin gelangen werden, wohin wir aufgebrochen sind, wenn wir das Nicht-Wissen um den Erfolg wissen, so ist das nicht nur eine quantitativ herabgesetzte Sicherheit, sondern bedeutet eine innerlich und äußerlich einzigartige Führung unserer Praxis. Der Abenteurer nun, um es mit einem Worte zu sagen, behandelt das Unberechenbare des Lebens so, wie wir uns sonst nur dem sicher Berechenbaren gegenüber verhalten. (Darum ist der Philosoph der Abenteurer des Geistes. Er macht den aussichtslosen, aber darum noch nicht sinnlosen Versuch, ein Lebensverhalten der Seele, ihre Stimmung gegen sich, die Welt, Gott, in begriffsmäßige Erkenntnis zu formen. Er behandelt dies Unlösbare, als wäre es lösbar.) Wo die Verwebung mit unerkennbaren Schicksalselementen den Erfolg unseres Tuns zweifelhaft macht, pflegen wir doch unseren Kräfteinsatz zu begrenzen, uns Rückzugslinien offen zu halten, den einzelnen Schritt nur wie probeweise zu tun. Im Abenteuer verfahren wir direkt entgegengesetzt: gerade auf die schwebende Chance, auf das Schicksal und das Ungefähr hin setzen wir alles ein, brechen die Brücken hinter uns ab, treten in den Nebel, als müßte der Weg uns unter allen Umständen tragen. Dies ist der typische »Fatalismus« des Abenteurers. Gewiß sind auch ihm die Dunkelheiten des Schicksals nicht durchsichtiger als anderen, aber er verfährt so, als ob sie es wären. Die eigentümliche Gewagtheit, mit der er sich immerzu aus den Festigkeiten des Lebens herausbegibt, baut sich gewissermaßen zu ihrer eigenen Rechtfertigung ein Gefühl von Sicherheit und Gelingenmüssen unter, das sonst nur der Durchsichtigkeit berechenbarer Ereignisse zukommt. Von der fatalistischen Überzeugung, daß unser Schicksal, das wir nicht kennen, uns unentrinnbar sicher ist, ist dies nur die subjektive Wendung: daß der Abenteurer dieses Unerkennbaren dennoch für sich sicher zu sein glaubt; darum erscheint dem nüchternen Menschen das abenteuerliche Tun oft als Wahnsinn, weil es, um einen Sinn zu haben, vorauszusetzen scheint, daß das Unwißbare gewußt werde. Von Casanova sagte der Prinz von Ligne: »Er glaubt an nichts, ausgenommen an das, was am wenigsten glaubwürdig ist.« Ersichtlich liegt dem jenes perverse oder wenigstens »abenteuerliche« Verhältnis zwischen dem Gewissen und dem Ungewissen zugrunde. Der Skeptizismus des Abenteurers – daß er »an nichts glaubt« – ist ersichtlich das Korrelat dazu: wem das Unwahrscheinliche wahrscheinlich ist, dem wird leicht das Wahrscheinliche unwahrscheinlich. Der Abenteurer verläßt sich zwar in irgendeinem Maße auf die eigene Kraft, vor allem aber auf das eigene Glück, eigentlich auf eine sonderbar undifferenzierte Einheit beider. Die Kraft, deren er sicher ist, und das Glück, dessen er unsicher ist, gehen subjektiv doch zu einem Sicherheitsgefühl in ihm zusammen. Wenn es das Wesen des Genies ist, eine unmittelbare Beziehung zu den geheimen Einheiten zu besitzen, die in der Erfahrung und durch die Zerlegungen des Verstandes in ganz gesonderte Erscheinungen auseinandergehen – so lebt der geniale Abenteurer, wie mit einem mystischen Instinkt, an dem Punkt, wo der Weltlauf und das individuelle Schicksal sich sozusagen noch nicht voneinander differenziert haben; darum hat überhaupt der Abenteurer leicht einen »genialischen« Zug. Aus dieser besonderen Konstellation, in der er das Unsicherste, Unberechenbare seinem Handeln zu derselben Voraussetzung macht, wie ein anderer nur das Berechenbare, wird die »nachtwandlerische Sicherheit« begreiflich, mit der der Abenteurer sein Leben führt und die durch ihre Unerschütterlichkeit gegenüber jedem Dementi durch die Tatsachen beweist, wie tief jene Konstellation in der Lebensvoraussetzung solcher Naturen wurzelt.

Ist das Abenteuer eine Lebensform, die sich an einer unpräjudizierten Fülle von Lebensinhalten verwirklichen kann, so machen diese Bestimmungen dennoch begreiflich, daß ein Inhalt vor allen anderen sich in diese Form zu kleiden neigt: der erotische – so daß unser Sprachgebrauch das Abenteuer schlechthin kaum anders denn als ein erotisches verstehen läßt. Zwar ist auch das zeitlich kurz begrenzte Liebeserlebnis keineswegs immer ein Abenteuer, sondern die besonderen seelischen Qualitäten, in deren Treffpunkt das Abenteuer liegt, müssen sich mit diesem quantitativen Moment vereinigen. Ihre Tendenz zu diesem Hinzutreten wird sich Schritt für Schritt offenbaren.

Das Liebesverhältnis enthält in sich das deutliche Zusammen der beiden Elemente, die auch die Form des Abenteurers vereinigt; die erobernde Kraft und die unerzwingbare Gewährung, den Gewinn aus dem eigenen Können und das Angewiesensein auf das Glück, mit dem ein Unberechenbares außerhalb unser uns begnadet. Eine gewisse Äquivalenz dieser Richtungen innerhalb des Erlebnisses, gewonnen auf der Basis ihrer scharfen Differenzierung, ist vielleicht nur auf seiten des Mannes zu finden; vielleicht hat es darum eine beweisende Bedeutung, daß das Liebesverhältnis in der Regel nur für den Mann als »Abenteuer« gilt, für die Frau aber ebendasselbe unter andere Kategorien zu fallen pflegt. Die Aktivität der Frau im Liebesroman ist typischerweise schon von der Passivität durchwachsen, die entweder die Natur oder die Geschichte ihrem Wesen zugeteilt hat; andererseits, ihr Empfangen und Beglücktwerden ist doch unmittelbar ein Gewähren und Beschenken. Die beiden, in sehr mannigfaltigen Färbungen ausdrückbaren Pole der Eroberung und der Gnade stehen für die Frau enger zusammen, sie spannen sich für den Mann entschiedener auseinander, und darum gibt ihr Zusammenschlag im erotischen Erlebnis diesem viel unzweideutiger für den Mann das Cachet des »Abenteuers«. Daß der Mann der werbende, der angreifende, oft der stürmisch ansichreißende Teil ist, läßt leicht das Schicksalsmoment in jedem, wie immer gearteten erotischen Erlebnis übersehen, die Abhängigkeit von einem nicht Vorzubestimmenden, das sich jeder Nötigung entzieht. Damit ist nicht nur die Abhängigkeit von der Gewährung seitens des Anderen gemeint, sondern ein Tieferes. Gewiß ist auch jede Gegenliebe ein Geschenk, das nicht »verdient« werden kann, selbst durch kein Maß von Liebe, weil sich die Liebe jeder Forderung und Begleichung entzieht und prinzipiell unter einer ganz anderen Kategorie als einer gegenseitigen Aufrechnung steht; ein Punkt, an dem sich eine ihrer Analogien mit dem tieferen religiösen Verhältnis ergibt. Allein über das hinaus, was wir vom Andern als eine immer freie Gabe empfangen, liegt in jedem Liebesglück – wie ein tiefer, unpersönlicher Träger jenes Persönlichen – noch eine Gunst des Schicksals, wir empfangen es nicht nur vom Anderen, sondern daß wir es von ihm empfangen, ist eine Gnade der unberechenbaren Mächte. In dem stolzesten, selbstgewissesten Ereignis dieses Gebietes liegt etwas, was wir in Demut hinzunehmen haben. Indem sich aber nun die Kraft, die ihren Erfolg sich selbst verdankt und die allem Gewinn von Liebe irgendeinen Ton von Sieg und Triumph gibt, mit jenem anderen der Schicksalsgunst vermählt, ist die Konstellation des Abenteuers gewissermaßen präformiert.

In tieferen Gründen wurzelt die Beziehung, die sich von dem erotischen Inhalt zu der allgemeineren Lebensform des Abenteuers spinnt. Das Abenteuer ist die Exklave des Lebenszusammenhanges, das Abgerissene, dessen Beginn und Ende keinen Anschluß an die irgendwie einheitliche Strömung der Existenz haben – während es dennoch, wie über diese Strömung hinweg und ihrer Vermittlung unbedürftig, mit den geheimsten Instinkten und mit einer letzten Absicht des Lebens überhaupt zusammenhängt und sich dadurch von der bloß zufälligen Episode, dem, was uns bloß äußerlich »passiert«, unterscheidet. Wo nun das Liebeserlebnis sich zeitlich kurz begrenzt, lebt es in ebendieser Verwebung eines bloß tangentialen und eines dennoch zentralen Charakters. Es mag unserem Leben einen bloß momentanen Glanz geben, wie ein Strahl, den ein außen vorüberhuschendes Licht in einen Innenraum wirft; dennoch wird damit ein Bedürfnis erfüllt, oder es ist überhaupt nur durch ein Bedürfnis möglich, das – mag man es als physisches oder als seelisches oder als metaphysisches ansprechen – in dem Fundamente oder Zentrum unseres Wesens gleichsam zeitlos besteht und mit dem flüchtigen Erlebnis so verbunden ist wie jene zufällige und gleich verschwindende Helligkeit mit unserer Sehnsucht nach Licht überhaupt. Daß die Möglichkeit dieses Doppelverhältnisses in der Erotik angelegt ist, spiegelt sich in ihrem zeitlichen Doppelaspekt; die beiden Zeitmaße, die sie zeigt: den momentan aufgegipfelten, steil abfallenden Rausch und die Unvergänglichkeit, in deren Idee sich das mystische Bestimmtsein zweier Seelen füreinander und zu einer höheren Einheit einen zeitlichen Ausdruck schafft – diese könnte man mit der Doppelexistenz geistiger Inhalte vergleichen, die zwar nur in der Flüchtigkeit des seelischen Prozesses, dem immer weiter eilenden Brennpunkt des Bewußtseins auftauchen, deren logischer Sinn aber eine zeitlose Gültigkeit besitzt, eine ideelle Bedeutung, völlig unabhängig von jenem Bewußtseinsaugenblick, in dem sie freilich für uns wirklich wird. Das Phänomen des Abenteuers, mit seiner abrupten Pointiertheit, die das Ende in die Sehweite des Anfangs rückt, und seiner gleichzeitigen Beziehung auf ein Lebenszentrum, die es von jedem bloß zufälligen Begegnis trennt und ohne die die »Lebensgefahr« nicht sozusagen im Stil des Abenteuers liegen könnte – ist insofern eine Form, die durch ihre zeitliche Symbolik wie für die Aufnahme des erotischen Inhalts vorbestimmt erscheint.

Diese Analogien und gemeinsamen Formungen der Liebe und des Abenteuers legen es schon von sich aus nahe, daß die Abenteuer nicht in den Lebensstil des Alters hineingehört. Das Entscheidende für diese Tatsache überhaupt ist, daß das Abenteuer seinem spezifischen Wesen und Reize nach eine *Form* des *Erlebens* ist. Der *Inhalt,* der vor sich geht, macht das Abenteuer noch nicht: daß eine Lebensgefahr bestanden oder eine Frau zu kurzem Glück erobert wird, daß unbekannte Faktoren, mit denen man das Spiel gewagt hat, überraschenden Gewinn oder Verlust gebracht haben, daß man in einer physischen oder seelischen Verkleidung sich in Lebenssphären begibt, aus denen man wie aus einer fremden Welt wieder in die heimische zurückkehrt – das alles braucht noch nicht Abenteuer zu sein, sondern wird es erst durch eine gewisse Gespanntheit des Lebensgefühls, mit dem solche Inhalte sich verwirklichen; erst wenn ein Strom, zwischen dem Alleräußerlichsten des Lebens und seiner zentralen Kraftquelle hin und her gehend, jene in sich hineinreißt, und wenn diese besondere Färbung, Temperatur und Rhythmik des Lebensprozesses das eigentlich Entscheidende, den *Inhalt* eines solchen gewissermaßen Übertönende ist, wird das Ereignis aus einem Erlebnis schlechthin zu einem Abenteuer. Dieses Prinzip der Akzentuierung aber liegt dem Alter fern. Nur die Jugend kennt im allgemeinen solches Übergewicht des Lebensprozesses über die Lebensinhalte, während es dem Alter, dem jener zu verlangsamen und zu erstarren beginnt, auf die Inhalte ankommt, die in einer gewissen zeitlosen, gegen das Tempo und die Leidenschaft ihres Erlebtwerdens indifferenteren Art vorgehen oder beharren. Das Alter pflegt entweder ganz zentralisiert zu leben, die peripherischen Interessen sind abgefallen und haben keine Verbindung mehr mit dem wesentlichen Leben und seiner inneren Notwendigkeit; oder das Zentrum wird atrophisch, die Existenz geht nur noch in isolierten Kleinlichkeiten und den Wichtigkeitsbetonungen des bloß Äußerlichen und Zufälligen dahin. In keinem von beiden Fällen ist das Verhältnis zwischen dem äußeren Geschick und den inneren Lebensquellen möglich, in dem das Abenteuer besteht, in keinem von beiden kann es ersichtlich zu der Kontrastempfindung des Abenteuers kommen: daß ein Tun ganz aus dem Gesamtzusammenhange des Lebens herausgerissen ist und dennoch die ganze Kraft und Intensität des Lebens in sich einströmen läßt. Diesen Gegensatz zwischen Jugend und Alter, durch den das Abenteuer die Prärogative der ersteren wird und der dort den Akzent auf den Lebensprozeß, sein Metrum und seine Antinomien fallen läßt, hier auf die Inhalte, für die das Erleben immer mehr als eine relativ zufällige Form erscheint – diesen Gegensatz mag man als den zwischen dem romantischen und dem historischen Geist des Lebens ausdrücken. Der romantischen Gesinnung kommt es auf das Leben in seiner Unmittelbarkeit, also auch in der Individualität seiner jeweiligen Form, seines Hier und Jetzt, an; sie spürt die volle Stromstärke des Lebens gerade am meisten an der Punktualität eines dem normalen Lauf der Dinge entrissenen Erlebnisses, bis zu dem nun dennoch vom Herzen des Lebens her ein Nerv sich spannt. All dieses Sich-aus-sich-Herauswerfen des Lebens, diese Gegensatzweite der von ihm durchdrungenen Elemente kann sich nur aus einem Überschuß und Übermut des Lebens speisen, wie er im Abenteuer, in der Romantik und in der Jugend besteht. Dem Alter aber, wenn es als solches eine charakteristische, wertvolle, gesammelte Haltung hat, eignet die historische Stimmung. Mag diese sich zu einer Weltanschauung erweitern, mag ihr Interesse sich auf die unmittelbar eigene Vergangenheit beschränken, in jedem Falle gilt sie in ihrer Objektivität und retrospektiven Nachdenklichkeit dem Bilde der Lebensinhalte, aus dem die Unmittelbarkeit des Lebens selbst verschwunden ist. Alle Geschichte als Bild im engeren, wissenschaftlichen Sinne entsteht durch solches Überleben von Inhalten über den unsagbaren, nur erlebbaren Prozeß ihrer Gegenwart. Die Verbindung, die dieser Prozeß zwischen ihnen herstellte, ist zerfallen und muß nun im Rückblick und zu ideeller Bildhaftigkeit durch ganz andere Fäden wiederhergestellt werden. Mit dieser Verschiebung des Akzentes entfällt die ganze dynamische Voraussetzung des Abenteuers. Seine Atmosphäre ist, wie ich schon andeutete, unbedingte Gegenwärtigkeit, das Aufschnellen des Lebensprozesses zu einem Punkt, der weder Vergangenheit noch Zukunft hat und deshalb das Leben mit einer Intensität in sich sammelt, der gegenüber der Stoff des Vorganges oft relativ gleichgültig wird. Wie für die eigentliche Spielernatur gar nicht der Gewinn von soundsoviel Geld das entscheidende Motiv ist, sondern das Spiel als solches, die Gewaltsamkeit des von Glück zu Verzweiflung und wieder zurück gerissenen Gefühls, die gleichsam tastbare Nähe der dämonischen Mächte, die zwischen beiden entscheiden – so ist der Reiz des Abenteuers unzählige Male gar nicht der Inhalt, den es uns bietet und den man, in anderer Form geboten, vielleicht wenig beachten würde, sondern die abenteuerliche Form seines Erlebens, die Intensität und die Gespanntheit, mit der er uns gerade in diesem Falle das Leben fühlen läßt. Dies eben verbindet die Jugend dem Abenteuer. Was man die Subjektivität der Jugend nennt, ist nur dies, daß das Material des Lebens in seiner objektiven Bedeutung ihr nicht so wichtig ist wie der Prozeß, der es trägt, wie das Leben selbst. Daß das Alter »objektiv« ist, daß es aus den Inhalten, die das entglittene Leben in einer besonderen Art von Zeitlosigkeit übriggelassen hat, ein neues Gebilde formt: der Beschaulichkeit, der sachlichen Abwägungen, der Freiheit von der Unruhe, mit der das Leben Gegenwart ist – das eben ist es, was dem Alter das Abenteuer entfremdet, was den alten Abenteurer zu einer widrigen oder stillosen Erscheinung macht; es wäre nicht schwer, das ganze Wesen des Abenteuers daraus zu entwickeln, daß es die dem Alter schlechthin nicht gemäße Lebensform ist.

All solche Bestimmungen und Lagen des Lebens, die seiner Abenteuerform fremd, ja feindlich sind, verhindern nicht, daß für einen allerallgemeinsten Aspekt das Abenteuer allem menschlich-praktischen Dasein beigemischt erscheint, ein überall vorhandenes Element, das nur vielfach in der feinsten Verteilung, gleichsam makroskopisch nicht sichtbar und von anderen in der Erscheinung überdeckt, auftritt. Unabhängig von jener, in die Metaphysik des Lebens hinabreichenden Vorstellung, daß unser Dasein auf Erden als Ganzes und als Einheit ein Abenteuer ist, vielmehr rein auf das Konkrete und Psychologische angesehen, enthält jedes einzelne Erlebnis irgendein Quantum der Bestimmungen, die es bei einem gewissen Maße die »Schwelle« des Abenteuers erreichen lassen. Die wesentlichste und tiefste dieser Bestimmungen ist hier die Aussonderung des Ereignisses aus dem Gesamtzusammenhange des Lebens. Tatsächlich erschöpft die Zugehörigkeit zu diesem die Bedeutung keines einzigen seiner Teile. Sondern auch wo ein solcher am engsten mit dem Ganzen verflochten ist, auch wo er wirklich ganz in das weiterflutende Leben aufgelöst scheint, wie ein für sich unbetontes Wort in den Verlauf eines Satzes – auch da läßt ein feineres Hinhören einen Eigenwert dieses Existenzstückes erkennen, mit einer in ihm selbst zentrierenden Bedeutung stellt es sich jener Totalentwicklung *gegenüber,* der es doch, von anderer Seite her angesehen, unablösbar zugehört. Reichtum wie Ratlosigkeit des Lebens fließen unzählige Male aus dieser Wertzweiheit seiner Inhalte. Von dem Zentrum der Persönlichkeit aus gesehen, ist ein jedes Erlebnis sowohl ein Notwendiges, aus der Einheit der Ich-Geschichte Entwickeltes, wie ein Zufälliges, zu dieser fremd, unüberwindlich abgegrenzt und von einer ganz tiefgelegenen Unbegreiflichkeit gefärbt, als stünde es irgendwo im Leeren und gravitierte nirgends hin. So liegt ein Schatten von dem, was in seiner Verdichtung und Deutlichkeit das Abenteuer macht, eigentlich über jedem Erlebnis, ein jedes läßt seiner Eingliederung in die Lebenskette ein gewisses Gefühl von Eingeschlossenheit in Anfang und Ende zur Seite gehen, von einer sozusagen rücksichtslosen Pointiertheit des Einzelerlebnisses als solchen. Dieses Gefühl mag zur Unmerklichkeit herabsinken, aber es liegt latent in jedem Erlebnis und steigt, oft zu unserem eigenen Erstaunen, daraus auf. Man wüßte gar kein so geringes Maß solchen Abstandes von der Lebensstetigkeit zu nennen, bei dem nicht schon das Gefühl der Abenteuerlichkeit auftauchen könnte, freilich auch kein so großes, bei dem es für jedermann auftauchen müßte; es könnte nicht alles zum Abenteuer werden, wenn dessen Elemente nicht in irgendeinem Maße in allem ruhten, wenn sie nicht zu den vitalen Faktoren gehörten, wegen welcher ein Ereignis überhaupt als menschliches Erlebnis bezeichnet ist.

Ebenso steht es mit der Relation des Zufälligen und des Sinnvollen. In jedem Vorkommnis, das uns begegnet, steckt so viel bloß Gegebenes, Äußerliches, Gelegentliches, daß es sozusagen nur eine Quantitätsfrage ist, ob das Ganze als etwas Vernünftiges, einem Sinne gemäß Begreifliches gelten kann, oder ob seine Unauflösbarkeit nach der Vergangenheit hin, seine Unberechenbarkeit nach der Zukunft hin die Färbung des Ganzen bestimmen soll. Von der gesichertsten bürgerlichen Unternehmung führt bis zu dem irrationellsten Abenteuer eine kontinuierliche Reihe von Lebenserscheinungen, in denen das Begreifliche und das Unbegreifliche, das Erzwingbare und die Gnade, das Auszurechnende und das Zufällige sich in einer Unendlichkeit von Graden mischen. Indem das Abenteuer das eine Extrem in dieser Reihe bezeichnet, hat eben deshalb auch das andere an seinem Charakter teil. Das Hingleiten unserer Existenz auf einer Skala, auf der jeder Teilstrich durch eine Wirkung unserer Kraft und eine Preisgegebenheit an undurchdringliche Dinge und Mächte gleichzeitig bestimmt ist, diese Problematik unserer Weltstellung, die sich in der unlösbaren Frage nach der Freiheit des Menschen und der göttlichen Bestimmung religiös wendet – läßt uns alle zu Abenteurern werden. Innerhalb der Proportion, in die uns unser Lebensbezirk und die Aufgaben in ihm, unsere Ziele und unsere Mittel stellen, könnten wir alle nicht einen Tag leben, wenn wir nicht das eigentlich Unberechenbare so behandelten, als wäre es berechenbar, wenn wir unserer Kraft nicht zutrauten, was doch nicht sie allein, sondern nur ihre rätselhafte Zusammenwirksamkeit mit den Schicksalsgewalten herbeiführen kann. –

Die Inhalte unseres Lebens werden dauernd von durcheinanderwebenden Formen erfaßt, die so dessen einheitliches Ganzes zustande bringen: allenthalben lebt künstlerische Formung, lebt religiöse Auffassung, lebt die Färbung sittlichen Wertens, lebt das Wechselspiel von Subjekt und Objekt. Vielleicht gibt es keine Strombreite dieser ganzen Flutung, in der nicht jede dieser und vieler anderer Gestaltungsarten wenigstens einen Tropfen ihrer Wellen formten. Aber erst wo sie aus dem fragmentarischen und vermischten Maß und Zustande, in dem das durchschnittliche Leben sie auf- und untertauchen läßt, zu einer Herrschaft über den Stoff des Lebens gelangen, werden sie zu den reinen Gebilden, mit denen die Sprache sie benennt. Sobald die religiöse Gestimmtheit rein aus sich heraus ihr Gebilde, den Gott, geschaffen hat, ist die »Religion«, sobald die ästhetische Form ihren Inhalt zu einem erst sekundär wichtigen gemacht hat, an dem sie ihr nur auf sich selbst hörendes Leben lebt, wird sie zur »Kunst«, erst wenn die sittliche Pflicht nur, weil sie Pflicht ist, erfüllt wird, gleichviel mit wie wechselnden Inhalten, die vorher ihrerseits den Willen bestimmten, sie sich erfüllt, wird sie »Sittlichkeit«. Mit dem Abenteuer ist es nicht anders. Wir sind die Abenteurer der Erde, unser Leben ist auf Schritt und Tritt von den Spannungen durchzogen, die das Abenteuer ausmachen. Allein erst wenn diese so gewaltsam geworden sind, daß sie über den Stoff, an dem sie sich vollziehen, Herr geworden sind, entsteht das »Abenteuer«. Denn es besteht nicht in den Inhalten, die dabei gewonnen oder verloren, genossen oder erlitten werden: alles dies ist uns auch in anderen Lebensformen zugängig. Sondern daß der Radikalismus da ist, mit dem es als Lebensspannung, als das Rubato des Lebensprozesses fühlbar wird, unabhängig von seiner Materie und ihren Unterschieden; daß das Quantum dieser Spannungen groß genug wird, um das Leben über jene Materie hinweg aus sich herauszureißen – das macht das bloße Erlebnis zum Abenteuer. Es ist freilich nur ein Stück des Daseins neben andern, aber jenen Formen zugehörig, die, über ihren bloßen Anteil am Leben und über alle Zufälligkeit ihres Einzelinhaltes hinaus, die geheimnisvolle Kraft haben, für einen Augenblick die ganze Summe des Lebens als ihre Erfüllung und ihren Träger, der nur zu ihrer Verwirklichung da wäre, fühlen zu lassen.

Die Mode

Die Art, wie es uns gegeben ist, die Erscheinungen des Lebens aufzufassen, läßt uns an jedem Punkte des Daseins eine Mehrheit von Kräften fühlen; und zwar so, daß eine jede von diesen eigentlich über die wirkliche Erscheinung hinausstrebt, ihre Unendlichkeit an der andern bricht und in bloße Spannkraft und Sehnsucht umsetzt. In jedem Tun, auch dem erschöpfendsten und fruchtbarsten, fühlen wir irgendetwas, was noch nicht ganz zum Ausdruck gekommen ist. Indem dies durch die gegenseitige Einschränkung der aneinander stoßenden Elemente geschieht, wird an ihrem Dualismus gerade die Einheit des Gesamtlebens offenbar. Und erst insofern jede innere Energie über das Maß ihrer sichtbaren Äußerung hinausdrängt, gewinnt das Leben jenen Reichtum unausgeschöpfter Möglichkeiten, der seine fragmentarische Wirklichkeit ergänzt; erst damit lassen seine Erscheinungen tiefere

Kräfte, ungelöstere Spannungen, Kampf und Frieden umfänglicherer Art ahnen, als ihre unmittelbare Gegebenheit verrät.

Dieser Dualismus kann nicht unmittelbar beschrieben, sondern nur an den einzelnen Gegensätzen, die für unser Dasein typisch sind, als ihre letzte, gestaltende Form gefühlt werden. Den ersten Fingerzeig gibt die physiologische Grundlage unseres Wesens: dieses bedarf der Bewegung wie der Ruhe, der Produktivität wie der Rezeptivität. Dies in das Leben des Geistes fortsetzend, werden wir einerseits von der Bestrebung nach dem Allgemeinen gelenkt, wie von dem Bedürfnis, das Einzelne zu erfassen; jenes gewährt unserm Geist Ruhe, die Besonderung läßt ihn von Fall zu Fall sich *bewegen.* Und nicht anders im Gefühlsleben: wir suchen nicht weniger die ruhige Hingabe an Menschen und Dinge, wie die energische Selbstbehauptung beiden gegenüber. Die ganze Geschichte der Gesellschaft läßt sich an dem Kampf, dem Kompromiß, den langsam gewonnenen und schnell verlorenen Versöhnungen abrollen, die zwischen der Verschmelzung mit unserer sozialen Gruppe und der individuellen Heraushebung aus ihr auftreten. Mag sich die Schwingung unserer Seele zwischen diesen Polen philosophisch verkörpern im Gegensatz der All-Einheits-Lehre und dem Dogma von der Unvergleichlichkeit, dem Für-sich-sein jedes Weltelementes, mögen sie sich praktisch bekämpfen als die Parteigegensätze des Sozialismus und des Individualismus, immer ist es eine und dieselbe Grundform der Zweiheit, die sich schließlich im biologischen Bilde als der Gegensatz von Vererbung und Variabilität offenbart – die erste der Träger des Allgemeinen, der Einheit, der beruhigten Gleichheit von Formen und Inhalten des Lebens, die andere die Bewegtheit, die Mannigfaltigkeit gesonderter Elemente, die unruhige Entwicklung eines individuellen Lebensinhaltes zu einem anderen erzeugend. Jede wesentliche Lebensform in der Geschichte unserer Gattung stellt auf ihrem Gebiete eine besondere Art dar, das Interesse an der Dauer, der Einheit, der Gleichheit mit dem an der Veränderung, dem Besonderen, dem Einzigartigen zu vereinen.

Innerhalb der sozialen Verkörperung dieser Gegensätze wird die eine Seite derselben meistens von der psychologischen Tendenz zur *Nachahmung* getragen. Die Nachahmung könnte man als eine psychologische Vererbung bezeichnen, als den Übergang des Gruppenlebens in das individuelle Leben. Ihr Reiz ist zunächst der, daß sie uns ein zweckmäßiges und sinnvolles Tun auch da ermöglicht, wo nichts Persönliches und Schöpferisches auf den Plan tritt. Man möchte sie das Kind des Gedankens mit der Gedankenlosigkeit nennen. Sie gibt dem Individuum die Sicherheit, bei seinem Handeln nicht allein zu stehen, sondern erhebt sich über den bisherigen Ausübungen derselben Tätigkeit wie auf einem festen Unterbau, der die jetzige von der Schwierigkeit, sich selbst zu tragen, entlastet. Sie gibt im Praktischen die eigenartige Beruhigung, die es uns im Theoretischen gewährt, wenn wir eine Einzelerscheinung einem Allgemeinbegriff eingeordnet haben. Wo wir nachahmen, schieben wir nicht nur die Forderung produktiver Energie von uns auf den andern, sondern zugleich auch die Verantwortung für dieses Tun; so befreit sie das Individuum von der Qual der Wahl und läßt es schlechthin als ein Geschöpf der Gruppe, als ein Gefäß sozialer Inhalte erscheinen. Der Nachahmungstrieb als Prinzip charakterisiert eine Entwicklungsstufe, auf der der Wunsch nach zweckmäßiger persönlicher Tätigkeit lebendig, aber die Fähigkeit, individuelle Inhalte für sie oder aus ihr zu gewinnen, nicht vorhanden ist. Der Fortschritt über diese Stufe hinaus ist der, daß außer dem Gegebenen, dem Vergangenen, dem Überlieferten die *Zukunft* das Denken, Handeln und Fühlen bestimmt: der teleologische Mensch ist der Gegenpol des Nachahmenden. So entspricht die Nachahmung in all den Erscheinungen, für die sie ein bildender Faktor ist, *einer* der Grundrichtungen unseres Wesens, derjenigen, die sich an der Einschmelzung des Einzelnen in die Allgemeinheit befriedigt, die das Bleibende im Wechsel betont. Wo aber umgekehrt der Wechsel im Bleibenden gesucht wird, die individuelle Differenzierung, das Sich-abheben von der Allgemeinheit, da ist die Nachahmung das negierende und hemmende Prinzip. Und gerade weil die Sehnsucht, bei dem Gegebenen zu verharren und das gleiche zu tun und zu sein wie die anderen, der unversöhnliche Feind jener ist, die zu neuen und eigenen Lebensformen vorschreiten will, und weil jedes von beiden Prinzipien für sich ins Unendliche geht, darum wird das gesellschaftliche Leben als der Kampfplatz erscheinen, auf dem jeder Fußbreit von beiden umstritten wird, die gesellschaftlichen Institutionen als die – niemals dauernden – Versöhnungen, in denen der weiterwirkende Antagonismus beider die äußere Form einer Kooperation angenommen hat.

Die Lebensbedingungen der Mode als einer durchgängigen Erscheinung in der Geschichte unserer Gattung sind hiermit umschrieben. Sie ist Nachahmung eines gegebenen Musters und genügt damit dem Bedürfnis nach sozialer Anlehnung, sie führt den Einzelnen auf die Bahn, die Alle gehen, sie gibt ein Allgemeines, das das Verhalten jedes Einzelnen zu einem bloßen Beispiel macht. Nicht weniger aber befriedigt sie das Unterschiedsbedürfnis, die Tendenz auf Differenzierung, Abwechslung, Sich-abheben. Und dies letztere gelingt ihr einerseits durch den Wechsel der Inhalte, der die Mode von heute individuell prägt gegenüber der von gestern und von morgen, es gelingt ihr noch energischer dadurch, daß Moden immer Klassenmoden sind, daß die Moden der höheren Schicht sich von der tieferen unterscheiden und in dem Augenblick verlassen werden, in dem diese letztere sie sich anzueignen beginnt. So ist die Mode nichts anderes als eine besondere unter den vielen Lebensformen, durch die man die Tendenz nach sozialer Egalisierung mit der nach individueller Unterschiedenheit und Abwechselung in einem einheitlichen Tun zusammenführt. Fragt man die Geschichte der Moden, die bisher nur auf die Entwicklung ihrer *Inhalte* untersucht worden ist, nach ihrer Bedeutung für die Form des gesellschaftlichen Prozesses, so ist sie die Geschichte der Versuche, die Befriedigung dieser beiden Gegentendenzen immer vollkommener dem Stande der jeweiligen individuellen und gesellschaftlichen Kultur anzupassen. In dieses Grundwesen der Mode ordnen sich die einzelnen psychologischen Züge ein, die wir an ihr beobachten.

Sie ist, wie ich sagte, ein Produkt klassenmäßiger Scheidung und verhält sich so wie eine Anzahl anderer Gebilde, vor allem wie die Ehre, deren Doppelfunktion es ist, einen Kreis in sich zusammen- und ihn zugleich von anderen abzuschließen. Wie der Rahmen eines Bildes das Kunstwerk als ein einheitliches, in sich zusammengehöriges, als eine Welt für sich charakterisiert und zugleich, nach außen wirkend, alle Beziehungen zu der räumlichen Umgebung abschneidet; wie die einheitliche Energie solcher Gebilde für uns nicht anders ausdrückbar ist, als indem wir sie in die Doppelwirkung nach innen und nach außen zerlegen, – so zieht die Ehre ihren Charakter und vor allem ihre sittlichen Rechte – Rechte, die sehr häufig von dem Standpunkt der außerhalb der Klasse Stehenden als Unrecht empfunden werden – daraus, daß der Einzelne in seiner Ehre eben zugleich die seines sozialen Kreises, seines Standes, darstellt und bewahrt. So bedeutet die Mode einerseits den Anschluß an die Gleichgestellten, die Einheit eines durch sie charakterisierten Kreises, und eben damit den Abschluß dieser Gruppe gegen die tiefer Stehenden, die Charakterisierung dieser als nicht zu jener gehörig. Verbinden und Unterscheiden sind die beiden Grundfunktionen, die sich hier untrennbar vereinigen, von denen eines, obgleich oder weil es den logischen Gegensatz zu dem andern bildet, die Bedingung seiner Verwirklichung ist. Daß die Mode so ein bloßes Erzeugnis sozialer oder auch: formal psychologischer Bedürfnisse ist, wird vielleicht durch nichts stärker erwiesen als dadurch, daß in sachlicher, ästhetischer oder sonstiger Zweckmäßigkeitsbeziehung unzählige Male nicht der geringste Grund für ihre Gestaltungen auffindbar ist. Während im allgemeinen z. B. unsere Kleidung unsern Bedürfnissen sachlich angepaßt ist, waltet keine Spur von Zweckmäßigkeit in den Entscheidungen, durch die die Mode sie formt: ob weite oder enge Röcke, spitze oder breite Frisuren, bunte oder schwarze Krawatten getragen werden. So häßliche und widrige Dinge sind manchmal modern, als wollte die Mode ihre Macht gerade dadurch zeigen, daß wir ihretwegen das Abscheulichste auf uns nehmen; gerade die Zufälligkeit, mit der sie einmal das Zweckmäßige, ein andermal das Abstruse, ein drittes Mal das sachlich und ästhetisch ganz Indifferente anbefiehlt, zeigt ihre völlige Gleichgültigkeit gegen die sachlichen Normen des Lebens, womit sie eben auf andere Motivierungen, nämlich die typisch-sozialen als die einzig übrigbleibenden hinweist. Diese Abstraktheit der Mode, in ihrem tiefsten Wesen begründet und als »Realitätsfremdheit« ein gewisses *ästhetisches* Cachet dem Modernen selbst auf ganz außerästhetischen Gebieten verleihend, entwickelt sich auch in historischen Phänomenen. Aus früheren Zeiten wird vielfach berichtet, wie eine Laune oder das besondere Bedürfnis einzelner Persönlichkeiten eine Mode entstehen ließen – so die mittelalterlichen Schnabelschuhe aus dem Wunsch eines vornehmen Herrn, für einen Auswuchs an seinem Fuß eine entsprechende Schuhform zu finden, der Reifenrock aus dem Wunsch einer tonangebenden Frau, ihre Schwangerschaft zu verbergen usw. Im Gegensatz zu solchem personalen Ursprung wird auch die Erfindung der Mode in der Gegenwart mehr und mehr in die objektive Arbeitsverfassung der Wirtschaft eingegliedert. Es entsteht nicht nur irgendwo ein Artikel, der dann Mode wird, sondern es werden Artikel zu dem Zweck aufgebracht, Mode zu werden. In gewissen Zeitintervallen wird eine neue Mode a priori gefordert, und nun gibt es Erfinder und Industrien, die ausschließlich an der Ausführung dieses Rahmens arbeiten. Die Beziehung zwischen Abstraktheit überhaupt und objektiv-gesellschaftlicher Organisation offenbart sich in der Gleichgültigkeit der Mode als Form gegen jede Bedeutung ihrer besonderen Inhalte – und in ihrem immer entschiedeneren Übergang an sozialproduktive Wirtschaftsgebilde. Daß die Überindividualität ihres inneren Wesens auch ihre Inhalte ergreift, kann sich nicht entschiedener ausdrücken, als darin, daß die Moden-Kreation ein bezahlter Beruf ist, in den großen Betrieben eine »Stellung«, die sich von der Personalität so differenziert hat, wie überhaupt ein objektives Amt von seinem subjektiven Inhaber. Gewiß mag die Mode gelegentlich sachlich begründete Inhalte aufnehmen, aber als Mode wirkt sie erst, wenn die Unabhängigkeit gegen jede andere Motivierung positiv fühlbar wird, wie unser pflichtmäßiges Tun erst dann als ganz sittlich gilt, wenn nicht sein äußerer Inhalt und Zweck uns dazu bestimmt, sondern ausschließlich die Tatsache, daß es eben Pflicht ist. Darum ist die Herrschaft der Mode am unerträglichsten auf den Gebieten, auf denen nur sachliche Entscheidungen gelten sollen: Religiosität, wissenschaftliche Interessen, ja, Sozialismus und Individualismus sind freilich Modesachen gewesen; aber die Motive, aus denen diese Lebensinhalte allein angenommen werden sollten, stehen in absolutem Gegensatz zu der vollkommenen Unsachlichkeit in den Entwicklungen der Mode und ebenso zu jenem ästhetischen Reize, den ihr die Entfernung von den inhaltlichen Bedeutungen der Dinge gibt, und der, als Moment solcher letztinstanzlichen Entscheidungen ganz unangebracht, ihnen einen Zug von Frivolität aufprägt.

Wenn die gesellschaftlichen Formen, die Kleidung, die ästhetischen Beurteilungen, der ganze Stil, in dem der Mensch sich ausdrückt, in fortwährender Umbildung durch die Mode begriffen sind, so kommt die Mode, d. h. die neue Mode, in alledem nur den oberen Ständen zu. Sobald die unteren sich die Mode anzueignen beginnen und damit die von den oberen gesetzte Grenzmarkierung überschreiten, die Einheitlichkeit in dem so symbolisierten Zusammengehören jener durchbrechen, wenden sich die oberen Stände von dieser Mode ab und einer neuen zu, durch die sie sich wieder von den breiten Massen differenzieren und mit der das Spiel von neuem beginnt. Denn naturgemäß sehen und streben die unteren Stände nach oben und können dies noch am ehesten auf den Gebieten, die der Mode unterworfen sind, weil diese am meisten äußerlicher Nachahmung zugänglich sind. Derselbe Prozeß spielt – nicht immer so ersichtlich wie etwa zwischen Damen und Dienstmädchen – zwischen den verschiedenen Schichten der höheren Stände. Vielfach kann man gerade bemerken, daß, je näher die Kreise aneinandergerückt sind, desto toller unten die Jagd des Nachmachens und oben die Flucht zum Neuen ist; die durchdringende Geldwirtschaft muß diesen Prozeß erheblich beschleunigen und sichtbar machen, weil die Gegenstände der Mode, als die Äußerlichkeiten des Lebens, ganz besonders dem bloßen Geldbesitz zugänglich sind, und in ihnen deshalb die Gleichheit mit der oberen Schicht leichter herzustellen ist als auf allen Gebieten, die eine individuelle, nicht mit Geld abkaufbare Bewährung fordern.

Wie sehr dieses Abscheidungsmoment – neben dem Nachahmungsmoment – das Wesen der Mode bildet, zeigen ihre Erscheinungen da, wo die gesellschaftliche Struktur keine übereinander gelagerten Schichten besitzt; dann sind es oft die nebeneinander gelagerten, die sie ergreift. Es wird von einigen Naturvölkern berichtet, daß eng benachbarte und unter den genau gleichen Bedingungen lebende Gruppen manchmal scharf gesonderte Moden ausbilden, durch die jede Gruppe den Zusammenschluß nach innen ebenso wie die Differenz nach außen markiert. Andrerseits wird die Mode mit besonderer Vorliebe von außen importiert und innerhalb eines Kreises um so mehr geschätzt, wenn sie nicht innerhalb seiner selbst entstanden ist; schon der Prophet Zephanja spricht unwillig von den Vornehmen in ausländischer Kleidung. Tatsächlich scheint der exotische Ursprung der Mode den Zusammenschluß der Kreise, auf den sie angelegt ist, mit besonderer Stärke zu begünstigen; gerade dadurch, daß sie von außen kommt, schafft sie jene besondere und bedeutsame Form der Sozialisierung, die durch die gemeinsame Beziehung zu einem außerhalb gelegenen Punkte eintritt. Es scheint manchmal, als ob die sozialen Elemente wie die Augenachsen am besten auf einen nicht zu nahe gelegenen Punkt konvergierten. So besteht bei Naturvölkern das Geld, also gerade der Gegenstand des lebhaftesten allgemeinen Interesses, oft aus Zeichen, die von auswärts eingeführt werden; so daß es in manchen Gegenden (auf den Salomo-Inseln, in Ibo am Niger) eine Art Industrie ist, aus Muscheln oder sonst Geldzeichen herzustellen, die nicht am Herstellungsort selbst, sondern in benachbarten Gegenden, wohin sie exportiert werden, als Geld kursieren – gerade wie die Moden in Paris vielfach mit bloßer Rücksicht darauf, daß sie anderswo Mode werden, produziert werden. – In Paris selbst zeigt die Mode die weiteste Spannung und Versöhnung ihrer dualistischen Elemente. Der Individualismus, die Anpassung an das persönlich Kleidsame, ist viel tiefer als in Deutschland; aber dabei wird ein gewisser ganz weiter Rahmen des allgemeinen Stiles, der aktuellen Mode, streng festgehalten, so daß die einzelne Erscheinung nie aus dem Allgemeinen heraus*fällt*, aber sich immer aus ihm heraus*hebt*.

Wo von den beiden sozialen Tendenzen, die zur Bildung der Mode zusammenkommen müssen, nämlich dem Bedürfnis des Zusammenschlusses einerseits und dem Bedürfnis der Absonderung andrerseits, auch nur eines fehlt, wird die Bildung der Mode ausbleiben, wird ihr Reich enden. Darum haben die unteren Stände sehr wenige und seltene spezifische Moden, darum sind die Moden der Naturvölker so sehr viel stabiler als die unsrigen. Die Gefahr der Vermischung und Verwischung, die die Klassen der Kulturvölker zu den Differenzierungen von Kleidung, Benehmen, Geschmack usw. veranlaßt, fehlt häufig bei primitiven sozialen Strukturen, die einerseits kommunistischer sind, andrerseits aber die bestehenden Unterschiede starr und definitiver festlegen. Eben durch jene Differenzierungen werden die an der Absonderung interessierten Gruppenabteilungen zusammengehalten: der Gang, das Tempo, der Rhythmus der Gesten wird zweifellos durch die Kleidung wesentlich bestimmt, gleich gekleidete Menschen benehmen sich relativ gleichartig. Hier besteht noch eine besondere Verknüpfung. Der Mensch, der der Mode folgen kann und will, trägt öfters *neue* Kleider. Das neue Kleid aber bestimmt unsere Haltung mehr als das alte, das schließlich ganz in der Richtung unserer individuellen Gesten ausgearbeitet ist, einer jeden widerstandslos nachgibt und oft in kleinsten Besonderheiten unsere Innervationen sich verraten läßt. Daß wir uns in einem alten Gewande »behaglicher« fühlen als in einem neuen, bedeutet nichts anderes, als daß dieses uns sein eignes Formgesetz auferlegt, das mit längerem Tragen allmählich in das unserer Bewegungen übergeht. Darum verleiht das neue Kleid seinen Trägern eine gewisse überindividuelle Gleichmäßigkeit der Haltung, die Prärogative, die das Kleid im Maße seiner Neuheit über die Individualität seines Trägers besitzt, läßt die streng modischen Menschen jeweils relativ uniformiert erscheinen. Für das neuzeitliche Leben mit seiner individualistischen Zersplitterung ist dieses Homogenitätsmoment der Mode besonders bedeutsam. Und auch darum wird die Mode bei den Naturvölkern geringer, d. h. stabiler sein, weil das Bedürfnis nach Neuheit der Eindrücke und Lebensformen, ganz abgesehen von ihrer sozialen Wirkung, bei ihnen ein sehr viel geringeres ist. Der Wechsel der Mode zeigt das Maß der Abstumpfbarkeit der Nervenreize an; je nervöser ein Zeitalter ist, desto rascher werden seine Moden wechseln, weil das Bedürfnis nach Unterschiedsreizen, einer der wesentlichen Träger aller Mode, mit der Erschaffung der Nervenenergien Hand in Hand geht. Schon dies ist ein Grund, weshalb die höheren Stände den eigentlichen Sitz der Mode ausmachen. In bezug auf die rein sozialen Veranlassungen derselben geben zwei einander benachbarte primitive Völker sehr beweisende Beispiele für ihren Zweck der Zusammenschließung und Abschließung. Die Kaffern haben eine sehr reich gegliederte soziale Stufenordnung, und bei ihnen findet man, obgleich Kleider und Schmuck gewissen gesetzlichen Einschränkungen unterliegen, ein ziemlich rasches Wechseln der Mode; die Buschmänner dagegen, bei denen eine Klassenbildung überhaupt nicht stattgefunden hat, haben überhaupt keine Mode ausgebildet, d. h. es ist an ihnen kein Interesse für den Wechsel von Kleidung und Schmuck festgestellt. Eben diese negativen Gründe haben gelegentlich auf den Höhen der Kultur, nun aber mit vollem Bewußtsein, die Ausbildung einer Mode verhindert. In Florenz soll es um das Jahr 1390 deshalb keine herrschende Mode der männlichen Kleidung gegeben haben, weil jeder sich auf besondere Weise zu tragen suchte. Hier fehlt also das eine Moment, das Bedürfnis des Zusammenschlusses, ohne das es zu keiner Mode kommen kann. Andrerseits: die venezianischen Nobili, so wird berichtet, hätten keine Mode gehabt, da sie sich alle infolge eines Gesetzes schwarz zu kleiden hatten, um nicht die Kleinheit ihrer Zahl den unteren Massen gar zu anschaulich zu machen. Hier gab es also keine Mode, weil das andere konstitutive Element für sie fehlte, weil die Unterscheidung gegen die Tieferstehenden absichtlich vermieden wurde. Und außer diesem nach außen gerichteten negativen Moment sollte die Gleichheit der Kleidung – die ersichtlich nur bei dem invariablen Schwarz zu gewährleisten war – die innere Demokratie dieser aristokratischen Körperschaft symbolisieren: auch *innerhalb* ihrer sollte es durchaus nicht zu einer Mode kommen, die das Korrelat für die Ausbildung irgendwie differenter Schichten unter den Nobili gewesen wäre. Die Trauerkleidung, besonders die weibliche, gehört gleichfalls zu diesen Negationserscheinungen der

Mode. Abschluß oder Hervorhebung und Zusammenschluß oder Gleichheit sind zwar auch hier vorhanden. Die Symbolik der schwarzen Kleider stellt den Trauernden abseits der bunten Bewegtheit der anderen Menschen, als gehörte er durch sein Verbundenbleiben mit dem Toten in einem gewissen Maße dem Reich des Nicht-Lebendigen an. Indem dies nun für alle Trauernden der Idee nach das gleiche ist, bilden sie in solcher Scheidung von der Welt der sozusagen vollkommen Lebendigen eine ideelle Gemeinschaft. Aber da diese nicht sozialer Natur ist – nur Gleichheit, nicht Einheit – so fehlt die Möglichkeit einer Mode. Es bestätigt den *sozialen* Charakter der Mode, daß sie, wo das Gewand zwar ihre Momente der Trennung und der Verbindung darbietet, der Mangel der sozialen Absicht gerade zu ihrem äußersten Gegenteil, nämlich zu der prinzipiellen Unveränderlichkeit der Trauerkleidung geführt hat.

Das Wesen der Mode besteht darin, daß immer nur ein Teil der Gruppe sie übt, die Gesamtheit aber sich erst auf dem Wege zu ihr befindet. Sobald sie völlig durchgedrungen ist, d. h. sobald einmal dasjenige, was ursprünglich nur einige taten, wirklich von allen ausnahmslos geübt wird, wie es bei gewissen Elementen der Kleidung und der Umgangsformen der Fall ist, so bezeichnet man es nicht mehr als Mode. Jedes Wachstum ihrer treibt sie ihrem Ende zu, weil eben dies die Unterschiedlichkeit aufhebt. Sie gehört damit dem Typus von Erscheinungen an, deren Intention auf immer schrankenlosere Verbreitung immer vollkommenere Realisierung geht – aber mit der Erreichung dieses absoluten Zieles in Selbstwiderspruch und Vernichtung fallen würden. So schwebt der sittlichen Bestrebung ein Ziel der Heiligkeit und Unverführbarkeit vor, während alles eigentliche Verdienst der Sittlichkeit vielleicht nur in der *Bemühung* um dieses Ziel und dem Ringen gegen eine immer noch fühlbare Versuchung wohnt; so geschieht die wirtschaftliche Arbeit oft, um den Genuß von Ruhe und Muße als Dauerzustand zu gewinnen – nach dessen völliger Erreichung aber das Leben oft durch Leerheit und Erstarrung die ganze Bewegung auf ihn hin dementiert; so hört man über die sozialisierenden Tendenzen der Gesellschaftsordnung behaupten: sie seien so lange wertvoll, wie sie sich in einer sonst noch individualistischen Verfassung ausbreiteten, würden dagegen als restlos durchgeführter Sozialismus in Unsinn und Ruin umschlagen. Der allgemeinsten Formulierung dieses Typus untersteht auch die Mode. Ihr wohnt von vornherein der Expansionstrieb inne, als sollte jede jeweilige die Gesamtheit einer Gruppe sich unterjochen; in dem Augenblicke aber, wo ihr dies gelänge, müßte sie als *Mode* an dem logischen Widerspruch gegen ihr eignes Wesen sterben, weil ihre durchgängige Verbreitung das Abscheidungsmoment in ihr aufhebt.

Daß in der gegenwärtigen Kultur die Mode ungeheuer überhand nimmt – in bisher fremde Provinzen einbrechend, in altbesessenen sich, d. h. das Tempo ihres Wechsels, unaufhörlich steigernd – ist nur die Verdichtung eines zeitpsychologischen Zuges. Unsere innere Rhythmik fordert immer kürzere Perioden im Wechsel von Eindrücken; oder, anders ausgedrückt: Der Akzent der Reize rückt in steigendem Maß von ihrem substantiellen Zentrum auf ihren Anfang und ihr Ende. Dies beginnt mit den geringfügigsten Symptomen, etwa dem immer ausgedehnteren Ersatz der Zigarre durch die Zigarette, es offenbart sich an der Reisesucht, die das Leben des Jahres möglichst in mehreren kurzen Perioden, mit den starken Akzentuierungen des Abschieds und der Ankunft, schwingen läßt. Das spezifisch »ungeduldige« Tempo des modernen Lebens besagt nicht nur die Sehnsucht nach raschem Wechsel der qualitativen Inhalte des Lebens, sondern die Stärke des formalen Reizes der Grenze, des Anfangs und Endes, Kommens und Gehens. Im kompendiösesten Sinne solcher Form hat die Mode durch ihr Spiel zwischen der Tendenz auf allgemeine Verbreitung und der Vernichtung ihres Sinnes, die diese Verbreitung gerade herbeiführt, den eigentümlichen Reiz der Grenze, den Reiz gleichzeitigen Anfanges und Endes, den Reiz der Neuheit und gleichzeitig den der Vergänglichkeit. Ihre Frage ist nicht Sein oder Nichtsein, sondern sie ist zugleich Sein und Nichtsein, sie steht immer auf der Wasserscheide von Vergangenheit und Zukunft und gibt uns so, solange sie auf ihrer Höhe ist, ein so starkes Gegenwartsgefühl, wie wenige andre Erscheinungen. Wenn in der jeweiligen Aufgipfelung des sozialen Bewußtseins auf den Punkt, den sie bezeichnet, auch schon ihr Todeskeim liegt, ihre Bestimmung zum Abgelöst-werden, so deklassiert diese Vergänglichkeit sie im ganzen nicht, sondern fügt ihren Reizen einen neuen hinzu. Wenigstens nur dann erfährt ein Gegenstand durch seine Bezeichnung als »Modesache« eine Abwürdigung, wenn man ihn aus anderen, sachlichen Gründen perhorresziert und herabzusetzen wünscht, so daß dann freilich die Mode zum Wertbegriff wird. Irgend etwas sonst in gleicher Weise Neues und plötzlich Verbreitetes in der Praxis des Lebens wird man nicht als Mode bezeichnen, wenn man an seinen Weiterbestand und seine *sachliche* Begründetheit glaubt; nur der wird es so nennen, der von einem ebenso schnellen Verschwinden jener Erscheinung, wie ihr Kommen war, überzeugt ist. Deshalb gehört zu den Gründen, aus denen die Mode heute so stark das Bewußtsein beherrscht, auch der, daß die großen, dauernden, unfraglichen Überzeugungen mehr und mehr an Kraft verlieren. Die flüchtigen und veränderlichen Elemente des Lebens gewinnen dadurch um so mehr Spielraum. Der Bruch mit der Vergangenheit, den zu vollziehen die Kulturmenschheit seit mehr als hundert Jahren sich unablässig bemüht, spitzt das Bewußtsein mehr und mehr auf die Gegenwart zu. Diese Betonung der Gegenwart ist ersichtlich zugleich Betonung des Wechsels, und in demselben Maße, in dem ein Stand Träger der bezeichneten Kulturtendenz ist, in demselben Maße wird er sich der Mode auf allen Gebieten, keineswegs etwa nur auf dem der Kleidung, zuwenden.

Aus jener Tatsache nun, daß die Mode als solche eben noch nicht allgemein verbreitet sein kann, quillt für den Einzelnen die Befriedigung, daß sie an ihm immerhin noch etwas Besonderes und Auffälliges darstellt, während er doch zugleich innerlich sich nicht nur von einer Gesamtheit getragen fühlt, die das Gleiche *tut*, sondern außerdem auch noch von einer, die nach dem Gleichen *strebt*. Deshalb ist die Gesinnung, der der Modische begegnet, eine offenbar wohltuende Mischung von Billigung und Neid. Man beneidet den Modischen als Individuum, man billigt ihn als Gattungswesen. Aber auch jener Neid selbst hat hier eine besondere Färbung. Es gibt eine Nuance des Neides, die eine Art ideelen Anteilhabens an den beneideten Gegenständen einschließt. Das Verhalten der Proletarier, wenn sie einen Blick in die Feste der Reichen tun können, ist hierfür ein lehrreiches Beispiel; die Basis solchen Verhaltens ist, daß hier ein angeschauter Inhalt rein als solcher lustvoll wirkt, gelöst von seiner, an das subjektive Haben gebundenen Wirklichkeit – irgendwie dem Kunstwerk vergleichbar, dessen Glücksertrag auch nicht davon abhängt, wer es besitzt. Daß solche Trennung des reinen Inhaltes der Dinge von der Besitzfrage überhaupt geschehen kann (entsprechend der Fähigkeit des Erkennens, den Inhalt der Dinge von ihrem Sein zu trennen), dadurch wird jenes Anteilhaben möglich, das der Neid verwirklicht. Und vielleicht ist dies nicht einmal eine besondere Nuance des Neides, sondern lebt als Element überall, wo er vorkommt. Indem man einen Gegenstand oder einen Menschen beneidet, ist man schon nicht mehr absolut von ihm ausgeschlossen, man hat irgendeine Beziehung zu jenem gewonnen, zwischen beiden besteht nun der gleiche seelische Inhalt, wenngleich in ganz verschiedenen Kategorien und Gefühlsformen. Zu dem, was man beneidet, ist man zugleich näher und ferner als zu demjenigen Gut, dessen Nicht-Besitz uns gleichgültig läßt. Durch den Neid wird gleichsam die Distanz meßbar, was immer zugleich Entferntheit und Nähe bedeutet – das Gleichgültige steht jenseits dieses Gegensatzes. Damit kann der Neid ein leises Sich-Bemächtigen des beneideten Gegenstandes enthalten (wie ein solches auch das Glück der unglücklichen Liebe ist) und damit eine Art Gegengift, das manchmal die schlimmsten Ausartungen des Neidgefühles verhindert. Und gerade die Inhalte der Mode bieten, weil sie nicht, wie viele andere Seeleninhalte, irgend jemandem *absolut* versagt sind, weil eine nie ganz ausgeschlossene Wendung der Geschicke sie auch dem gewähren kann, der vorläufig nur auf das Beneiden ihrer angewiesen ist, ganz besonders die Chance für diese versöhnlichere Färbung des Neides.

Aus dem gleichen Grundgefüge ergibt sich, daß die Mode der eigentliche Tummelplatz für Individuen ist, welche innerlich unselbständig und anlehnungsbedürftig sind, deren Selbstgefühl aber doch zugleich einer gewissen Auszeichnung, Aufmerksamkeit, Besonderung bedarf. Es ist schließlich dieselbe Konstellation, aus der diejenigen, von Allen nachgesprochenen Banalitäten das größte Glück machen, deren Nachsprechen jedem dennoch das Gefühl gibt, eine ganz besondere, ihn über die Masse erhebende Klugheit zu äußern – also die Banalitäten kritischer, pessimistischer, paradoxer Art. Die Mode erhebt den Unbedeutenden dadurch, daß sie ihn zum Repräsentanten einer Gesamtheit, zur besonderen Verkörperung eines Gesamtgeistes macht. Ihr ist es eigen – weil sie ihrem Begriffe nach nur eine niemals von Allen erfüllte Norm sein kann –, daß sie einen sozialen Gehorsam ermöglicht, der zugleich individuelle Differenzierung ist. In dem Modenarren erscheinen die gesellschaftlichen Forderungen der Mode auf eine Höhe gesteigert, auf der sie völlig den Anschein des Individualistischen und Besonderen annehmen. Ihn bezeichnet es, daß er die Tendenz der Mode über das sonst innegehaltene Maß hinaustreibt: wenn spitze Schuhe Mode sind, läßt er die seinigen in Lanzenspitzen münden, wenn hohe Kragen Mode sind, trägt er sie bis zu den Ohren, wenn es Mode ist, wissenschaftliche Vorträge zu hören, so ist er überhaupt nirgends anders mehr zu finden usw. So stellt er ein ganz Individuelles vor, das in der quantitativen Steigerung solcher Elemente besteht, die ihrer Qualität nach eben Gemeingut des betreffenden Kreises sind. Er geht den andern voran – aber genau auf ihrem Wege. Indem es die letzterreichten Spitzen des öffentlichen Geschmackes sind, die er darstellt, scheint er an der Tête der Gesamtheit zu marschieren. In Wirklichkeit aber gilt von ihm, was unzählige Male für das Verhältnis zwischen Einzelnen und Gruppen gilt: daß der Führende im Grunde der Geführte ist. Demokratische Zeiten begünstigen ersichtlich ganz besonders stark diese Konstellation, so daß sogar Bismarck und sonstige hervorragende Parteiführer konstitutioneller Staaten betont haben, daß sie, weil sie die Führer einer Gruppe sind, ihr folgen müssen. Die Aufgeblasenheit des Modenarren ist so die Karikatur einer durch die Demokratie begünstigten Konstellation des Verhältnisses zwischen dem Einzelnen und der Gesamtheit. Unleugbar aber repräsentiert der Modeheld durch die auf rein quantitativem Wege gewonnene und sich in eine Differenz der Qualität verkleidende Auszeichnung ein wirklich originelles Gleichgewichtsverhältnis zwischen dem sozialen und dem individualisierenden Triebe. Aus diesem Grunde verstehen wir die äußerlich so abstruse Modetorheit mancher sonst durchaus intelligenter und unkleinlicher Persönlichkeiten. Sie gibt ihnen eine Kombination von Verhältnissen zu Dingen und Menschen, die sonst gesonderter aufzutreten pflegen. Es ist nicht nur die Mischung individueller Besonderheit und sozialer Gleichheit, sondern, sozusagen praktischer werdend, ist es die von Herrschergefühl und Unterworfenheit, die hier ihre Wirkungen übt, oder, etwas anders gewendet, eines männlichen und eines weiblichen Prinzips; und gerade daß dies auf den Gebieten der Mode nur wie in einer ideellen Verdünnung vor sich geht, daß gleichsam nur die Form von beiden an einem an sich gleichgültigen Inhalt sich verwirklicht, mag ihr besonders für sensible, mit der robusten Wirklichkeit sich nicht leicht befassende Naturen eine besondere Anziehungskraft verleihen. Die Lebensform gemäß der Mode gewinnt ihren Charakter in dem Vernichten je eines früheren Inhaltes und besitzt eine eigentümliche Einheitlichkeit, in der die Befriedigung des Zerstörungstriebes und des Triebes zu positiven Inhalten nicht mehr voneinander zu trennen sind.

Weil es sich hier nicht um die Bedeutsamkeit eines einzelnen Inhaltes oder einer Einzelbefriedigung, sondern gerade um das Spiel zwischen beiden und ihr gegenseitiges Sich-abheben handelt, kann man ersichtlich die gleiche Kombination, die der extreme Gehorsam der Mode gegenüber erreicht, auch gerade durch Opposition ihr gegenüber gewinnen. Wer sich bewußt unmodern trägt oder benimmt, erreicht das damit verbundene Individualisierungsgefühl nicht eigentlich durch eigene individuelle Qualifikation, sondern durch bloße Negation des sozialen Beispiels: wenn Modernität Nachahmung dieses letzteren ist, so ist die absichtliche Unmodernität seine Nachahmung mit umgekehrtem Vorzeichen, die aber darum nicht weniger Zeugnis von der Macht der sozialen Tendenz ablegt, die uns in irgendeiner positiven oder negativen Weise von sich abhängig macht. Der absichtlich Unmoderne nimmt genau den Inhalt wie der Modenarr auf, nur daß er ihn in eine andere Kategorie formt, jener in die der Steigerung, dieser in die der Verneinung. Es kann sogar in ganzen Kreisen innerhalb einer ausgedehnten Gesellschaft Mode werden, sich unmodern zu tragen – eine der merkwürdigsten sozialpsychologischen Komplikationen, in der der Trieb nach individueller Auszeichnung sich erstens mit einer bloßen Umkehrung der sozialen Nachahmung begnügt und zweitens seinerseits wieder seine Stärke aus der Anlehnung an einen gleich charakterisierten engeren Kreis zieht; wenn sich ein Verein der Vereinsgegner konstitutierte, würde er nicht logisch unmöglicher und psychologisch möglicher sein als diese Erscheinung. Wie man aus dem Atheismus eine Religion gemacht hat, mit ganz demselben Fanatismus, derselben Intoleranz, derselben Befriedigung der Gemütsbedürfnisse, wie die Religion sie enthielt, wie die Freiheit, durch die eine Tyrannei gebrochen wurde, oft nicht weniger tyrannisch und vergewaltigend auftrat als ihr überwundener Feind, so zeigt jene Erscheinung tendenziöser Unmodernität, wie bereit die Grundformen des menschlichen Wesens sind, die völlige Entgegengesetztheit von Inhalten in sich aufzunehmen und ihre Kraft und ihren Reiz an der Verneinung eben dessen zu zeigen, an dessen Bejahung sie soeben noch unwiderruflich geknüpft schienen. Für die Werte, die von den hier fraglichen Charakteren gesucht werden, kommt es ja nur darauf an, dasselbe zu sein und zu tun wie die Andern und zugleich etwas Anderes – eine Synthese, die sich am leichtesten durch eine der vielfach möglichen *formalen* Veränderungen des allgemein rezipierten Inhalts erreichen läßt. So ist es oft völlig unentwirrbar, ob die Momente persönlicher Stärke oder persönlicher Schwäche das Übergewicht in dem Ursachenkomplex solcher Unmodernität haben. Sie kann hervorgehen aus dem Bedürfnis, sich nicht mit der Menge gemein zu machen, ein Bedürfnis, das freilich nicht Unabhängigkeit von der Menge, aber immerhin eine innerlich souveräne Stellung ihr gegenüber zum Grunde hat; sie kann aber auch zu einer schwächlichen Sensibilität gehören, wenn das Individuum fürchtet, sein bißchen Individualität nicht bewahren zu können, falls es sich den Formen, dem Geschmacke, den Gesetzlichkeiten der Allgemeinheit fügt. Die Opposition gegen die letztere ist keineswegs immer ein Zeichen persönlicher Stärke, diese vielmehr wird sich ihres einzigartigen und durch keine äußere Konnivenz zerstörbaren Wertes so bewußt sein, daß sie sich nicht nur ohne Besorgnis den allgemeinen Formen bis zur Mode herunter fügt, sondern gerade an diesem Gehorsam sich der *Freiwilligkeit* ihres Gehorsams und dessen, was jenseits des Gehorsams steht, erst recht bewußt wird.

Wenn die Mode den Egalisierungs- und den Individualisierungstrieb, den Reiz der Nachahmung und den der Auszeichnung zugleich zum Ausdruck bringt und betont, so erklärt dies vielleicht, weshalb die Frauen im allgemeinen der Mode besonders stark anhängen. Aus der Schwäche der sozialen Position nämlich, zu der die Frauen den weit überwiegenden Teil der Geschichte hindurch verurteilt waren, ergibt sich ihre enge Beziehung zu allem, was »Sitte« ist, zu dem, »was sich ziemt«, zu der allgemein gültigen und gebilligten Daseinsform. Denn der Schwache vermeidet die Individualisierung, das praktische Auf-sich-Ruhen mit seinen Verantwortlichkeiten und seiner Notwendigkeit, sich ganz allein mit eigenen Kräften zu verteidigen. Ihm gewährt gerade nur die typische Lebensform Schutz, die den Starken an der Ausnutzung seiner überragenden Kräfte hindert. Auf diesem festgehaltenen Boden der Sitte aber, des Durchschnittlichen, des allgemeinen Niveaus streben die Frauen nun stark zu der auch so noch möglichen relativen Individualisierung und Auszeichnung der Einzelpersönlichkeit. Die Mode bietet ihnen gerade diese Kombination aufs glücklichste: einerseits ein Gebiet allgemeiner Nachahmung, ein Schwimmen im breitesten sozialen Fahrwasser, eine Entlastung des Individuums von der Verantwortlichkeit für seinen Geschmack und sein Tun – andererseits doch eine Auszeichnung, eine Betonung, eine individuelle Geschmücktheit der Persönlichkeit.

Es scheint, daß für jede Klasse von Menschen, ja wahrscheinlich für jedes Individuum ein bestimmtes quantitatives Verhältnis zwischen dem Triebe zur Individualisierung und dem zum Untertauchen in die Kollektivität bestünde, so daß, wenn auf einem bestimmten Lebensgebiete das Ausleben des einen Triebes behindert ist, er sich ein anderes sucht, auf dem er nun das Maß, dessen er bedarf, erfüllt. Auch geschichtliche Tatsachen legen es nahe, die Mode gleichsam als das Ventil anzusehen, auf dem das Bedürfnis der Frauen nach irgendeinem Maß von Auszeichnung und persönlicher Hervorgehobenheit ausbricht, wenn ihnen dessen Befriedigung auf anderen Gebieten mehr versagt ist. Im 14. und 15. Jahrhundert zeigt Deutschland eine außerordentlich starke Entwicklung der Individualität. Die kollektivistischen Ordnungen des Mittelalters wurden durch die Freiheit der Einzelpersönlichkeit in hohem Maße durchbrochen. Innerhalb dieser individualistischen Entwicklung aber fanden die Frauen noch keinen Platz, ihnen wurde noch die Freiheit persönlicher Bewegung und Entfaltung vorenthalten. Sie entschädigten sich dafür durch die denkbar extravagantesten und hypertrophischsten Kleidermoden. Umgekehrt sehen wir, daß in Italien die gleiche Epoche den Frauen den Spielraum für individuelle Entwicklung gewährt. Die Frauen der Renaissance hatten so viele Möglichkeiten der Bildung, der Betätigung nach außen hin, der persönlichen Differenzierung, wie sie ihnen dann wieder fast Jahrhunderte hindurch nicht gegönnt waren, die Erziehung und die Bewegungsfreiheit waren besonders in den höheren Schichten der Gesellschaft für beide Geschlechter fast die gleiche. Aber nun wird auch aus Italien von keinerlei besonderen Extravaganzen der weiblichen Mode aus dieser Zeit berichtet. Das Bedürfnis, sich auf diesem Gebiete individuell zu bewähren und eine Art von Ausgezeichnetheit zu gewinnen, bleibt aus, weil der hierin sich äußernde Trieb auf anderen Gebieten seine hinreichende Befriedigung gefunden hat. Im allgemeinen zeigt die Geschichte der Frauen in ihrem äußeren wie inneren Leben, in dem Individuum ebenso wie in ihrer Gesamtheit eine vergleichsweise so große Einheitlichkeit, Nivellement, Gleichmäßigkeit, daß sie wenigstens auf dem Gebiete der Moden, das das der Abwechslungen schlechthin ist, einer lebhafteren Betätigung bedürfen, um sich und ihrem Leben – sowohl für das eigene Gefühl wie für andere – einen Reiz hinzuzufügen. Wie zwischen Individualisierung und Kollektivierung, so besteht zwischen Gleichmäßigkeit und Abwechslung der Lebensinhalte eine bestimmte Proportion der Bedürfnisse, die auf den verschiedenen Gebieten hin- und hergeschoben wird, die die Versagtheit auf dem einen durch eine irgendwie erzwungene Gewährung auf dem andern auszugleichen sucht. Im ganzen wird man sagen können, daß die Frau, mit dem Manne verglichen, das treuere Wesen ist; eben die Treue, die die Gleichmäßigkeit und Einheitlichkeit des Wesens nach der Seite des Gemütes hin ausdrückt, verlangt doch eben um jener Balancierung der Lebenstendenzen willen irgendeine lebhaftere Abwechslung auf mehr abseits gelegenen Gebieten. Der Mann umgekehrt, der seiner Natur nach untreuer ist, der die Bindung an das einmal eingegangene Gemütsverhältnis typischerweise nicht mit derselben Unbedingtheit und Konzentrierung aller Lebensinteressen auf dieses eine zu bewahren pflegt, wird infolgedessen weniger jener äußeren Abwechslungsform bedürfen. Ja, das Abweisen der Veränderungen auf äußeren Gebieten, die Gleichgültigkeit gegen die Moden der äußeren Erscheinung ist spezifisch männlich – nicht weil er das einheitlichere, sondern gerade weil er im Grunde das vielfältigere Wesen ist und deshalb jener äußeren Abwechslungen eher entraten mag. Darum betont die emanzipierte Frau der Gegenwart, die sich dem männlichen Wesen, seiner Differenziertheit, Personalität, Bewegtheit anzunähern sucht, auch gerade ihre Gleichgültigkeit gegen die Mode. Auch bildete die Mode für die Frauen in gewissem Sinne einen Ersatz für die Stellung innerhalb eines Berufsstandes. Der Mann, der in einen solchen hineingewachsen ist, hat sich damit freilich in einen Kreis relativen Nivellements begeben, er ist innerhalb dieses Standes vielen anderen gleich, er ist vielfach nur ein Exemplar für den Begriff dieses Standes oder Berufes. Andrerseits und wie zur Entschädigung hierfür ist er doch nun auch mit der ganzen Bedeutung, mit der sachlichen wie sozialen Kraft dieses Standes geschmückt, seiner individuellen Bedeutung wird die seiner Standeszugehörigkeit hinzugefügt, die oft die Mängel und Unzulänglichkeiten des rein persönlichen Daseins decken kann.

Eben dies nun leistet an so ganz anderen Inhalten die Mode, auch sie ergänzt die Unbedeutendheit der Person, ihre Unfähigkeit, rein aus sich heraus die Existenz zu individualisieren, durch die Zugehörigkeit zu einem durch eben die Mode charakterisierten, herausgehobenen, für das öffentliche Bewußtsein irgendwie zusammengehörigen Kreis. Auch hier wird freilich die Persönlichkeit als solche in ein allgemeines Schema eingefügt, allein dieses Schema selbst hat in sozialer Hinsicht eine individuelle Färbung und ersetzt so auf dem sozialen

Umwege gerade das, was der Persönlichkeit auf rein individuellem Wege zu erreichen versagt ist. Daß die Demimonde vielfach die Bahnbrecherin für die neue Mode ist, liegt an ihrer eigentümlich entwurzelten Lebensform; das Pariadasein, das die Gesellschaft ihr anweist, erzeugt in ihr einen offenen oder latenten Haß gegen alles bereits Legalisierte, gefestigt Bestehende, einen Haß, der in dem Drängen auf immer neue Erscheinungsformen seinen noch relativ unschuldigsten Ausdruck findet; in dem fortwährenden Streben nach neuen, bisher unerhörten Moden, in der Rücksichtslosigkeit, mit der gerade die der bisherigen entgegengesetzteste leidenschaftlich ergriffen wird, liegt eine ästhetische Form des Zerstörungstriebes, der allen Pariaexistenzen, soweit sie nicht innerlich völlig versklavt sind, eigen zu sein scheint. –

Versuchen wir nun die mit alledem markierten Direktiven der Seele in letzte und subtilste Bewegtheiten ihrer zu verfolgen, so zeigen auch diese jenes antagonistische Spiel vitaler Prinzipien, das deren stets verschobenes Gleichgewicht durch stets neue Proportionen wiederzugewinnen sucht. Es ist der Mode zwar wesentlich, daß sie alle Individualitäten über einen Kamm schert; allein doch immer so, daß sie nie den ganzen Menschen ergreift, sie bleibt ihm doch immer etwas Äußerliches, und zwar selbst auf den Gebieten jenseits bloßer Kleidermoden; denn die Form der Veränderlichkeit, in der sie sich ihm bietet, ist doch unter allen Umständen ein Gegensatz gegen die Beständigkeit des Ichgefühles, ja dieses letztere muß gerade an diesem Gegensatz sich seiner relativen Dauer bewußt werden; nur an diesem Dauernden kann die Veränderlichkeit jener Inhalte sich überhaupt als Veränderlichkeit zeigen und ihren Reiz entfalten. Aber eben deshalb steht sie, wie gesagt, doch immer an der Peripherie der Persönlichkeit, die sich selbst ihr gegenüber als pièce de résistance empfindet oder wenigstens im Notfall empfinden kann. Diese Bedeutung der Mode nun ist es, die gerade von feinen und eigenartigen Menschen aufgenommen wird, indem sie sie als eine Art Maske benutzen. Der blinde Gehorsam gegen die Normen der Allgemeinheit in allem Äußerlichen ist ihnen gerade das bewußte und gewollte Mittel, ihr persönliches Empfinden und ihren Geschmack zu reservieren, den sie eben wirklich ganz für sich haben wollen, so für sich, daß sie ihn nicht in die Erscheinung treten lassen wollen, die allen zugänglich wäre. So ist es gerade eine feine Scham und Scheu, durch die Besonderheit des äußeren Auftretens vielleicht eine Besonderheit des innerlichsten Wesens zu verraten, was manche Naturen in das verhüllende Nivellement der Mode flüchten läßt. Damit ist ein Triumph der Seele über die Gegebenheit des Daseins erreicht, der wenigstens der Form nach zu den höchsten und feinsten gehört: daß nämlich der Feind selbst in einen Diener verwandelt wird, daß gerade dasjenige, was die Persönlichkeit zu vergewaltigen schien, freiwillig ergriffen wird, weil die nivellierende Vergewaltigung hier derartig auf die äußeren Schichten des Lebens zu schieben ist, daß sie einen Schleier und Schutz für alles Innere und nun um so Befreitere abgibt. Der Kampf zwischen dem Sozialen und dem Individuellen schlichtet sich hier, indem die Schichten für beides sich trennen. Dies entspricht genau der Trivialität der Äußerung und Unterhaltung, durch die sehr sensible und schamhafte Menschen oft über die individuelle Seele hinter dieser Äußerung zu täuschen wissen.

Alles Schamgefühl beruht auf dem Sich-Abheben des Einzelnen. Es entsteht, wenn eine Betonung des Ich stattfindet, eine Zuspitzung des Bewußtseins eines Kreises auf diese Persönlichkeit, die doch zugleich als irgendwie unangemessen empfunden wird; darum neigen bescheidene und schwache Persönlichkeiten besonders stark zu Schamgefühlen, bei ihnen tritt, sobald sie irgendwie in das Zentrum einer allgemeinen Aufmerksamkeit, zu einer plötzlichen Akzentuiertheit gelangen, ein peinliches Oszillieren zwischen Betonung und Zurücktreten des Ichgefühles ein. (Die rein innere Scham über solches, was nie zu sozialer Dokumentierung gelangt, oder die überhaupt jenseits der eigentlich soziologischen Scham steht, verrät, durch nicht schwer einzusehende seelische Motivierungen und Symbolisierungen, die formal gleiche Grundstruktur.) Da im übrigen jenes Sich-Abheben von einer Allgemeinheit als die Quelle des Schamgefühls von dem besonderen Inhalte ganz unabhängig ist, auf Grund dessen es geschieht, so schämt man sich vielfach auch gerade des Besseren und Edleren. Wenn in der »Gesellschaft« im engeren Sinne des Wortes Banalität guter Ton ist, so ist dies nicht nur die Folge gegenseitiger Rücksicht, die es taktlos erscheinen läßt, wenn der eine sich mit irgendeiner individuellen, einzigartigen Äußerung hervortut, die ihm nicht jeder nachmachen kann; sondern es geschieht auch durch die Furcht vor jenem Schamgefühl, das gleichsam die von dem Individuum selbst vollzogene Strafe für sein Sich-Herausheben aus dem für alle gleichen, allen gleich zugänglichen Ton und Betätigung bildet. Die Mode nun bietet wegen ihrer eigentümlichen inneren Struktur ein Sich-Abheben, das immer als angemessen empfunden wird. Die noch so extravagante Erscheinungs- oder Äußerungsart ist, insoweit sie Mode ist, vor jenen peinlichen Reflexen geschützt, die das Individuum sonst fühlt, wenn es der Gegenstand der Aufmerksamkeit anderer ist. Alle Massenaktionen werden durch den Verlust des Schamgefühls charakterisiert. Als Element einer Masse macht das Individuum Unzähliges mit, was ihm, wenn es ihm in der Isolierung zugemutet würde, unüberwindliche Widerstände erwecken würde. Es ist eine der merkwürdigsten sozialpsychologischen Erscheinungen, in der sich eben dieser Charakter der Massenaktion zeigt, daß manche Moden Schamlosigkeiten begehen, die als individuelle Zumutung von dem Individuum entrüstet zurückgewiesen werden würden, aber als Gesetz der Mode bei ihm ohne weiteres Gehorsam finden. Das Schamgefühl ist bei ihr, weil sie eben Massenaktion ist, gerade so ausgelöscht wie das Verantwortlichkeitsgefühl bei den Teilnehmern von Massenverbrechen, vor denen der einzelne oft genug, für sich allein vor die Tat gestellt, zurückschrecken würde. Sobald das Individuelle der Situation gegenüber ihrem Gesellschaftlich-Modemäßigen stärker hervortritt, beginnt sogleich das Schamgefühl zu wirken: viele Frauen würden sich genieren, in ihrem Wohnzimmer und vor einem einzelnen fremden Manne so dekolletiert zu erscheinen, wie sie es in der Gesellschaft, in der als solcher die Mode dominiert, vor dreißigen oder hundert tun.

Die Mode ist auch nur eine der Formen, durch die die Menschen, indem sie das Äußere der Versklavung durch die Allgemeinheit preisgeben, die innere Freiheit um so vollständiger retten wollen. Auch Freiheit und Bindung gehört zu jenen Gegensatzpaaren, deren immer erneuter Kampf, deren Hin- und Herschiebung auf den mannigfaltigsten Gebieten dem Leben einen viel frischeren Reiz, eine viel größere Weite und Entfaltung gestattet, als ein irgendwie gewonnenes dauerndes und nicht mehr verrückbares Gleichgewicht beider gewähren könnte. Wie nach Schopenhauer jedem Menschen ein gewisses Quantum von Lust und Leid zugemessen ist, das weder leer bleiben noch überfüllt werden kann und in aller Verschiedenheit und Schwankung innerer und äußerer Verhältnisse nur seine Form wechselt, so könnte man, viel weniger mystisch, entweder eine wirklich dauernde Proportion von Bindung und Freiheit oder wenigstens die Sehnsucht nach einer solchen in jeder Zeit, jeder Klasse, jedem Individuum bemerken, dem gegenüber uns nur die Möglichkeit gegeben ist, die Gebiete zu wechseln, auf die sie sich verteilen. Und die Aufgabe des höheren Lebens ist freilich, diese Verteilung so vorzunehmen, daß die sonstigen, inhaltlichen Werte des Daseins dabei die Möglichkeit günstigster Entfaltung gewinnen. Dasselbe Quantum von Bindung und Freiheit kann einmal die sittlichen, die intellektuellen, die ästhetischen Werte aufs höchste steigern helfen und ein andermal, quantitativ ungeändert und nur auf andere Gebiete verteilt, das genaue Gegenteil dieses Erfolges zeitigen. Im ganzen wird man sagen können, daß das günstigste Resultat für den Gesamtwert des Lebens sich dann ergeben wird, wenn die unvermeidliche Bindung mehr und mehr an die Peripherie des Lebens, auf seine Äußerlichkeiten geschoben wird. Vielleicht ist Goethe in seiner späteren Epoche das leuchtendste Beispiel eines ganz großen Lebens, das durch die Konnivenz in allem Äußeren, durch die strenge Einhaltung der Form, durch ein williges Sich-Beugen unter die Konventionen der Gesellschaft gerade ein Maximum von innerer Freiheit, eine völlige Unberührtheit der Zentren des Lebens durch das unvermeidliche Bindungsquantum erreicht hat. Insofern ist die Mode, weil sie eben nur, dem Rechte vergleichbar, das Äußerliche des Lebens ergreift, nur diejenigen Seiten, die der Gesellschaft zugewandt sind – eine Sozialform von bewunderungswürdiger Zweckmäßigkeit. Sie gibt dem Menschen ein Schema, durch das er seine Bindung an das Allgemeine, seinen Gehorsam gegen die Normen, die ihm von seiner Zeit, seinem Stande, seinem engeren Kreise kommen, aufs unzweideutigste dokumentieren kann, und mit dem er es sich so erkauft, die Freiheit, die das Leben überhaupt gewährt, mehr und mehr auf seine Innerlichkeiten und Wesentlichkeiten rückwärts konzentrieren zu dürfen.

Es finden sich nun innerhalb der Einzelseele jene Verhältnisse von egalisierender Vereinheitlichung und individuellem Sich-Abheben gewissermaßen wiederholt, der Antagonismus der Tendenzen, der die Mode erzeugt, überträgt sich in einer völlig formgleichen Art auch auf diejenigen inneren Verhältnisse mancher Individuen, die mit sozialen Bindungen gar nichts zu tun haben. Es zeigt sich an der Erscheinung, die ich hier meine, jener oft hervorgehobene Parallelismus, mit dem die Verhältnisse zwischen Individuen sich an den Beziehungen der seelischen Elemente des Individuums wiederholen. Mit mehr oder weniger Absicht schafft sich oft das Individuum für sich selbst ein Benehmen, einen Stil, der sich durch den Rhythmus seines Auftauchens, Sich-Geltendmachens und Abtretens als Mode charakterisiert. Namentlich junge Menschen zeigen oft eine plötzliche Wunderlichkeit in ihrer Art, sich zu geben, ein unvermutet, sachlich unbegründet, auftretendes Interesse, das ihren ganzen Bewußtseinskreis beherrscht und ebenso irrational wieder verschwindet. Man könnte dies als eine Personalmode bezeichnen, die einen Grenzfall der Sozialmode bildet. Sie wird einerseits durch das individuelle Unterscheidungsbedürfnis getragen und dokumentiert damit denselben Trieb, der auch an der Sozialmode wirksam wird. Das Bedürfnis aber der Nachahmung, der Gleichartigkeit, der Einschmelzung des Einzelnen in ein Allgemeines wird hier rein innerhalb des Individuums selbst befriedigt, nämlich durch die Konzentration des eigenen Bewußtseins auf diese eine Form oder Inhalt, durch die einheitliche Färbung, die das eigene Wesen dadurch erhält, durch die *Nachahmung seiner selbst* gleichsam, die hier an die Stelle der Nachahmung anderer tritt. Ein gewisses Zwischenstadium zwischen Individual- und Personalmode wird innerhalb mancher engerer Kreise verwirklicht. Banale Menschen adoptieren oft irgendeinen Ausdruck – und zwar meistens viele desselben Kreises eben denselben – den sie nun auf alle passenden und unpassenden Objekte bei jeder Gelegenheit anwenden. Dies ist einerseits Gruppenmode, ist andererseits aber doch auch Individualmode, weil der Sinn davon gerade ist, daß der *Einzelne* die *Gesamtheit* seines Vorstellungskreises dieser Formel untertänig macht. Es wird hiermit der Individualität der Dinge brutale Gewalt angetan, alle Nuancierungen werden verwischt durch die eigentümliche Übermacht dieser einen Bezeichnungskategorie; so, wenn man z. B. alle aus irgendeinem Motive gefallenden Dinge als »chic« oder als »schneidig« bezeichnet, Dinge, die von dem Gebiete, auf dem jene Ausdrücke ein Heimatrecht haben, aufs weiteste abstehen. Auf diese Weise wird die innere Welt des Individuums einer Mode unterworfen und wiederholt so die Form der von der Mode beherrschten Gruppe. Und dies gerade auch durch die sachliche Sinnlosigkeit solcher Individualmoden, die die Macht des formalen, unifizierenden Momentes über das sachlich-vernunftmäßige zeigen – gerade wie es für so viele Menschen und Kreise nur erforderlich ist, daß sie überhaupt einheitlich beherrscht werden, und die Frage, wie qualifiziert oder wertvoll die Herrschaft ist, erst eine sekundäre Rolle spielt. Es ist nicht zu leugnen: indem den Dingen durch jene Bezeichnungsmoden Gewalt angetan wird, indem sie alle gleichmäßig in eine von uns an sie herangebrachte Kategorie eingekleidet werden, übt das Individuum einen Machtspruch über sie, es gewinnt ein individuelles Kraftgefühl, eine Betonung des Ich ihnen gegenüber.

Die Erscheinung, die hier als Karikatur auftritt, ist in geringeren Maßen allenthalben in dem Verhältnis der Menschen zu den Objekten bemerkbar. Es sind nur die ganz hohen Menschen, die die größte Tiefe und Kraft ihres Ich gerade darin finden, daß sie die eigene Individualität der Dinge respektieren. Aus der Feindseligkeit, die die Seele gegenüber der Übermacht, Selbständigkeit, Gleichgültigkeit des Kosmos empfindet, quellen doch neben den erhabensten und wertvollsten Kraftaufwendungen der Menschheit immer wieder die Versuche gleichsam einer äußerlichen Vergewaltigung der Dinge; das Ich setzt sich ihnen gegenüber durch, nicht indem es ihre Kräfte aufnimmt und formt, nicht indem es ihre Individualität erst anerkennt, um sie dann sich dienstbar zu machen, sondern indem es sie äußerlich unter irgendein subjektives Schema beugt, wodurch es denn freilich im letzten Grunde keine Herrschaft über die Dinge, sondern nur über sein eigenes, gefälschtes Phantasiebild ihrer gewonnen hat. Aber das Machtgefühl, das daraus stammt, zeigt seine Unbegründetheit, seinen Illusionismus an der Schnelligkeit, mit der derartige Modeausdrücke vorübergehen.

Es hat sich uns ergeben, daß in der Mode sozusagen die verschiedenen Dimensionen des Lebens ein eigenartiges Zusammenfallen gewinnen, daß sie ein komplexes Gebilde ist, in dem alle gegensätzlichen Hauptrichtungen der Seele irgendwie vertreten sind. Dadurch wird ohne weiteres begreiflich, daß der Gesamtrhythmus, in dem die Individuen und die Gruppen sich bewegen, auch auf ihr Verhältnis zur Mode bestimmend einwirken wird, daß die verschiedenen Schichten einer Gruppe, ganz abgesehen von ihren verschiedenen Lebensinhalten und äußeren Möglichkeiten, schon rein dadurch eine verschiedene Beziehung zur Mode haben werden, daß ihre Lebensinhalte sich entweder in konservativer oder in rasch variierender Form abwickeln. Einerseits sind die unteren Massen schwerer beweglich und langsam entwickelbar. Andererseits sind gerade die höchsten Stände bekanntlich die konservativen, ja oft genug archaistisch; sie fürchten oft genug jede Bewegung und Veränderung, nicht weil der Inhalt derselben ihnen antipathisch oder schädlich wäre, sondern weil es überhaupt Veränderung ist, und weil für sie jede Modifikation des Ganzen, das ihnen in seiner augenblicklichen Verfassung eben die vorteilhafteste Stellung einräumt, verdächtig und gefährlich ist; ihnen kann keine Veränderung mehr einen Zuwachs von Macht bringen, sie haben von jeder höchstens etwas zu fürchten, aber von keiner mehr etwas zu hoffen. Die eigentliche Variabilität des geschichtlichen Lebens liegt deshalb im Mittelstand, und deshalb hat die Geschichte der sozialen und kulturellen Bewegungen ein ganz anderes Tempo angenommen, seit der tiers état die Führung übernommen hat. Deshalb ist die Mode, die Wechsel- und Gegensatzform des Lebens, seitdem viel breiter und erregter geworden; auch ist der häufige Wechsel der Mode eine ungeheure Knechtung des Individuums und insofern eines der erforderlichen Komplemente der gewachsenen gesellschaftlichen und politischen Freiheit. Gerade für eine Lebensform, für deren Inhalte der Augenblick der erreichten Höhe zugleich schon der des Herabsinkens ist, ist ein Stand der eigentlich angewiesene Ort, dessen ganzes Wesen so viel variabler, so viel unruhiger rhythmisiert ist als die untersten Stände mit ihrem dumpf unbewußten und die höchsten Stände mit ihrem bewußt gewollten Konservativismus. Klassen und Individuen, die nach fortwährender Abwechslung drängen, weil eben die Raschheit ihrer Entwicklung ihnen den Vorsprung vor anderen gewährt, finden in der Mode das Tempo ihrer eigenen seelischen Bewegungen wieder. Und es bedarf in diesem Zusammenhang nur des Hinweises auf die Verknüpftheit unzähliger geschichtlicher und sozialpsychologischer Momente, durch die die Großstädte im Gegensatz zu allen engeren Milieus zum Nährboden der Mode werden: auf die treulose Schnelligkeit im Wechsel der Eindrücke und Beziehungen, auf die Nivellierung und gleichzeitige Pointierung der Individualitäten, auf die Zusammengedrängtheit und die eben dadurch aufgenötigte Reserve und Distanzierung. Vor allem muß die ökonomische Aufwärtsbewegung der unteren Schichten in dem Tempo, das sie in der Großstadt nimmt, den raschen Wechsel der Mode begünstigen, weil sie die Tieferstehenden so viel schneller zur Nachahmung der höheren befähigt und damit jener oben charakterisierte Prozeß, in dem jede höhere Schicht die Mode in dem Augenblick verläßt, in dem die tiefere sich ihrer bemächtigt, eine früher ungeahnte Breite und Lebendigkeit gewonnen hat. Auf den Inhalt der Mode hat dies bedeutsame Einflüsse. Vor allen Dingen bewirkt es, daß die Moden nicht mehr so kostspielig und deshalb ersichtlich nicht mehr so extravagant sein können, wie sie in früheren Zeiten waren, wo die Kostbarkeit der erstmaligen Anschaffung oder die Mühseligkeit im Umbilden von Benehmen und Geschmack durch eine längere Dauer ihrer Herrschaft ausgeglichen wurde. Je mehr ein Artikel raschem Modewechsel unterliegt, desto stärker ist der Bedarf nach *billigen* Produkten seiner Art. Nicht nur weil die breiteren und also ärmeren Massen doch Kaufkraft genug haben, um die Industrie großenteils nach sich zu bestimmen, und durchaus Gegenstände fordern, die wenigstens den äußeren und unsoliden Schein des Modernen tragen, sondern auch weil selbst die höheren Schichten der Gesellschaft die Raschheit des Modewechsels, die ihnen durch das Nachdrängen der unteren Schichten oktroyiert wird, nicht leisten könnten, wenn dessen Objekte nicht relativ billig wären. Ein eigentümlicher Zirkel also entsteht hier: je rascher die Mode wechselt, desto billiger müssen die Dinge werden; und je billiger sie werden, zu desto rascherem Wechsel der Mode laden sie die Konsumenten ein und zwingen sie die Produzenten. Das Tempo der Entwicklung ist bei den eigentlichen Modeartikeln von solcher Bedeutsamkeit, daß es diese sogar gewissen Fortschritten der Wirtschaft entzieht, die auf anderen Gebieten allmählich erreicht sind. Namentlich bei den älteren Produktionszweigen der modernen Industrie hat man bemerkt, daß das spekulative Moment allmählich aufhört, eine maßgebende Rolle zu spielen. Die Bewegungen des Marktes werden genauer übersehen, die Bedürfnisse können besser vorausberechnet und die Produktion genauer reguliert werden als früher, so daß die Rationalisierung der Produktion immer mehr Boden gegenüber dem Zufall der Konjunkturen, dem planlosen Hin- und Herschwanken von Angebot und Nachfrage gewinnt. Nur die reinen Modeartikel scheinen davon ausgenommen zu sein. Die polaren Schwankungen, denen die moderne Wirtschaft sich vielfach schon zu entziehen weiß, und von denen fort sie ersichtlich zu ganz neuen wirtschaftlichen Ordnungen und Bildungen strebt, sind auf den der Mode unmittelbar unterworfenen Gebieten doch noch herrschend. Die Form eines fieberhaften Wechsels ist hier so wesentlich, daß sie wie in einem logischen Widerspruch gegen die Entwicklungstendenzen der modernen Wirtschaft steht.

Gegenüber diesem Charakter aber zeigt die Mode nun die höchst merkwürdige Eigenschaft, daß jede einzelne Mode doch gewissermaßen auftritt, als ob sie ewig leben wollte. Wer sich heute ein Mobiliar kauft, das ein Vierteljahrhundert halten soll, kauft es sich unzählige Male nach der neuesten Mode und zieht diejenige, die vor zwei Jahren galt, überhaupt nicht mehr in Betracht. Und doch wird offenbar nach ein paar Jahren der Reiz der Mode dieses jetzige genau so verlassen haben, wie er das frühere schon jetzt verlassen hat, und Gefallen oder Mißfallen an beiderlei Formen werden dann von andersartigen, sachlichen Kriterien entschieden. Eine Abwandlung dieses Motivs zeigt sich in besonderer Weise an den einzelnen Modeinhalten. Es kommt der Mode freilich nur auf den Wechsel an; allein sie hat wie jedes Gebilde die Tendenz auf Kraftersparnis, sie sucht ihre Zwecke so reichlich wie möglich, aber dennoch mit den relativ sparsamsten Mitteln zu erreichen. Eben deshalb schlägt sie – was besonders an der Kleidermode klar wird – immer wieder auf frühere Formen zurück, so daß man ihren Weg direkt mit einem Kreislauf verglichen hat. Sobald eine frühere Mode einigermaßen aus dem Gedächtnis geschwunden ist, liegt kein Grund vor, sie nicht wieder zu beleben und vielleicht den Reiz des Unterschiedes, von dem sie lebt, demjenigen Inhalt gegenüber fühlen zu lassen, der seinerseits bei seinem Auftreten eben diesen Reiz aus seinem Gegensatz gegen die frühere und jetzt wieder belebte gezogen hat. Übrigens geht die Macht der Bewegungsform, von der die Mode lebt, nicht so weit, jeden Inhalt ganz gleichmäßig ihr zu unterwerfen. Selbst auf den von der Mode beherrschten Gebieten sind nicht alle Gestaltungen gleichmäßig geeignet, Mode zu werden. Bei manchen leistet ihr eigentümliches Wesen dem einen gewissen Widerstand. Dies ist mit dem ungleichmäßigen Verhältnis zu vergleichen, das die Gegenstände der äußeren Anschauung zu der Möglichkeit haben, zu Kunstwerken geformt zu werden. Es ist eine sehr bestechende, aber keineswegs tiefgehende und haltbare Meinung, daß jedes Objekt der Wirklichkeit gleichmäßig geeignet wäre, das Objekt eines Kunstwerkes zu bilden. Die Formen der Kunst, wie sie sich historisch, von tausend Zufälligkeiten bestimmt, vielfach einseitig, an technische Vollkommenheiten und Unvollkommenheiten gebunden, herausgebildet haben, stehen keineswegs in unparteiischer Höhe über allen Inhalten der Wirklichkeit; sie haben vielmehr zu manchen dieser ein engeres Verhältnis als zu anderen, manche gehen leicht, wie von Natur für diese Kunstformen vorgebildet, in sie ein, andere entziehen sich wie eigensinnig und von Natur anders gerichtet, der Umbildung in die gegebenen Kunstformen. Die Souveränität der Kunst über die Wirklichkeit bedeutet keineswegs, wie der Naturalismus und viele Theorien des Idealismus meinen, die Fähigkeit, alle Inhalte des Daseins gleichmäßig in ihren Bereich zu ziehen. Keine der Formungen, mit denen der menschliche Geist den Stoff des Daseins bemeistert und zu seinen Zwecken bildet, ist so allgemein und neutral, daß alle jene Inhalte, gleichgültig gegen ihre eigene Struktur, sich ihr gleichmäßig fügten. So kann die Mode scheinbar und in abstracto freilich jeden beliebigen Inhalt in sich aufnehmen, jede beliebige gegebene Form der Kleidung, der Kunst, des Benehmens, der Meinungen kann Mode werden. Und doch liegt im inneren Wesen mancher Formen eine besondere Disposition dazu, sich gerade als Mode auszuleben, während manche ihr von innen her einen Widerstand leisten. So ist z. B. der Modeform alles das relativ fern und fremd, was man als »klassisch« bezeichnen kann, obgleich es sich natürlich gelegentlich auch ihr nicht entzieht. Denn das Wesen des Klassischen ist eine Konzentriertheit der Erscheinung um einen ruhenden Mittelpunkt, die Klassik hat etwas Gesammeltes, das gleichsam nicht so viel Angriffspunkte bietet, an denen Modifikation, Störung der Balance, Vernichtung ansetzen könnte. Für die klassische Plastik ist das Zusammennehmen der Glieder bezeichnend, das Ganze wird von innen her absolut beherrscht, der Geist und das Lebensgefühl des Ganzen ziehen durch die anschauliche Zusammengehaltenheit der Erscheinung jeden einzelnen Teil derselben gleichmäßig in sich ein. Das ist der Grund, weshalb man von der »klassischen Ruhe« der griechischen Kunst spricht; es ist ausschließlich die Konzentriertheit der Erscheinung, die keinem Teil ihrer eine Beziehung zu Kräften und Schicksalen außerhalb eben dieser Erscheinung gestattet und dadurch das Gefühl erregt, daß diese Gestaltung den wechselnden Einflüssen des allgemeinen Lebens entzogen ist – als Mode muß das Klassische zum Klassizistischen, das Archaische zum Archaistischen umgebildet werden. Im Gegensatz dazu wird alles Barocke, Maßlose, Extreme von innen her der Mode zugewandt sein, über so charakterisierte Dinge kommt die Mode nicht wie ein äußeres Schicksal, sondern gleichsam wie der geschichtliche Ausdruck ihrer sachlichen Beschaffenheiten. Die weit ausladenden Glieder der Barockstatue sind gleichsam immer in Gefahr, abgebrochen zu werden, das innere Leben der Figur beherrscht sie nicht vollständig, sondern gibt sie der Beziehung zu den Zufälligkeiten des äußeren Seins preis. Barocke Gestaltungen, mindestens viele von ihnen, haben in sich schon die Unruhe, den Chrakter der Zufälligkeit, die Unterworfenheit unter den momentanen Impuls, die die Mode als Form des sozialen Lebens verwirklicht. Dazu kommt, daß ausschweifende, individuell sehr zugespitzte, launenhafte Formen sehr leicht ermüdend wirken und darum schon rein physiologisch zu der Abwechslung drängen, für die die Mode das Schema abgibt. Hier liegt auch eine der tiefen Beziehungen, die man zwischen den klassischen und den »natürlichen« Gestaltungen der Dinge aufzufinden meinte. So unsicher begrenzt und so irreführend oft der Begriff des Natürlichen überhaupt ist, so kann man doch wenigstens das Negative sagen, daß gewisse Formen, Neigungen, Anschauungen auf diesen Titel *keinen* Anspruch haben, und eben diese werden es auch sein, die dem modischen Wechsel ganz besonders schnell unterliegen, weil ihnen die Beziehung zu dem beharrenden Zentrum der Dinge und des Lebens fehlt, die den Anspruch dauernden Bestandes rechtfertigte. So kam durch eine Schwägerin Ludwigs des Vierzehnten, Elisabeth Charlotte von der Pfalz, die eine völlig maskuline Persönlichkeit war, an dem französischen Hofe die Mode auf, daß Frauen sich wie Männer benahmen und anreden ließen und Männer umgekehrt wie Frauen. Es liegt auf der Hand, wie sehr etwas Derartiges schlechthin nur Mode sein kann, weil es sich von derjenigen unverlierbaren Substanz der menschlichen Verhältnisse entfernt, auf die schließlich die Form des Lebens immer wieder irgendwie zurückkommen muß. So wenig man sagen kann, daß alle Mode etwas Unnatürliches ist, – schon deshalb nicht, weil die Lebensform der Mode selbst dem Menschen als gesellschaftlichem Wesen natürlich ist – so wird man umgekehrt doch von dem schlechthin Unnatürlichen sagen können, daß es wenigstens in der Form der *Mode* bestehen kann. –

Es liegt aber, um das Ganze zusammenzufassen, der eigentümlich pikante, anregende Reiz der Mode in dem Kontraste zwischen ihrer ausgedehnten, alles ergreifenden Verbreitung und ihrer schnellen und gründlichen Vergänglichkeit, dem Rechte auf Treulosigkeit ihr gegenüber. Er liegt nicht weniger in der Enge, mit der sie einen bestimmten Kreis schließt und dessen Zusammengehörigkeit ebenso als ihre Ursache wie als ihre Wirkung zeigt – wie in der Entschiedenheit, mit der sie ihn gegen andre Kreise abschließt. Er liegt endlich ebenso in dem Getragensein durch einen sozialen Kreis, der seinen Mitgliedern gegenseitige Nachahmung auferlegt und damit den Einzelnen von aller Verantwortlichkeit – der ethischen wie der ästhetischen – entlastet, wie in der Möglichkeit, nun doch innerhalb dieser Schranken originelle Nuancierung, sei es durch Steigerung, sei es sogar durch Ablehnung der Mode zu produzieren. So erweist sich die Mode nur als ein einzelnes, besonders charakterisiertes unter jenen mannigfachen Gebilden, in denen die soziale wie die individuelle Zweckmäßigkeit die entgegengesetzten Strömungen des Lebens zu gleichen Rechten objektiviert hat.

Zur Philosophie der Geschlechter

Das Relative und das Absolute im Geschlechter-Problem

Auf allen Gebieten des inneren Daseins wie auf denen, die aus dem erkennenden und handelnden Verhältnis der Innerlichkeit zur Welt erwachsen, ergreifen wir den Sinn und den Wert eines einzelnen Elementes durchgängig in seinem Verhältnis oder als sein Verhältnis zu einem anderen Element – zu einem anderen, das seinerseits sein Wesen an jenem bestimmt. In dieser Relativität aber beharren sie nicht beide, sondern eines von ihnen, mit dem anderen alternierend, wächst zu einem Absoluten auf, das die Relation trägt oder normiert. Alle großen Relationspaare des Geistes: Ich und Welt, Subjekt und Objekt, Individuum und Gesellschaft, Beharrung und Bewegung, Stoff und Form, und viele andre – haben dies Schicksal erfahren, daß jede ihrer Seiten einmal zu einem breiten und tiefen Sinn aufwuchs, mit dem diese Seite ihre eigene engere Bedeutung und ihren Gegensatz zugleich umfaßt.

Die Grundrelativität im Leben unserer Gattung besteht zwischen der Männlichkeit und der Weiblichkeit; und auch an ihr tritt dieses typische Absolutwerden der einen Seite eines Paares relativer Elemente in die Erscheinung. Wir messen die Leistung und die Gesinnung, die Intensität und die Ausgestaltungsformen des männlichen und des weiblichen Wesens an bestimmten Normen solcher Werte; aber diese Normen sind nicht neutral, dem Gegensatz der Geschlechter enthoben, sondern sie selbst sind männlichen Wesens. Ich lasse für jetzt Ausnahmen, Umkehrungen, Weiterentwicklungen dieses Verhaltens beiseite. Die künstlerischen Forderungen und der Patriotismus, ebenso wie der Kosmopolitismus, die allgemeine Sittlichkeit und die besonderen sozialen Ideen, die Gerechtigkeit des praktischen Urteils und die Objektivität des theoretischen Erkennens, die Kraft und die Vertiefung des Lebens – all diese Kategorien sind zwar gleichsam ihrer Form und ihrem Anspruch nach allgemein menschlich, aber in ihrer tatsächlichen historischen Gestaltung durchaus männlich. Nennen wir solche als absolut auftretenden Ideen einmal das Objektive schlechthin, so gilt im geschichtlichen Leben unserer Gattung die Gleichung: objektiv = männlich. Jene durchgehend menschliche, wohl in tiefen metaphysischen Gründen verankerte Tendenz, aus einem Paar polarer Begriffe, die ihren Sinn und ihre Wertbestimmung aneinander finden, den einen herauszuheben, um ihn noch einmal, jetzt in einer absoluten Bedeutung, das ganze Gegenseitigkeits- oder Gleichgewichtsspiel umfassen und dominieren zu lassen, hat sich an der geschlechtlichen Grundrelation der Menschen ein historisches Paradigma geschaffen.

Daß das männliche Geschlecht nicht einfach dem weiblichen relativ überlegen ist, sondern zum Allgemein-Menschlichen wird, das die Erscheinungen des einzelnen Männlichen und des einzelnen Weiblichen gleichmäßig normiert – dies wird, in mannigfachen Vermittlungen, von der *Machtstellung* der Männer getragen. Drückt man das geschichtliche Verhältnis der Geschlechter einmal kraß als das des Herrn und des Sklaven aus, so gehört es zu den Privilegien des Herrn, daß er nicht immer daran zu denken braucht, daß er Herr ist, während die Position des Sklaven dafür sorgt, daß er seine Position nie vergißt. Es ist gar nicht zu verkennen, daß die Frau außerordentlich viel seltner ihr Frau-Sein aus dem Bewußtsein verliert als der Mann sein Mann-Sein. Unzählige Male scheint der Mann rein Sachliches zu denken, ohne daß seine Männlichkeit gleichzeitig irgendeinen Platz in seiner Empfindung einnähme; dagegen scheint es, als würde die Frau niemals von einem deutlicheren oder dunkleren Gefühle, daß sie Frau ist, verlassen; dieses bildet den niemals ganz verschwindenden Untergrund, auf dem alle Inhalte ihres Lebens sich abspielen. Da das differentielle, das Männlichkeits-Moment in den Vorstellungsbildern und Normsetzungen, in den Werken und Gefühlskombinationen, dem Bewußtsein seiner Träger leichter entschwindet, als das entsprechende an dem Weiblichkeitsmoment geschieht, – denn für den Mann als den Herrn knüpft sich innerhalb seiner Lebensbetätigungen kein so vitales Interesse an seine Relation zum Weiblichen, wie die Frau es an ihrer Relation zum Männlichen haben muß – so heben sich die männlichen Wesensäußerungen für uns leicht in die Sphäre einer überspezifischen, neutralen Sachlichkeit und Gültigkeit (denen die spezifisch männliche Färbung, wo sie etwa bemerkt wird, als etwas Individuelles und Zufälliges subordiniert wird). Dies offenbart sich in der unendlich häufigen Erscheinung, daß Frauen gewisse Urteile, Institutionen, Bestrebungen, Interessen als durchaus und charakteristisch männlich empfinden, die die Männer sozusagen naiv für einfach sachlich halten. Auf der gleichen Grundlage der männlichen Herrschaft drängt eine andere Tendenz auf das gleiche Resultat. Von jeher hat jede auf subjektiver Übergewalt beruhende Herrschaft es sich angelegen sein lassen, sich eine objektive Begründung zu geben, das heißt: Macht in Recht zu transformieren. Die Geschichte der Politik, des Priestertums, der Wirtschaftsverfassungen, des Familienrechts ist voll von Beispielen. Insofern der Wille des pater familias, der dem Hause auferlegt ist, als »Autorität« erscheint, ist er nicht mehr willkürlicher Ausnutzer der Macht, sondern der Träger einer objektiven Gesetzlichkeit, die auf das Überpersönlich-Allgemeine der Familieninteressen geht. Nach dieser Analogie und oft in eben diesem Zusammenhang entwickelt sich die psychologische Superiorität, die das Herrschaftsverhältnis zwischen Männern und Frauen den männlichen Wesensäußerungen verschafft, sozusagen in eine logische; diese verlangen normative Bedeutung daraufhin, daß sie die sachliche, für alle, ob männliche, ob weibliche Individuen gleichmäßig gültige Wahrheit und Richtigkeit offenbaren.

Daß so das Männliche zu dem schlechthin Objektiven und sachlich Maßgebenden verabsolutiert wird – und zwar nicht nur dessen empirische Gegebenheit, sondern so, daß auch die aus dem Männlichen und für das Männliche erwachsenden Ideen und idealen Forderungen zu übergeschlechtlich-absoluten werden – das hat für die Beurteilung der Frauen verhängnisvolle Folgen. Hier entsteht auf der einen Seite die mystisierende Überschätzung der Frau. Sobald man nämlich dennoch zu dem Gefühl gelangt ist, daß hier, trotz allem, eine Existenz auf völlig selbständiger, normativer Basis vorliegt, fehlt nun jedes Kriterium für sie, die Möglichkeit zu jeder Übersteigerung und jedem Respekt vor dem Unbekannten und Unverstandenen ist eröffnet. Auf der andern Seite aber, näherliegend, erheben sich alle Mißverständnisse und Unterschätzungen daraus, daß ein Wesen nach Kriterien beurteilt wird, die für ein entgegengesetztes kreiert sind. Von hier aus *kann* die Selbständigkeit des weiblichen Prinzips gar nicht anerkannt werden. Solange es sich einfach um eine Brutalisierung der weiblichen Wesensäußerungen (nach Wirklichkeit und Wert) durch die in derselben Ebene liegenden männlichen handelt, so lange war von einem Appell an eine über beiden gelegene Instanz des Geistes Gerechtigkeit zu hoffen. Sobald aber diese höhere Instanz selbst wieder männlich ist, ist nicht abzusehen, wie die weibliche Wesensart zu einer Beurteilung nach Normen kommen soll, die auf sie anwendbar wären. Tritt hiermit den Frauen, ihren Leistungen, Überzeugungen, praktischen und theoretischen Lebensinhalten der absolute Maßstab entgegen (den die für die Männer gültigen Kriterien bilden), so setzt sich dem zugleich ein relativer zur Seite oder gegenüber, der nicht weniger aus der Prärogative der Männer stammt und oft die genau gegenteiligen Forderungen stellt. Denn der Mann fordert von der Frau doch auch, was ihm, nun gleichsam als einseitiger Partei, in seiner polaren Beziehung zu ihr wünschenswert ist, das im traditionellen Sinne Weibliche, das aber nicht eine selbstgenugsame, in sich zentrierende Eigenart bedeutet, sondern das auf den Mann Orientierte, das ihm gefallen, ihm dienen, ihn ergänzen soll. Indem die Prärogative der Männer den Frauen diese Doppelheit der Maßstäbe auferlegt, den männlichen, als übergeschlechtlich Objektives auftretenden, und den zu diesem gerade korrelativen, oft ihm genau entgegengesetzten, spezifisch weiblichen – können sie eigentlich von keinem Standpunkt aus vorbehaltlos gewertet werden. Die spöttisch-kritische Attitüde gegenüber den Frauen ist deshalb so durchgehend, aber auch so banal und billig, weil, sobald man sie von einem jener Kriterienkreise aus wertet, der entgegengesetzte auftaucht, von dem aus sie insoweit gerade entwertet werden müssen. Und nun setzt sich diese Doppelheit einander ausschließender Ansprüche, gleichsam ihre Form bewahrend und nur ihre Dimensionen ändernd, innerhalb des inneren Bedürfnisses fort, mit dem der Mann als Einzelner sich an die Frau wendet. Ist der Mann – was erst später zu seinen tieferen Folgen kommen wird – das im äußeren und inneren Sinne zur Arbeitsteilung und durch Arbeitsteilung bestimmte Wesen, so wird der so vereinseitigte Einzelne in der Frau die Ergänzung seiner einseitigen Qualitäten suchen, also auch in ihr ein differentielles Wesen, das diese Ergänzung durch die mannigfaltigsten Grade von annähernder Gleichheit bis zu radikaler Gegensätzlichkeit zu leisten hat: die inhaltliche Besonderheit der Individualität fordert eine ihr korrelative inhaltliche Besonderheit von der Frau. Daneben aber verlangt die Differenziertheit als Lebensform überhaupt ihre Ergänzung und Korrelation: das einheitliche, womöglich zu gar keinem besonders betonten Inhalt zugespitzte, in dem undifferenzierten Naturgrunde wurzelnde Wesen. Es ist das Verhängnis stark besonderter Individualisierung, daß sie diese beiden einander ausschließenden Ansprüche oft mit gleicher Stärke stellt, einerseits auf eine andere, ebenso entschiedene Individualisiertheit, nur gleichsam mit umgekehrtem Vorzeichen und Inhalt, andererseits auf die prinzipielle Aufhebung solcher Individualisiertheit überhaupt. Der jeweilige besondere Inhalt und die allgemeine Form des männlichen Lebens bedürfen zu ihrer Ergänzung, ihrem Frieden, ihrer Erlösung zweier Korrelate, die untereinander entgegengesetzt sind. Es ist oft die Problematik, ja die mehr oder weniger entwickelte Tragödie von Verhältnissen, daß der Mann die Erfüllung des einen dieser Bedürfnisse durch die Frau als selbstverständlich hinnimmt und sein Bewußtsein ganz durch das Fehlen der andern beherrschen läßt, die logisch mit jener gar nicht simultan sein kann. Nur den Frauen von sozusagen genialer Weiblichkeit scheint es gegeben, zugleich als durchaus differentielle Individualisiertheit und als Einheit, deren Tiefenschicht die Kräfte aller Besonderungen noch in voller Ungeschiedenheit enthält, zu wirken – analog dem großen, in eben dieser Zweiheit wirkenden Kunstwerk, und gleichgültig gegen deren begriffliche Unverträglichkeit; in den typischen Fällen ist diese indes hinreichend wirksam, um durch den Wechsel des fordernden Standpunktes die Frau in jedem Fall als das Wesen erscheinen zu lassen, dem gegenüber der Mann noch das Recht der Forderung, der Beurteilung aus der Höhenlage objektiver Normierung heraus besitzt.

Die mit alledem angedeutete äußere und kulturgeschichtliche Entwicklung ist doch wohl das Phänomen einer in der überhistorischen Basis des Geschlechtsunterschiedes wurzelnden Bestimmtheit. Das entscheidende Motiv des ganzen Erscheinungskreises ist das oben angedeutete: der Geschlechtsunterschied, scheinbar eine Relation zweier logisch äquivalenter, polarer Parteien, ist dennoch für die Frau typischerweise etwas Wichtigeres als für den Mann, es ist ihr wesentlicher, daß sie Frau ist, als es für den Mann ist, daß er Mann ist. Für den Mann ist die Geschlechtlichkeit sozusagen ein Tun, für die Frau ein Sein. Aber dennoch oder vielmehr gerade damit ist jene Bedeutsamkeit des Geschlechts*unterschiedes* für sie, genau angesehen, nur eine sekundäre Tatsache; sie ruht in ihrem Weibtum als in einer absoluten Wesenssubstanz und – etwas paradox ausgedrückt – gleichgültig dagegen, ob es Männer gibt oder nicht. Für den Mann gibt es diese zentripetale, für sich seiende Geschlechtlichkeit gar nicht. Seine Männlichkeit (im sexuellen Sinne) ist viel durchgehender mit der Beziehung zu der Frau verbunden, als die Weiblichkeit der Frau mit der zum Manne. Dies anzuerkennen, ja vielleicht nur zu begreifen, hindert uns die naive Voraussetzung, die ja gerade in Frage steht: daß die Weiblichkeit nur eine Relationserscheinung zum Manne wäre und daß, wenn diese Relation wegfiele, nichts übrig bliebe; es bleibt tatsächlich kein neutraler »Mensch«, sondern eine Frau übrig. Es ist deshalb sicher in vielen Fällen keine Selbsttäuschung (was ein billiger Skeptizismus und eine nicht viel kostspieligere Schematik freilich leicht behaupten können), wenn Mädchen sich einer leidenschaftlichen Sehnsucht nach einem Kinde, aber keiner nach einem Manne bewußt sind. Am extensivsten aber zeigt sich die Selbständigkeit des Geschlechtlichen an der Frau in dem von aller weiteren Beziehung zum Manne unabhängigen Verlaufe der Schwangerschaft und daran, daß es in den Urzeiten der Menschheit offenbar sehr lange gedauert hat, ehe man überhaupt die Verursachung der Schwangerschaft durch den Geschlechtsakt erkannte. Daß die Frau in der tiefsten Identität von Sein und Weibsein lebt, in der Absolutheit des *in sich* bestimmten Geschlechtlichen, das für seine Charakterwesentlichkeit der Relation zum anderen Geschlecht nicht bedarf, das macht ihr freilich, nun von einer anderen Schicht aus gesehen, in der singulären historischen Erscheinung auch diese Relation, gleichsam den soziologischen Ort ihres metaphysischen Wesens, besonders wichtig; während für den Mann, dessen spezifische Geschlechtlichkeit sich nur an dieser Relation aktualisiert, sie eben deshalb nur ein Lebenselement unter anderen ist, kein character indelebilis wie dort – so daß die Beziehung zur Frau trotz ihrer, für seine Geschlechtlichkeit entscheidenden Bedeutung doch im ganzen nicht jene vitale Wichtigkeit für ihn besitzt. Offenbar ist das typische Verhalten dieses: die Erfüllung des sexuellen Begehrens hat die Intention, den Mann aus der Beziehung zu lösen, die Frau an die Beziehung zu binden. Es ist allgemeine Erfahrung, daß die Frau den Mann um so mehr liebt, wenn sie sich ihm hingegeben hat, ja daß ihre wirkliche, tiefgründige Liebe oft erst damit entsteht – oft dadurch noch unterstützt, daß die Schwangerschaft schützende Anlehnung fordert. Ebenso allgemein aber ist die Erfahrung, daß der Mann von der Frau, die sich ihm hingegeben hat, sehr bald nichts mehr wissen will – was dann zu einer der ethisch widerwärtigsten Erscheinungen führt: daß er die Frau um ihrer Hingabe willen *verachtet,* um sie mit besserem Rechte zu verlassen und durch diese Verachtung den Ärger über die eigene Schwäche oder das eigne Unrecht abzureagieren. Das allgemeine Schema aber ist auch hier, daß für den Mann die sexuelle Frage eine Relationsfrage ist, also überhaupt verschwindet, sobald er, weil der motivierende Trieb gestillt ist, an der Relation kein Interesse mehr hat, sein Absolutes ist mit seinem Geschlechtlichsein nicht verbunden. Für die Frau ist dieses eine Wesensfrage, die ihre Absolutheit sekundär auch in die aus ihr hervorgegangene Relation hineinträgt. Der Mann mag durch Erlebnisse des erotischen Gebietes zur Raserei oder zum Selbstmord gebracht werden, er fühlt dennoch, daß sie ihn im tiefsten nichts angehen – soweit solche Dinge, die ihre Beweislast nicht tragen können, ausgesprochen werden dürfen. Selbst in den Äußerungen so erotischer Naturen wie Michelangelo, Goethe, Richard Wagner finden sich genug Imponderabilien, die auf diese Rangierung des erotischen Erlebnisses in ihnen hinweisen.

Das Absolute, das die Sexualität oder die Erotik als kosmisches Prinzip darstellt, wird für den Mann zur bloßen Relation zur Frau; die Relativität, die dieses Gebiet als Beziehung zwischen den Geschlechtern besitzt, wird für die *Frau* zum Absoluten, Für-sich-Seienden ihres Wesens. Das schließliche Ergebnis dieser Konstellation ist auf der einen Seite das häufig festgestellte Gefühl, als ob auch die vollkommenste Hingabe einer Frau einen letzten Vorbehalt ihrer Seele nicht löste – weil sie eben *in sich* geschlechtlich ist, nicht nur in der Beziehung zum Mann –, als wäre ein heimliches Sich-selbst-Gehören und In-sich-Geschlossensein in ihr, das sie zwar auch, da sie sich eben ganz gibt, in den Tausch einsetzt, das sich aber auch in ihm nicht zu dem andern hin öffnet, sondern, obgleich ihm zu eigen geworden, dabei noch immer an seinem Wurzelgrunde und in seiner Umfriedetheit beharrt. Ein in der Realität ganz einfaches Verhalten wird hier in seinem begrifflichen Ausdruck diffizil und leicht verwirrbar. Indem der Mann sein Leben und Leisten in die Form der Objektivität und damit über die Gegensatztatsache der Geschlechtlichkeit hinweghebt, besteht diese letztere für ihn wirklich nur in der Relation, *als* die Relation zu den Frauen. Für diese aber, mit ihren letzten Wurzeln in die Tatsache ihres Frauentums verwachsen oder mit ihr identisch, ist die Geschlechtlichkeit ein Absolutes, ein Für-sich-Seiendes geworden, das in der Beziehung zum Manne nur eine Äußerung, eine empirische Realisierung gewinnt. Innerhalb ihres Bezirkes aber hat diese Beziehung – weil sie eben das Phänomen des fundamentalen Seins der Frau ist – für sie die unvergleichlichste Bedeutung und hat deshalb zu dem im tieferen Sinne ganz irrigen Urteil geführt, daß das definitive Wesen der Frau, statt in sich selbst zu ruhen, mit dieser *Beziehung* zusammenfiele, sich in ihr erschöpfte. Die Frau bedarf gar nicht so sehr des Mannes in genere, weil sie das sexuelle Leben schon sozusagen in sich hat, als das in sich beschlossene Absolute ihres Wesens; um so mehr bedarf sie, wenn dies Wesen in die Erscheinung treten soll, des Mannes als Individuum. Der Mann, der viel leichter sexuell zu erregen ist, weil es sich dabei für ihn nicht um eine Bewegtheit der Wesenstotalität, sondern nur einer Teilfunktion handelt, hat dazu nur eine ganz generelle Anregung nötig. So können wir die Erfahrungstatsache begreifen, daß die Frau mehr an dem einzelnen Manne, der Mann mehr an der Frau im allgemeinen hängt.

Aus dieser fundamentalen Struktur wird es verständlich, daß einerseits der psychologische Instinkt von jeher die Frau als das Geschlechtswesen bezeichnet hat und daß andrerseits die Frauen selbst sich so oft dagegen auflehnen und diese Bezeichnung als irgendwie unzutreffend empfinden. Dies liegt daran, daß man unter Geschlechtswesen – in Übertragung dessen, was dies für den männlichen Standpunkt bedeuten könnte – ein solches zu verstehen pflegt, das primär und in seiner Basis auf das andere Geschlecht gerichtet ist. Dies aber gilt typischerweise für die Frau nicht. Ihre Geschlechtlichkeit ist gerade viel zu sehr ihre immanente Beschaffenheit, macht viel zu unbedingt und unmittelbar ihr urtümliches Sein aus, als daß sie erst in der Intentionierung auf den Mann hin oder als solche Intentionierung entstehen oder ihr Wesen gewinnen sollte. Am einleuchtendsten wird dies vielleicht an dem Bilde der alten Frau. In viel früheren Jahren als der Mann überschreitet die Frau die obere Grenze des erotischen Reizes im aktiven wie im passiven Sinne. Aber abgesehen von seltensten Ausnahmefällen und den Verfallserscheinungen des ganz hohen Alters, wird sie dadurch keineswegs vermännlicht, oder, was hier wichtiger ist, geschlechtslos. Nun alle auf den Mann hinzielende Sexualität als solche erloschen ist, bleibt ihrem gesamten Wesen das weibliche Cachet unverändert erhalten. Alles an ihr, was vielleicht bis dahin an der erotischen Beziehung zum Manne Ziel und Sinn zu besitzen schien, enthüllt sich jetzt als ganz jenseits dieser Beziehung gestellt, als ein eigen-zentraler, aus sich selbst bestimmter Besitz ihres Wesens. Darum erscheint es mir auch keineswegs erschöpfend, wenn man eben dieses Wesen, statt in die Relation zum Manne, nun in die zum Kinde auflösen wollte. Natürlich ist die unermeßliche Bedeutung, die diese Relation ebenso wie die andere für die Frau hat, gar nicht diskutabel. Allein wie sie gewöhnlich behauptet wird, ist sie auch nur eine Definition vom Standpunkt des sozialen Interesses aus, eine Abwandlung jener anderen Einstellung der Frau in einen von ihr abführenden Zweckzusammenhang, bestenfalls eine Projizierung ihres eigensten und einheitlichen Wesens in die Zeitreihe und eine außerhalb ihrer gelegene Vielfachheit. Unmittelbar folgt aus jener Zielsetzung, daß die Frauen schließlich nur für die Männer da sind. Denn da aus der nächsten Generation die weiblichen Elemente als Endzwecke ausscheiden, vielmehr wieder nur als Mittel für die dann nächste Generation dienen, innerhalb deren dasselbe Spiel sich wiederholt – so bleiben als Zwecke, um derentwillen eben dieses sich abrollt, nur die männlichen Elemente aller Generationen übrig. Schon diese logische Konsequenz zeigt darauf hin, daß all solche Relationen nur *Erscheinungen* des metaphysischen Wesens der Frau sind, in denen dieses in seiner Geschlossenheit und seinem Bei-sich-Sein dennoch nicht aufgeht. Freilich ist dieses Wesen bis in seine letztergründbare Tiefe hinein ganz und gar weiblich, aber diese Weiblichkeit ist nicht in demselben Sinne Erscheinung, nichts Relatives, also etwas »für andere« – so wenig damit, um Mißverständnissen vorzubeugen, etwa ein Egoismus gemeint ist; schon weil Egoismus immer eine Beziehung zu Anderem ist, ein Sich-nicht-Genügen an dem eigenen Sein, ein Hinsehen auf ein Außerhalb, das man erst in dieses Sein einsaugen möchte. Obgleich es der populären Ansicht widerstreitet: dem tiefsten Wesen des Mannes liegt dieses Sich-zum-Mittel-Machen, dieses Verlassen des eigenen Zentrums viel näher als dem der Frau. Er schafft das Objektive oder wirkt in das Objektive hinein, sei es in den Erkenntnisformen der Vorstellung, sei es in schöpferischer Gestaltung gegebener Elemente. Sein theoretisches wie sein praktisches Ideal enthält ein Element von Entselbstung. Er legt sich immer in eine irgendwie extensive Welt auseinander, so sehr er sie mit seiner Persönlichkeit durchdringen mag, er fügt sich mit seinem Tun in historische

Ordnungen ein, innerhalb deren er bei aller Macht und Souveränität als Mittel und Glied gelten kann – ganz anders als die Frau, deren Sein sich sozusagen auf rein intensiven Voraussetzungen aufbaut, die vielleicht in ihrer Peripherie störbarer und zerstörbarer ist als der Mann, aber, so eng mit dem Mittelpunkt verbunden sich diese Peripherie auch zeigen mag – und in der Enge dieser Verbindung des peripherischen und des zentralen Seins liegt wohl das Grundschema aller Frauen-Psychologie –, in diesem Mittelpunkt expansionsloser und allen außerhalb gelegenen Ordnungen entzogener ruht.

Mag man das Leben als subjektiv-innerliche Gerichtetheit, mag man es in seinem Ausdruck an den Dingen erfassen, immer erscheint das männliche Individuum nach zwei Seiten bewegt, in deren Polarität die Frau nicht hineingezogen ist. In jener ersteren Hinsicht ist der Mann einmal nach dem rein Sinnlichen hingerissen (im Unterschied zu der tieferen weiblichen Sexualität, die eben deshalb, weil sie weniger affaire d'épiderme ist, im allgemeinen weniger spezifisch sinnlich ist), der Wille zieht ihn, das Einsaugen- und Beherrschenwollen – und dann wieder reißt es ihn zum Geistigen, zur absoluten Form, zu der Unbegehrlichkeit des Transzendenten. Es ist vielleicht ein Grundirrtum Schopenhauers, die vitale Bedeutung des letzteren in die bloße Verneinung des ersteren zu verlegen, ein nicht geringerer Nietzsches, umgekehrt auch in aller Leidenschaft für das Unsinnliche und Überelementare nur den elementaren Willen zu Macht und Leben spüren zu wollen. So einfach scheint mir die Vereinheitlichung nicht herstellbar, sondern man wird wohl an der Polarität (die ja als solche auch eine Art Einheit ist), an der Gegnerschaft der beiden innerlichen Richtungen, als einem Letzten haltmachen müssen. Demgegenüber verbleibt die Frau in sich, ihre Welt gravitiert nach dem dieser Welt eigenen Zentrum. Indem die Frau jenseits jener beiden eigentlich exzentrischen Bewegungen, der begehrlich sinnlichen und der transzendent formalen, steht, könnte man gerade sie als den eigentlichen »Menschen«, als die im Umgrenztest-Menschlichen Wohnhafte bezeichnen, während der Mann »halb Tier, halb Engel« ist. Und nun in der Wendung zum Objekt: es ist einerseits im ganzen männliche Art, den Eigenbestand und die Eigengesetzlichkeit der Dinge als etwas Wesentliches und Bedeutsames anzuerkennen. Das ganze Ideal eines möglichst sachlichen und reinen Erkennens ruht auf dieser inneren Voraussetzung. Daneben wirkt das Interesse am Gestalten und Umschaffen der Dinge, mit dem entschiedenen Willen, daß sie nun auch so sein und dastehen sollen, wie der Geist es ihnen auferlegt. Die Frau als Typus steht jenseits dieses Doppelverhältnisses zu den Dingen. Der Idealismus der reinen Theorie, die eine Beziehung zu dem bedeutet, wozu man eben keine Beziehung hat, ist nicht ihre Sache. Was sie nicht sich verbunden fühlt, sei es in äußerer oder ethisch-altruistischer Zweckmäßigkeit, sei es in Bedeutsamkeit für ein inneres Heil, geht sie eigentlich nichts an, als fehlte ihr jene gleichsam drahtlose Verbindung dazu, die das bloß objektivische Interesse stiftet. In Hinsicht auf Gestaltung andrerseits ist das männliche Werk – vom Schuster und Tischler bis zum Maler und Dichter – die vollkommene Bestimmung der objektiven Form durch die subjektive Kraft, aber auch das vollkommene Objektivwerden des Subjekts. So rastlos und selbstlos tätig aber die Frau sei, von so reichem Wirken und »Schaffen« innerhalb ihrer Sphäre, von so entschiedener Fähigkeit, ein Haus, ja einen ganzen Kreis auf den Ton ihrer Persönlichkeit zu stimmen, so ist die Produktivität im Sinne jenes Ineinandergehens und gleichzeitigen Selbständigseins von Subjekt und Objekt doch nicht ihre Angelegenheit. Erkennen und Schaffen sind Relationsbewegtheiten, mit denen sozusagen unser Sein aus sich heraus geführt wird, ein Verlegen des Zentrums, ein Aufheben jener letzten Geschlossenheit des Wesens, die eben dem weiblichen Typus bei aller äußeren Geschäftigkeit und aller Hingebung an praktische Aufgaben den Lebenssinn konstituiert. Das Verhältnis zu den Dingen, das in irgendeiner Weise zu haben allgemeine Notwendigkeit ist, gewinnt die Frau, sozusagen ohne das Sein, in dem sie ruht, zu verlassen – durch eine unmittelbarere, instinktivere, gewissermaßen naivere Berührung, ja Identität. Ihre Existenzform geht nicht auf jene besondere Trennung von Subjekt und Objekt, die erst in den besonderen Formen von Erkennen und Schaffen wieder ihre Synthese erfährt.

So ist eigentlich der Mann, der denkende, produzierende, sozial betätigte, trotz aller Verabsolutierung seiner seelischen Inhalte, zu der gerade sein Dualismus disponiert, viel mehr ein Relativitätswesen als die Frau, und so ist auch seine Geschlechtlichkeit nur eine in der ersehnten oder vollzogenen Relation zu der Frau entwickelte – während das im tiefsten Sinne bedürfnislosere Sein der Frau (trotz aller »Bedürftigkeit« ihrer oberflächlicheren Schichten) die Geschlechtlichkeit sozusagen abstandslos in sich schließt; ihrem gelebten Sein ist ihr metaphysisches Wesen unmittelbar verschmolzen, dem inneren Sinne nach durchaus zu unterscheiden von all ihren Relationen und ihrem Mittelsein in physiologischen, psychologischen, sozialen Hinsichten. Fast alle Erörterungen über die Frauen stellen nur dar, was sie in ihrem – realen, ideellen, wertmäßigen – Verhältnis zum Manne sind; keine fragt, was sie für sich sind; freilich begreifbar genug, weil die männlichen Normierungen und Forderungen eben nicht als spezifisch männliche, sondern als das Objektive und schlechthin allgemein Gültige gelten. Fühlt man genau hin, was an Bildnissen jüngerer Frauen, mindestens an ihrer überwiegenden Anzahl, als »Psychologisches«

wirkt, so wird man feststellen, daß es eigentlich gar nicht das Psychologische der Frau selbst, sondern das Psychologische ihrer Wirkung auf den Mann ist, was das Bild uns suggeriert. Und weil man von vornherein nur nach dieser Relation fragt, weil man die Frau wesentlich oder ausschließlich in diesem *Verhältnis* subsistieren läßt, schließt man am Ende, daß sie für sich *nichts* ist – womit man nur das beweist, was man in der Fragestellung schon vorausgesetzt hat. Allerdings wäre auch jene voraussetzungslose Frage: was die Frau denn für sich oder absolut genommen ist, falsch gestellt oder falsch beantwortet, wenn man dabei von ihrem Frauentum absehen wollte. Denn das Frauentum – und dies ist der ganz und allein entscheidende Punkt – kommt nicht ihr, als einem sozusagen metaphysisch farblosen Wesen, erst durch jene Relation zu, sondern ist von vornherein ihr Sein überhaupt, ein Absolutes, das nicht, wie das männliche über den Geschlechtsgegensatz zu stehen kommt, sondern – weiteres vorbehalten – jenseits seiner.

So liegt allerdings in dem männlichen Wesen ein formales Moment, das seine Aufgipfelung über sich selbst zu einer unpersönlichen, ja überrealen Idee und Norm vorbereitet. Das Über-sich-selbst-Hinausgreifen in aller Produktion, die durchgehende Beziehung zu einem Gegenüber, dem sich der Mann mit seiner Einordnung in weit erstreckte reale und ideale Reihen ergibt, enthält von vornherein einen Dualismus, ein Auseinandergehen des einheitlichen Lebens in die Formen des Oben und Unten, des Subjekts und Objekts, des Richters und des Gerichteten, des Mittels und des Zwecks. Indem das weibliche Wesen diesen ganzen Gegensätzlichkeiten und Überbauten. diesen Distanzen zwischen Subjektivem und Objektivem seine fundamentale Einheitlichkeit gegenüberstellt, offenbart sich die typische Tragik jedes der beiden Geschlechter.

Für den Mann besteht sie in dem Verhältnis der endlichen Leistung zur unendlichen Forderung. Diese Forderung steht auf zwei Seiten; sie kommt vom Ich her, insofern es nur aus sich heraus will, nur schaffend leben und sich bewähren will; in diesem Aktus kommt seiner Intention nach eine Grenze nicht in Frage. Auch von seiten der objektiven Idee, die ihre Realisierung fordert, besteht keine Einschränkung, in jedem Werke ist die Absolutheit einer Vollendung ideell angelegt. Indem nun aber diese beiden Unendlichkeiten aneinandergeraten, entstehen durchgängige Hemmungen. Die subjektive Energie, die rein von innen her sich keiner Beschränkung, ja keines Maßes bewußt ist, erfährt ihre Grenze in dem Augenblick, wo sie sich an die Welt wendet und in ihr ein Objekt schaffen will; denn alles Schaffen ist nur im Kompromiß mit den Mächten der Welt möglich, ist eine Resultante aus dem, was wir sind, und dem, was die Dinge sind;

selbst das reine Gedankengebilde zeigt die Begrenzung der an sich formlos strömenden geistigen Kraft durch die Notwendigkeiten der Logik, der Sachverhalte, der Sprache. Und die Idee des Werkes selbst erleidet dadurch, daß es nur durch psychische und in ihrem Realwerden notwendig endliche Kräfte hergestellt werden kann, Einschränkung und Verendlichung. Diese Herabsetzung, Störung, Zerstörung, die alle Produktion trifft, ist in den Voraussetzungen dieser Produktion selbst angelegt, die Struktur von Seele und Welt, die alles Schaffen ermöglicht, schlägt dieses Schaffen selbst mit dem Widerspruch, daß die immanente Forderung seiner Unendlichkeit mit der immanenten Unmöglichkeit, diese Forderung zu erfüllen, a priori verbunden ist. Freilich ist dies eine allgemein menschliche Tragik, insofern alles praktisch produktive Verhältnis zwischen Mensch und Welt mit ihr belastet ist. Aber nur für das Geschlecht, das aus seinen letzten Notwendigkeiten heraus dieses Verhältnis herstellt, dem das Leben am Objekt, dem gegebenen und dem zu schaffenden, aus dem eigensten Wurzelgrunde kommt, wächst aus eben diesem jene Tragik.

Gegenüber dieser tiefen inneren Notwendigkeit entsteht die typische Tragik des weiblichen Geschlechts aus ihrer historischen Situation oder wenigstens aus den mehr äußeren Schichten ihres Lebens. Hier fehlt der die Wurzeln der Existenz spaltende Dualismus, der jene sozusagen autochthone Tragik bedingt, das Leben wird als ein in sich ruhender Wert gelebt und gefühlt und ist seinem Sinne nach so in seinem Mittelpunkt gesammelt, daß selbst der Ausdruck, daß es Selbstzweck sei, es noch zu sehr auseinanderzieht. Die ganze Kategorie von Mittel und Zweck, die sich so tief im männlichen Wesen gründet, ist auf die gleiche Tiefenschicht des weiblichen überhaupt nicht anzuwenden. Und nun tritt die Komplikation ein, daß gerade diese Existenzen nach ihren zeitlichen, sozialen, physiologischen Schicksalen als bloße Mittel behandelt und gewertet, ja sich selber als solcher bewußt werden: Mittel für den Mann, für das Haus, für das Kind. Weil sie nicht die Mittel-Wesen sind, sind sie auch nicht die Arbeits-Wesen (nicht zu verwechseln mit ihrem häufigen Bedürfnis nach »Tätigkeit«) – welche »Intention der Natur« darin sichtbar wird, daß alle dauernde härtere Arbeit sie verhäßlicht, was bei Männern keineswegs der Fall ist; und doch ist eben dies ihr Verhängnis, daß sie so gut wie immer die eigentlichen Arbeitstiere waren. In die gleiche Richtung weist eine zartere seelische Erscheinung. Frauen haben, wo man mit ihnen in intimerer Weise verkehrt (die nicht von vornherein reine Freundschaft oder Kameradschaftlichkeit ist), leicht den Argwohn, daß man mit ihnen psychologisch experimentieren will, sie zum Beobachtungsobjekt macht; was sie natürlich sehr verletzt, denn hier fühlen sie sich noch in absoluterem, ihnen fremderem Sinne zum »Mittel«

entwürdigt, als in der Sexualität. Nun möchte man ihr Geschick, ein bloßes Mittel zu werden, vielleicht eher traurig als tragisch nennen. Denn Tragik liegt doch wohl nur da vor, wo ein zerstörendes, gegen den Lebenswillen des Subjekts gerichtetes Schicksal dennoch aus einem letzten Zuge dieses Subjekts, aus einer Tiefe dieses Lebenswillens selbst gekommen ist – während rein äußere Mächte, so furchtbar, quälend oder vernichtend sie seien, ein bis zum Extrem trauriges, aber nie im eigentlichen Sinne tragisches Los bewirken können. Der Fall der Frauen aber liegt ganz besonders. Jenes Herausgehen über sich selbst, jenes Verlassen der tiefen Gesammeltheit des Lebens, um sich in eine weiterrollende Reihe einzustellen und ihr und ihren anderen Elementen zu dienen, ist hier doch keine schlechthin äußere Vergewaltigung. Es ist zwar nicht in dem metaphysischen Lebenssinn der Frauen angelegt, aber doch darin, daß sie überhaupt in einer Welt stehen, die voll von »anderem« ist, zu der ein Verhältnis zu haben unvermeidlich das reine Ruhen im inneren Zentrum durchbricht. Nicht innerhalb des tiefsten Beisichseins des Wesens, wie für die Männer, sondern in der Tatsache des Hineingesetztseins des Wesens in die naturhafte und geschichtliche Welt entspringt der Dualismus, der die typische Tragik der Weiblichkeit trägt.

Vielleicht eine Nuance, vielleicht aber auch die tiefere Fundierung dieser schwierigkeitsbeladenen Funktion der Frauen als »Mittel« ist der *passivistische* Charakter, mit dem sie sich, nach allgemeiner Überzeugung, von dem aktiveren Wesen der Männer abscheiden. Auf das Symbol dieser Rolle, das ihre Passivität im Akt der Empfängnis bietet, möchte ich zwar kein Gewicht legen, als entscheidend vielmehr die zentripetale Tendenz ihres seelischen Wesens ansprechen. Eine Existenz, die tief in sich ruht, von Natur her ihren Sinn in reiner Gesammeltheit auf die eigen-innerliche, relationsfreie Subjektivität findet, wird in dem Augenblick, in dem sie in die Beziehung zu außerhalb stehenden Wesen, zu aggressiveren, auf zentrifugale Tendenz gestimmten, eintritt, unvermeidlich die duldende, hinnehmende, passive Rolle spielen. Allenthalben ist, unabhängig vom Geschlechtsunterschied, diese Konstellation zu beobachten. Der entschieden nach innen lebende, mit der reinen Zentralität von Gefühlen und Interessen befriedigte Mensch wird immer ein mehr oder weniger passives Objekt für anders gerichtete, von vornherein an- und ausgreifende, auf Relationen angelegte Naturen sein. Es ist nur die summarische Konsequenz davon, daß er, in die Bewegungen der Umwelt hineingezogen, den Kürzeren zu ziehen pflegt. Nicht weil er schwächer oder törichter, gutmütiger oder gegen die strittigen Werte gleichgültiger wäre; mag alles dies sein oder nicht, der eigentlich charakterologische Grund ist, daß seine Lebensdirektive nach innen geht, daß seine

Kräfte nicht primär nach außen hin strahlen, sich von Natur nicht in Relationen ergießen, sondern daß er ein geschlossenes Gebilde ist, mit dem ersichtlich die Welt machen kann, was sie will. So hat das passive, »leidende« Wesen der Frauen weder im Physiologischen noch im Historischen seinen ganz und zuletzt zureichenden Grund, sondern in der Unentrinnbarkeit des Verhältnisses zwischen einem in sich beschlossenen, in seinem Mittelpunkt ruhenden Leben und anderen, deren Aktivität über ihre Peripherie hinauslangt und jene in Relationen hineinzieht. Ich führe nur zwei Erscheinungen an, in denen mir der weibliche Passivismus besondere Nachdrücklichkeit zu gewinnen scheint.

Zunächst, daß der gewaltsame Verlust der »sexuellen Ehre« die Frau überhaupt »entehrt«. Der männliche Ehrbegriff, wo er nicht historisch deformiert ist, lehnt es ab, daß die Ehre durch etwas anderes als eine Handlungsweise ihres Trägers verloren werden kann. Ein anderer kann mir meine Ehre nicht rauben. Und wenn es scheint, als wäre ein Mann damit entehrt, daß ein Rowdy ihn ohrfeigt, so ist nicht die Ohrfeige das Entehrende, sondern daß er nicht Mut und Kraft hat, den Angreifer niederzuschlagen. Sobald er das tut, hat ihn die Ohrfeige keineswegs entehrt; immer ist es nur *sein* Verhalten, das über seine Ehre entscheidet. Die vergewaltigte Frau aber ist durch etwas, wobei sie rein passiv war, schon entehrt. Auch wenn sie nachher den Vergewaltiger tötet – was bezeichnenderweise von ihr nicht verlangt wird, wie entsprechend vom Manne –, ist ihre Ehre dadurch nicht wiederhergestellt. Dies kann überhaupt durch nichts geschehen, was sie *tut* – höchstens dadurch, daß sie von dem Manne geheiratet *wird*.

Zweitens. Die Konstellationen: der Mann zwischen zwei Frauen, und die Frau zwischen zwei Männern, offenbaren trotz ihrer Entgegengesetztheit doch gleicherweise den Passivismus der Frau. Für den zweiten Fall bedarf dies keiner Ausführung; die Frau ist hier einfach der Siegerpreis, über den durch das Kräfteverhältnis zwischen den streitenden Männern entschieden wird, auch wenn die Neigung der Frau selbst erst das wirkliche Verhältnis dieser Kräfte feststellt. Formal angesehen, liegt es mit dem ersten Fall genau so, nur daß jetzt die Frauen die bestimmenden sind, und der Mann der, über den bestimmt wird. Allein es besteht der tiefe Unterschied, daß der zweite Fall, mag er in Wirklichkeit und Dichtung harmonisch, humoristisch oder tragisch verlaufen, als ein sozusagen angemessenes, an sich keinerlei Opposition herausforderndes Menschenschicksal erscheint. An dem andern aber empfinden wir es von vornherein für den Mann als irgendwie ungehörig, ein bloßes Objekt der Konkurrenz zweier Frauen zu sein, selbst wenn er äußerlich ja der wählende ist. Während dementsprechend doch die Frau durchaus an ihrem Platze ist, die Situation ihrem Wesen keineswegs widerstreitet, spielt hier der Mann durchgehends eine ziemlich jämmerliche Rolle, er erscheint als ein haltlos hin und her geworfener Schwächling: Weislingen, Ferdinand (in der »Stella«), beinahe sogar Eduard. Diese instinktive Reaktion unseres Gefühls offenbart, daß für ihn die Aktivität das allein Angemessene ist und die richtige Proportion zwischen den Geschlechtern sich verschiebt, sobald nicht die Frau, sondern er in den Passivismus hineingedrängt ist. –

Daß nun jene sozusagen natürliche Tragik nur im Wesen des Mannes begründet liegt (indem, wenn einmal die etwas verschwommenen Begriffe gestattet sind, das Naturhafte zu sehr metaphysische Wesensgrundlage der Frau ist, um hier einen tragischen Dualismus zu entfalten), ist vielleicht auch so ausdrückbar. Der Mann mag noch so sehr für eine Idee leben und sterben, er hat sie doch immer sich gegenüber, sie ist ihm die unendliche Aufgabe, er bleibt im ideellen Sinne immer der Einsame. Da dies Darüber und Gegenüber die einzige Form ist, in der der Mann die Idee denken kann und erlebt, so scheint es ihm, als ob die Frauen »keiner Ideen fähig« wären (Goethe). Allein für die Frau ist ihr Sein und die Idee unmittelbar eines, sie ist, trotzdem eine schicksalshafte Vereinsamung gelegentlich über sie Herr werden mag, typischerweise nie so einsam wie der Mann, sie ist immer bei sich selbst zu Hause, während der Mann sein »Haus« außerhalb seiner hat.

Darum langweilen sich Männer im allgemeinen eher als Frauen: der Lebensprozeß und sein irgendwie wertvoller Inhalt ist bei jenen nicht so organisch und selbstverständlich verbunden wie bei diesen. Daß sie durch die kontinuierlichen, kleineren und größeren Aufgaben, die das häusliche Leben stellt, eher vor Langerweile geschützt sind als die Männer, ist auch nur die äußerlich historische Realisierung einer in der Tiefe angelegten differentiellen Seinsqualität. Der Lebensprozeß als solcher hat für die Frauen – und dies hängt mit der metaphysischen Bedeutung des Naturhaften für sie zusammen – nach Art und Maß offenbar einen anderen Sinn als für den Mann; und zwar eine Bedeutung, die die »Idee« in einer besonderen Weise in ihn einschließt. Die Anatomen haben festgestellt, daß die Frau bis zur Höhe ihres körperlichen Lebens in den Proportionen des Skelettes, in der Verteilung von Fettgewebe und Muskulatur, in der Ausbildung des Kehlkopfes dem Kinde näher bleibt als der Mann. Diese Analogie wird sich nicht auf die Körperlichkeit beschränken, und sie hat Schopenhauer Gelegenheit zu dem naheliegenden und dennoch nicht unvermeidlichen Schlusse gegeben, daß die Frauen »zeitlebens große Kinder« blieben. Auf die seelische Existenz hin (die Grenzgebiete zum Physischen eingeschlossen) angesehen, ist es der Jugend eigen, das Leben vor allem als solches zu fühlen, als Prozeß, als einheitlich strömende Wirklichkeit, sie will die gebundenen Energien des Lebens entfalten, bloß weil sie da sind und heraus wollen – im Unterschied vom Alter, für das die Inhalte des Lebens immer mehr die Prärogative vor seinem Prozeß gewinnen. Von den Frauen nun möchte man sagen, daß sie in irgendeinem Sinne mehr leben, ein gesammelteres und verfügbareres Leben haben müssen als die Männer, weil es noch für das Kind ausreichen muß; ein größeres Maß von im übrigen und nach außen hin sichtbarer Kraft ist damit noch nicht involviert. Diese vitale Bedeutsamkeit des Lebensvorganges, dieses, so möchte man sagen, Versenktsein in die Tiefe des Lebens als solchen, das man an der typischen Frau fühlt, bewirkt es, daß sich die Idee, der abstrakt und normativ ausdrückbare, vom Leben selbst ideell getrennte Inhalt seiner, in ihnen und für sie nicht mit solcher Selbständigkeit und Vollständigkeit entwickelt. Nach dem ganzen Daseinssinne, nach der Existenzformel der Frau ist die Idee auch gar nicht zu solchem Eigenleben in ihr bestimmt. Indes ist diese Vorstellung, daß der Frau ihre Bedeutung von ihrem Lebensprozeß, nicht von dessen Resultaten kommt, noch nicht die völlig angemessene; denn es handelt sich für sie – und dies ist ihr nun doch merkbarer Unterschied von der Jugend schlechthin –, wenn man ganz genau sprechen will, nicht um den Gegensatz von Prozeß und Resultat oder Idee, sondern um das Leben in dem so einheitlichen Sinne, daß es auch nicht in Prozeß und Resultat auseinandergeht. Leben und Idee haben hier das Verhältnis der Unmittelbarkeit, aus dem sich nun der Wert einer innern Welt, oder auch eine Welt innerer Werte genau so aufbaut, wie es für die Männer in der Form der Getrenntheit beider möglich ist. Der den Frauen allgemein insinuierte »Mangel an Logik« muß damit zusammenhängen, und soviel Oberflächliches und Schiefes in diesem Vorwurf liegen mag, so gibt seine Allgemeinheit doch Anweisung auf irgendein Tatsächliches, aus dem er entwickelt ist.

Die Logik stellt auf dem Gebiet des Erkennens die vollkommenste Abtrennung und Selbständigkeit des Normativen und Ideellen gegenüber der unmittelbar lebendigen, seelischen Wirklichkeit dar. Wer sich an sie gebunden weiß, sieht gewissermaßen das Reich des Wahren sich gegenüber, das in seinem tatsächlichen Denken Nachzeichnung fordert, aber auch wenn dieses ganz von ihm abbiegt, weder seine innere Gültigkeit noch den Anspruch an unseren seelischen Verlauf irgendwie einbüßt. Durch diesen Charakter der logischen Normen wird die Idee und die Wirklichkeit unseres Denkens in das schroffste Gegenüber gestellt: daß die letztere nicht ohne weiteres und wie von selbst die an sie gestellte Forderung erfüllt, die erstere keine fraglose reale Macht übt. Solcher Dualismus aber läuft dem weiblichen Prinzip zuwider. In seiner Reinheit gedacht, lebt es an dem Punkte, wo die Realität unserer Daseinsäußerungen und die Idee, das Gesollte, sich nicht getrennt haben, nicht etwa in einer Mischung beider, sondern in der ungebrochenen Einheit, die durchaus ein selbstsinniges Gebilde ist, aus gleich gutem Rechte lebend, wie jede der von dem männlichen Geist getrennt entwickelten Reihen. Der aus den fertigen Gegensätzen gezogene Schluß, daß sie ihrem Begriffe nach eine unmittelbare Einheitlichkeit ausschlössen, gilt eben nur von dem Niveau der bereits zur Divergenz ausgebildeten Reihen aus, während hier ja gerade ein besonderer innerer Zustand in Frage steht, in dem es zu dieser Divergenz nicht kommt. Dies ist mindestens das regulative Prinzip, die differentielle Gerichtetheit des weiblichen Wesens ergebend, gleichviel ob in dessen einzelnen Erscheinungen der Abstand zwischen Logik und seelischer Wirklichkeit in größerer oder geringerer Bewußtheit lebt. Darum ist der Frau die männliche Bemühung auf mannigfaltigsten Sachgebieten, Sein und Idee zusammenzubringen, so oft unverständlich. Sie besitzt vielfach unmittelbar, was für den Mann ein Resultat der Abstraktion ist, das heißt des Wiederzusammenfügens des zuvor dualistisch Gespaltenen. Was man in diesen Fällen den weiblichen Instinkt nennt, ist doch – wie man es dann auch im einzelnen psychologisch analysieren möge – nur diese unmittelbare Einheit des seelischen Verlaufes mit den Normen und Kriterien, aus denen, als von jenem Verlauf gesonderten, ihm die Richtigkeit kommt. Vielleicht gibt es einen Instinkt, der aus den gesammelten Gattungserfahrungen und ihrer Tradierung durch die physischen Vererbungsträger entspringt; aber es gibt auch einen, der vor aller Erfahrung liegt, in dem die seelischen Elemente, die sich zur Bildung der Erfahrung schon gesondert haben müssen, ungeschiedene Einheit sind und ihre Wahrheitsbedeutung der geheimnisvollen Beziehung – sie wird uns in kurzem beschäftigen – verdanken, die zwischen dieser tiefgelegenen Einheit des gesamten seelischen Seins und der des Weltseins überhaupt zu bestehen scheint; in der ersteren Form des Instinkts haben sich die erfahrungbildenden Elemente wieder zu einer psychischen Einheit zusammengefunden, die in der andern noch ungetrennt sind. In beiden Fällen fehlt die Bewußtseinshelle, die diese Elemente (Kant nennt sie Sinnlichkeit und Verstand) durch Trennung und Reibung gewinnen. Es ist sehr merkwürdig, daß, so wenig eigentliche Genies sich unter den Frauen finden, doch gerade öfters bemerkt worden ist, daß das Genie etwas von weiblicher Art in sich habe. Dies bezieht sich sicher nicht nur auf das Schaffen des Werkes, dessen unbewußtes, aus dem Gesamtsein der Persönlichkeit gespeistes Reifen dem Wachsen des Kindes in der Mutter analog sei. Sondern es ist die apriorische Einheit von Leben und Idee, auf der das weibliche Wesen ruht und die das Genie auf der höchsten, am Objekt produktiven Stufe wiederholt. Daß im übrigen bei der Dunkelheit jenes metaphysischen Zusammenhanges und bei der Primitivität des Instinktes, den das bewußte logische Verfahren zu ersetzen, zu korrigieren, zu sichern strebt, – daß dabei das Vorbeigreifen des weiblichen Instinktes, des weiblich unmittelbaren Wissens, ebenso häufig sein kann wie die Richtigkeit, ist begreiflich.

So ist also der sogenannte Mangel an Logik keineswegs eine einfache Ausfallserscheinung, sondern nur der negative Ausdruck der durchaus positiv bestimmten weiblichen Wesensart. Und eben dies wiederholt sich an einem anderen Phänomen, das jenen Mangel an Logik gleichsam in eine andere Dimension überträgt. Man sagt, daß die Frauen nicht gern »beweisen«. Die Logik und der Beweis beruhen auf dem Spannungsverhältnis zwischen dem realen Verlauf unseres Denkens und der sachlichen, in ihrer Gültigkeit von diesem Verlauf unabhängigen Wahrheit, auf deren Gewinn das Denken ausgeht. In der Logik drückt sich, wie ich andeutete, die Dualistik dieses Verhältnisses aus, die Tatsache, daß wir uns mit all unserm tatsächlichen Denken an eine Normierung gebunden wissen, die nicht dieser Tatsächlichkeit, sondern einem sich selbst tragenden Reiche des Wahren angehört. Im Beweise lebt der andere Zug: die *Indirektheit,* mit der allein das tatsächliche Denken in unzähligen Fällen jene selbstgenugsame Wahrheit erreichen kann. Die rein intellektuelle Bewegung pflegt die Koinzidenz mit ihrem Gegenstande nicht im Augenblick ihres jeweiligen Einsetzens, sondern erst am Ende eines mehr oder weniger stationenreichen Weges zu gewinnen. Der Charakter des Weges oder der Mittelbarkeit ist eine primäre Tatsache unserer Intellektualität: nicht jeder Beweis ist ein indirekter, aber jeder ist etwas Indirektes. Und zwar vollzieht sich jeder, mag er kurz und einfach oder durch lange Gliederketten hin verlaufen, so, daß ein Neues, vorläufig Problematisches, auf ein Festes, bereits Anerkanntes zurückgeführt wird; das Letzte läßt sich nicht beweisen, weil sein Beweis ja bedeuten würde, daß es nicht das Letzte ist, sondern seinerseits noch auf einem Fundamentaleren ruht. Diese unabänderliche Form alles Beweisens gibt ihm eine Inadäquatheit zu dem weiblichen Sein in seiner Tiefe und seiner metaphysischen Beziehung zum Sein überhaupt. Denn – ob im einzelnen Falle haltbar und vernunftgemäß oder nicht – eben dieses weibliche Sein wurzelt unmittelbar in dem Fundamentalen überhaupt, die Frau empfindet das Erste und Unbeweisbare in jedem thema probandum, für das sie sozusagen den Umweg des Beweises nicht braucht und nicht brauchen kann. Die allgemeine Seinsversenktheit des weiblichen Typus läßt ihren Instinkt wie aus einem, keiner Vermittlung bedürftigen Einssein mit den Objekten heraussprechen und als wäre ihr Erkennen in jenem Letzten, auf das alle Beweise zurückgehen und in dem sie wie in nuce liegen, zu Hause und nur in ihm zu Hause, so daß die Form des Weges, die all unserm beweisenden Erkennen eigen ist, sich für sie erübrigt, für sie nicht zutreffend ist. Alle hieraus entstehenden Unzulänglichkeiten des Erkennens – da dessen Aufgaben eben unzählige Male für uns nur auf einem *Wege* und nicht im Zusammenfallen von Ausgangspunkt und Ziel zu lösen sind –, die ganze so oft kritisierte Tatsache, daß die Frauen nicht gern beweisen wollen und nicht gern etwas bewiesen haben wollen, ist also gleichfalls kein isoliertes Manko, sondern wurzelt in der fundamentalen Art ihres Typus und dessen Verhältnis zum Dasein überhaupt. Es wird sich immer mehr als die eigentliche Formulierung des weiblichen Wesens, nach seinem metapsychologischen Sinne, zeigen: daß seine subjektive Struktur gleichsam nach ihrer rein inneren, gleichsam über den Umfang der Seele nicht hinaus erstreckten Bedeutung, gerade als solche und unmittelbar eine metaphysische Verbundenheit oder Einheit mit dem Sein überhaupt besitzt, mit irgend etwas, was man den Grund der Dinge nennen muß – zu tiefstem Unterschied vom männlichen Wesen, für das in seiner unmittelbaren, immanenten seelischen Wirklichkeit eben das Wahre, das Weltsein, die Norm noch nicht wohnt; es sieht vielmehr seiner eigenen Struktur nach all dies sich *gegenüber*, als ein zu Gewinnendes oder auch Ungewinnbares, als ein Befehlendes oder eine intellektuelle Aufgabe. Darum ist der geistige Ausdruck dieses Wesens die Logik, die auf dem Dualismus zwischen der real psychologischen Welt und der ideellen Welt der von jener unberührten Wahrheit ruht – und der Beweis, der die Indirektheit des Erkennens, die Notwendigkeit des Weges und Umweges zur Voraussetzung hat. Vollkommen aber zeigt sich die Eingestelltheit des Mannes auf den »Beweis« erst in ihrer Erstreckung über das theoretische Gebiet hinaus: er muß nicht nur die Welt sich, sondern auch sich der Welt beweisen, mit Taten, Werken, Wesensoffenbarungen. Mag hierin das Verlangen nach einer tief ethischen Rechtfertigung seines Anspruchs auf Existenz liegen; allein die Form – und wahrscheinlich mehr als die *Form* – dieser Rechtfertigung ist logischer Natur, ganz abweichend von dem unmittelbaren, beruhigten Wissen um das Sein und sein Recht, wie es den Frauen über sich selbst und über andere eigen ist. Darum lächeln sie oft über die Leidenschaft des Mannes, sich zu *beweisen*, besonders wenn er damit Eindruck auf sie zu machen glaubt. Indem die Frau mit jener inneren, jenseits des Bedürfnisses nach Logik stehenden Einheitlichkeit sogleich irgendwie in den Dingen selbst, in der Wahrheit über die Realität steht, ist sie gegen das Beweisen gleichgültig, das uns zu dieser Realität erst in der Form des Weges hinführen soll.

Am vollsten und bedeutsamsten lebt diese von aller Relation zum Männlichen unabhängige Eigenart der Frau auf dem ethischen Gebiet. Hier klafft der Dualismus von Wirklichkeit und Idee so gewaltsam, das ganze Reich des Ethischen scheint so ausschließlich über diesem Abgrund, wie über seinem Baugrund errichtet, als entspräche hier allein die männliche Wesensformel dem Ernst und der Tiefe der Probleme. Deshalb hat ein Denker von so extremem maskulinem Dualismus, von so unbefangener Ineinssetzung des männlichen und des menschlichen Wesensideales, wie Weininger gerade an dem ethischen Punkte eingesetzt, um an ihm die absolute Wertnegativität des weiblichen Wesens zu erweisen, und zwar durchaus logischerweise so, daß dieses ihm nicht böse oder unmoralisch, sondern einfach amoralisch erscheint, von dem ethischen Problem überhaupt nicht berührt. Daß indes nicht einzig auf dem Dualismus zwischen dem sittlichen Imperativ und dem natürlich wirklichen Trieb die sittliche Lebensmöglichkeit basiert, zeigt die Erscheinung, die man die schöne Seele nennt. Für sie ist das Charakteristische, daß ihr sittliches Handeln nicht erst der Überwindung entgegengesetzter Triebfedern bedarf, sondern aus der Selbstverständlichkeit eines konfliktlosen Triebes quillt. Für die schöne Seele ist das Leben gleichsam einreihig, sie will von vornherein nur, was sie soll. Auf diese prinzipielle Möglichkeit kommt uns hier alles an: daß die metaphysische Einheit der Natur in uns und der Idee über uns sich als innere Harmonie unserer Willenshandlungen offenbare. Der Wege zu dieser Offenbarung sind zwei; man kann sie den überdualistischen oder männlichen und den vordualistischen oder weiblichen nennen. Sie kann einmal durch allmähliche Läuterung und Umbildung einer Natur erreicht werden, deren Triebe ursprünglich den sittlichen entgegenwirken, der die Pflicht ein schwer erfüllter Auftrag ist. Indem nun jede Selbstüberwindung die nächste erleichtert, und der dauernde und siegreiche Kampf gegen das Unsittliche zu dessen Schwächung als dauerndem Erfolge führt, wachsen schließlich die unmittelbaren Triebe selbst nach dem Sittlichen hin. Wo diese Umformung sich vollendet hat, ist der ursprüngliche Dualismus zu der Einheit der schönen Seele geworden. Die andere Form der schönen Seele aber braucht keinen Dualismus erst zu überwinden, sondern besitzt die Einheit als apriorisch inneres Prinzip; nicht nur als der Preis des Kampfes und der überwundenen Gegensätze, sondern als das von vornherein ungebrochene Leben des Willens selbst kann seine Einheit die Idee in sich tragen. Diese beiden Formen entsprechen genau jenen vorhin angedeuteten des Instinktes für das theoretisch Richtige: die eine der allmählich erwachsene Erfolg der Relation geschiedener Elemente, die andere die vor aller Scheidung gelegene und deshalb keiner Relation bedürftige Einheit eben dieser. Hier liegt der ethische Typus, der unter allen, männlicher- wie weiblicherseits realisierten, am tiefsten mit dem weiblichen Grundwesen zusammenhängt, sich am unmittelbarsten aus dessen Lebensformel entwickelt. Es wird nachher zu erörtern sein, daß jenes immer empfundene, tiefe In-sich- und Bei-sich-Sein der Frauen, jenes Leben aus einer einheitlicheren Wurzel heraus als sie dem Manne zukommt, seine letzte Bedeutung in der Ahnung oder der metaphysischen Wahrheit davon hat: daß dieses einheitlich eigene Sein zugleich mehr ist als das eigene, daß sie, in dem Tiefenmaß ihres Versenktseins in sich selbst, mit dem Grunde des Lebens überhaupt eines sind. Hier nun drückt sich eben dasselbe, was dort nach der Seite des Seins geht, nach der Seite des Sollens hin aus. Der spezifisch männliche Dualismus – bezeichnen wir ihn, unvollständig genug: »zwischen Sinnenglück und Seelenfrieden« – wird von der weiblichen Natur, so oft psychologische und historische Komplikationen sie auch in ihn verstricken, doch ihrem eigensten Wesen nach durch eine einheitliche innere Führung ersetzt. Zunächst ist diese subjektive, unter den seelischen Strömungen rein als solche herrschende Einheit unzählige Male öfter und prinzipieller an Frauen beobachtet und ihnen selbst bewußter als an Männern: ein Mit-sich-selbst-im-Reinen-Sein, ein in sich selbst nicht durch eigene Gegeninstanzen gestörtes Handeln, wie ein Gewächs seine Zweige und Früchte treibt, ein So-Sein und So-handeln-Müssen, das sich doch unbefangener Freiheit bewußt ist, weil alle Wesensströmungen von selbst in einer Richtung laufen. Und nun ist das hier Entscheidende: daß diese immanente, innerhalb des subjektiven Lebens sich vollziehende Einheit sich zugleich als Einheit mit der sittlichen Idee, mit dem, was von dieser her vom Subjekt gefordert wird, empfindet. Was die dualistische Ethik als Minderwertigkeit der Frauen verkündet: daß sie naiver handeln und meistens ein besseres Gewissen haben als die Männer – geht aus dieser Ungeschiedenheit von Sein und Sollen in ihnen hervor. Die innere Ungebrochenheit des praktischen Wesens braucht freilich so wenig immer die sittlich wertvolle Idee zu realisieren, wie der andre, der dualistisch-männliche Weg, immer zu ihrer Realisierung führt; sie zeigt sozusagen nur die Form, aber nicht immer den Inhalt der schönen Seele. Wo aber eine spezifisch weibliche Art des Ethischen vorliegt (was angesichts der seelischen Übergänge zwischen dem männlichen und dem weiblichen Pol keineswegs bei der Sittlichkeit aller weiblichen Individuen der Fall ist), da quillt sie aus jener Einheit des Seins, die die Einheit seiner selbst mit der Idee ist. Vielleicht ist daraufhin über das für die weibliche Seinsbeschaffenheit Spezifische der

Sittlichkeit zu sagen: daß diese für sie etwas subjektiv Sichreres, aber objektiv Gefährdeteres ist als für die Männer. – In eigenartiger Verwachsung offenbart sich die ethische und die logische Geschlechtsdifferenz gegenüber dem Ideal der Gerechtigkeit. Ich habe Frauen gekannt, an deren ethische Höhe wenige Männer hinanreichen; allein die Gerechtigkeit als spezifische Tugend besaßen sie nicht, wie sie nicht selten an Männern vorkommt, deren sonstige sittliche Qualitäten hier und da problematisch sind. Nicht als ob die Frauen immer ungerecht wären, wie man törichterweise behauptet hat. Vielleicht sind sie zu einheitlich, um die Leidenschaft der Leidenschaftslosigkeit zu haben, die den männlichen Gerechtigkeitssinn bedingt. Denn in eben diesem scheint mir von den beiden Momenten der Gerechtigkeit, dem ethischen und dem logischen, das letztere im allgemeinen das psychologische Übergewicht zu haben, während der beobachtbare weibliche Gerechtigkeitssinn reiner ethisch orientiert ist; wofür es bezeichnend ist, daß Ungerechtigkeiten ihr Gefühl oft aufs heftigste empören – mehr, als daß die Gerechtigkeit sie beglückte.

Mit alledem aber soll hier nur das tiefe, alles Außer-Sich ablehnende Eingesenktsein der Frau in das eigne Sein, das ein absolutes Weibsein ist, dargestellt werden und hiermit wiederum die Selbständigkeit dieses letzteren gegenüber der bloßen Relation zum Manne, aus der es angeblich sein Wesen empfängt. Aber dies begründet doch zugleich, wieso das Frauentum, trotz seiner inneren Absolutheit, dem männlichen Prinzip die übergeschlechtlich objektive Welt, die theoretische und die normative, die dem Ich gegenübersteht, zu stiften überlassen muß. Um allen Verdacht, den Frauen hiermit eine Deklassiertheit zu insinuieren, abzuwehren, sei betont, daß es prinzipiell durchaus die gleichen *Inhalte* von Geist und Leben sein können, die sich in der männlichen und in der weiblichen *Form* realisieren und insofern nur unter einem verschiedenen Apriori ihrer Synthese stehen. Und nun noch einmal: gerade die fundamentale, ja absolute Einheit von Sein und Geschlechtlichsein der Frau macht die Sexualität in ihrem gewöhnlichen männlichen Relationssinne für sie zu etwas Sekundärem – so ungeheuer wichtig diese Relation für sie werden mag, weil sie das Phänomen jenes Absoluten ist und dieses sie praktisch vollkommen in sich hineinnimmt. Der Erfolg jener Grundtatsache ist, daß alle Äußerungen der Frauen, alle Erscheinungen und Objektivierungen ihres Wesens nicht als allgemein menschlich, sondern zugleich als spezifisch weiblich empfunden werden, gegenüber den als übergeschlechtlich, als rein sachlich charakterisiert empfundenen Wesensäußerungen des Mannes. Dem Manne fehlt die vom Innersten her gegebene Richtungslinie auf ein *bestimmtes* Äußere, die der Frau durch die Einheit ihres Seins mit ihrem Weibsein gegeben ist. Darum liegt in ihm eine ganz tiefe Intention auf das Allgemeine und ebendamit auf das Übersubjektiv-Sachliche. Alle historischen Machtverhältnisse, die seinen Schöpfungen die Prärogative des objektiv Bestimmenden, in sachlicher Absolutheit den Geschlechtsgegensatz Dominierenden, weil von ihm nicht Berührten, gegeben haben, vollstrecken damit nur in den Ordnungen der Zeit den inneren charakterologischen Unterschied, den das Verhältnis des Geschlechtsmomentes zur Wesenstotalität bei Männern und Frauen aufweist.

Und dies findet weiterhin sozusagen seinen logischen Ausdruck in der viel größeren Schwierigkeit, das typisch männliche Wesen, als das weibliche, begrifflich festzulegen, zu definieren. Das allgemein Menschliche, von dem die geschlechtliche Spezialität ein Sonderfall sein soll, ist mit dem männlichen derart solidarisch, daß keine spezifische Differenz gegen dieses an ihm angegeben werden kann: das schlechthin Allgemeine läßt sich nicht definieren. Führt man dennoch gewisse Züge als schlechthin männliche an, so überzeugt ein genaueres Hinsehen, daß damit immer nur Differenzen gegen spezifisch weibliche Züge gemeint sind. Diese aber haben ihr Wesen nicht entsprechend in dem bloßen Gegensatz gegen die männlichen, sondern werden mehr als ein Für-sich-Seiendes, Für-sich-Bestimmtes empfunden, als eine besondere, aber keineswegs nur durch einen Gegensatz zu fixierende Art des Menschentums. Die alte Meinung, von der Schicht brutaler und ignoranter Selbstüberschätzung bis zu der der sublimsten philosophischen Spekulation reichend: daß nur der Mann der eigentliche Mensch sei, findet in dieser größeren Leichtigkeit, das Wesen der Frau, als das des Mannes zu definieren, sein begriffliches Pendant. Daher es denn auch unzählige Frauenpsychologien, aber kaum eine Männerpsychologie gibt. Und noch einmal dokumentiert sich diese tiefstgelegene Unterschiedlichkeit der Geschlechter in einer psychologischen Oberflächenerscheinung: was den durchschnittlichen Mann an den Frauen zu interessieren pflegt, ist ungefähr das gleiche an der Schneiderin und an der Prinzessin. Es ist ohne weiteres begreiflich, daß dieses Verhältnis der Definitionsmöglichkeiten sich umkehrt, sobald es sich, statt um den Geschlechtstypus, um Individuen handelt: den einzelnen Mann kann man im großen und ganzen besser beschreiben als die einzelne Frau. Das liegt nicht nur daran, daß die ganze sprachliche Begriffsbildung unserer Kultur, wegen der sozialen Prärogative des Mannes, auf die männliche Färbung seelischer Vorgänge eingestellt ist. Das Genus Frau ist zwar wichtig genug, um bestimmende Begriffe zu fordern; aber auf ihre Individualisierungen hat sich die Sprachschöpfung nicht eingelassen und die feinen Nuancen, auf die es hier ankäme, versagen ebensooft für die psychologische Schilderung der einzelnen Frauen, wie sie diesen selbst fehlen, um sich den Männern ganz verständlich zu machen. Tiefer liegt indes ein anderer Zusammenhang: die individuelle Frau ist eben deshalb schwerer zu definieren als der individuelle Mann, weil sie als Genus leichter zu definieren ist. Wo schon der allgemeine Begriff als etwas Besonderes, differentiell Bestimmtes empfunden wird, da ist die Individualisiertheit gewissermaßen in das Generelle hineingezogen und hat sich an ihm erschöpft, so daß für die weitere Individualisierung nicht mehr recht Raum und Interesse übrigbleibt. Deshalb gehören in diesen Zusammenhang die Phänomene eines tiefsten Wesenszuges der Frau: daß das Generelle bei ihr viel mehr als beim Mann in der Form des Persönlich-Individuellen lebt. In der typisch vollendeten Frau wird vieles ganz Gattungsmäßige, eigentlich Unpersönliche, zu etwas völlig Persönlichem, so innerlich erzeugt, als träte es hier zum ersten Male aus dem Einzigkeitspunkt der Persönlichkeit heraus in die Welt. Gewiß gibt es nichts Generelleres als erotische Beziehungen, und während der Mann sie auch unzählige Male so fühlt und behandelt, scheinen sie für die Frau das spezifisch persönliche Schicksal zu sein, nicht ein Gattungsereignis, das sich an ihr abspielt, sondern ihre innerlich eigenste Produktivität. Nicht anders in ihrem Verhältnis zum Kinde, vor und nach seiner Geburt, diesem typischsten aller Verhältnisse, das so tief in das Untermenschliche hinabreicht. Für die Frau aber ereignet es sich in der Wurzelschicht der Seele, dieses völlig Unpersönliche, das sie zum bloßen Durchgangspunkt in der Entwicklung der Gattung macht, wächst aus dem Zentrum, in dem alle Energien ihres Wesens sich zu ihrer Persönlichkeit zusammengefunden haben. Die Personalisierungstendenz des Allgemeinen innerhalb des weiblichen Wesens ergreift auch die Beziehungen zu ihr: gerade wegen ihrer generellen Eigenschaften werden die Frauen häufig, vielleicht sogar meistens geschätzt. Sehr oft liebt der Mann eine Frau wegen ihrer Schönheit, ihrer Liebenswürdigkeit, kurz wegen einer Eigenschaft, die sie, trotz der jeweiligen individuellen Nuance, mit anderen teilt und die insofern gar nichts mit der Persönlichkeit Identisches oder Solidarisches und nur graduell von dem Besitz von Reichtum unterschieden ist. Daher auch die größere Untreue der Männer, deren viele, mit Plato zu reden, die ausschließende Liebe zu einem Individuum für beschränkt und sklavisch halten und ihre Liebe in das »weite Meer« der Schönheit überhaupt ergießen. Dennoch ist solche allgemeine Qualität mit der weiblichen Persönlichkeit, auch für ihre eigene Empfindung, relativ eng verbunden, enger als beim Manne, – weshalb denn der »schöne Mann« irgendwie als unangenehmer Selbstwiderspruch empfunden wird, d. h. dann, wenn seine Schönheit als ein Allgemeines, seiner Individualität Unverbundenes wirkt. Und endlich: die

Sitte, die nichts ist als die Lebensform des sozialen Kreises, das Verhalten, das dieser um seiner Selbsterhaltung willen zum Gesetz geprägt hat, scheint aus dem eigensten Instinkt ihrer Natur zu quellen. Sie »strebt nach Sitte«, die die Bewegung des Mannes oft hindert; dem Wesen der Frau aber liegt sie an wie eine Haut, die Freiheit, die für den Mann tausendfach außerhalb der Sitte liegt, findet sie (alle singulären Ausnahmen dieses Typischen und Historischen zugegeben) *in* ihr; denn Freiheit heißt doch wohl, daß das Gesetz unseres Tuns der Ausdruck unserer eigenen Natur ist. In eben diesem Sinne spitzt sich das Streben nach Sitte zu der unbedingten Wertung der Sexualehre zu, die etwas viel Allgemeineres, von den besonderen sozialen Positionen Unabhängigeres ist als alle anderen Ehren. Daß sie nun aber zugleich als das Allerpersönlichste empfunden wird, zeigt sich äußerlich daran, daß die Person des Verletzenden bei ihrer Verletzung irrelevanter ist als bei denen sonstiger Ehren. Bei Beleidigungen muß man, um ihre Bedeutung abzuschätzen, fragen: *wer* hat dich beleidigt? Der Verlust der weiblichen Ehre aber ist sozusagen etwas Solipsistisches, in bezug auf seine Wertbedeutung gar nicht von einer Korrelation abhängig. Die Tatsache dieser Verletztheit überhaupt trifft die Frau so persönlich, daß es nun schon ziemlich gleichgültig ist, von wem sie ausgegangen ist. Und dies zeigt wiederum den umfassenden Widerspruch zwischen dem metaphysischen und dem empirischen Aspekt des weiblichen Fatums: die innere Unabhängigkeit der weiblichen Werte vom männlichen Prinzip und die gleichzeitige äußere Abhängigkeit von ihm. – Aus solchen Inkarnationen des Allgemeinen im Persönlichen ist ohne weiteres begreiflich, daß dieses Wesen zwar in seiner Typik bestimmt werden kann, daß dagegen sein Persönliches sich als solches leicht der Definition entzieht. Wo dagegen das Generelle eines Wesens so schlechthin generell ist wie beim Manne – so daß seine männliche Besonderheit als solche zum historischen Synonym der menschlichen Allgemeinheit wird –, da ist die Bestimmung seiner als einer Individualität eher und schärfer zu treffen, es ist mehr Platz für sie vorhanden. So ist es leichter, die Frau zu definieren als den Mann; aber schwerer, eine Frau zu definieren als einen Mann. Und auch dies hat sich als ein Ausdruck der grundlegenden Konfiguration enthüllt, die diesen Fall in einen unendlich viel weiter ausgreifenden Typus der menschlichen Geistigkeit und Metaphysik überhaupt einstellt: daß aus der Relativität oder gegenseitigen Bestimmtheit, in der das männliche und das weibliche Wesen sich darbietet, das erstere in die Kategorie des Absoluten aufrückt und so seinerseits die ganze Relativität beherrscht, von der es selbst ein Glied ist. –

Ich habe oben darauf hingedeutet, daß solche Verabsolutierung der einen Seite einer Korrelation über deren zweiseitige Ganzheit in der

Regel nicht auf diese Seite beschränkt bleibt, sondern daß verschiedene Parteiungen bald die eine, bald die andere mit dem Akzent des Absoluten auszustatten pflegen. Die eigentümliche Stellung des Geistes zu den Weltinhalten charakterisiert sich damit, daß jedes Absolute irgendwie als ein Relatives, d. h. aus der Beziehung zu einem anderen, sein Wesen Bestimmendes, begriffen werden, jedes Relative aber sich über seine Relation hinweg in ein Für-sich-Sein und Absolutes erheben kann. So nimmt, nach allem bisherigen, das männliche Prinzip, nun aber auch das weibliche seine Stellung jenseits der Relativität, die auf den ersten Blick beiden ihren Sinn gibt – nimmt sie nicht nur wie in der früheren Skizzierung unter Gleichgültigkeit gegen die Existenz des männlichen und seiner Relation zu dieser, sondern in einem positiven Jenseits des menschlichen Differenziertheitskomplexes, der Männliches und Weibliches umfaßt. Wenn der Mann insoweit über der geschlechtlichen Gegensätzlichkeit steht, als die objektiven Normen selbst männlich sind (was der Erscheinung nach oft nur eine historische Vergewaltigung, in seiner Tiefe aber in der Struktur des männlichen Geistes präformiert ist), so steht die Frau jenseits ihrer, weil sie ihrem Sein nach unmittelbar an und von der Quelle lebt, aus der beide Seiten des Gegensatzes fließen. Wie der Mann aus jenem Zusammenhang heraus mehr ist als männlich, so ist die Frau mehr als weiblich, weil sie die allgemeine, die Geschlechter substantiell oder genetisch zusammenfassende Grundlage darstellt, weil sie die Mutter ist. Wie das Absolute dort sich als übergeschlechtlich Objektives erhebt, das männlich ist, so hier als übergeschlechtlich Fundamentales, das weiblich ist. Wie das Tun und Werden dort den Dualismus vorzeichnet, in dessen Form der Mensch über sich selbst hinausgeht und der spezifisch männlich ist, so das Sein hier die Einheit, in deren Form der Mensch gewissermaßen unter sich selbst hinuntergeht in die ungeschiedene Möglichkeit aller Entwicklungen. Gewiß ist dieses Sein kein farbloses, sondern ein weibliches. Aber seine letzte Tiefe enthebt sich jeder Relation, die es durch den Gegensatz zur Männlichkeit bestimmen könnte, und läßt das Weibliche, dessen erstes und unmittelbares Phänomen die Mutterschaft ist, als ein Absolutes empfinden, von dem das Männliche und das Weibliche im Relationssinne erst getragen ist. Und nun macht sich eine metaphysische Voraussetzung, die, fern von jeder Beweisbarkeit, sich als Ahnung, Gefühl, Spekulation durch die ganze Geistesgeschichte zieht, hier geltend: daß der Mensch, je tiefer er sich in das eigene Sein versenkt, je reiner er dies in sich zu Worte kommen läßt, um so näher dem Dasein überhaupt, der Welteinheit überhaupt steht, um so vollkommener diese in sich zum Ausdruck bringt. Nicht nur die Mystik aller Zeiten lebt von dieser Überzeugung, sondern in den so viel klareren und untereinander so entgegengesetzten Weltbildern Kants und Schleiermachers, Goethes und Schopenhauers wirkt sie, offener und verschwiegener, in den mannigfaltigsten Abwandlungen. Das eigenartig mystische Gefühl, durch das jederzeit eine typische Attitüde den Frauen gegenüber charakterisiert ist, findet vielleicht eben hierin einen ausdrückbaren Grund: in dem dunkeln Bewußtsein, daß diese Wesen fester, vollständiger, einheitlicher in ihrem Sein stehen als der Mann, daß alle Unruhe des Werdens und des Tuns und des Gegenübers der Dinge ebenso wie des Lebens, den substantiellen Grund ihres Seins weniger berührt, weniger in sich einzieht, daß sie in der letzten Instanz ihres eigenen Wesens unerschütterlicher und tiefer eingesenkt ruhen – und daß ihnen eben durch dies und in eben diesem Maße der Grund des Daseins überhaupt, die verborgene, unkennbare Einheit des Lebens und der Welt der eigene Wurzelgrund ist. Daß die Frau ihrem echtesten Wesen nach – soweit es also nicht durch historische Vergewaltigungen und Verschiebungen, durch Einflüsse, die ihr aus der *Relation* der Geschlechter kommen, abgelenkt ist – mehr als der Mann aus ihrem eigenen Grunde heraus lebt, wäre bedeutungslos, wenn dieser Grund nicht zugleich irgendwie der Grund der Dinge wäre. Die Verbindung zwischen beiden liegt in der Mütterlichkeit; aber mit dieser wird doch nur in der Form der Zeit und des an Materie gebundenen Lebens auseinandergelegt, was eine letzte metaphysische Einheit ist. Und nur gleichsam einen anderen Umriß erhält derselbe Inhalt, wenn statt des metaphysischen Begriffes des Seins der mehr psychologische oder, wenn man will, formale des Geschlossenseins der Existenz eingeführt wird. Der Mann empfindet wohl im allgemeinen aus der Dualistik seines Wesens heraus die Frau, sooft er selbst, die Kultur und das Schicksal sie auch in eine ebensolche hineinreißen mag, als das geschlossenere Wesen; das heißt als ein solches, dessen einzelne Wesensteile nicht gegeneinander Partei bilden, sondern in denen die unter allem Einzelnen bestehende, nicht weiter benennbare Seinseinheit sich als unmittelbar enger assoziativer Zusammenhang äußert. Und nun ist das Merkwürdige, daß gerade die Geschlossenheit eines Daseins in sich eine stärkste, symbolische oder metaphysische Anweisung auf die Welttotalität außerhalb seiner oder deren Element es selbst ist, enthält. Ähnlich wie das Kunstwerk in der undurchbrechlichen Begrenztheit durch seinen Rahmen sich von der vielfältigen Zerstreutheit der Dinge scheidet – und ebenso gerade dadurch zu einem Symbol des Daseins überhaupt wird –, so stellt die Frau eine Einheit dem Manne gegenüber dar, der in die Vielheit des zersplitterten Lebens verflochten ist. Es ist nicht nur die Äußerlichkeit der Sitte, die ihr die heftig ausholenden Bewegungen, die aggressiven Worte, das rücksichtslose Aus-sich-Heraustreten von jeher verbietet. Vielmehr daß dieses Vermeiden aller zentrifugalen, weit ausladenden Äußerungen, diese Zusammengehaltenheit des ganzen Seins, die Form ihrer Sitte wurde, dies ist der historische Ausdruck für jene *Wesensgeschlossenheit,* die alle psychologischen Einzelzustände als ihr Tieferes und Allgemeineres fundiert. Dieses einheitliche In-sich-Fertigsein – was natürlich ein ideal verabsolutierender Ausdruck ist – macht die Frauen zu geschichtsloseren Wesen, als die Männer es sind. Denn Geschichte, die immer Geschichte eines Werdens, Sich-Wandelns, Sich-Entwickelns ist, entsteht nur, wo ein Wesenskomplex eine Mehrheit relativ selbständiger Elemente enthält, die sich abstoßen oder sich ausgleichen, sich überholen oder einer höheren Synthese zustreben. Die innere Differenziertheit des Mannes ist der letzte Grund, weshalb er Geschichte haben und Geschichte machen kann. Das fundamental einheitlichere Wesen der Frau ist notwendig das unhistorischere; das Entwicklungsprinzip, aus der Reibung differenzierter Wesensteile untereinander folgend, hat nicht in gleichem Maße Macht über sie; was sich nicht nur in dem früheren »Reifsein« des Mädchens gegenüber dem Knaben ausdrückt, sondern auch in der – scheinbar bloß äußerlichen – Tatsache, daß die Funktionen der Frau auch in hochentwickelter Kultur sich von denen auf primitiven Stufen lange nicht so weit unterscheiden, wie entsprechend die männlichen. Einer der tiefsten Shakespearekenner bemerkt: Shakespeares Männer haben eine Geschichte, moralisches Wachstum oder moralischen Verfall; seine Frauen handeln und leiden, aber es ist selten, daß sie wachsen und sich entwickeln (seldom are transformed). Und nun gibt diese Daseinsform dem weiblichen Wesen die dunkel empfundene, die wunderlichsten Reaktionen veranlassende Beziehung zu dem Ganzen des Seins. Wie das Kunstwerk, obgleich ein Teil der Welttotalität, doch durch seine Geschlossenheit wie ein Gegenstück zu ihr ist und damit auf ein nicht aussprechbares Metaphysisches hinweist, das diese Gleichheit der Form trägt, so wird es auch diese Geschlossenheitsform des weiblichen Wesens sein, die von jeher einen Hauch von kosmischer Symbolik über die Frau gelegt hat – als hätte sie über alle greifbaren Einzelheiten hinweg eine Beziehung zu dem Grund und dem Ganzen der Dinge überhaupt. Neben aller Verachtung und Mißhandlung der Frauen bricht doch durch die ganze Kulturreihe, von den Primitiven an, das Gefühl hervor, daß sie noch etwas Anderes wären als bloß Frauen, das heißt als bloße Korrelativwesen zu den Männern; indem sie dies freilich sind, hätten sie doch eo ipso Beziehungen zu den geheimen Mächten, als Sibyllen und Hexen, als Wesen, durch die hin ein Segen oder ein Fluch aus dem sonst unberührbaren Schoß der Dinge käme, und die man mystisch zu verehren, vorsichtig zu vermeiden oder wie Dämonen zu verfluchen hätte. All diese Brutalitäten oder poetischen Verklärungen haben nicht irgendeine einzelne Eigenschaft oder ein einzelnes Tun zu ihrem letzten Grund; obgleich sie zweifellos sämtlich auf ein tiefstes einheitliches Motiv zurückgehen, will es nicht gelingen, ein derartiges, singulär benennbares historisch aufzufinden. Es scheint vielmehr darin zu liegen, daß man ein Wesen, das so tief in seinem undifferenzierten Sein ruht, so wenig aus sich heraustritt – eben in einer besonderen Nähe, in einer Art Identitätsverhältnis zu dem Sein überhaupt empfand, mag man dies nun als den Urgrund der Natur oder als das übernatürlich Magische oder als das Metaphysische im reinen Sinne bezeichnen. Die besondere Art der Absolutheit der Frau versenkt sie in die Einheit des Seins, während die Absolutheit des Mannes ihn vom Sein wegreißt zur Idee. Nach unseren bestehenden Denkgewohnheiten – wie asymptotisch oder symbolisch sie sich zur Wirklichkeit verhalten mögen – müssen wir das Vielspältige, Bewegte, Einseitige, von einer gleichsam ruhenden Einheit fundamentieren lassen, einer Einheit, die im männlichen Wesen von jenen dualistischen und differentiellen Lebensformen und Äußerungen sozusagen aufgesogen ist, im weiblichen aber als dessen fühlbare Substanz weiter besteht – und als wiederholte die Frau mit jeder Mutterschaft den Prozeß, der aus dem dunkeln, ungeschiedenen Grunde die Einseitigkeit und Bewegtheit des individuellen Gebildes abspaltete und heraushob.

So kann man sagen: je mehr und tiefer eine Frau in diesem, dem absoluten Sinne Frau ist, desto weniger ist sie in dem relativen, dem auf den Mann differentiell bezüglichen Sinne Frau. Und dasselbe, nur als Paradoxe ausdrückbare Verhältnis gilt für den Mann; wenn es sein spezifisch Männliches ist, über dem gleichsam einreihigen subjektiven Leben an der Welt des Objektiven und Normativen zu bauen, von der aus gesehen die ganze männlich-weibliche Geschiedenheit etwas prinzipiell Zufälliges ist, so ist er gerade um so weniger Mann (im Sinne dieser sexuellen Relativität), je mehr er Mann im Sinne jener auf das Absolute gehenden, durchaus männlich eigenartigen Leistung ist. In der tiefsten Besonderheit jedes Geschlechtes lebt je eine der Bedeutungen des »Allgemeinen«: das Allgemeine als Abstraktes, das hinter den Einzelheiten liegt – und das Allgemeine als substantiell Einheitliches, das vor den Einzelheiten liegt. Ich bin durchaus nicht geneigt, die Fülle des Lebens in eine symmetrische Systematik einzusperren. Will man aber für das hier erstrebte Bild der lebendigen Wirklichkeit zunächst einmal die anatomische Struktur gewinnen (denn Skelette zeigen eben jene schematische Symmetrie und erst die physiologischen Prozesse heben diese in das Spiel des unendlich komplizierten, in keine einfache Gleichstellung mehr zu fassenden Lebens) – so scheint die Relation der Geschlechter, durch die sie sich gegenseitig ihre Eigenart gewähren, von diesem doppelten Absoluten umgeben: auf der einen Seite steht das Männliche als Absolutes, das mehr als Männliches ist, das die Objektivität, die um den Preis des Dualismus gewonnene normative Höhe über aller Subjektivität und aller Gegensätzlichkeit bedeutet – auf der andern das Weibliche als Absolutes, das die Einheit des menschlichen Wesens, gleichsam noch vor der Trennung in Subjekt und Objekt, in substantieller, ruhender Geschlossenheit trägt.

Die Koketterie

Die Weisheit Platos über die Liebe: daß sie ein mittlerer Zustand zwischen Haben und Nichthaben sei, scheint nicht an die Tiefe ihres Wesens, sondern nur an eine Form ihrer Erscheinung zu rühren. Nicht nur, daß sie keinen Raum hat für die Liebe, die spricht: »Wenn ich dich liebe, was geht's dich an« – so kann sie eigentlich nur die meinen, die an der Erfüllung ihres Sehnens stirbt. Auf den Weg vom Nichthaben zum Haben gestellt, mit der Bewegung auf ihm ihr Wesen erschöpfend, kann sie, wenn sie nun »hat«, nicht mehr dasselbe sein, was sie vorher war, kann nicht mehr Liebe sein, sondern setzt ihr Energiequantum in Genuß oder vielleicht in Überdruß um. Es hebt diese Konsequenz der Liebe, als der Sehnsucht des Nichthabenden nach dem Haben, nicht auf, daß sie in jenem Augenblick ihres Vergehens vielleicht von neuem entsteht: ihrem Sinne nach bleibt sie in einen rhythmischen Wechsel gebannt, in dessen Zäsuren die Momente der Erfüllung stehen. Wo sie aber in den letzten seelischen Tiefen verankert ist, beschreibt dieser Turnus von Haben und Nichthaben doch nur die Gestalt ihrer Äußerung und Oberfläche. Das Sein der Liebe, dessen bloßes Phänomen die Begehrung ist, kann durch deren Stillung nicht aufgehoben werden.

Was aber auch der Sinn des Habenwollens sei, und ob es das Definitivum der Liebe oder nur die Hebung des über ihr Definitivum hinspielenden Wellenrhythmus bedeute – wo sein Gegenstand eine Frau und sein Subjekt ein Mann ist, erhebt es sich über der eigentümlichen seelischen Tatsache des »Gefallens«. Das Gefallen ist der Quell, aus dem jenes Haben und Nichthaben gespeist wird, wenn es für uns Lust oder Leid, Begehrung oder Befürchtung werden soll. Aber hier wie sonst läuft die Verbindung zwischen einem Besitz und seiner Schätzung auch in umgekehrter Richtung. Nicht nur wächst Wichtigkeit und Wert dem Haben und Nichthaben des Gegenstandes zu, der uns gefällt; sondern wo ein Haben und Nichthaben aus irgendwelchen anderen Ursachen heraus für uns Bedeutung und Betonung gewinnt, pflegt sein Gegenstand unser Gefallen zu erregen. So bestimmt nicht nur der Reiz eines käuflichen Dinges den Preis, den wir dafür zahlen mögen: sondern daß ein Preis dafür gefordert wird, daß sein Erwerb nicht etwas Selbstverständliches, sondern nur mit Opfern und Mühen Gelingendes ist – das macht uns unzählige Male erst das Ding reizvoll und begehrenswert. Die Möglichkeit dieser psychologischen Wendung läßt die Beziehungen zwischen Männern und Frauen in die Form der Koketterie hineinwachsen.

Daß die Kokette »gefallen will«, gibt an und für sich ihrem Verhalten noch nicht das entscheidende Cachet; übersetzt man Koketterie mit »Gefallsucht«, so verwechselt man das Mittel zu einem Zweck mit dem Triebe zu diesem Zweck. Eine Frau mag alles aufbieten, um zu gefallen, von den subtilsten geistigen Reizen bis zur zudringlichsten Exposition physischer Anziehungspunkte – so kann sie sich mit alledem noch sehr von der Kokette unterscheiden. Denn dieser ist es eigen, durch Abwechslung oder Gleichzeitigkeit von Entgegenkommen und Versagen, durch symbolisches, angedeutetes, »wie aus der Ferne« wirksames Ja- und Neinsagen, durch Geben und Nichtgeben oder, platonisch zu reden, von Haben und Nichthaben, die sie gegeneinander spannt, indem sie sie doch wie mit einem Schlage fühlen läßt – es ist ihr eigen, durch diese einzigartige Antithese und Synthese Gefallen und Begehren zu wecken. In dem Verhalten der Kokette fühlt der Mann das Nebeneinander und Ineinander von Gewinnen- und Nichtgewinnen-Können, das das Wesen des »Preises« ist, und das ihm mit jener Drehung, die den Wert zum Epigonen des Preises macht, diesen Gewinn als wertvoll und begehrenswert erscheinen läßt. Das Wesen der Koketterie, mit paradoxer Kürze ausgedrückt, ist dieses: wo Liebe ist, da ist – sei es in ihrem Fundament, sei es an ihrer Oberfläche – Haben und Nichthaben; und darum, wo Haben und Nichthaben ist – wenn auch nicht in der Form der Wirklichkeit, sondern des Spieles –, da ist Liebe, oder etwas, was ihre Stelle ausfüllt. Ich wende diese Deutung der Koketterie zunächst auf einige Tatsachen der Erfahrung an. Der Koketterie in ihrer banaleren Erscheinung ist der Blick aus dem Augenwinkel heraus, mit halbabgewandtem Kopfe, charakteristisch. In ihm liegt ein Sich-Abwenden, mit dem doch zugleich ein flüchtiges Sich-Geben verbunden ist, ein momentanes Richten der Aufmerksamkeit auf den Anderen, dem man sich in demselben Momente durch die andere Richtung von Kopf und Körper symbolisch versagt. Dieser Blick kann physiologisch nie länger als wenige Sekunden dauern, so daß in seiner Zuwendung schon seine Wegwendung wie etwas Unvermeidliches präformiert ist. Er hat den Reiz der Heimlichkeit, des Verstohlenen, das nicht auf die Dauer bestehen kann, und in dem sich deshalb das Ja und das Nein untrennbar mischen. Der volle En-face-Blick, so innig und verlangend er sei, hat nie eben dies spezifische Kokette. In derselben Oberschicht koketter Effekte liegt das Wiegen und Drehen in den Hüften, der »schwänzelnde« Gang. Nicht nur, weil er durch die Bewegung der sexuell anregenden Körperteile sie anschaulich betont, während zugleich doch Distanz und Reserve tatsächlich besteht – sondern weil dieser Gang das Zuwenden und Abwenden in der spielenden Rhythmik fortwährender Alternierung versinnlicht. Es ist nur eine technische Modifikation dieser Gleichzeitigkeit eines angedeuteten Ja und Nein, wenn die Koketterie über die Bewegungen und den Ausdruck ihres Subjekts selbst hinausgreift. Sie liebt die Beschäftigung mit gleichsam abseitsliegenden Gegenständen: mit Hunden oder Blumen oder Kindern. Denn dies ist einerseits Abwendung von dem, auf den es abgesehen ist, andrerseits wird ihm doch durch jene Hinwendung vor Augen geführt, wie beneidenswert sie ist; es heißt: nicht du interessierst mich, sondern diese Dinge hier – und zugleich: dies ist ein Spiel, das ich dir vorspiele, es ist das Interesse für dich, dessentwegen ich mich zu diesen anderen hinwende. Will man die Ausschlagspole der Koketterie begrifflich festlegen, so zeigen sie eine dreifach mögliche Synthese – die schmeichlerische Koketterie: du wärst zwar imstande, zu erobern, aber ich will mich nicht erobern lassen; die verächtliche Koketterie: ich würde mich zwar erobern lassen, aber du bist nicht dazu imstande; die provokante Koketterie: vielleicht kannst du mich erobern, vielleicht nicht – versuche es! Solche Bewegung zwischen Haben und Nichthaben, oder auch: solches symbolische Ineinanderwachsen von beiden kulminiert ersichtlich in der Hinwendung der Frau zu einem anderen Manne als dem, den sie eigentlich meint. Nicht um die brutale Einfachheit der Eifersucht handelt es sich dabei. Diese steht auf einem anderen Blatt, und wo sie etwa vorbehaltlos entfesselt werden soll, um das Gewinnen- oder Behaltenwollen zur Leidenschaft zu steigern, da fügt sie sich nicht mehr in die Form der Koketterie. Diese vielmehr muß den, dem sie gilt, das labile Spiel zwischen Ja und Nein fühlen lassen, das Sich-Versagen, das der Umweg des Sich-Gebens sein könnte, das Sich-Geben, hinter dem, als Hintergrund, als Möglichkeit, als Drohung das Sich-Zurücknehmen steht. An jeder definitiven Entscheidung endet die Koketterie, und die souveräne Höhe ihrer Kunst offenbart sich an der Nähe zu einem Definitivum, in die sie sich begibt, um dieses dennoch in jedem Augenblick von seinem Gegenteil balancieren zu lassen. Indem die Frau »mit« einem Manne kokettiert, um dadurch mit einem andern, auf den es in Wirklichkeit abgesehen ist, zu kokettieren, offenbart sich der eigentümliche Tiefsinn, der in der Doppelbedeutung des »mit« liegt: einerseits das Werkzeug, andrerseits den Partner einer Korrelation zu bezeichnen – als *könne* man einen Menschen überhaupt nicht zum bloßen Mittel machen, ohne daß dies zugleich Rückwirkung und Wechselbeziehung wäre.

Endlich zeigt eine Tatsache von zunächst physischem, dann aber auch seelischem Sinne vielleicht das unmittelbarste Zusammen des Ja und Nein, aus denen zu gleichen Rechten die Farbe der Koketterie gemischt wird: die Tatsache der »Halbverhülltheit«. Ich verstehe darunter alle die äußerlichen und innerlichen Fälle, in denen ein Sich-geben, Sich-darstellen derart von einem teilweisen Sich-Unsichtbarmachen oder Sich-Versagen unterbrochen wird, daß das Ganze um so eindringlicher in der Form der Phantasie vorgestellt wird und durch die Spannung zwischen dieser Form und der der unvollkommen offenbarten Wirklichkeit das Begehren nach deren Ganzheit um so bewußter und intensiver aufflammt. Es ist merkwürdig, wie die geschichtliche Entwicklung der Verhüllung des Körpers dieses Motiv des gleichzeitigen Darbietens und Versagens hervortreten läßt. Es gilt der heutigen Völkerkunde als sicher, daß die Bedeckung der Schamteile – wie die Bekleidung überhaupt – ursprünglich mit dem Schamgefühl nicht das Geringste zu tun hatte, vielmehr nur dem Schmuckbedürfnis und der nahe damit verwandten Absicht dient, durch die Verhüllung einen sexuellen Reiz auszuüben: es kommt vor, daß bei nackt gehenden Völkern nur die Buhlerinnen sich bekleiden! Die Gürtel und Schürzchen, die die Funktion des Feigenblattes erfüllen, sind oft so minimal und oft so angebracht, daß Verhüllung als solche überhaupt gar nicht ihr Zweck sein kann; sie müssen einen andern haben. Und welches dieser ist, zeigt die andre Erscheinung: daß sie in außerordentlich vielen Fällen aufs grellste gefärbt und aufs auffallendste verziert sind. Ihr Zweck ist also ersichtlich, auf diese Teile *aufmerksam zu machen.* Diese Verhüllung ist also ursprünglich nur Schmuck, mit der Doppelfunktion jedes Schmuckes: zunächst die Augen auf sich zu ziehen, dem geschmückten Wesen zunächst nur eine gesteigerte Aufmerksamkeit zu gewinnen, und dann, dieses Wesen als ein wert- und reizvolles, der Aufmerksamkeit auch vorzüglich *wertes* erscheinen zu lassen. Unvermeidlicherweise aber kann jener Schmuck, wie der des Körpers überhaupt, diese Funktion nur erfüllen, indem er zugleich verhüllt. Um dieser Koinzidenz willen ist mit der Primitivform der

Bekleidung das Moment der Koketterie gegeben: das Versagen, das Sich-Entziehen ist hier mit dem Aufmerksam-Machen, Sich-Darbieten, in einen unteilbaren Akt verschmolzen; dadurch, daß man sich oder einen Teil seiner schmückt, verhüllt man das Geschmückte, dadurch, daß man es verhüllt, macht man darauf und auf seine Reize aufmerksam. Es ist sozusagen eine optische Unvermeidlichkeit, die die Gleichzeitigkeit des Ja und des Nein, die Formel jeder Koketterie, sogleich der ersten Stufe in der Entwicklung der Kleidung angliedert.

Tiefer hinabsteigend darf man behaupten, daß der ganze Dualismus dieser Attitüde nur die Erscheinung oder empirische Technik ist, mit der ein im Grunde völlig einheitliches Verhalten sich realisiert. Das Wesen dieser Einheit betrachte ich später und ziehe aus ihr, indem ich sie hier voraussetze, nur den Schluß, daß jenes Zusammen von Ja und Nein kein starres Nebeneinander sein darf, sondern ein lebendiger Wechseltausch, ein sich ineinander schlingendes, gegenseitiges Hinweisen. Wo dies nicht gelingt, wird auch die Halbverhülltheit ihren Sinn als Koketterie nicht erreichen, sondern einen ungefälligen Widerspruch zeigen. Von hier aus löst sich das komplizierte, ästhetisch-psychologische Problem, weshalb die Pose der Mediceischen Venus für viele Empfindungsweisen etwas ganz Unerträgliches hat. Daß sie sich mit den Händen zu bedecken sucht, ist ein Versuch mit untauglichen Mitteln; sie ist eben tatsächlich nackt und die beabsichtigte Verhüllung steht sozusagen unorganisch daneben, ohne mit der Unverhülltheit eine innerlich einheitliche Attitüde, ein lebendiges Hin und Her zwischen dem Geben und dem Versagen zu zeigen, wie die Koketterie es verlangt. Die Ursache oder auch vielleicht die Wirkung davon ist, daß diese Gestalt aus der Kunstsphäre heraus und in die Wirklichkeitssphäre hineintritt: es ist nicht das künstlerische Bild einer Frau, die durch einen Verhüllungsversuch mit einem ideellen, in dem gleichen unwirklichen Raum befindlichen Gegenüber kokettiert, sondern man hat das Gefühl, als ob sie mit dem realen, vor ihr stehenden Beschauer kokettierte, als ob sich hier eine Wirklichkeitsszene abspielte – nur daß die Frau zufällig von Marmor, statt von Fleisch und Bein ist. Da sie nun aber für *dieses,* das reale Gegenüber, tatsächlich *gar nicht* verhüllt ist – was für jenes ideelle Gegenüber wohl auf Grund der Symbolik möglich wäre, die in der reinen, hier aber nicht innegehaltenen *Kunst*sphäre gilt –, so erscheint die darauf gerichtete Geste als ein einheitloses Sichgeben und Sich-zurückziehenwollen, ein Auseinanderfallen der polaren Momente der Koketterie an zwei verschiedene Sphären, wodurch ihr Sinn vereitelt, d. h. statt des Gefallens ein Mißfallen eintritt.

In den Bezirk der *geistigen* Halbverhülltheit gehört eine der typischsten Praktiken der Koketterie: das Behaupten von irgendetwas,

was man eigentlich gar nicht meint, die Paradoxe, deren Aufrichtigkeit zweifelhaft bleibt, die nicht ernst gemeinte Drohung, die Selbstherabsetzung des fishing for compliments. Den Reiz solchen Verhaltens bestimmt allenthalben das Pendeln zwischen dem Ja und dem Nein der Aufrichtigkeit, der Empfangende sieht sich vor einer Erscheinung, von der er nicht weiß, ob der Gebende damit seine Wahrheit gibt oder deren Gegenteil. Damit tritt das Subjekt dieser Koketterie aus der greifbaren Realität heraus in eine schwebende, schwankende Kategorie, in der sein eigentliches Sein zwar enthalten, aber nicht deutlich zu erfassen ist. Eine Skala graduierter Erscheinungen führt von der eigentlich noch völlig ernsten Behauptung, unter der nur eine leise Selbstironie fühlbar wird, zu der Paradoxe oder der outrierten Bescheidenheit, die uns zweifelhaft läßt, ob der Sprechende uns oder sich selbst zum Besten hat – jede Stufe aber kann hier der Koketterie, der männlichen freilich ebenso wie der weiblichen, dienstbar werden, weil das Subjekt halb verhüllt hinter seiner Äußerung steht und uns in das dualistische Gefühl versetzt, daß es fast im selben Moment sich uns darzubieten und uns aus den Händen zu gleiten scheint.

Mit alledem scheint die Koketterie, als das bewußt dualistische Verhalten, in völligem Widerspruch zu jener »Einheitlichkeit« des weiblichen Wesens zu stehen, die, wie verschieden verstanden, wie tief oder oberflächlich gedeutet, doch alle Frauenpsychologien als ihr Grundmotiv durchzieht. Wo überhaupt die weibliche und die männliche Seele als solche in einem Wesensgegensatz empfunden werden, da pflegt es dieser zu sein: daß die Frau das seiner Natur nach in sich zentralisiertere Wesen ist, dessen Triebe und Gedanken enger um einen oder wenige Punkte gesammelt und unmittelbarer von diesen her erregbar sind, als bei dem differenzierteren Manne, dessen Interessen und Betätigungen mehr in sachlich bestimmter Selbständigkeit, in arbeitsteiliger Sonderung von dem Ganzen und Inneren der Persönlichkeit verlaufen. Es wird sich mehr und mehr zeigen, daß jene Dualistik keine Gegeninstanz an der weiblichen Wesenheit als solcher findet, ja, daß deren Verhältnis zur männlichen an der Koketterie eine besondere Synthese seiner entscheidenden Momente besitzt: weil eben das Verhältnis der Frau zum Manne, seinem spezifischen und unvergleichlichen Sinne nach, sich in Gewähren und Versagen erschöpft. Gewiß gibt es unzählige andere Relationen zwischen ihnen, Freundschaft und Feindschaft, Gemeinsamkeit der Interessen und sittliches Füreinandersein, Verbundenheit unter religiöser oder sozialer Ägide, Kooperation zu sachlichen oder familiären Zwecken. Allein entweder sind diese allgemein menschlicher Art und können im wesentlichen auch unter Personen gleichen Geschlechts stattfinden, oder sie werden von irgendeinem realen oder idealen Punkt außerhalb der Subjekte selbst und der unmittelbaren Verbindungslinie zwischen ihnen bestimmt und bilden deshalb keine so reine und exklusive Wechselwirkung unter diesen wie allein das Versagen und Gewähren, das natürlich im weitesten Sinne und alle Inhalte innerlicher und äußerlicher Art in sich aufnehmend, zu verstehen ist*. Versagen und Gewähren ist das, was die Frauen vollendet können und was nur sie vollendet können. Man hat aus diesem Zusammenhange heraus die ganze Tatsache der Koketterie auf die uralte – in ihrer Verbreitung freilich sehr ungewisse – Erscheinung der »Raubehe« zurückführen wollen. Noch heute gilt es allerdings in ganz verschiedenen Teilen der Erde – bei den Tungusen, den Neuseeländern, einigen Beduinenstämmen u. a. – als durchaus angemessen, wenn die Braut sich dem Bräutigam bei der Heimführung mit allen Kräften widersetzt und sich nur nach gewaltsamem Ringen ihm überläßt. Freilich finden sich hier die Elemente der Koketterie, wenn auch in brutalen Maßen, zusammen. Aber mit der Änderung des Maßstabes scheinen sie auch ihre Vorzeichen zu ändern: jene sträuben sich, aber sie ergeben sich, während, damit verglichen, die Kokette sich nicht sträubt, aber sich auch nicht ergibt. Die Attitüde der Geschlechter im Versagen und Gewähren ist eben eine charakteristisch verschiedene. Das Sich-versagen eines Mannes gegenüber einer Frau, die ihm entgegenkommt, mag aus ethischen, personalen, ästhetischen Gründen noch so gerechtfertigt, ja notwendig sein – es hat immer etwas Peinliches, Unritterliches, gewissermaßen Blamables, und zwar für ihn mehr als für die Frau, für die das Zurückgewiesenwerden leicht einen tragischen Akzent bekommt. Es ist nicht die geziemende Attitüde des Mannes, eine Frau abzuweisen, gleichviel ob es auch für sie nicht geziemend war, sich ihm anzubieten – während umgekehrt die Rechnung völlig glatt aufgeht: den werbenden Mann abzuweisen, ist sozusagen eine der Frau durchaus angemessene Geste. Ebenso aber ist auch das Sich-Gebenkönnen der Frau, trotz eines am Schlusse dieser Seiten anzudeutenden Vorbehaltes, so tief und ganz und ein so erschöpfender Ausdruck ihres Seins, wie ihn vielleicht der Mann auf diesem Wege niemals

* In Untersuchungen, die das Verhältnis der Geschlechter in seiner ganzen Breite berühren, werden die Ausdrücke fast unvermeidlich aus naheliegenden psychologischen Gründen vor allem ihren rohesten Sinn anklingen lassen. Wo hier indes von Gewähren und Genuß, von Ja und Nein die Rede ist, bezeichnet dies die allgemeinen Formen jenes Verhältnisses, die sich mit den sittlich und ästhetisch höchsten wie niedrigsten Inhalten erfüllen. Diese äußersten Unterschiede der Werte können es der nur psychologischen Betrachtung nicht verwehren, jene formalen Kategorien in ihnen gleich wirksam zu sehen.

erreichen kann. Im Neinsagen und im Jasagen, im Sich-hingeben und Sich-versagen sind die Frauen die Meister. Dies ist die Vollendung der sexuellen Rolle, die dem weiblichen Elemente schon von dem Tierreiche an zukommt: das *wählende* zu sein. Damit begründet sich wohl die von Darwin beobachtete Erscheinung, daß bei unseren Haustieren die Weibchen viel mehr individuelle Zu- und Abneigung den Männchen gegenüber zeigen, als umgekehrt. Da die Frau die wählende ist, wird sie viel mehr durch die Individualität des Mannes bestimmt; daß der Mann dieser oder jener bestimmte ist, führt die Gesamtentscheidung herbei, während der Mann mehr die Frau als Frau überhaupt sucht – so vieles die kulturellen Verschiedenheiten auch an diesem Grundverhältnis nach beiden Seiten hin modifizieren mögen. Diese individuelle Auswahl, die den Frauen hier zufällt, gibt ihnen viel mehr Gelegenheit als der Mann sie hat, die Wahl in der Schwebe zu lassen. Kein Wunder, daß ihnen aus all diesen Momenten in der Koketterie eine dem Manne durchaus nicht adäquate Form erwachsen ist, in der ihnen Versagen und Gewähren sozusagen gleichzeitig möglich ist.

Das Motiv, das die Frau zu diesem Verhalten bewegt, ist, auf seine *allgemeinste* Formel gebracht, der Reiz der Freiheit und der Macht. Die Frau ist normalerweise nur einmal oder wenige Male in der Lage, über die Grundfrage ihres Lebens zu entscheiden – und gerade in diesem Ernstfalle ist die individuelle Freiheit ihrer Entschließung oft genug nur eine scheinbare. Aber in der Koketterie nimmt sie diese Entscheidung, wenn auch nur in Annäherung und Symbol, gleichsam chronisch in die Hand. Indem sie das Ja und Nein, Hinwendung und Abwendung, abwechselnd dominieren oder zugleich fühlen läßt, zieht sie sich aus jedem von beiden zurück und handhabt jedes als ein Mittel, hinter dem ihre eigne, unpräjudizierte Persönlichkeit in voller Freiheit steht. Es ist eine allenthalben bewährte Beobachtung, daß Freiheit nicht bei ihrem negativen Sinn stehen zu bleiben, sondern sogleich oder zugleich zum Gewinn von Macht und Machtübung benutzt zu werden pflegt. In dem Fall der Koketterie verschlingt sich beides unmittelbar ineinander. Die Macht der Frau dem Manne gegenüber offenbart sich an dem Ja oder Nein, und eben diese Antithese, in der das Verhalten der Kokette schwingt, begründet das Freiheitsgefühl, die Nichtgebundenheit des Ich durch das eine wie das andere, das Fürsichsein jenseits der beherrschten Gegensätze. Die Macht der Frau über Ja und Nein liegt *vor* der Entscheidung; hat sie entschieden, so ist, in beiden Fällen, ihre so gefärbte Macht zu Ende. Die Koketterie ist das Mittel, diese Macht in einer Dauerform zu genießen. Und mindestens in einer Anzahl von Fällen hat sich beobachten lassen, daß sehr herrschsüchtige Frauen auch sehr kokett sind. Denn – und dies bedarf zur Klarstellung der Situationstypik besonderer Hervorhebung – all jenes Schwanken und Pendeln betrifft gar nicht das Sein der Frau und dessen Richtungsbestimmtheit, sondern nur dessen Erkennbarkeit für ihr Gegenüber. Es verrät keineswegs eine objektiv-innerliche Unsicherheit der Frau – diese ergibt, wo sie etwa vorliegt, ein ganz anderes Bild als die Koketterie, das mit dieser nur eine oberflächliche Ähnlichkeit hat oder sich in einer gewissen Verlegenheit in deren Formen flüchtet, vielleicht, um noch Frist für die Entscheidung zu gewinnen. Innerlich ist die kokettierende Frau vollkommen nach der einen oder der andern Seite hin entschieden. Gerade nur, daß sie eine Entschiedenheit zu verhüllen hat, daß sie ihr Gegenüber in eine nur *ihm* zukommende Ungewißheit oder Schwankung über ein an sich Gewisses versetzen kann – das ist der Sinn der ganzen Situation; und dies gibt auch der Kokette ihre Macht und ihr Übergewicht: daß sie fest und in sich bestimmt ist und dabei ein Benehmen zwischen sich und den Mann stellt, das *ihn* entwurzelt und unsicher macht.

Daß der Mann sich nun zu diesem Spiele hergibt, und zwar nicht nur, weil ihm, dessen Begehren an die Gunst der Frau gefesselt ist, nichts anderes übrigbleibt, sondern oft, als ob er gerade aus dieser ihn hin und her schiebenden Behandlung einen besonderen Reiz und Genuß zöge – das geht zunächst, sehr naheliegend, auf die bekannte Erscheinung zurück: daß eine auf ein schließliches Glücksgefühl hin orientierte Erlebnisreihe schon auf die Momente vor jenem Letzten einen Teil seines Genußwertes ausstrahlt. Die Koketterie ist einer der zugespitzten Fälle dieser Erfahrung. Ursprünglich mag der einzige Genuß der erotischen Reihe der physiologische gewesen sein. Von diesem aber ist er allmählich auch auf alle früheren Momente der Reihe übergegangen. Daß hier, soweit das rein Psychologische in Betracht kommt, tatsächlich eine historische Evolution vorliegt, ist deshalb wahrscheinlich, weil die Lustbedeutung sich auf um so entferntere, andeutendere, symbolischere Momente des erotischen Gebietes erstreckt, je verfeinerter und kultivierter die Persönlichkeit ist. Das seelische Zurückrücken kann so weit gehen, daß z. B. ein junger verliebter Mensch aus dem ersten heimlichen Händedruck mehr Seligkeit schöpft als später aus irgendeiner restlosen Gewährung, und daß für manche zarte und sensible Naturen – die keineswegs frigid oder unsinnlich zu sein brauchen – der Kuß, ja das bloße Bewußtsein des Wiedergeliebtwerdens alle gleichsam substantielleren erotischen Freuden übertrifft. Der Mann, mit dem eine Frau kokettiert, fühlt schon an ihrem Interesse für ihn, an ihrem Wunsch, ihn anzuziehen, den irgendwie anklingenden Reiz ihres Besitzes, wie überhaupt das versprochene Glück schon einen Teil des erreichten antizipiert. Daneben tritt, mit selbständiger Wirksamkeit, eine andere Nuance desselben Verhältnisses. Wo der Wert eines Endzieles schon fühlbar auf seine Mittel oder Vorstadien rückt, ist das Quantum des so genossenen Wertes doch von der Tatsache modifiziert, daß in keiner realen Reihe der Gewinn einer Zwischenstufe mit absoluter Sicherheit den des entscheidenden Endwertes garantiert: der Wechsel auf diesen, den wir mit dem Vorgenuß diskontiert haben, wird vielleicht doch nicht eingelöst. Für die Zwischenstadien bewirkt dies, neben einer unvermeidlichen Herabsetzung ihres Wertes, doch auch eine Steigerung seiner durch den Reiz des Hazards, insbesondere, wenn das fatumsmäßige, der Entscheidung durch eigene Kraft entzogene Element, das allem Erreichen einwohnt, in seiner dunklen Anziehung aufsteigt. Wenn wir die Chance des Verfehlens, die sich zwischen Vorstadium und Zielstadium schiebt, nach ihrem vollen sachlichen Gewicht rechneten, so würde es wohl zu jener Vordatierung des Glücks kaum kommen; aber wir empfinden sie zugleich als Reiz, als das lockende Spiel um die Gunst der unberechenbaren Mächte. In dem seelischen Verhalten, das die Kokette hervorzurufen versteht, ist dieser eudämonistische Wert des Hazards, des Wissens um das Nichtwissen von Gewinn oder Verfehlung, gleichsam zum Stehen gekommen und festgeworden. Dieses Verhalten zieht einerseits aus dem Versprechen, das die Koketterie einschließt, jenes vorweggenommene Glück; der Revers davon aber, die Chance, daß diese Vorwegnahme durch eine Wendung der Dinge dementiert werde, erwächst ihm als die gleichzeitige Distanzierung, die die Kokette ihrem Gegenüber fühlbar macht. Indem dies beides dauernd gegeneinander spielt, keines ernsthaft genug ist, um das andere aus dem Bewußtsein zu verdrängen, steht auch über dem Negativen die Chance des Vielleicht, ja dies Vielleicht, in dem die Passivität des Hinnehmens und die Aktivität des Erringens eine Einheit des Reizes bilden, umschreibt die ganze innere Reaktion auf das Verhalten der Kokette.

Besagt diese Reaktion des Mannes schon hier durch ihre Lust am Hazard und der eigentümlichen anschaulichen Ineinsbringung seiner polaren Möglichkeiten weit mehr, als daß die Pendelung des koketten Spieles ihn einfach mit sich schleift, so erhebt sich endlich seine Rolle weit über das einfache Objektsein, wenn er auf das Spiel selbst eintritt und den Reiz an diesem, nicht an einem eventuellen Definitivum findet. Damit erst ist die ganze Aktion wirklich in die Sphäre des Spieles erhoben, während sie, solange der Mann es noch ernst meinte, insoweit mit der der Realität gemischt war. Jetzt will auch der Mann gar nicht weitergehen, als die Linie der Koketterie angibt, und während dies nach dem logischen und genetischen Sinn der Koketterie ihren Begriff aufzuheben scheint, ergibt es vielmehr erst ihren von aller Ablenkung und aller Chance des Umschlagens gelösten, völlig formreinen Fall. Es ist weniger die Kunst des *Gefallens* – das noch irgendwie in die Realitätssphäre hinreinragt – als die *Kunst* des Gefallens, die nun den Drehpunkt der Beziehung und ihrer Attraktionen ausmacht. Hier ist die Koketterie völlig aus der Rolle des Mittels oder der bloßen Vorläufigkeit heraus in die eines Endwertes gerückt: Alles, was ihr aus jener ersten an Genußwert gekommen ist, ist jetzt völlig in diese zweite hineingewachsen, die Vorläufigkeit hat ihr Bedingtsein durch ein Definitivum oder auch nur durch dessen Idee abgeworfen, und gerade daß sie das Cachet des Vorläufigen, des Schwebens und Schwankens hat, dies ist – logisch widersprechend, aber psychologisch tatsächlich – ihr endgültiger, nicht über den Moment ihres Daseins hinausfragender Reiz geworden. Deshalb wandelt sich die Konsequenz des koketten Verhaltens: daß der inneren Sicherheit der Kokette eine Unsicherheit und Entwurzeltheit des Mannes, eine oft verzweiflungsvolle Preisgegebenheit an ein Vielleicht korrespondierte – hier völlig in ihr Gegenteil. Wo der Mann selbst nichts mehr als dieses Stadium begehrt, gibt ihm nun gerade die Überzeugung, daß es der Kokette nicht Ernst ist, eine gewisse Sicherheit ihr gegenüber. Er kann nun, wo kein Ja ersehnt und kein Nein gefürchtet wird, wo aber auch die etwaigen Gegeninstanzen gegen jene Sehnsucht keiner Erwägung bedürfen, sich dem Reize dieses Spieles weitergehend überlassen, als wo er wünscht, vielleicht aber auch irgendwie fürchtet, daß der einmal begonnene Weg auch zum Endpunkt führe.

Nur am reinsten markiert sich hier die Beziehung zu Spiel und Kunst, die allenthalben der Koketterie eigen ist. Denn sie ist im höchsten Maße das, was Kant für das Wesen der Kunst erklärte: «Zweckmäßigkeit ohne Zweck«. Das Kunstwerk hat durchaus keinen »Zweck« – aber doch erscheinen seine Teile so sinnvoll ineinandergreifend, jedes an seiner Stelle notwendig, als ob sie zu einem völlig angebbaren Zwecke zusammenwirkten. Die Kokette nun verfährt genau so, als interessierte sie sich nur für ihr jeweiliges Gegenüber, als sollte ihr Tun an dem vollen Maße einer, wie auch immer qualifizierten Hingebung münden. Nun aber ist dieser sozusagen logische Zwecksinn ihres Tuns gar nicht ihre Meinung, sondern sie läßt dieses Tun konsequenzlos in der Luft verschweben, indem sie ihm ein ganz anders gewendetes Ziel gibt: zu gefallen, zu fesseln, begehrt zu werden – aber ohne sich irgendwie daraufhin beim Wort nehmen zu lassen. Sie verfährt durchaus »zweckmäßig«, aber den »Zweck«, auf den dies Verfahren in der Reihe der Realität zugehen müßte, lehnt sie ab, verflüchtigt ihn in die rein subjektive Beglückung des Spieles. Wie die Geselligkeit die Spielform der Gesellschaft ist, wie das Miteinander, Gegeneinander, Füreinander, das diese ausmacht, sich in der Anmut des Geselligseins symbolisiert und gleichsam gewichtlos wiederholt, so ist Koketterie die Spielform der Liebe. Das Spiel hat keine Zukunft, es erschöpft sich im Reize seiner Gegenwart, ihm fehlt die Kraft der realen Teleologie, die über den Moment hinwegreicht. Dieses Abgeschnittensein von der Kontinuität der Lebensreihe ist eines der Momente, die das Spiel mit dem Kunstwerk verbinden. Was das innere, man könnte sagen das transzendentale Wesen der Koketterie freilich von dem der Kunst scheidet, ist dies, daß die Kunst sich von vornherein jenseits der Wirklichkeit stellt und durch die von ihr überhaupt abgewandte Blickrichtung von ihr erlöst, während die Koketterie zwar mit der Wirklichkeit auch nur *spielt,* aber doch mit der *Wirklichkeit* spielt. Das Pendeln der Impulse, das sie darbietet und hervorruft, bezieht seinen Reiz niemals ganz aus den rein abgelösten Formen des Ja und Nein, des sozusagen abstrakten Verhältnisses der Geschlechter – obgleich dies die eigentliche, indes nie völlig erreichbare Vollendung der Koketterie wäre; die Empfindungen vielmehr, deren Heimat nur in der Realitätsreihe zu finden ist, klingen immer mit an, die reine Relation der Formen wird von ihnen durchblutet. Die Kokette und in jenem vorhin angedeuteten Falle auch ihr Partner, spielen zwar und entheben sich damit der Wirklichkeit, aber sie spielen nicht mit dem Scheine der Wirklichkeit, wie der Künstler, sondern mit der Wirklichkeit selbst.

Nach einer Richtung hin freilich besteht noch eine eigentümliche Analogie zwischen dem koketten Verhalten und der Kunst. Man sagt von der Kunst, daß sie sich »gegen ihr Objekt gleichgültig verhalte«. Der Sinn dieser Behauptung kann nur sein, daß die Werte, die die Kunst den Dingen abgewinnt, in keiner Weise dadurch alteriert werden, daß eben diese Dinge, an den nicht-künstlerischen Maßstäben gemessen, erfreulich oder unerfreulich, moralisch oder unmoralisch, religiös oder profan sind. Diese relativ einfache Art, sich jenseits der sonstigen positiven oder negativen Werte des Erscheinungskreises überhaupt zu stellen, nimmt die Koketterie gewissermaßen mit einer pointierteren, ausgesprocheneren Methode auf. Denn – was oben schon ein andrer Zusammenhang andeutete – die Vornahmen der Kokette mit den Dingen, die die Werkzeuge ihrer Absichten sind, ist ein mindestens ideelles, mindestens als stete Möglichkeit gefühltes Pendeln zwischen Interesse für sie und Interesselosigkeit, Hingebung an ein Objekt, abwechselnd mit der an sein Gegenteil, An-sich-ziehn und Von-sich-abstoßen jedes einzelnen. Dieses Gelöstsein von der sachlichen und anderweitigen Wertbedeutung der Dinge, wie es sich in dem gleichzeitigen positiven und negativen Verhalten zu ihnen ausspricht, markiert sich noch einmal an der Vorurteilslosigkeit, mit der die Kokette alle beliebigen Gegensätzlichkeiten in ihren Dienst nimmt: den Augenaufschlag wie den Augenniederschlag, die Frömmigkeit wie den Atheismus, die Naivität wie die Raffiniertheit, das Wissen wie die Unwissenheit – ja mit ihrer Koketterie selbst vermag eine Frau zu kokettieren, so gut wie mit ihrer Nicht-Koketterie. Wie dem Künstler alle Dinge dienen müssen, weil er von ihnen nichts als ihre Form will, so müssen sie alle der Kokette dienen, weil sie von ihnen nur will, daß sie sich in das Spiel von Halten und Loslassen, von Hinwenden und Wegwenden einfügen lassen. Denn noch einmal: eine Frau mag durch ihre Religiosität einen Mann zu fesseln suchen oder durch ihre Freigeisterei – dies ist noch nicht Koketterie, sondern wird es erst durch jene einzigartige Behandlung, die sich keinem Inhalt als einem endgültigen hingibt, die ihre Souveränität, noch in jedem Augenblick Ja oder Nein zu ihm zu sagen, keinem gegenüber abdiziert, die ihr spezifisches Anziehungsmittel für ihr Gegenüber: das Zugleich von Anziehung und Zurückweisung, – auch ihre Beziehung zu den Dingen färben läßt. Auch hier steht das Vielleicht, das Wegsehen bei gleichzeitigem Hinsehen, die Freiheit gegenüber dem für sich bedeutungslosen und also nicht ernstgenommenen Mittel – als Hintergrund hinter der im Augenblick noch so sehr markierten Ernsthaftigkeit. Die Kunst gewinnt ihr Jenseits der realen Bedeutung der Dinge dadurch, daß sie ihnen mit eindeutiger Sicherheit ausschließlich ihre Form abfragt; darum ist die Kunst immer entschieden und eine Koketterie der Kunst immer eine Peinlichkeit und eine Entgleisung. Für die Koketterie aber erwächst das gleiche Jenseits, indem sie jene reale Bedeutung zwar jeweils aufnimmt, aber sie in jedem Augenblick durch ihr jeweiliges Gegenteil aufhebt – wenn auch nur als Möglichkeit, Andeutung, Nuance, Hintergrund. Die Kunst kann den andern Kategorien und den Sachgehalten des Lebens gegenüber deshalb als Spiel erscheinen, weil sie von einer, jene alle ausschließenden Kategorie aus unbarmherzig Ernst macht; die Koketterie dagegen ist Spiel, weil sie überhaupt mit nichts Ernst macht; aber das so negativ Ausgedrückte ist ein ganz positives Verfahren, das alle Gegensätze, mindestens potentiell, gegeneinander ausspielt und das Verhältnis, das ihr Ort ist, gleichsam von jeder Schwere einer Entscheidung entlastet. An den platonischen Begriffen gemessen, mit denen dieser Versuch begann, steht die Kunst gleichmäßig über dem Haben und dem Nichthaben: sie hat alle Dinge, indem sie von ihnen nur ihre Form und ihren artistischen Sinn begehrt, und sie hat keines, weil die Realität, der Gegenstand des eigentlichen »Habens«, für sie keinerlei Interesse besitzt; die Künste sind, wie die Franziskaner es von sich sagten:

omnia habentes, nihil possidentes. Die Koketterie, auf die Umschriebenheit ihres Objekts beschränkt, ist nicht weniger weit dem Haben und dem Nichthaben – oder, aktiver ausgedrückt, dem Geben und dem Nichtgeben – fern. Aber sie steht nicht über, sondern sozusagen zwischen ihnen, indem sie die Anteile, die sie an beiden hat oder gibt, in labilem Gleichgewicht hält oder sie so mischt, daß stets das eine von dem andern wie in einem endlosen Prozesse aufgehoben wird.

Ich habe früher erwähnt, daß die ganze Dualistik der Koketterie keinen Widerspruch gegen jene Einheit und Entschiedenheit der Frau – als Typus – enthält, mit der sie in der erotischen Frage viel mehr als der Mann vor einem: Alles oder Nichts – steht: wobei das »Alles« wiederum nicht auf seinen äußerlichen Sinn beschränkt ist. So wenig widerspricht sie ihr, daß nun, zuletzt und zuhöchst, die Koketterie vielmehr zum Symbole der Art wird, wie jene Einheit sich gibt. Es scheint nämlich die durchgehende Erfahrung des männlichen Empfindens zu sein, daß die Frau – und zwar gerade die tiefste, hingebendste, in ihrem Reiz nicht erschöpfliche – noch in dem leidenschaftlichsten Sich-Verschenken, Sich-Offenbaren irgendein letztes Unenträtseltes, Ungewinnbares zurückbehalte. Vielleicht hängt das gerade mit jener Einheit zusammen, in der alle Keime und Möglichkeiten noch enger, undifferenzierter nebeneinander oder ineinander ruhen, so daß man den meisten Frauen gegenüber das Gefühl einer gewissen Unentwickeltheit, nicht recht in die Aktualität hinein gelöster Potenzen hat – und zwar noch ganz jenseits etwaiger Entwicklungshemmungen durch soziale Vorurteile und Benachteiligungen. Gewiß ist es unrichtig, in dieser »Undifferenziertheit« einfach ein Manko, ein Zurückgebliebensein zu sehen; vielmehr ist dies die durchaus positive, ein eigenes Ideal bildende Wesensart der Frau, die gleichberechtigt neben der »Differenziertheit« des Mannes steht. Allein von dieser aus gesehen, erscheint jene doch als ein Noch-Nicht, ein uneingelöstes Versprechen, eine ungeborene Fülle dunkler Möglichkeiten, die sich von ihrem seelischen Standort noch nicht so weit auseinander- und emporgerankt haben, um sichtbar und darbietbar zu werden. Dazu kommt, mit dem gleichen Erfolge, noch dies: daß die Formungs- und Ausdrucksweisen – keineswegs nur die sprachlichen –, die unsere Kultur der seelischen Innerlichkeit zur Verfügung stellt, im Wesentlichen von Männern geschaffen sind und darum unvermeidlich vor allem der männlichen Wesensart und ihren Bedürfnissen dienen; so daß gerade für das differentiell Frauenhafte unzählige Male gar kein befriedigender und verständlicher Ausdruck vorhanden sein wird. Auch dies also wird jenes Gefühl tragen helfen: daß auch die vollkommenste Hingabe der Frau einen letzten, heimlichen Vorbehalt ihrer Seele nicht hebt, daß irgendetwas, dessen Offenbarung und Darbietung eigentlich zu erwarten stünde, sich von seinem Wurzelgrunde nicht lösen will. Gewiß ist dies keine gewollte Schranke des Schenkens, ein Etwas, das dem Geliebten nicht gegönnt würde, sondern ein Letztes der Persönlichkeit, das sich nur sozusagen nicht explizieren kann, das auch hingegeben wird, aber nicht als etwas Durchsichtiges und Benennbares, ein verschlossenes Gefäß, zu dem der Empfangende keinen Schlüssel hat. Kein Wunder, wenn in diesem dann die Empfindung entsteht, daß ihm etwas vorenthalten ist, wenn das Gefühl, etwas nicht zu besitzen, so gedeutet wird, als wäre es nicht gegeben. Wie diese Erscheinung einer Reserve auch entstanden sei – sie stellt sich als ein geheimnisvolles Ineinander von Ja und Nein, von Geben und Verweigern dar, das die Koketterie gewissermaßen präformiert. Indem die Koketterie dies »Halbverhülltsein« der Frau, das ihre tiefste Relation zum Manne ausdrückt, mit pointiertem Bewußtsein aufnimmt, würdigt sie freilich den letzten, metaphysischen Grund der Beziehung zu einem bloßen Mittel ihrer äußeren Realisierung herab; allein dies erklärt dennoch, weshalb Koketterie keineswegs eine »Dirnenkunst« ist – so wenig, daß die hetärische ebenso wie die ungeistig-sinnlichste Frau keineswegs die koketteste zu sein pflegt – und daß Männer, auf die jede bloß äußerliche Verführung ganz ohne Wirkung bleibt, sich dem Reize der Koketterie bewußt und mit dem Gefühl ergeben, daß sie weder ihr Subjekt noch ihr Objekt entwürdigt.

An dieser Form, die den Anteil der Frau an dem Verhältnis der Geschlechter gestaltet, an diesem Ja und Nein, das die Basis jedes Ja oder Nein ist, offenbart sich nun doch ein tieferer Sinn jener Deutung der Liebe als eines Mittleren zwischen Haben und Nichthaben. Denn nun ist das Nichthaben in das Haben hineingewachsen, beide bilden die Seiten einer Beziehungseinheit, deren äußerste und leidenschaftlichste Form schließlich das Haben von etwas ist, das man zugleich nicht hat. Die tiefe metaphysische Einsamkeit des Individuums, zu deren Überwindung alles Hinwollen des einen zum anderen nur ein ins Unendliche verlaufender Weg ist, hat in dem Verhältnis der Geschlechter eine besonders gefärbte, aber vielleicht am prinzipiellsten fühlbare Ausgestaltung gewonnen. Hier wie sonst gibt dies Verhältnis der Geschlechter das Prototyp für unzählige Relationen innerhalb des individuellen und des interindividuellen Lebens ab. Es tritt als das reinste Beispiel so vieler Vorgänge auf, weil diese von vornherein durch jene fundamentale Bedingtheit unseres Lebens in ihrer Gestalt bestimmt sind. Daß unser Intellekt z. B. alles Werden und Sich-Entwickeln, das reale wie das logische, nie aus einer völligen Einheit heraus begreifen kann, diese vielmehr für sich steril und ohne verständlichen Grund des Anderswerdens bleibt – das ist wahrscheinlich daran gebunden, daß die Entstehung unseres Lebens durch das Zusammenwirken zweier Prinzipien bedingt ist. Ja, daß der Mensch überhaupt ein dualistisches Wesen ist, sein Leben und Denken sich in der Form der Polarität bewegt, jeder Seinsinhalt erst an seinem Gegensatz sich selber findet und bestimmt, geht vielleicht auf jene letztinstanzliche Gespaltenheit der menschlichen Gattung zurück, deren Elemente sich ewig suchen, sich einander ergänzen und doch nie ihren Gegensatz überwinden. Daß der Mensch mit seinen leidenschaftlichsten Bedürfnissen an das Wesen gewiesen ist, von dem er vielleicht durch die tiefste metaphysische Kluft getrennt ist – auch dies ist das reinste Bild, vielleicht aber sogar die entscheidend wirksame Urform für jene Einsamkeit, mit der der Mensch schließlich ein Fremdling, nicht nur unter den Dingen der Welt, sondern auch unter denen ist, die für jeden die Nächsten sind.

Ist deshalb das gleichzeitige Haben und Nichthaben die undurchbrechliche Erscheinungsform oder auch eine letzte Basis der Erotik, so wird sie durch die Koketterie aus ihr rein abdestilliert, und zwar, wie ich schon aussprach, in der Form des Spieles – wie gerade das Spiel oft aus den Komplikationen der Wirklichkeit heraus die einfachsten Grundverhältnisse sich zum Inhalte macht: das Jagen und Gewinnen, die Gefahr und die Glückschance, das Ringen und das Überlisten. Durch die Bewußtheit der Koketterie zeichnet sich jedes der tief ineinander gesenkten Gegenelemente schärfer an dem anderen ab: sie gibt dem Nichthaben gleichsam eine positive Anschaulichkeit, macht es durch die spielende, andeutende Vorspiegelung des Habens erst recht fühlbar, wie sie umgekehrt durch die drohende Vorspiegelung des Nichtshabens den Reiz des Habens aufs äußerste steigert. Und wenn jenes Grundverhältnis zeigte, daß wir auch im definitiven Haben noch irgendwie nicht haben, so sorgt die Koketterie dafür, daß wir auch im definitiven Nichthaben schon irgendwie haben können. In einen ähnlichen Gedanken mündend erklärt ein französischer Sozialpsychologe die Koketterie so, daß mit steigender Kultur die gestiegene Reizbarkeit einerseits, die gewachsene Zahl reizvoller Erscheinungen andrerseits eine erotische Bedrängnis der Männer geschaffen hätte; es sei eben doch nicht möglich, all die anziehenden Frauen zu besitzen – während in primitiven Zeiten eine solche Fülle anziehender Erscheinungen überhaupt nicht bestünde. Dem hülfe nun die Koketterie ab, indem sich mit ihr die Frau potentiell, symbolisch oder annähernd einer großen Anzahl von Männern geben könnte, der einzelne Mann eine große Anzahl von Frauen irgendwie besitzen könnte. –

Wenn es schien, als wäre die Koketterie ausschließlich in der Beziehung zwischen Männern und Frauen erwachsen, eine Oberflächenspiegelung, die den letzten Grund dieser Beziehung, unter einem bestimmten Winkel gebrochen, darstellte – so belegt dies nun noch schließlich jene umfassende Erfahrung, daß vielerlei allgemein menschliche Verhaltensformen an der Relation der Geschlechter ihr normgebendes Beispiel besitzen. Sieht man nämlich die Arten an, wie der Mensch sich zu Dingen und anderen Menschen stellt, so steht unter ihnen die Koketterie als ein ganz allgemeines, keinen Inhalt von sich ablehnendes formales Verhalten. Das Ja oder Nein, mit dem wir Entscheidungen gewichtiger oder alltäglicher Art gegenüberstehen: Hingaben und Interessiertheiten, dem Ergreifen einer Partei und dem Glauben an Menschen oder Lehren – wandelt sich unzähligemal in ein Ja und Nein, oder auch in einen Wechsel zwischen beiden, der den Charakter einer Gleichzeitigkeit trägt, weil hinter jeder jeweiligen Entscheidung die andere als Möglichkeit oder als Versuchung steht. Der Sprachgebrauch läßt die Menschen mit religiösen oder politischen Standpunkten, mit Wichtigkeiten wie mit Zeitvertreiben »kokettieren«; und viel öfter, als unsere Worte es wahrhaben wollen, findet das so bezeichnete Verhalten in Ansätzen und bloßen Nuancierungen, in Vermischungen mit andersartigem Benehmen und in Selbsttäuschungen über seinen Charakter statt. Alle die Reize des gleichzeitigen Für und Gegen, des Vielleicht, des verlängerten Vorbehaltes der Entscheidung, der ihre beiden, in der Realisierung einander ausschließenden Seiten zusammen vorgenießen läßt – sind nicht nur der Koketterie der Frau mit dem Mann eigen, sondern sie spielen gegenüber tausend anderen Inhalten. Es ist die Form, in der die Unentschiedenheit des Lebens zu einem ganz positiven Verhalten kristallisiert ist, und die aus dieser Not zwar keine Tugend, aber eine Lust macht. Mit jenem spielenden, obgleich keineswegs immer von der Stimmung des »Spieles« begleiteten Sich-Nähern und Sich-Entfernen, Ergreifen, um wieder fallen zu lassen, Fallenlassen, um wieder zu ergreifen, dem gleichsam probeweisen Sich-Hinwenden, in das schon der Schatten seines eigenen Dementis fällt – hat die Seele die adäquate Form für ihr Verhältnis zu unzähligen Dingen gefunden. Der Moralist mag dies schelten; aber es gehört nun einmal zu der Problematik des Lebens, daß es vielen Dingen gegenüber, zu denen es eine Relation doch nicht einfach ablehnen kann, keinen eindeutigen, von vornherein festen Standort besitzt; in den Platz, den sie unserem Tun und Empfinden bieten, geht dieses seiner eigenen Form nach nicht recht hinein. Da nun entsteht das Vor- und Zurücktreten, das versuchende Halten und Loslassen, in dessen schwankender Dualistik sich jene so oft unvermeidliche Grundrelation des Habens und Nichthabens malt. Indem ein so tragisches Moment des Lebens sich in die spielende, schwankende, zu nichts engagierende Form, die wir das Kokettieren mit den Dingen nennen, kleiden kann – begreifen wir, daß diese Form ihre typischste, reinste Erfüllung gerade an dem Verhältnis der Geschlechter gewinnt – an dem Verhältnis, das schon in sich die vielleicht dunkelste und tragischste Beziehung des Lebens in die Form seines höchsten Rausches und schimmerndsten Reizes hüllt.

Zur Ästhetik

Der Henkel

Moderne Theorien der Kunst betonen es mit Entschiedenheit als die eigentliche Aufgabe der Malerei und Plastik, die räumliche Gestaltung der Dinge zur Darstellung zu bringen. Darüber kann leicht verkannt werden, daß der Raum innerhalb des Gemäldes ein völlig anderes Gebilde ist als der reale, den wir erleben. Denn indem innerhalb dieses der Gegenstand getastet werden kann, im Bildwerk aber nur geschaut; indem jedes wirkliche Raumstück als Teil einer Unendlichkeit empfunden wird, der Bildraum aber als eine in sich abgeschlossene Welt; indem der reale Gegenstand in Wechselwirkungen mit allem steht, was um ihn herum flutet oder beharrt, der Inhalt des Kunstwerkes aber diese Fäden abgeschnitten hat und nur seine eigenen Elemente zu selbstgenugsamer Einheit verschmilzt – lebt das Kunstwerk ein Dasein jenseits der Realität. Aus den Anschauungen der Wirklichkeit, aus denen das Kunstwerk freilich seinen Inhalt bezieht, baut es ein souveränes Reich; und während die Leinwand und der Farbenauftrag auf ihr Stücke der Wirklichkeit sind, führt das Kunstwerk, das durch sie dargestellt wird, seine Existenz in einem ideellen Raum, der sich mit dem realen so wenig berührt, wie sich Töne mit Gerüchen berühren können.

Mit jedem Gerät, mit jeder Vase, insoweit sie als ästhetische Werte betrachtet werden, verhält es sich ebenso. Als ein Stück Metall, tastbar, wägbar, einbezogen in die Hantierungen und Zusammenhänge der Umwelt, ist die Vase ein Stück Wirklichkeit, während ihre Kunstform eine rein abgelöste, in sich ruhende Existenz führt, für die ihre materielle Wirklichkeit der bloße Träger ist. Allein indem das Gefäß nicht, wie das Bild oder die Statue, für eine inselhafte Unberührsamkeit gedacht ist, sondern einen Zweck erfüllen soll – wenn auch nur symbolisch –, da es in die Hand genommen und in die praktischen Lebensbewegungen hineingezogen wird – so steht es gleichzeitig in jenen zwei Welten: während das Wirklichkeitsmoment in dem reinen Kunstwerk völlig indifferent, sozusagen verzehrt ist, erhebt es Forderungsrechte an die Vase, mit der hantiert wird, die gefüllt und geleert, hin und her gereicht und gestellt wird. Diese Doppelstellung der Vase nun ist es, die sich in ihrem Henkel am entschiedensten ausspricht. Er ist das Glied, an dem sie ergriffen, gehoben, gekippt wird, mit ihm ragt sie anschaulich in die Welt der Wirklichkeit, das heißt der Beziehungen zu allem Außerhalb hinein, die für das Kunstwerk als solches nicht existieren. Nun soll doch aber nicht nur der Körper der Vase zugleich den Ansprüchen der Kunst gehorchen, und die Henkel wären bloße, gegen ihren ästhetischen Formwert gleichgültige Griffe, wie die Ösen des Bilderrahmens. Sondern diese Henkel, die die Vase dem Dasein jenseits der Kunst verknüpfen, sind zugleich in die Kunstform einbezogen, sie müssen, ganz gleichgültig gegen ihren praktischen Zwecksinn, rein als Gestaltung und dadurch, daß sie mit dem Vasenkörper *eine* ästhetische Anschauung bilden, gerechtfertigt sein. Durch diese zweifache Bedeutung und ihr charakteristisch deutliches Hervortreten wird der Henkel zu einem der nachdenklichsten ästhetischen Probleme.

Wie die Gestalt des Henkels die beiden Welten in sich zur Harmonie bringt: die äußere, deren Anspruch mit ihm an das Gefäß herangreift, und die Kunstform, die ihn, ohne Rücksicht auf jene, für sich fordert – das scheint das unbewußte Kriterium seiner ästhetischen Wirkung zu sein. Und zwar muß der Henkel die praktische Funktion nicht nur tatsächlich üben können, sondern er muß dies auch durch seine Erscheinung eindringlich machen. Dies geschieht mit Nachdruck in den Fällen, wo der Henkel angelötet wirkt, im Gegensatz zu denen, wo er mit der Substanz des Vasenkörpers aus einem Fluß gebildet erscheint. Die erstere Gestaltung markiert, daß der Henkel von äußeren Mächten, aus einer äußeren Ordnung der Dinge herangesetzt ist, sie läßt seine aus der reinen Kunstform herausreichende Bedeutung hervortreten. Solches Intervall zwischen Vase und Henkel pointiert sich stärker in der häufigen Form: daß der Henkel als Schlange, Eidechse, Drache gestaltet ist. Dies deutet jene Sonderbedeutung des Henkels dadurch an, daß das Tier von außen an die Vase herangekrochen und sozusagen erst nachträglich in die Gesamtform eingeschlossen scheint. Durch die ästhetisch-anschauliche Einheit von Vase und Henkel hindurch wirkt hier noch die Zugehörigkeit des Henkels zu einer ganz andern Ordnung, aus der er entsprang, und die mit ihm die Vase für sich reklamiert. In vollkommenem Gegensatz hierzu und in stärkster Betonung der Einheitstendenz scheinen manche Vasen Vollformen gewesen zu sein, deren Materie ununterbrochen bis zu ihrer Peripherie reichte und aus denen erst nachträglich so viel weggenommen wurde, daß die Henkel stehen blieben; so am vollendetsten bei manchen chinesischen Schalen, deren Henkel aus dem kalten Metall herausgeschnitten sind. In mehr organischer Weise indes akzentuiert sich das Einbezogensein in die ästhetische

Einheit, sobald der Henkel aus dem Vasenkörper in ununterbrochenem Übergang und von den Mächten, die diesen Körper selbst bildeten, herausgetrieben scheint – wie die Arme des Menschen, die in demselben einheitlichen Organisierungsprozeß wie sein Rumpf erwachsen sind und gleichfalls die Beziehung des ganzen Wesens zu der Welt außerhalb seiner vermitteln.

Manchmal werden flache Schalen so gebildet, daß sie mit ihrem Henkel wirken wie ein Blatt mit seinem Stiel; sehr schöne dieser Art sind aus der alten mittelamerikanischen Kultur erhalten. Die Einheit des organischen Wachstums verbindet hier fühlbar die beiden Teile. Man hat das Werkzeug schlechthin als die Verlängerung der Hand oder der menschlichen Organe überhaupt charakterisiert. In der Tat: wie für die Seele die Hand ein Werkzeug ist, so ist ihr auch das Werkzeug eine Hand. Daß aber der Werkzeugcharakter Seele und Hand auseinanderschiebt, verhindert nicht die innige Einheit, mit der der Lebensprozeß sie durchströmt; daß sie außereinander und ineinander sind, das eben macht das unzerlegbare Geheimnis des Lebens aus. Dies aber greift über den unmittelbaren Umfang des Leibes hinaus und bezieht das »Werkzeug« in sich ein; oder vielmehr, Werkzeug wird die fremde Substanz, indem die Seele sie in ihr Leben, in den Umkreis, den ihre Impulse erfüllen, hineinzieht. Der Unterschied von Außerhalb und Innerhalb der Seele, wie er für den Leib zugleich wichtig und nichtig ist, wird noch für die Dinge jenseits des Leibes durch das große Motiv des Werkzeugs in der Strömung des übergreifenden, einheitlichen Lebens in *einem* Akte bewahrt und aufgelöst. Die flache Schale ist nichts als die Verlängerung oder Steigerung der schöpfenden, tragenden Hand. Indem sie aber nun nicht einfach in die Hand genommen, sondern am Henkel gefaßt wird, entsteht eine vermittelnde Brücke, eine schmiegsame Verbindung zu ihr, die wie mit anschaulicher Kontinuität den seelischen Impuls in sie, in die Handhabung mit ihr überleitet und sie nun in der Rückströmung dieser Kraft wieder in den Lebensumfang der Seele einbezieht. Durch kein vollkommeneres Symbol kann dies getragen werden, als wenn die Schale sich aus ihrem Henkel entwickelt, wie das Blatt aus seinem Stiel – als benutzte der Mensch hier die Kanäle des natürlichen Säfteflusses zwischen Stiel und Blatt, um seinen eignen Impuls in das Außending einzuströmen und es damit seiner eignen Lebensreihe einzugliedern.

Der Eindruck schließt aber sogleich ein Mißfallen ein, sobald eine der beiden Sinngebungen des Henkels in der Erscheinung völlig zugunsten der andern vernachlässigt ist. So z. B. sehr oft, wenn die Henkel nur eine Art Reliefornament bilden, an den Körper der Vase ohne irgendwelchen Zwischenraum anschließen. Indem der Zweck des

Henkels: das Anfassen und Hantieren der Vase, durch diese Form ausgeschlossen ist, entsteht ein peinliches Gefühl von Sinnwidrigkeit und Gefangenheit, wie wenn einem Menschen die Arme an den Leib gebunden wären; und nur selten kann die dekorative Schönheit der Erscheinung dafür entschädigen, daß hier die innere Einheitstendenz der Vase ihre Beziehung zu der äußeren Welt verschlungen hat. – Wie also die ästhetische Form nicht so eigenwillig werden darf, um für die Anschauung die Zweckmäßigkeit des Henkels zu dementieren (selbst wenn diese, für die Ziervase, praktisch gar nicht in Frage kommt) – so entsteht ein widerwärtiges Bild, sobald die Zweckmäßigkeit nach so verschiedenen Seiten hin wirkt, daß sie die Einheit des Eindrucks zerreißt. Es gibt griechische Gefäße, die drei Henkel haben: zwei am Körper der Vase, um sie mit beiden Händen zu fassen und nach der einen oder der andern Seite zu beugen, und einen am Hals, mit Hilfe dessen sie nur nach der einen Seite gekippt werden kann. Den entschieden häßlichen Eindruck dieser Stücke bewirkt weder eine unmittelbare Sünde gegen die Anschaulichkeit noch eine gegen die Praxis; denn warum sollte ein Gefäß nicht nach mehreren Seiten gekippt werden? Er geht vielmehr, wie mir scheint, darauf zurück, daß die in diesem System angelegten Bewegungen nur *nacheinander* stattfinden können, während die Henkel sich *gleichzeitig* darbieten; dadurch entstehen völlig konfuse und widerspruchsvolle Bewegungsgefühle; denn obgleich die Forderungen der Anschaulichkeit und die der Praxis sich hier sozusagen nicht primär widersprechen, so wird doch mittelbar die Einheit der Anschauung zerrissen: diese bietet die Henkel, die gleichsam potentielle Bewegungen sind, in einem Zugleich dar, das deren praktische Aktualisierung dementieren muß.

Und dies leitet zu dem anderen ästhetischen Fehler des Henkels: seiner übertriebenen *Abtrennung* von der Eindruckseinheit der Vase – der zu seiner Einsicht eines Umwegs bedarf. Die äußerste Fremdheit des Henkels gegen das Gefäß als Ganzes, seine äußerste Designiertheit zum praktischen Zweck liegt vor, wo er überhaupt nicht mit dem Gefäßkörper starr verbunden, sondern umlegbar ist; in der Sprache des Materials wird dies oft dadurch betont, daß der Henkel von anderem Stoff ist als das Gefäß. Dies ergibt vielfältig kombinierte Erscheinungen. Bei manchen griechischen Vasen und Schalen hat der Henkel, an dem Gefäßkörper starr befestigt und aus gleichem Stoff, das Wesen eines breiten Bandes. Wenn ihm dabei eine volle Formeinheit mit dem Gefäß erhalten bleibt, so kann das sehr glücklich sein. Das Material eines Bandes, mit seiner vom Stoffe des Vasenkörpers ganz abweichenden Schwere, Konsistenz, Biegsamkeit, wird hiermit symbolisiert und bedeutet durch diese anklingenden Verschiedenheiten hinreichend die Zugehörigkeit des Henkels zu einer anderen Provinz des Daseins an, während er durch seine reale Stoffgleichheit mit jenem doch den ästhetischen Zusammenhang des Ganzen erhält. Allein das feine und labile Gleichgewicht zwischen den beiden Forderungen an den Henkel verschiebt sich auf das ungünstigste, wenn der feste Henkel zwar tatsächlich aus demselben Stoff ist wie der Vasenkörper, aber einen andern Stoff naturalistisch nachahmt, um durch diese andere Erscheinung seinen besonderen Sinn zu markieren. Gerade bei den Japanern, die sonst die größten Meister des Henkels sind, findet sich dieses ganz Widrige: feststehende, über dem Durchmesser der Vase sich wölbende Porzellanhenkel, die genau die strohgeflochtenen, umlegbaren Henkel von Teekannen imitieren. Wie sehr sich mit dem Henkel eine dem selbständigen Sinn der Vase fremde Welt aufdrängt, wird hier aufs äußerste anschaulich, wo der Sonderzweck des Henkels das Material der Vase eine ihm ganz unnatürliche und maskenhafte Oberfläche hergeben läßt. Wie der mit dem Vasenkörper abstandslos verwachsene Henkel seine Zugehörigkeit zu jenem einseitig auf Kosten seiner Zweckverwertung übertreibt, so fällt die letztere Gestaltung in das entgegengesetzte Extrem: der Henkel kann die Distanz gegen alles übrige an der Vase nicht rücksichtsloser betonen, als indem er den Stoff dieses übrigen aufnimmt und gerade ihm das Aussehen eines ganz heterogenen, der Vase nur wie von außen angehängten Reifens aufzwingt.

Das Prinzip des Henkels: der Vermittler des Kunstwerkes zur Welt hin zu sein, der doch selbst in die Kunstform völlig einbezogen ist – bestätigt sich schließlich daran, daß sein Gegenstück, die Ausgußöffnung oder -ausbiegung des Gefäßes, von eben demselben ressortiert. Mit dem Henkel reicht die Welt an das Gefäß heran, mit dem Ausguß reicht das Gefäß in die Welt hinaus. Damit erst wird die Einordnung des Gefäßes in die menschliche Teleologie vollkommen, indem es deren Strömung am Henkel aufnimmt und mit seiner Öffnung wieder an sie abgibt. Eben darum, weil die Öffnung von dem Gefäß selbst ausgeht, ist es leichter, ihre Form organisch mit ihm zu verbinden (der Ausdruck Schnabel oder Schnauze, für den der Henkel gar kein Pendant bietet, deutet schon die organische Gliedfunktion an), und es kommen an ihr deshalb so unnatürliche und sinnwidrige Ausartungen wie beim Henkel kaum vor. Daß Henkel und Schnabel einander anschaulich als Endpunkte des Gefäßdurchmessers korrespondieren und ein gewisses Gleichgewicht halten müssen, entspricht den Rollen, mit denen sie, das Gefäß in sich zwar begrenzend, es doch der praktischen Welt verbinden: der eine zentripetal, der andre zentrifugal. Es ist wie das Verhältnis des Menschen als Seele zu dem ihm äußeren Sein: durch die sinnliche Empfindlichkeit reicht die Körperlichkeit an die Seele hinan, durch die willensmäßigen Innervationen reicht die Seele in die Körperwelt hinaus – beides der Seele und der Geschlossenheit ihres Bewußtseins zugehörig, das das Andre der Körperlichkeit ist und nun dennoch durch jenes beides ihr verflochten ist. –

Es ist von prinzipiellstem Interesse, daß die rein formalen *ästhetischen* Anforderungen an den Henkel dann erfüllt sind, wenn seine symbolischen Bedeutungen: der geschlossenen Einheit der Vase zuzugehören und zugleich der Angriffspunkt einer, dieser Form ganz äußerlichen Teleologie zu sein – zu Harmonie oder Gleichgewicht gekommen sind. Dies fällt nicht etwa unter das wunderliche Dogma, daß die Nützlichkeit über die Schönheit entscheide. Denn es handelt sich gerade darum, daß die Nützlichkeit und die Schönheit als zwei einander *fremde* Forderungen an den Henkel herantreten – jene von der Welt, diese von dem Formganzen der Vase her – und daß nun gleichsam eine Schönheit höherer Ordnung beide übergreift und ihren Dualismus in letzter Instanz als eine nicht weiter beschreibliche Einheit offenbart. Durch die Spannweite seiner beiden Zugehörigkeiten wird der Henkel zu einem höchst bezeichnenden Hinweis auf diese, von der Kunstlehre noch kaum berührte höhere Schönheit, für die alle Schönheit im engeren Sinne nur ein Element ist; diese wird von jener sozusagen überästhetischen Schönheit mit den gesamten Forderungen von Idee und Leben zu einer neuen synthetischen Form zusammengefaßt. Solche Schönheit oberster Instanz ist wohl das Entscheidende für alle wirklich großen Kunstwerke und ihre Anerkennung scheidet uns am weitesten von allem Ästhetentum.

Neben diesem Ausblick aber lohnte vielleicht ein zweiter, an ein so unscheinbares Phänomen eine so umfängliche Deutung zu setzen: die *Weite* der symbolischen Beziehungen, die sich gerade an ihrer Geltung auch für das an und für sich Unbedeutende offenbart. Denn es handelt sich um nichts Geringeres, als um die große, menschliche und ideale Synthese und Antithese: daß ein Wesen ganz und gar der Einheit eines umfassenden Gebietes angehört und zugleich von einer ganz anderen Ordnung der Dinge beansprucht wird – indem diese letztere ihm eine Zweckmäßigkeit auferlegt, von der seine Form bestimmt wird, ohne daß diese Form darum weniger jenem ersten Zusammenhange – als ob der zweite gar nicht bestünde – eingeordnet bleibt. Außerordentlich viele Kreise – politische, berufliche, soziale, familiäre – in denen wir stehen, werden von weiteren so umgeben, wie das praktische Milieu das Gefäß umgibt, derart nämlich, daß das Individuum, einem engeren und geschlossenen angehörig, eben damit in den weiteren hineinragt und von diesem jeweils benutzt wird, wenn er mit jenem engeren Kreise gleichsam zu hantieren und ihn in seine umfassendere Teleologie einzubeziehen hat. Und wie der Henkel über seine Bereitheit zu der praktischen Aufgabe nicht die Formeinheit der Vase durchbrechen darf, so fordert die Lebenskunst vom Individuum, seine Rolle in der organischen Geschlossenheit des einen Kreises zu bewahren, indem es zugleich den Zwecken jener weiteren Einheit dienstbar wird und durch solche Dienstbarkeit den engeren Kreis in den umgebenden einordnen hilft. Nicht anders ist es mit unseren einzelnen Interessenprovinzen. Wo wir erkennen oder sittlichen Forderungen unterstehen oder objektiv normierte Gebilde schaffen, ragen wir mit diesen Teilen oder Kräften unser selbst in ideale Ordnungen hinein, die wie von einer inneren Logik, einem überpersönlichen Entwicklungsdrange getrieben werden und jeweils unsre Gesamtenergie an jenen einzelnen Gliedern ergreifen und in sich einstellen. Und nun kommt alles darauf an, daß wir die Geschlossenheit unseres in *uns* zentrierenden Seins nicht zerstören lassen, daß jedes einzelne Können und Tun und Sollen in dem Umkreis dieses Seins dem Gesetze von dessen Einheit verhaftet bleibe, während es zugleich jenem ideellen Außerhalb angehört und uns zu Durchgangspunkten füı *dessen* Teleologie macht. Vielleicht formuliert dies den Lebensreichtum der Menschen und der Dinge; denn dieser ruht doch in der *Vielfachheit* ihres Zueinandergehörens, in der *Gleichzeitigkeit* des Drinnen und Draußen, in der Bindung und Verschmelzung nach der einen Seite, die doch zugleich Lösung ist, weil ihr die Bindung und Verschmelzung nach einer anderen Seite gegenübersteht. Das ist ein Wunderbarstes in der Weltauffassung, Weltgestaltung im Menschen, daß ein Element die Selbstgenugsamkeit eines organischen Zusammenhanges mitlebt, als ginge es ganz in ihm auf – und zugleich die Brücke sein kann, über die ein ganz anderes Leben in jenes erste einfließt, die Handhabe, an der die Ganzheit des einen die Ganzheit des andern erfaßt, ohne daß darum eine von ihnen zerrissen wird. Und daß diese Kategorie, die in dem Henkel der Vase vielleicht ihr äußerlichstes, aber eben deshalb ihre Spannweite am meisten offenbarendes Symbol findet – daß sie unser Leben mit einer solchen Vielheit des Lebens und Mitlebens beschenkt, ist wohl die Spiegelung des Schicksals unserer Seele, die ihre Heimat in zwei Welten hat. Denn auch sie vollendet sich erst in dem Maße, in dem sie ganz in die Harmonie der einen als notwendiges Glied hineingehört und nicht trotz, sondern gerade mittels der Form, die diese Zugehörigkeit ihr auferlegt, in die Verflechtungen und den Sinn der andern hineinreicht; als wäre sie der Arm, den die eine Welt ausstreckt – mag es die reale, mag es die ideale sein – um die andere zu ergreifen und an sich zu schließen und sich von ihr ergreifen und an sich schließen zu lassen.

Der große Kampf zwischen dem Willen des Geistes und der Notwendigkeit der Natur ist zu einem wirklichen Frieden, die Abrechnung zwischen der nach oben strebenden Seele und der nach unten strebenden Schwere zu einer genauen Gleichung nur in einer einzigen Kunst gekommen: in der Baukunst. Die *Eigengesetzlichkeit des Materials* in der Poesie, Malerei, Musik muß dem künstlerischen Gedanken stumm dienen, er hat in dem vollendeten Werk den Stoff in sich eingesogen, ihn wie unsichtbar gemacht. Selbst in der Plastik ist das tastbare Stück Marmor nicht das Kunstwerk; was zu diesem der Stein oder die Bronze an Eignem dazugeben, wirkt nur als ein Ausdrucksmittel der seelisch-schöpferischen Anschauung. Die Baukunst aber benutzt und verteilt zwar die Schwere und die Tragkraft der Materie nach einem nur in der Seele möglichen Plane, allein innerhalb dieses wirkt der Stoff mit seinem unmittelbaren Wesen, er führt gleichsam jenen Plan mit seinen eigenen Kräften aus. Es ist der sublimste Sieg des Geistes über die Natur – wie wenn man einen Menschen so zu leiten versteht, daß unser Wollen von ihm nicht unter Überwältigung seines eigenen Willens, sondern durch diesen selbst realisiert wird, daß die Richtung seiner Eigengesetzlichkeit unsern Plan trägt.

Diese einzigartige Balance zwischen der mechanischen, lastenden, dem Druck passiv widerstrebenden Materie und der formenden, aufwärts drängenden Geistigkeit zerbricht aber in dem Augenblick, in dem das Gebäude verfällt. Denn dies bedeutet nichts anderes, als daß die bloß natürlichen Kräfte über das Menschenwerk Herr zu werden beginnen: die Gleichung zwischen Natur und Geist, die das Bauwerk darstellte, verschiebt sich zugunsten der Natur. Diese Verschiebung schlägt in eine kosmische Tragik aus, die für unser Empfinden jede Ruine in den Schatten der Wehmut rückt; denn jetzt erscheint der Verfall als die Rache der Natur für die Vergewaltigung, die der Geist ihr durch die Formung nach seinem Bilde angetan hat. Der ganze geschichtliche Prozeß der Menschheit ist ein allmähliches Herrwerden des Geistes über die Natur, die er außer sich – aber in gewissem Sinne auch in sich – vorfindet. Hat er in den anderen Künsten die Formen und Ereignisse dieser Natur seinem Gebote gebeugt, so formt die Architektur deren Massen und unmittelbar eignen Kräfte, bis sie wie von sich aus die Sichtbarkeit der Idee hergeben. Aber nur solange das Werk in seiner Vollendung besteht, fügen sich die Notwendigkeiten der Materie in die Freiheit des Geistes, drückt die *Lebendigkeit* des Geistes sich in den bloß lastenden und tragenden Kräften jener restlos aus. In dem Augenblick aber, wo der Verfall des Gebäudes die Geschlossenheit der Form zerstört, treten die Parteien wieder auseinander und offenbaren ihre weltdurchziehende ursprüngliche Feindschaft: als sei die künstlerische Formung nur eine Gewalttat des Geistes gewesen, der sich der Stein widerwillig unterworfen hat, als schüttle er dieses Joch nun allmählich ab und kehre wieder in die selbständige Gesetzlichkeit seiner Kräfte zurück.

Aber damit wird dennoch die Ruine zu einer sinnvolleren, bedeutsameren Erscheinung, als es die Fragmente anderer zerstörter Kunstwerke sind. Ein Gemälde, von dem Farbenteilchen abgefallen sind, eine Statue mit verstümmelten Gliedern, ein antiker Dichtertext, aus dem Worte und Zeilen verloren sind – all diese wirken nur nach dem, was noch an künstlerischer Formung an ihnen vorhanden ist oder was sich von ihr, auf diese Reste hin, die Phantasie konstruieren kann: ihr unmittelbarer Anblick ist keine ästhetische Einheit, er bietet nichts als ein um bestimmte Teile vermindertes Kunstwerk. Die Ruine des Bauwerks aber bedeutet, daß in das Verschwundene und Zerstörte des Kunstwerks andere Kräfte und Formen, die der Natur, nachgewachsen sind und so aus dem, was noch von Kunst in ihr lebt und dem, was schon von Natur in ihr lebt, ein neues Ganzes, eine charakteristische Einheit geworden ist. Gewiß ist vom Standpunkt des Zweckes aus, den der Geist in dem Palast und der Kirche, der Burg und der Halle, dem Aquädukt und der Denksäule verkörpert hat, ihre Verfallsgestalt ein sinnloser Zufall; allein ein neuer Sinn nimmt diesen Zufall auf, ihn und die geistige Gestaltung in eins umfassend, nicht mehr in menschlicher Zweckmäßigkeit, sondern in der Tiefe gegründet, wo diese und das Weben der unbewußten Naturkräfte ihrer gemeinsamen Wurzel entwachsen. Darum fehlt manchen römischen Ruinen, so interessant sie im übrigen seien, der spezifische Reiz der Ruine: insoweit man nämlich an ihnen die Zerstörung *durch den Menschen* wahrnimmt; denn dies widerspricht dem Gegensatz zwischen Menschenwerk und *Natur*wirkung, auf dem die Bedeutung der Ruine als solcher beruht.

Solchen Widerspruch erzeugt nicht nur das positive Tun des Menschen, sondern auch seine Passivität, wenn und weil der passive Mensch als bloße Natur wirkt. Dies charakterisiert manche Stadtruinen, die noch bewohnt sind, wie es in Italien abseits der großen Straße oft vorkommt. Hier ist das Eigentümliche des Eindrucks, daß die Menschen zwar nicht das Menschenwerk zerstören, daß vielmehr allerdings die Natur dies vollbringt – aber die Menschen *lassen es verfallen.* Dieses Geschehenlassen ist dennoch von der Idee des Menschen her gesehen sozusagen eine positive Passivität, er macht sich damit zum Mitschuldigen der Natur und einer Wirkungsrichtung ihrer, die der seines eigenen Wesens entgegengesetzt gerichtet ist. Dieser Widerspruch nimmt der bewohnten Ruine das sinnlich-übersinnliche Gleichgewicht, mit der die Gegentendenzen des Daseins in der verlassenen wirken, und gibt ihr das Problematische, Aufregende, oft Unerträgliche, mit dem diese dem Leben entsinkenden Stätten nun doch noch als Rahmen eines Lebens auf uns wirken. –

Anders ausgedrückt, ist es der Reiz der Ruine, daß hier ein Menschenwerk schließlich wie ein Naturprodukt empfunden wird. Dieselben Kräfte, die durch Verwitterung, Ausspülung, Zusammenstürzen, Ansetzen von Vegetation dem Berge seine Gestalt verschaffen, haben sich hier an dem Gemäuer wirksam erwiesen. Schon der Reiz der alpinen Formen, die doch meistens plump, zufällig, künstlerisch ungenießbar sind, beruht auf dem gefühlten Gegenspiel zweier kosmischer Richtungen: vulkanische Erhebung oder allmähliche Schichtung haben den Berg nach oben gebaut, Regen und Schnee, Verwitterung und Abfall, chemische Auflösung und die Wirkung allmählich sich eindrängender Vegetation haben den oberen Rand zersägt und ausgehöhlt, haben Teile des nach oben Gehobenen nach unten stürzen lassen und so dem Umriß seine Form gegeben. In ihr fühlen wir so die Lebendigkeit jener Richtungen verschiedener Energien und, über alles Formal-Ästhetische hinaus, diese Gegensätze in uns selbst instinktiv nachempfindend, die Bedeutsamkeit der Gestalt, zu deren ruhiger Einheit sie sich zusammengefunden haben. In der Ruine nun sind sie auf noch weiter distante Parteien des Daseins verteilt. Was den Bau nach oben geführt hat, ist der menschliche Wille, was ihm sein jetziges Aussehen gibt, ist die mechanische, nach unten ziehende, zernagende und zertrümmernde Naturgewalt. Aber sie läßt das Werk dennoch nicht, solange man überhaupt noch von einer Ruine und nicht von einem Steinhaufen spricht, in die Formlosigkeit bloßer Materie sinken, es entsteht eine neue Form, die vom Standpunkt der Natur aus durchaus sinnvoll, begreiflich, differenziert ist. Die Natur hat das Kunstwerk zum Material ihrer Formung gemacht, wie vorher die Kunst sich der Natur als ihres Stoffes bedient hatte.

In der Schichtung von Natur und Geist pflegt sich doch, ihrer kosmischen Ordnung folgend, die Natur gleichsam als der Unterbau, der Stoff oder das Halbprodukt, der Geist als das definitiv Formende, Krönende darzubieten. Die Ruine kehrt diese Ordnung um, indem das vom Geist Hochgeführte zum Gegenstand derselben Kräfte wird, die den Umriß des Berges und das Ufer des Flusses geformt haben. Wenn auf diesem Wege eine ästhetische Bedeutung entsteht, so verzweigt sie sich in derselben Weise in eine metaphysische, wie die Patina auf Metall und Holz, Elfenbein und Marmor eine solche offenbart. Auch mit ihr hat ein bloß natürlicher Prozeß die Oberfläche des Menschenwerks ergriffen und es von einer, die ursprüngliche völlig verdeckenden Haut überwachsen lassen. Die geheimnisvolle Harmonie: daß das Gebilde durch das Chemisch-Mechanische schöner wird, daß das Gewollte hier durch ein Ungewolltes und Unerzwingliches zu einem anschaulich Neuen, oft Schöneren und wieder Einheitlichen wird – das ist der phantastische und überanschauliche Reiz der Patina. Diesen bewahrend aber gewinnt die Ruine nun noch den zweiten der gleichen Ordnung: daß die Zerstörung der geistigen Form durch die Wirkung der natürlichen Kräfte, jene Umkehr der typischen Ordnung, als eine Rückkehr zu der »guten Mutter« – wie Goethe die Natur nennt – empfunden wird. Daß alles Menschliche »von Erde genommen ist und zu Erde werden soll« erhebt sich hier über seinen tristen Nihilismus. Zwischen dem Nochnicht und dem Nichtmehr liegt ein Positives des Geistes, dessen Weg jetzt zwar nicht mehr seine Höhe zeigt, aber von dem Reichtum seiner Höhe gesättigt, zu seiner Heimat herabsteigt – gleichsam das Gegenstück des »fruchtbaren Momentes«, für den jener Reichtum ein Vorbild ist, den die Ruine im Rückblick hat. Daß die Vergewaltigung des menschlichen Willenswerkes durch die Naturgewalt aber überhaupt ästhetisch wirken kann, hat zur Voraussetzung, daß an dieses Werk, so sehr es vom Geiste geformt ist, ein Rechtsanspruch der bloßen Natur doch niemals ganz erloschen ist. Seinem Stoffe, seiner Gegebenheit nach ist es immer Natur geblieben, und wenn diese nun ganz wieder Herr darüber wird, so vollstreckt sie damit nur ein Recht, das bis dahin geruht hatte, auf das sie aber sozusagen niemals verzichtet. Darum wirkt die Ruine so häufig tragisch – aber nicht traurig – weil die Zerstörung hier nichts sinnlos von außen Kommendes ist, sondern die Realisierung einer in der tiefsten Existenzschicht des Zerstörten angelegten Richtung. Deshalb fehlt der an die Tragik oder die heimliche Gerechtigkeit der Zerstörung geknüpfte, ästhetisch befriedigende Eindruck so oft, wenn wir einen Menschen als eine »Ruine« bezeichnen. Denn wenn auch hier der Sinn ist, daß die seelischen Schichten, die man im engeren Sinne als naturhaft bezeichnet: die dem Leibe verhafteten Triebe oder Hemmungen, die Trägheiten, das Zufällige, das auf den Tod Hinweisende, über die spezifisch menschlichen, vernunftmäßig wertvollen, Herr werden, so vollzieht sich damit für unser Gefühl eben nicht ein latentes Recht jener Richtungen. Ein solches ist vielmehr überhaupt nicht vorhanden. Wir erachten – gleichviel ob richtig oder irrig –, daß dem Menschenwesen solche dem Geiste entgegengerichteten Herabziehungen gerade seinem tiefsten Sinne nach *nicht* einwohnen; an alles Äußere haben sie ein Recht, das mit ihm geboren ist, aber an den Menschen nicht. Darum ist der Mensch als Ruine, abgesehen von Betrachtungen aus anderen Reihen und Komplikationen her – so oft mehr traurig als tragisch und entbehrt jener metaphysischen Beruhigtheit, die an dem Verfall des materiellen Werkes wie von einem tiefen Apriori her haftet.

Jener Charakter der Heimkehr ist nur wie eine Deutung des Friedens, dessen Stimmung um die Ruine liegt – die neben der andern steht: daß jene beiden Weltpotenzen, das Aufwärtsstreben und das Abwärtssinken, in ihr zu einem ruhenden Bild rein naturhaften Daseins zusammenwirken. Diesen Frieden ausdrückend ordnet sich die Ruine der umgebenden Landschaft einheitlich, und wie Baum und Stein mit ihr verwachsen, ein, während der Palast, die Villa und selbst das Bauernhaus, noch wo sie sich am besten der Stimmung ihrer Landschaft fügen, immer einer andern Ordnung der Dinge entstammen und mit der der Natur nur wie nachträglich zusammengehen. An dem sehr alten Gebäude im freien Lande, ganz aber erst an der Ruine, bemerkt man oft eine eigentümliche koloristische Gleichheit mit den Tönen des Bodens um sie herum. Die Ursache muß irgendwie der analog sein, die auch den Reiz alter Stoffe ausmacht, so heterogen ihre Farben im frischen Zustande waren: die langen gemeinsamen Schicksale, Trockenheit und Feuchtigkeit, Hitze und Kälte, äußere Reibung und innere Zermürbung, Jahrhunderte hindurch sie alle treffend, haben eine Einheitlichkeit der Tönung, eine Reduktion auf den gleichen koloristischen Generalnenner mit sich gebracht, die kein neuer Stoff imitieren kann. Ungefähr so müssen die Einflüsse von Regen und Sonnenschein, Vegetationsansatz, Hitze und Kälte das ihnen überlassene Gebäude dem Farbenton des denselben Schicksalen überlassenen Landes angeähnlicht haben: sie haben sein ehemaliges gegensätzliches Sichherausheben in die friedliche Einheit des Dazugehörens gesenkt.

Und noch von einer andern Seite her trägt die Ruine den Eindruck des Friedens. Auf der einen Seite jenes typischen Konfliktes stand seine rein äußerliche Form oder Symbolik: der durch Aufbau und Einstürzen bestimmte Umriß des Berges. Nach dem andern Pole des Daseins aber hin gerichtet, lebt er ganz innerhalb der menschlichen Seele, diesem Kampfplatz zwischen der Natur, die sie selbst ist, und dem Geiste, der sie selbst ist. An unsrer Seele bauen fortwährend die Kräfte, die man nur mit dem räumlichen Gleichnis des Aufwärtsstrebens benennen kann, fortwährend durchbrochen, abgelenkt, niedergeworfen von den andern, die als unser Dumpfes und Gemeines und im schlechten Sinne »Nur-natürliches« in uns wirken. Wie sich diese beiden nach Maß und Art wechselnd mischen, das ergibt in jedem Augenblick die Form unsrer Seele. Allein niemals gelangt sie, weder mit dem entschiedensten Sieg der einen Partei noch mit einem Kompromiß beider, zu einem endgültigen Zustand. Denn nicht nur die unruhige Rhythmik der Seele duldet keinen solchen; sondern vor allem: hinter jedem Einzelereignis, jedem Einzelimpulse aus der einen oder der andern Richtung steht etwas Weiterlebendes, stehen Forderungen, die die jetzige Entscheidung nicht zur Ruhe bringt. Dadurch bekommt der Antagonismus beider Prinzipien etwas Unabschließbares, Formloses, jeden Rahmen Sprengendes. In dieser Unbeendbarkeit des sittlichen Prozesses, in diesem tiefen Mangel abgerundeter, zu plastischer Ruhe gelangter Gestaltung, den die unendlichen Ansprüche beider Parteien der Seele auferlegen, besteht vielleicht der letzte formale Grund für die Feindschaft der ästhetischen Naturen gegen die ethischen. Wo wir ästhetisch anschauen, verlangen wir, daß die Gegensatzkräfte des Daseins zu irgendeinem Gleichgewicht, der Kampf zwischen Oben und Unten zum Stehen gekommen sei; aber gegen diese, allein eine *Anschauung* gewährende Form wehrt sich der sittlich-seelische Prozeß mit seinem unaufhörlichen Auf und Nieder, seinen steten Grenzverschiebungen, mit der Unerschöpflichkeit der in ihm gegenspielenden Kräfte. Den tiefen Frieden aber, der wie ein heiliger Bannkreis die Ruine umgibt, trägt *diese* Konstellation: daß der dunkle Antagonismus, der die Form alles Daseins bedingt, – einmal innerhalb der bloßen Naturkräfte wirksam, ein anderes Mal innerhalb des seelischen Lebens für sich allein, ein drittes Mal, wie an unserm Gegenstand, zwischen Natur und Materie sich abspielend – daß dieser Antagonismus hier gleichfalls nicht zum Gleichgewicht versöhnt ist, sondern die eine Seite überwiegen, die andere in Vernichtung sinken läßt und dabei dennoch ein formsicheres, ruhig verharrendes Bild bietet. Der ästhetische Wert der Ruine vereint die Unausgeglichenheit, das ewige Werden der gegen sich selbst ringenden Seele mit der formalen Befriedigtheit, der festen Umgrenztheit des Kunstwerks. Deshalb fällt, wo von der Ruine nicht mehr genug übrig ist, um die aufwärts führende Tendenz fühlbar zu machen, ihr metaphysisch-ästhetischer Reiz fort. Die Säulenstümpfe des Forum Romanum sind einfach häßlich und weiter nichts, während eine etwa bis zur Hälfte abgebröckelte Säule ein Maximum von Reiz entwickeln mag.

Man wird freilich jene Friedlichkeit gern einem andern Motiv zuschreiben: dem Vergangenheitscharakter der Ruine. Sie ist die Stätte des Lebens, aus der das Leben geschieden ist – aber dies ist nichts bloß Negatives und Dazugedachtes, wie bei den unzähligen, ehemals im Leben schwimmenden Dingen, die zufällig an sein Ufer geworfen sind, aber ihrem Wesen nach ebenso wieder von seiner Strömung ergriffen werden können. Sondern daß das Leben mit seinem Reichtum und seinen Wechseln hier einmal gewohnt hat, das ist unmittelbar anschauliche Gegenwart. Die Ruine schafft die gegenwärtige Form eines vergangenen Lebens, nicht nach seinen Inhalten oder

Resten, sondern nach seiner Vergangenheit als solcher. Dies ist auch der Reiz der Altertümer, von denen nur eine bornierte Logik behaupten kann, daß eine absolut genaue Imitation ihnen an ästhetischem Wert gleichkäme. Gleichviel, ob wir im einzelnen Falle betrogen sind – mit diesem Stück, das wir in der Hand halten, beherrschen wir geistig die ganze Zeitspanne seit seiner Entstehung, die Vergangenheit mit ihren Schicksalen und Wandlungen ist in den Punkt ästhetisch anschaulicher Gegenwart gesammelt. Hier wie gegenüber der Ruine, dieser äußersten Steigerung und Erfüllung der Gegenwartsform der Vergangenheit, spielen so tiefe und zusammenfassende Energien unserer Seele, daß die scharfe Scheidung zwischen Anschauung und Gedanke völlig unzureichend wird. Hier wirkt eine seelische Ganzheit und befaßt, wie ihr Objekt die Gegensätze von Vergangenheit und Gegenwart in eine Einheitsform verschmilzt, die ganze Spannweite des körperlichen und des geistigen Sehens in die Einheit ästhetischen Genießens, das ja immer in einer tieferen als der ästhetischen Einheit wurzelt.

So lösen Zweck und Zufall, Natur und Geist, Vergangenheit und Gegenwart an diesem Punkte die Spannung ihrer Gegensätze, oder vielmehr, diese Spannung bewahrend, führen sie dennoch zu einer Einheit des äußeren Bildes, der inneren Wirkung. Es ist, als müßte ein Stück des Daseins erst verfallen, um gegen alle, von allen Windrichtungen der Wirklichkeit herkommenden Strömungen und Mächte so widerstandslos zu werden. Vielleicht ist dies der Reiz des Verfalles, der Dekadenz überhaupt, der über ihr bloßes Negatives, ihre bloße Herabgesetztheit hinausreicht. Die reiche und vielseitige Kultur, die unbegrenzte *Beeindruckbarkeit* und das überallhin offene Verstehen, das dekadenten Epochen eigen ist, bedeutet eben doch jenes Sichzusammenfinden aller Gegenstrebungen. Eine ausgleichende Gerechtigkeit knüpft das hemmungslose Zusammen alles auseinander und gegeneinander Wachsenden an den Verfall jener Menschen und jenes Menschenwerkes, die jetzt nur noch nachgeben, aber sich nicht mehr aus ihrer eigenen Kraft heraus ihre eigenen Formen schaffen und erhalten können.

Die Alpen

Die allgemeine Herrschaft der Vorstellung, der ästhetische Eindruck des Anschaulichen beruhe auf seiner Form – verbirgt es uns allzu oft, daß diesen Eindruck noch ein anderer Faktor bestimmt: das Größenmaß, in dem der Eindruck sich bietet. Wir sind gar nicht imstande, eine reine Form, d. h. das bloße Verhältnis von Linien, Flächen, Farben zu genießen, sondern, wie unsere sinnlich-geistige Art nun einmal beschaffen ist, bindet sie diesen Genuß an eine bestimmte Quantität solcher Formen. Diese Quantität hat einen gewissen Spielraum, aber sie bewegt sich zwischen einer oft fest bestimmbaren Größe, bei der die Form, als solche ganz ungeändert bleibend, ihren ästhetischen Wert verliert, und einer Kleinheit, mit der der gleiche Verlust eintritt. Viel mehr und viel tiefer, als es bewußt zu werden pflegt, bilden die Formen und der Maßstab eine untrennbare Einheit des ästhetischen Eindrucks; und eine Form offenbart ihr ästhetisches Wesen von seiner Wurzel her daran, wie sich ihre Bedeutung mit der Änderung ihres Größenmaßes wandelt. Indem vor allem die Übertragung der Naturformen in das Kunstwerk dies ersichtlich macht, stellt sich eine Stufenleiter von Formen her, anhebend mit denjenigen, die in sehr mannigfaltigen Größen noch immer ästhetischen Wert besitzen, und mit solchen endend, die diesen Wert ausschließlich an ein einziges Quantum ihrer Darbietung knüpfen. An jenem einen Pole steht die menschliche Gestalt. Wo wir nämlich den Sinn einer Gestalt von innen her durch Miterleben ihres Lebens ergreifen, da wird der Künstler verhältnismäßig leicht um die Verschiebungen, die Akzente und Abschwächungen wissen, deren es bedarf, um bei veränderten Maßen die rechte Bedeutung und Einheit der Form ungeändert wirken zu lassen: der Mensch – und er allein, da wir kein anderes Wesen so tief kennen als ihn – ist deshalb in der Kunst ohne weiteres ebenso als Kolossalfigur wie als Miniatur darstellbar. Am anderen Pol der Reihe stehen die Alpen. So wenig man vom Kunstwerk verlange, daß es den Eindruck seines realen Gegenstandes naturalistisch wiederhole, so wird doch das Wesentliche dieses Gegenstandes, wie umgebildet auch immer, auch in ihm leben müssen, damit es eben jenem und nicht einem beliebigen anderen zugeordnet werde. Die Alpen aber scheinen dies ihren Bildern zu versagen: keines erreicht den Eindruck der überwältigenden *Masse* der Alpen, und die größten Alpenmaler, Segantini und Hodler, suchen sich dieser Aufgabe durch raffinierte Stilisierung, Akzentverschiebung, Farbeneffekte mehr zu entziehen als sie zu lösen. Die Formen haben hier also offenbar nicht den ästhetischen Eigenwert, der die Änderung ihres Quantums überlebt, sondern er bleibt an dessen natürliches Maß gebunden. So wenig auch an irgendwelchen anderen Objekten die Formwirkung gegen den Maßstab gleichgültig ist, so offenbart doch erst der Fall, in dem diese Wirkung ohne ein bestimmtes Größenmaß überhaupt ausbleibt, daß beide Faktoren eine unmittelbare Eindruckseinheit bilden; erst nachträgliche Analyse spaltet diese in eine Zweiheit.

Die besondere Bedeutung des Massenmomentes ruht auf der Eigenart der alpinen Gestaltung. Diese hat im allgemeinen etwas Unruhiges, Zufälliges, jeder eigentlichen Formeinheit Entbehrendes – weshalb denn vielen Malern, die auch die Natur als solche nur auf ihre Formqualität hin ansehen, die Alpen schwer erträglich sind. Dieses Irritierende der Form aber wird durch die Massigkeit, durch die ungeheure Schwere des materiellen Quantums gewissermaßen dominiert und bis zur Genießbarkeit beruhigt. Wo Formen nach einem Sinn zusammenhängen, tragen sie sich gegenseitig, jede findet an der anderen eine Antwort, eine Vorbereitung, ein Abklingen, und damit bilden sie eine in sich gefestete Einheit, die keines zusammenhaltenden Trägers außerhalb der Elemente selbst bedarf. Wo aber die Formen so zufällig und durch keinen Sinn der Gesamtlinie verbunden nebeneinanderstehen wie in den Alpen, würde die einzelne peinlich isoliert sein und keinen Fußpunkt innerhalb des Ganzen haben, wenn nicht die Masse des Stoffes fühlbar wäre, deren Undifferenziertheit sich einheitlich unter den Spitzen hinstreckt und der für sich sinnlosen Individualisiertheit dieser einen einheitlichen Körper gibt. Das formlos Stoffliche muß hier im Eindruck ein sonst unverhältnismäßiges Übergewicht haben, damit das Chaos der gegeneinander gleichgültigen Gipfelprofile sozusagen ein Schwergewicht und einen Zusammenhalt finde. Die zerflatternde Unruhe der Formen und die lastende Materialität in ihrem bloßen Quantum erzeugen in ihrer Spannung und ihrer Balance den Eindruck, in dem sich Erregtheit und Frieden einzigartig zu durchdringen scheinen.

Die Frage der Form rückt den Eindruck der Alpen unter letzte seelische Kategorien. Es liegen Elemente dieses Eindrucks sowohl diesseits wie jenseits der ästhetischen Form. Die Alpen wirken einerseits als das Chaos, als die ungefüge Masse des Gestaltlosen, das nur zufällig und ohne eigenen Formsinn einen Umriß bekommen hat, das Geheimnis der Materie schweigt heraus, von der man an den Konfigurationen der Berge mehr mit einem Blick erfaßt, als in irgendeiner anderen Landschaft. Wir fühlen hier das Irdische als solches in seiner ungeheuren Wucht, das noch ganz fern von allem Leben und Eigenbedeutung der Form ist. Andrerseits aber sind die übergroß aufsteigenden Felsen, die durchsichtigen und schimmernden Eishänge, der Schnee der Gipfel, der keine Beziehung mehr zu den Niederungen der Erde hat – alles dies sind Symbole des Transzendenten, den seelischen Blick aufführend, wo über dem mit höchster Gefahr noch Erreichbaren das liegt, zu dem keine bloße Willenskraft mehr hinauflangt. Darum verschwindet der ästhetische Eindruck zugleich mit dem mystischen, von dem er hier durchwachsen ist, sobald der Himmel über den Schneebergen dicht bezogen ist; denn nun werden sie von den Wolken zur Erde herabgedrückt, sie sind eingefangen und mit aller anderen Erde zusammengeschlossen. Erst wenn nichts als Himmel über ihnen ist, weisen sie grenzenlos und ununterbrochen in das Überirdische hinauf und können einer anderen Ordnung als der der Erde angehören. Soweit man von einer Landschaft sagen kann, daß sie transzendent wäre, gilt es von der Firnlandschaft – freilich nur dort, wo nur noch Eis und Schnee, aber kein Grünes, kein Tal, kein Pulsschlag des Lebens mehr besteht. Und weil das Transzendente, das Absolute, in dessen Stimmung uns diese Landschaft verwebt, über alle Worte hinaus ist, so liegt es auch, wenn es nicht kindlich vermenschlicht wird, über aller Form. Denn alles Geformte ist als solches ein Begrenztes – sei es, daß der mechanisch formende Druck und Stoß dem einen Stück seine Grenzen da bestimmt hat, wo ein anderes beginnt, sei es, daß das organische Wesen, seine Form zwar durch seine inneren Kräfte positiv bestimmend, doch wegen der Endlichkeit dieser Kräfte sich auch nur zu begrenzter Gestalt entwickeln kann. Insoweit ist das Transzendente formlos: Gestalt ist Schranke, und so kann das Absolute, das Schrankenlose nicht gestaltet sein. Es gibt also ein Formloses unter aller Gestaltung und eines über aller Gestaltung. Das Hochgebirge mit der Unerlöstheit und der dumpfen Wucht seiner bloßen materiellen Masse und dem gleichzeitigen überirdisch Aufstrebenden, über alle Lebensbewegtheit hinaus Verklärten seiner Schneeregion bringt beides in uns zu *einem* Klang. Jener Mangel einer eigenen und eigentlichen Bedeutung seiner Form läßt in ihm Gefühl und Symbol der großen Daseinspotenzen: dessen, was weniger ist als alle Form, und dessen, was mehr ist als alle Form – seinen gemeinsamen Ort finden.

In dieser Entferntheit vom Leben liegt vielleicht das letzte Geheimnis des Eindrucks der Hochalpen. Der Gegensatz zum Meere verdeutlicht dies. Allenthalben wird das Meer als das Symbol des Lebens empfunden: seine ewig formwandelnde Bewegung, die Unergründlichkeit seiner Tiefen, der Wechsel zwischen Glätte und Aufgewühltsein, sein Sichverlieren am Horizont und das ziellose Spiel seines Rhythmus – alles dies gestattet der Seele, ihr eigenes Lebensgefühl in das Meer zu transponieren. Indem dies aber nur durch eine gewisse symbolische Formgleichheit vermittelt ist und das Meer die Gestalt des Lebens in einem stilisierten, überindividuellen Schematismus wiedergibt, gewährt sein Anblick jene Befreiung, die der Wirklichkeit allenthalben aus der Bildform gerade ihres reinsten und tiefsten, sozusagen wirklichsten Sinnes kommt. Das Meer erlöst uns von der unmittelbaren Gegebenheit und bloß relativen Quantität des Lebens durch die überwältigende Dynamik, die das Leben mittels seiner eigenen Formen über sich hinausführt. Die Erlösung von dem Leben als einem Zufälligen und Drückenden, einem Einzelnen und Niederen, kommt uns im Hochgebirge aus der entgegengesetzten Richtung: statt aus der stilisierten Fülle der Leidenschaft des Lebens vielmehr aus einer Ferne von ihm; hier ist das Leben von etwas umfangen und irgendwie in etwas hineingewebt, das stiller und starrer ist, reiner und höher als das Leben je sein kann. In den Ausdrücken, die durch Worringer für die prinzipielle Entgegengesetztheit der Kunstwirkungen aufgebracht sind: das Meer wirkt durch Einfühlung des Lebens, die Alpen durch Abstraktion vom Leben. Und noch einmal steigert sich diese Wirkung von der Felslandschaft aufwärts zu der reinen Firnlandschaft. An den Felsen spüren wir noch irgendwie die entgegengesetzt gerichteten Kräfte: die aufbauenden, die das Ganze gehoben haben, und die zernagenden, wegspülenden, abwärtsrollenden; in der momentanen Gestalt ist dieses Gegeneinander und Ineinander der Kräfte gleichsam zum Stehen gekommen, und es lebt wie mit einer instinktiv begreifenden seelischen Rekonstruktion im Betrachter wieder auf. Die Firnlandschaft aber läßt kein Spiel dynamischer Faktoren mehr fühlbar werden. Was von unten her aufgebaut ist, ist durch den Schnee- und Eisbezug völlig überdeckt. Das Zustandekommen der Form durch Schneefall, Abschmelzen, Gletscherbildung ist an der zustandegekommenen nicht mehr zu empfinden. Indem hier keinerlei Kraftwirkungen innerlich nachgefühlt werden, keinerlei latent gewordene Bewegtheit sich in der Seele, wie dunkel auch immer, wieder verlebendigt, gewinnen diese Formen das Zeitlose, dem Fließen der Dinge Entrückte. Wie die Alpen jene beiden Formlosigkeiten, von denen ich sprach, symbolisieren, so sind sie auch gleichsam formlos in der Zeit; sie sind nicht das Sinnbild der Verneinung des Lebens – denn diese steht noch immer in der Ebene und unter der Voraussetzung des Lebens –, sondern seines »Anderen« schlechthin, der Unberührtheit von der zeitlichen Bewegtheit, die die Form des Lebens ist. Das Firnrevier ist sozusagen die absolut »unhistorische« Landschaft; hier, wo nicht einmal Sommer und Winter das Bild wandeln, sind die Assoziationen mit dem werdenden und vergehenden Menschenschicksal abgebrochen, die alle anderen Landschaften in irgendeinem Maße begleiten. Das seelische Bild unserer Umgebung färbt sonst durchweg von der Form des seelischen Daseins ab; nur in der Zeitlosigkeit der Firnlandschaft findet diese Erstrekkung des Lebens keinen Ansatz. Und nun gewinnt der absolute Gegensatz zum Meere, dem Symbole des kontinuierlich bewegten Menschenloses, auch einen historischen Ausdruck. Das Meer ist aufs innigste in die Schicksale und Entwicklungen unserer Art hineingewachsen; es hat sich unzählige Male nicht als die Trennung, sondern als die Verbindung der Länder erwiesen. Gebirge aber haben im Maße ihrer Höhe innerhalb der Menschengeschichte wesentlich nur negativ gewirkt, haben Leben gegen Leben isoliert und seine wechselseitige Bewegung ebenso gehindert, wie das Meer sie vermittelt hat.

Und noch einmal dementiert der Eindruck der Alpen das Prinzip des Lebens, das auf dem Unterschied seiner Elemente beruht. Wir sind Wesen des Maßes, jedes Phänomen, das durch unser Bewußtsein geht, hat eine Qualität, ein Mehr oder Minder seiner Qualität. Nun aber bestimmen alle Quantitäten sich nur gegenseitig, es gibt ein Großes nur, weil es ein Kleines gibt und umgekehrt, ein Hohes, weil es ein Tiefes gibt, ein Häufiges, weil es ein Seltenes gibt und so fort. Jedes Ding mißt sich an seinem anderen, jedes ist Pol zu einem Gegenpol, und so kann sich jede Wirklichkeit nur zu einem Eindruck in uns gestalten, indem dieser ein relativer ist, d. h. sich von etwas abhebt, das in der gleichen Reihe des Seins ihm entgegengesetzt ist. Es liegt auf der Hand, wie eindringlich gerade die Berglandschaft hierdurch charakterisiert ist, und wie sie dem ihre Einheit verdankt. Denn indem jedes Oben nur durch ein Unten, jedes Unten – als ein solches – nur durch ein Oben möglich ist, sind ihre Teile unvergleichlich enger aufeinander angewiesen, als die Stücke der Flachlandschaft, deren jedes herausgeschnitten werden und auch ohne seine Nachbarn selbständig und ungeändert fortexistieren könnte. Durch ihre Relativität verknüpfen sich die Teile der Berglandschaft zu einer Einheit des ästhetischen Bildes, die der organischen Gestalt, mit der vitalen Wechselwirkung ihrer Teile, verwandt ist. Und nun ist es das Wunderbare, daß das ganz Hohe und Erhabene der Alpen gerade erst fühlbar wird, wenn in der Firnlandschaft alle Täler, Vegetation, Wohnungen der Menschen verschwunden sind, wenn also kein Niederes mehr sichtbar ist, das doch den Eindruck des Hohen zu bedingen schien. Alle diese anderen Gebilde weisen schon in sich nach unten, besonders die Vegetation, die immer das Gefühl der sich abwärts streckenden Wurzel mitklingen läßt; überall in der anderen Landschaft empfinden wir die Tiefen mit, auf denen alles ruht. Hier aber ist die Landschaft, die vollkommen »fertig« ist: weil sie sozusagen beziehungslos ist und jeder Verschiebungsmöglichkeit und Gegenspieles mit einem zu ihr Korrelativen entbehrt, verlangt sie nach keiner Vollendung oder Erlösung durch künstlerisches Sehen oder Geformtwerden, sie setzt dem die unüberwindliche Wucht ihrer bloßen Existenz entgegen. Dies mag, außer dem vorhin Angeführten, der tiefere Grund sein, weshalb sie weniger als alle andern Landschaften zum Gegenstand der bildenden Kunst geworden ist. Aber freilich nur in der reinen Firnlandschaft scheint das Unten sein Recht an die Dinge verloren zu haben. Wenn der Talboden völlig verschwunden ist, stellt sich die reine Beziehung nach oben her, d. h. wir sind nicht mehr relativ, sondern schlechthin »hoch«, nicht mehr soundso viele Meter über einem Tieferen. Die mystische Erhabenheit dieses Eindrucks ist darum mit dem, was als die »schöne« Alpenlandschaft gilt, gar nicht zu vergleichen: in der die Schneeberge nur als Krönung einer niederen, leichtlebigen Landschaft mit Wald und Matten, Tälern und Hütten dienen, in deren Heiterkeit sie hineingezogen sind. Erst wenn man dies alles hinter sich gelassen hat, ist das prinzipiell, das metaphysisch Neue gewonnen: eine absolute Höhe, ohne die dazu gehörige Tiefe; die eine Seite einer Korrelation, die ohne die andere eigentlich nicht bestehen kann, steht nun dennoch in anschaulichem Fürsichsein da. Dies ist die Paradoxe des Hochgebirges: daß alle Höhe auf der Relativität von Oben und Unten steht, bedingt ist durch die Tiefe – und hier nun doch als das Unbedingte wirkt, das nicht nur die Tiefe nicht braucht, sondern gerade erst, wenn diese verschwunden ist, sich als volle Höhe entfaltet. Hier gründet sich das Gefühl des Erlöstseins, das wir der Firnlandschaft in feierlichsten Augenblicken verdanken, am entschiedensten auf dem Gefühl ihres Gegenüber-vom-Leben. Denn das Leben ist die unaufhörliche Relativität der Gegensätze, die Bestimmung des einen durch das andere und des anderen durch das eine, die flutende Bewegtheit, in der jedes Sein nur als ein Bedingtsein bestehen kann. Aus dem Eindruck des Hochgebirges aber sieht uns eine Ahnung und ein Symbol entgegen, daß das Leben sich mit seiner höchsten Steigerung an dem erlöst, was in seine Form nicht mehr eingeht, sondern über ihm und ihm gegenüber ist.

Über künstlerische Persönlichkeiten

Michelangelo

Im Fundament unseres seelischen Wesens scheint ein Dualismus zu wohnen, der uns die Welt, deren Bild in unsere Seele fällt, nicht als Einheit begreifen läßt, sondern sie unaufhörlich in Gegensatzpaare zerlegt. In die so gespaltene Welt wiederum unser eigenes Dasein einordnend, setzen wir gleichsam nach rückwärts in das Bild unser selbst jenen Spalt fort und schauen uns als Wesen an, die einerseits Natur, andererseits Geist sind; deren Seele ihr Sein von ihrem Schicksal unterscheidet; in deren Sichtbarkeit eine feste und lastende Substanz mit der fließenden, spielenden oder nach oben strebenden Bewegung streitet; deren Individualität sich abhebt gegen ein Allgemeines, das bald ihren Kern zu bilden, bald als ihre Idee über ihnen zu stehen scheint. Gewisse Epochen der Kunst machen durch die unbefangene Selbstverständlichkeit, mit der sie sich an der einen Seite dieser Gegensätze anbauen, die Spaltung zwischen ihnen unfühlbar. Die klassische griechische Plastik empfindet den Menschen ganz und gar naturhaft, und was er an geistigem Leben ausdrückt, geht abstandslos in die Existenz dieses Stückes Natur ein; sie stellt nur seine Substanz in der plastisch-anatomischen und zugleich typischen Formung seiner Oberfläche dar und gewährt der von innen herausbrechenden Bewegtheit als dem Entstellenden und Individualistisch-Zufälligen nur den begrenztesten Platz. Dann kommt in der hellenistischen Epoche das Schicksal in seiner Spannung gegen das ruhende Sein des Menschen zu künstlerischem Ausdruck; gewalttätiges Handeln und Leiden ergreift die Gestalten und macht den Abgrund sichtbar, der zwischen unserem Sein und der Unbegreiflichkeit unseres Schicksals eingefügt ist. All diesen Zweiheiten unseres Wesens gibt nun das Christentum ein innerstes und metaphysisches Bewußtsein und eine Entscheidung, wie sie nur auf dem Grunde ihrer radikalen Spannung geschehen kann. Die leidenschaftliche Aufwärtsbewegung der Seele läßt jetzt unsere äußere Substantialität und ihre Form als ein Gleichgültiges unter sich, dem Geiste wird die Natur feindlich und vernichtenswert, das ewige Schicksal der Menschen löst gewissermaßen ihr Sein in sich auf: was wir von uns aus sind, steht in einer weiten, vergessenen Ferne gegenüber unserem Schicksal der Gnade oder der Verwerfung. In der gotischen Kunst besiegelt sich diese Entscheidung des Dualismus. Sei es in ihrer nordischen Form, die in dem Aufrecken, der Überschlankheit, dem unnatürlichen Biegen und Drehen die Form des Leibes zum bloßen Symbol der Flucht in eine übersinnliche Höhe macht, die die natürliche Substanz zugunsten des Geistes auflösen möchte; sei es in der italienischen Formgebung des Trecento. Hier hat der Dualismus nicht mehr die Gestalt jenes immer noch qualvollen Ringens, dessen Sieger seinen Sieg nicht recht anschaulich realisieren kann; sondern die Erscheinung steht in einer feierlich innerlichen Geistigkeit, von vornherein und unberührt von aller bloßen Natur, aller festen Substanz, in einer Vollendung jenseits des Lebens und seiner Entgegengesetztheiten. Die entwickelte Renaissance scheint den Akzent auf die andere Seite zu rücken, auf die Natur, auf die Körperhaftigkeit, die ihre Ausdrucksform durch ihre eigenen organischen Kräfte gewinnt, auf die feste Selbstgenugsamkeit der Existenz. Ihre letzte Tendenz aber geht auf ein Höheres: den Dualismus grundsätzlich zu überwinden. Freilich auf dem Boden eines naturhaften Daseins und deshalb in völligem Gegensatz zu der religiösen Vollendetheit des Trecento. Aber ein Naturbegriff schwebt ihr vor – wie er erst in Spinoza seinen bewußten Ausdruck finden sollte –, der die Körperlichkeit und den Geist, die substantielle Form und die Bewegung, das Sein und das Schicksal in eine unmittelbare Einheit zusammenschaute, zusammenlebte.

Dies gelingt nun zunächst in der Form des Porträts. Denn die Individualität ist das körperlich-seelische Gebilde, das den Gegensatz von Körper und Seele als *Gegensatz* am vollständigsten hinter sich läßt. Indem die Seele diesem *bestimmten,* unvertauschbaren Körper zugehört, der Körper dieser *bestimmten,* unverwechselbaren Seele, sind sie nicht nur aneinander, sondern ineinander gebunden, erhebt sich über sie die Individualität als die höhere, in dem einen wie in dem anderen sich auswirkende Einheit, der in sich geschlossene und zwar durch die Besonderheit seiner Person in sich geschlossene Mensch. Seine körperlichen und seine seelischen Elemente, seine Existenz und sein Schicksal mögen, aus dieser Lebens- und Wesenseinheit gelöst, zu Besonderheiten verselbständigt, fremd und dualistisch nebeneinanderstehen. Aber als das fundamentale Leben dieses einen konkreten Menschen, dessen Einheitlich-Einziges sie nur auf verschiedene Weise ausdrücken, gibt es keine Zweiheit und Zwistigkeit zwischen ihnen. Die leidenschaftliche Akzentuierung der Individualität im Quattrocento und seine Entwicklung des Porträts, das gar nicht persönlich und charakteristisch genug sein konnte, ruhen auf diesem tieferen Grunde: daß das körperliche und das seelische Element unseres Wesens aus ihrem christlichen Dualismus und einseitigen Rangordnung wieder zu einem Gleichgewicht strebten, und dieses zunächst in der Tatsache der Individualität fanden, als der Einheit, die die Form des einen wie des anderen bestimmt und ihre Zusammengehörigkeit gewährleistet. Allein dieser Porträtkunst gelingt das, mit wenigen Ausnahmen, nicht an der Darstellung des ganzen Körpers, sondern nur des Kopfes, der freilich schon in seiner Naturgegebenheit die Beseelung der substanziellen Form oder, umgekehrt, die materielle Sichtbarkeit des Geistes unverkennbar darbietet. Und nicht nur darum löst das individuelle Porträt jenes durch unser Wesen aufgegebene Problem nicht ganz und gar, sondern auch weil selbst die gelungene Lösung sozusagen nur für den einzelnen Fall gilt. Die Versöhnung ist nicht aus der Tiefe der Gegensätze selbst heraus gewonnen, der Dualismus ist nicht durch seine eigenen Kräfte zu einer notwendigen Einheit gelangt, sondern nur von Fall zu Fall, die glückliche Chance einer nicht wiederholbaren Individualität bindet seine Seiten jedesmal von neuem zusammen. Zugleich näher oder ferner wiederum steht Botticelli der Einheit jener Elemente, denen das Christentum auseinanderliegende Heimaten angewiesen hatte. Hier zuerst scheint der unbekleidete Körper ebenso wie das Gesicht völlig in die Färbung und Rhythmik der seelischen Stimmung einzugehen, in der eine tiefe Erregtheit und eine lähmende Zagheit sich wunderlich mischen. Sieht man indes genau zu, so ist der Riß zwischen dem Leib und dem Geist, zwischen unserem Sein und unserem Schicksal, der uns aus der Gotik entgegenstarrte, keineswegs überwunden. Die Seele ist zwar von ihrem Flug ins Transzendente in den Körper zurückgekehrt, aber sie hat eine nun gegenstandslose, in einem nirgends gelegenen Zwischenreich tastende Sehnsucht mitgebracht, eine nach innen schlagende – als Melancholie, als Erstarrung in dem elegischen Moment, weil die Seele ihre Heimat auch hier nicht findet. Mit so schmiegsamer Symbolik die Körper Botticellis das Wesen und die Bewegungen der Seelen aussprechen – jenes himmlisch sichere Wegziel ist zwar verloren, aber keine irdisch feste Leib- und Bodenständigkeit dafür gewonnen, und im tiefsten Grunde bleibt die Seele in wegloser, unheilbarer Ferne vom Irdischen und der Substantialität aller Erscheinung.

Mit einem Schlage aber und den künstlerischen Ausdruck unseres Wesens ohne Rest in Einheit umfassend, bietet sich die Lösung all dieser allgemein seelischen und christlich historischen Entzweitheiten, sobald die sixtinische Decke, die Stücke des Julius-Denkmals, die Mediceergräber dastehen. Das Gleichgewicht und die Anschauungseinheit der ungeheuersten Lebensgegensätze ist gewonnen. Michelangelo hat eine neue Welt geschaffen, mit Wesen bevölkert, für die das, was bisher nur in Relation stand, gelegentlich aneinander, gelegentlich auseinander rückte, von vornherein *ein* Leben ist; und als wäre ein bisher unerhörtes Maß von *Kraft* in ihnen, in deren Strömungseinheit alle Elemente hineingerissen werden, ohne ihr mit einem Sonderdasein widerstehen zu können. Vor allem ist es, als ob das seelische und das körperliche Wesen des Menschen nach ihrer langen Trennung, die die Transzendenz der Seele ihnen auferlegt hatte, sich wieder als Einheit erkennten. Denkt man daneben an die schönsten Gestalten Signorellis, so haben sie eine der Seele schließlich doch fremde Wesenheit und Schönheit und eine eigene Provenienz, mit der sie den Körper nur wie ein Werkzeug der Seele zur Verfügung stellen. Jene Körper Michelangelos aber sind von dem seelisch Innerlichen so absolut durchdrungen, daß schon dieser Ausdruck des Durchdrungenseins noch zu viel Dualismus enthält. Daß man hier überhaupt von einer noch zu überwindenden Zweiheit redet, erscheint als etwas ganz Vorläufiges und Unzutreffendes. Die Stimmung und Leidenschaft der Seelen ist *unmittelbar* die Form und Bewegtheit, ja man möchte sagen: die Masse dieser Körper. Der geheimnisvolle Punkt ist erreicht, von dem aus Körper und Seele nur als zwei verschiedene Worte für eine und dieselbe menschliche Wesenheit gelten können, deren Kern durch diese Spaltung seines Benanntwerdens gar nicht getroffen wird. Und diese Einheit liegt doch nicht so weit von den Elementen selbst ab, wie die Individualität, mit der dem Quattrocento ihre Versöhnung partiell gelang, sondern viel umwegloser, durch das in ihnen pulsierende Leben überhaupt, ist das Außereinander von Körper und Seele überwunden. An die Stelle jener individualistischen Zuspitzung der Erscheinung setzte er die klassische, überindividuelle, auf das Typische gehende Stilisierung. Während man den Eindruck Rembrandtscher Gestalten vielleicht so ausdrücken kann, als habe sich in jeder das Schicksal der Menschheit überhaupt zu einer unvergleichlichen, auf den inneren Einzigkeitspunkt gestellten Existenz zugespitzt, ja vielleicht verengert – erscheint in jenen Figuren Michelangelos umgekehrt ein höchst persönliches, aus dem eigensten Verhängnis heraus lebendes Dasein zu einem allgemeinsten, durch die Menschheit als ganze hinwebenden Lose verbreitert. Die vollste, sich tief nach innen einbohrende und grenzenlos nach außen überströmende Leidenschaft spricht sich in einer ruhigen, klassisch typisierenden Formgebung aus. Vielleicht, daß ein so explosiv passioneller, von so maßlosen Spannungen durchzogener Geist wie Michelangelo dieser objektiven, in gewissem Sinne äußerlicheren Formgebung bedurfte, um überhaupt zu gestaltender Produktivität zu gelangen. Rembrandts Innerlichkeit war offenbar lange nicht so gewaltsam, titanisch, lange nicht so darauf angewiesen, die äußersten Lebenspole, die immer wieder auseinanderbrechen wollen, mit so übermenschlicher Kraft in eins zu bringen.

Darum konnte er subjektivischer in seiner Formgebung sein, brauchte keiner so stark zusammenzwingenden und überpersönlichen Stilisierung. Aber der tiefere, mehr als psychologische Grund jenes verallgemeinernden, alle individualisierende Pointiertheit übergehenden Formsehens ist, daß in den Gestalten Michelangelos zuerst eine gefühlte oder metaphysische Wirklichkeit *des Lebens als solchen* zum Ausdruck kommt – des Lebens, das sich zwar zu mancherlei Bedeutungen, Stadien, Schicksalen entwickelt, aber eine letzte, mit Worten nicht beschreibbare Einheit besitzt, in der der Gegensatz von Seele und Leib so untergegangen ist, wie der der individuellen Sonderexistenzen und Sonderattitüden. Es ist immer das in Körper und Seele gleichmäßig strömende Leben, mit den Ekstasen und Müdigkeiten, den Leidenschaften und Geschicken, die ihm als Leben, als dessen innerer Rhythmus und Verhängnis eigen sind.

Diese Zusammengefaßtheit aller dualistischen Elemente in eine bis dahin nie anschaulich gewordene Einheit des Lebens – denn die Einheitlichkeit der Antike war mehr eine naive Undifferenziertheit, sie hatte keine so tief bewußten und weit auseinander gerissenen Gegensätze zu versöhnen – drückt sich weiterhin an dem Verhältnis zwischen Form und Bewegtheit der Gestalten aus. Damit, wie ein Wesen sich bewegt, offenbart es das jeweilige seelische Geschehen in ihm, während die Form seiner Substanz ein Naturgegebenes ist, das der Wechsel der psychischen Impulse schon vorfindet. Die Fremdheit, die die christliche Auffassung zwischen Körper und Seele gesetzt hatte, spiegelt sich deshalb in der Zufälligkeit, die in der Kunst vor Michelangelo zwischen der anatomischen Struktur gerade dieses Körpers und der von ihm ausgeführten Bewegung bestand. Selbst gegenüber den Gestalten Ghibertis, Donatellos, Signorellis empfinden wir nicht, daß diese bestimmte Bewegung gerade den so und so geformten Körper fordert, oder daß dieser Körper notwendig gerade diese Bewegung als die sozusagen für ihn entscheidende aus sich hervorbrächte. Erst an den Menschen Michelangelos besteht diese Einheit, die aus der gegebenen Formung des Körpers die eben jetzt sich vollziehende Geste als seine anschaulich logische Konsequenz entwickelt, oder die für diese Bewegung gar keinen anderen Träger als diesen so gestalteten Leib denken läßt. Geformtheit und Bewegtheit des Körpers erscheinen nun als die sozusagen nachträglich von uns vollzogenen Zerlegungen des einen ungeteilten, von *einem* inneren Gesetz bestimmten Lebens.

Aus dieser Aufhebung aller gegenseitigen Fremdheit und Zufälligkeit der Wesenselemente entsteht das Gefühl einer in sich vollkommenen Existenz dieser Gestalten. Was man an ihnen von je als das Titanische, empirischen Bedingtheiten und Relationen Enthobene empfunden hat, ist nicht nur die Übergewalt ihrer Kräfte, sondern jene Geschlossenheit des innerlich-äußeren Wesens, deren Mangel das spezifisch *Fragmentarische* unserer Existenz ausmacht. Denn dieses ist nicht einfach an der Unzulänglichkeit unserer Kraft gelegen, sondern auch daran, daß die Seiten unseres Wesens keine Einheit geben, daß die eine gewissermaßen der anderen die Grenze setzt: Körper und Seele, Festgegebenes und Werdendes in uns, Sein und Geschick stehen irgendwie gegeneinander, bringen sich gegenseitig aus dem Gleichgewicht. Sobald wir einmal fühlen, daß durch alle diese Kanäle wirklich *ein* Leben flutet, so braucht dieses gar kein besonders starkes oder objektiv fehlerloses zu sein – es gibt uns doch ein Bewußtsein von Vollkommenheit und entlastet uns von dem peinlichen Halb-und-Halbtum der gewöhnlichen Tagesexistenz. Diese, ich möchte sagen, formale Vollkommenheit haben alle Menschen Michelangelos, trotz der doppelten Tragik, mit der sich uns später gerade das Fragmentarische des Lebens als das Verhängnis von Michelangelos innerstem Bewußtsein herausstellen wird. In der jetzt fraglichen Richtung jedenfalls ist der realisierte Sinn seiner Gestalten immer das Leben in seiner Ganzheit und aus seinem einheitlichen Zentrum heraus, und dargestellt in einem völligen Gleichgewicht der Gegensätze, in die die empirischen Zufälle und die Dogmen es etwa sonst zerreißen. So hoch erhebt sich diese Einheit des Lebens über seine Polarität, daß für die Gestalten Michelangelos sogar der Geschlechtsgegensatz versinkt. So wenig die männlichen und weiblichen Charaktere in der äußeren Erscheinung etwa ineinander verschwimmen (was in der Geschichte der Kunst aus sehr verschiedenartigen Motiven heraus geschehen ist), so dringt ihr Gegensatz doch nicht in den letzten Kern, in die letzte Seins-Tendenz dieser Wesen; hier vielmehr herrscht nur das Menschliche als solches, die Geschlossenheit der Menschheitsidee und ihres Lebens, die erst wie in einer oberen Schicht das Gegensatzphänomen von Mann und Weib trägt. Die ungeheure physische und charakterologische Mächtigkeit der Gestalten der Sixtina und der Mediceerkapelle geben doch den Männern nicht jenes spezifisch Maskuline, mit dem die italienische wie die nordische Renaissance so oft die männlichen Typen ausstattet; und sie nimmt den gleichgestalteten Frauen nicht die Weiblichkeit. So wenig also diese Wesen geschlechtslos sind, so reicht doch das Differentielle, Einseitige, wenn man will: Unvollkommene der Geschlechterteilung – da sie erst zusammen »den Menschen« darstellen – nicht in jenes Zentrum hinein, aus dem diesen wie allen Relationen das absolute Leben strömt.

Solche Vollkommenheit der Existenz, die über alle gegenseitige Einschränkung ihrer Seiten hinaus ist, ist aber noch keineswegs Seligkeit; ja sie kann deren äußerstes Gegenteil als den Inhalt ihrer Form tragen. Die erste Andeutung davon liegt in der ungeheuren Einsamkeit, die Michelangelos Gestalten wie eine fühlbare und undurchdringliche Sphäre umgibt. Hier besteht ein tiefster Zusammenhang mit der Kunstform der Plastik als solcher – die den Charakter der Einsamkeit trägt, viel mehr als etwa die Malerei. Die Grenzen der Welt, in denen die plastische Gestalt lebt, ihr idealer Raum, sind nicht weiter und nichts anderes als die Grenzen ihres Körpers selbst, außerhalb dieser ist keine Welt mehr, mit der sie zu tun hätte. Indem der gemalte Mensch innerhalb eines umgebenden Raumes steht, ist er in einer Welt, die auch noch für andere Platz hat, in die der Beschauer sich hineindenken kann, so daß er gewissermaßen dem Menschen nahe ist. Der Mensch der Plastik und sein Beschauer aber können nie von derselben Luft umfangen sein, es ist gar kein Raum da, in dem die Phantasie sich neben jenen stellen könnte. Darum ist alle Plastik, die mit dem Beschauer kokettiert, so besonders widerwärtig und aus ihrer Kunstidee herausfallend, viel schlimmer noch als die analoge Malerei. Daß die Gestalten der Sixtina trotz ihrer Zusammengehörigkeit in einer Idee und in der dekorativen Einheit des Raumes so unendlich einsam wirken, als lebte jede in einer Welt, die nur von ihr allein ausgefüllt wird, das ist, artistisch angesehen, der Erfolg ihres *plastischen* Wesens. Es sind keineswegs etwa »gemalte Skulpturen«, als wären sie als Skulpturen konzipiert und diese sozusagen nachträglich abgemalt. Sondern sie sind durchaus nur als Gemälde gedacht, aber als solche haben sie von vornherein das eigentümliche Lebensgefühl der Skulptur; sie sind vielleicht die einzigen Erscheinungen in der Geschichte der Kunst, die völlig im Stil und den Formgesetzen ihrer Kunst bleiben und doch völlig aus dem Geiste einer anderen Kunst heraus empfunden sind. Vielleicht ist die Plastik diejenige Kunst, die ein in sich vollendetes, im Gleichgewicht aller seiner Momente stehendes Dasein auszudrücken am meisten geeignet ist. Sieht man von der Musik ab, deren eigentümliche Absolutheit und Abstraktheit ihr überhaupt eine Ausnahmestellung unter den Künsten gibt, so sind alle anderen mehr als die Plastik in die Bewegtheit der Dinge verflochten, sie sind sozusagen mitteilsamer, sind weniger porenlos gegen die Welt außerhalb ihrer abgeschlossen. Aber indem das plastische Werk die unbedürftige, fertiggewordene, in sich ausbalancierte Existenz in ihrer reinsten Darstellung bieten kann, wird es eben darum von der Einsamkeit wie von einem kühlen, durch kein Schicksal zu lichtenden Schatten umgeben. Natürlich ist diese Einsamkeit des plastischen Werkes etwas ganz anderes als die Einsamkeit der dargestellten Wesen – gerade wie die Schönheit eines darstellenden Kunstwerkes nicht die Schönheit des dargestellten Gegenstandes involviert. Allein für die Kunst Michelangelos besteht dieser Gegensatz nicht. Seine Gestalten erzählen nicht wie ein Porträt oder ein Historienbild von einem Sein außerhalb ihrer; sondern wie in der Sphäre des Erkennens der Inhalt eines Begriffes gültig und bedeutsam ist, gleichviel, ob ihm jetzt oder hier ein seiender Gegenstand korrespondiere oder nicht, so sind diese Skulpturen Gestaltungen des Lebens, die ganz jenseits der Frage nach Sein oder Nichtsein in anderen Sphären der Existenz stehen. Ganz unmittelbar, nicht erst durch ein ihnen jenseitiges Dasein legitimiert, *sind* sie, was sie *darstellen*, und ahmen nicht etwas nach, was außerhalb dieser Nachahmung vielleicht anders charakterisiert sein könnte; was ihnen als Kunstwerk zukommt, kommt ihnen ganz und gar zu. Nicht von irgendeiner Realität, die der Notte entspräche, kann man die Sterbensmüdigkeit aussagen, der auch die unwahrscheinlichste, gequälteste Lage recht ist, wenn sie nur schlafen kann – so wenig wie man es von dem Stück Stein aussagen kann; sondern – wenn der etwas verschlissene und allzu handlich gewordene Ausdruck gestattet ist – die »Idee« eines bestimmten Lebens nach Sinn, Stimmung, Schicksal ist hier genau so anschaulich geworden, wie sie es in einem anderen Modus und unter anderen Kategorien auch als Gestalt eines lebenden Menschen werden kann. Von jenen anschaulich ideellen Figuren in ihrer vollen Unmittelbarkeit und Selbständigkeit gilt der Eindruck jener unendlichen Einsamkeit, und sie bringen damit den Zug des tiefen, eigentlich schon tragisch gefärbten Ernstes auf seinen Höhepunkt, der im Wesen der Plastik überhaupt begründet ist und den sie mit der Musik teilt. Denn beiden ist, ich deutete dies an, die allen anderen Künsten überlegene Geschlossenheit eigen, die Unmöglichkeit, ihren Raum mit irgend anderen Existenzen zu teilen, ein Mit-sich-Alleinsein, das bei Michelangelo sich in der absoluten inneren Balance aller Elemente vollendet und dessen unvermeidlich melancholischen Gefühlsreflex Franz Schubert einmal in der erstaunten Frage ausdrückte: »Kennen Sie eigentlich heitere Musik? Ich nicht.« Es ist nur auf den ersten Blick eine Paradoxe, diese Frage auf die Plastik übertragen zu wollen. Die Gestalten Michelangelos, wie sie die vollendetsten der Plastik sind, enthüllen ihren düsteren, schweren Ernst zunächst als die Vollendung einer rein formal künstlerischen Bedingtheit der Plastik als solcher.

So ist im allgemeinsten darauf hingezeigt, daß jene Ausgleichung der Wesenselemente, die vor Michelangelo mehr oder weniger beziehungs- und gleichgewichtslos bestanden hatten – noch keineswegs eine sozusagen subjektive Perfektion, eine Seligkeit an dem von allem Menschlich-Fragmentarischen unberührten Vollkommensein ausdrückt. Am fühlbarsten wird dies an der Synthese eines Antagonismus, die sich an den Gestalten Michelangelos gewaltiger und bedeutsamer vollzieht als irgendwo sonst in der Kunst. Es handelt sich jetzt um die physikalische, den Körper niederziehende Schwere und den Bewegungsimpuls, der von der Seele her der Schwere entgegenwirkt. Jede Bewegung unserer Glieder zeigt in jedem Augenblicke den jeweiligen Stand des Kampfes zwischen diesen Parteien. Die willensmäßigen Energien bestimmen unsere Glieder nach ganz anderen Normen, in ganz anderer Dynamik als die physikalischen, und unser Leib ist der Kampfplatz, auf dem beide sich treffen, sich ablenken oder sich zu Kompromissen nötigen. Vielleicht ist dies das einfachste Symbol unserer dauernden Lebensform: diese bestimmt sich durch den Druck, den Dinge und Verhältnisse, Natur und Gesellschaft auf uns ausüben, und die Gegenbewegungen unserer Freiheit, die diesen Druck entweder aufheben oder sich von ihm vergewaltigen lassen, ihn bekämpfen oder ihm ausweichen. An diesem Entgegenstehenden, feindlich Lastenden findet die Seele freilich die einzige Möglichkeit, sich zu bewähren, zu schaffen, in Wirksamkeit zu treten. Sie würde, ihrer Freiheit unbeschränkt folgend, sich im Unendlichen verlieren, ins Leere fallen, wie der Meißelschlag des Bildhauers, wenn ihm nicht der Marmor eine harte Selbständigkeit entgegenstellte. Es ist vielleicht die tiefstgelegene Komplikation unseres Lebens, daß dasjenige, was seine Spontaneität einschränkt und sein freies Emporstreben niederdrückt, doch zugleich die Bedingung ist, unter der allein dieses Tun und Streben zu einer sichtbaren Äußerung, einem formenden Schaffen gelangen kann. Wie diese beiden Elemente sich in das Leben teilen, welches Übergewicht oder Gleichgewicht zwischen ihnen herrscht, wie weit sie sich spannen oder zu welcher Einheit sie sich verweben – das entscheidet über den Stil der einzelnen Erscheinungen und der Totalitäten von Leben wie von Kunst. In den Gestalten Michelangelos nun setzen sich die herabziehende Schwerkraft und die nach oben strebenden seelischen Energien mit feindseliger Härte gegeneinander ab, als die aus unversöhnlicher Distanz gegeneinander stehenden Parteien des Lebens – und durchdringen sich zugleich im Kampfe, halten sich die Waage, erzeugen eine Erscheinung von so unerhörter Einheit, wie die Spannung der von ihr zusammengeschlossenen Gegensätze unerhört ist. Seine Figuren sind meistens sitzende oder liegende – in unmittelbarem Widerspruch zu den Leidenschaftlichkeiten ihrer Seele. Aber mit der Zusammengehaltenheit, man möchte sagen, Komprimiertheit von Attitüde und Umriß bringen sie das Widerspiel, die innere Gespanntheit ihrer Lebensprinzipien und die siegend-besiegte Macht eines jeden zu gewaltigerem Ausdruck, als irgendeine ausflakkernde Gebärde es könnte. Wir fühlen, wie die Masse der Materie diese Gestalten in ein namenloses Dunkel hinabziehen will, gerade wie auch den Säulen an Michelangelos Architekturen manchmal von der lastenden Mauer die Möglichkeit des Emporstrebens und Aufatmens genommen scheint. Gegen diese Wucht, die wie das Schicksal selbst und als dessen Symbol auf seinen Gestalten oder richtiger in ihnen lastet, strebt nun aber eine ebenso große Kraft an, eine leidenschaftliche, aus dem Innersten der Seele ausbrechende Sehnsucht nach Freiheit, Glück, Erlösung. Wie aber allenthalben der negative Faktor dem positiven überlegen zu sein pflegt und dem Endresultat *seinen* Charakter mitteilt, so bleibt als Gesamteindruck jener Gestalten die unheilbare Schwermut zurück, ein Gefangensein in der Lastung niederziehender Schwere, eines Kampfes ohne Aussicht auf Sieg. Dennoch sind die Elemente von Schicksal und Freiheit, wie sie sich anschaulich als die Schwere und die ihr entgegenstrebende seelische Innervation verkörpern, hier näher, einheitlicher, zu entschiedenerer Äquivalenz zusammengerückt, als in irgendeiner anderen Kunst. Freilich wirkt in der Antike die Schwere und die Spontaneität zu einer völlig beruhigten, nirgends einen einseitigen Ausschlag gestattenden Erscheinung zusammen. Aber ihre Einheit ist hier sozusagen von vornherein vorhanden, zu einer Spannung der Gegensätzlichkeit kommt es überhaupt nicht, das Zusammenwirken der Gegenrichtungen ist ein Friede ohne vorhergegangenen Kampf und deshalb ohne besonderes, auf ihn zugespitztes Bewußtsein. Im Barock andrerseits verschieben sich die Elemente in wechselnde Übergewichte. Er gibt einerseits eine dumpfe Massigkeit und eine materielle Schwere, der sich keine formgebende Bewegung von innen her entgegensetzt, eine Befangenheit im Stoffquantum, das nur noch erdwärts hin wirkt. Und dann wieder eine affektvolle Bewegtheit, die nach den physischen Bedingtheiten und Hemmungen nicht mehr fragt, als gäbe es nur noch die Leidenschaft von Wille und Kraft, die sich den gesetzmäßigen Zusammenhängen des Körpers und der Dinge entrissen hat. Die tödlich gegeneinander stehenden Richtungen, die bei Michelangelo von einer unerhört starken Lebenseinheit zusammengezwungen waren, fielen im Barock auseinander, und nun zwar in der Macht und Unbedingtheit, die gerade Michelangelo ihnen gegeben hatte und geben mußte, damit die gigantische Lösung ein gigantisches Problem vorfände.

In den Figuren der Decke und noch mehr denen der Gräber und in den Sklaven ergreift die Schwere die aufwärts strebende Energie selbst, sie dringt zu dem tiefsten Sitz der ihr entgegengesetzten, sie aufhebenden Impulse und läßt diese schon von Anfang an nicht frei; wogegen dann wieder die lastende Masse, die fühlbare Schwere in ihrem Innersten von jenem geistigen, um Freiheit und Helle kämpfenden Impulse getroffen und durchseelt ist. Das, was sich befreien will, und das, was die Befreiung hindert, fällt absolut in einen Punkt zusammen, in den Indifferenzpunkt der Kräfte, in dem dann freilich die Erscheinung manchmal wie paralysiert steht, wie erstarrt in dem großen Augenblick, in dem die entscheidenden Lebensmächte sich in ihr gegenseitig aufheben; ein von seiner innerlichsten Einheit her tragisches Leben hat sich in jenen Dualismus auseinandergelegt und wächst wieder aus ihm auf. Vielleicht nur noch in manchen ägyptischen Skulpturen findet diese Kompaktheit und Erdschwere der Steinmasse eine Analogie. Aber ihnen fehlt die gleichzeitige Belebtheit des Steines durch die entgegengesetzt strebenden Impulse. Er ist nicht in dem Gravitationsakt selbst in die Richtung der Seele gerissen; sein Inneres bleibt vielmehr bloß Stein, bloß naturhafte, in den Kampf der Weltprinzipien noch nicht hineingezogene, noch nicht zur Form gedrängte Schwere. Indem ihm Form, Leben, Seele von außen angefügt wird, berühren sich die Gegensätze sozusagen räumlich, ohne innerlich zu einer Einheit – sei es der Balance, sei es des Kampfes, sei es wie bei Michelangelo von beidem zugleich – zu gelangen. Es ist nicht ein Drängen zur Einheit, das nicht befriedigt wird – während die wirkliche Einheit der Prinzipien bei Michelangelo Befriedigung in der Unbefriedigtheit und Unbefriedigtheit in der Befriedigung offenbart –, sondern es ist die dumpfe, noch unlebendige Spannung, bevor es zu einem Drängen kommt. Dies gibt den ägyptischen Statuen eine Gelähmtheit im Dualismus, manchmal etwas unendlich Trauriges, im Gegensatz zu der Tragik in den Gestalten Michelangelos. Denn Tragik liegt ja wohl da vor, wo Bedrängnis oder Vernichtung einer Lebensenergie durch ein Feindseliges sich nicht an ein zufälliges oder äußerliches Aneinandergeraten der beiden Potenzen knüpft; sondern wo dieses Schicksal, der einen durch die andere bereitet, dennoch in jener schon als ein unvermeidliches präformiert ist. Die Einheitsform dieser Wesen ist der Kampf. Die unvollendeten Figuren Michelangelos (aber keineswegs *nur* sie) steigen wie mühsam und kämpfend aus dem Marmorblock heraus – der äußerste Gegensatz etwa zu dem Bilde, dem anschaulichen und dem symbolischen, der aus dem Meere heraussteigenden Aphrodite. Hier entläßt die Natur freudig die Schönheit, das beseelte Dasein aus sich, weil sie in ihm ihr eigenes Gesetz erkennt und sich nicht in dem höheren Gebilde verliert. Bei Michelangelo aber scheint der Stein seine eigene abwärts gerichtete Natur, seine schwere Formlosigkeit eifersüchtig zu bewahren und gibt seinen Konflikt mit dem höheren Gebilde nicht auf, das er doch hergeben muß. Das eben Formulierte: daß die besondere Art, auf die die Gegensätze hier zur künstlerischen Einheit gelangen, der Kampf ist – bezeichnet eine Kategorie, in deren metaphysischer Tiefe sich einige der für das Geistesleben epochalsten Geister zusammengefunden haben. Es scheint, als ob Heraklit eben dies gemeint hätte, als er das Weltsein als die Relation und Einheit von Gegensätzen begriff und zugleich den Streit für das schöpferische und formende Prinzip erklärte. Es muß ihn dabei das Gefühl geleitet haben, Kampf bedeute nicht nur, daß der eine gegen den anderen und der andere gegen den einen kämpft, also nicht nur eine Summierung zweier Parteien, von denen jede für sich in bestimmter Weise bewegt ist, sondern es sei eine in sich ganz einheitliche Kategorie, von der die Zweiheit Inhalt oder Erscheinung ist, wie man etwa von einem Pendelschlag spricht, der die beiden einander entgegengesetzten Bewegungen einschließt. In dem Außereinander und Gegeneinander der Parteien lebt ein einheitliches Geschehen, die Tatsache, daß das Leben die Einheit des Mannigfaltigen ist, kann sich nicht stärker, intensiver, tragischer ausdrücken, als indem die Einheit nicht friedliche Kooperation von Elementen, sondern ihr Kampf und ihr gegenseitiges Sich-aufheben-Wollen ist. Diese Einheit des Lebens, erst an solcher Gewalttätigkeit seiner Spannung ganz fühlbar, gestaltet sich metaphysisch, wenn für Heraklit die Welt als Ganzes das Ineinsfallen der Gegensätze und das Erzeugnis des Streites ist, sie spricht sich durch Michelangelo formal künstlerisch aus, wenn er die Gegensätze der aufwärtsstrebenden Seele und der niederwärts ziehenden Schwere in ein Bild von unvergleichbarer anschaulicher Geschlossenheit zwingt: so daß die Körperschwere selbst sich als ein in die *Seele* dringendes oder vielmehr in ihr selbst entspringendes Moment, aber zugleich der Konflikt zwischen Seele und Leib als ein Kampf der entgegengesetzten Intentionen des *Körpers* offenbart.

Damit haben die Gestalten Michelangelos jene existenziale Vollendung erreicht, die man von jeher an ihnen empfunden hat, andrerseits ist sozusagen die Aufgabe der Kunst überhaupt damit gelöst. Was in der natürlichen wie in der geschichtlichen Wirklichkeit auseinanderbricht, fremd nebeneinander steht, sich gegenseitig zu Fragmenten verstümmelt, ist hier in der Form der Kunst in ein höheres Leben vereinheitlicht. Aber dennoch – und damit wendet sich die Erscheinung Michelangelos zu einem, gegen alles bisherige neuen Problem, zu ihrem eigentlichen *Problem* – zeigen diese Gestalten eine fruchtbare Unerlöstheit: es bleibt der Eindruck, daß all ihr Sieg über irdisch individuelle Bedürftigkeit, alle titanische Vollkommenheit, alles Eingesammelthaben jeglicher Kraft und Bestrebung des Daseins – eine Sehnsucht zurückgelassen hat, deren Erfüllung in jene geschlossene Daseinseinheit nicht einbezogen ist. Die Deutung dieser Tatsache geht auf das entscheidende Motiv nicht nur für den Charakter der Gestalten Michelangelos, sondern auch seines künstlerischen Gestaltungsprozesses und schließlich seines Lebens selbst.

Das Schicksal nun, von dem hier die Rede ist, erhebt sich aus dem *Renaissancecharakter* seines Werkes. Die Richtung des Lebenswillens und der Sehnsucht seiner Gestalten verläuft durchaus innerhalb der

Ebene des Irdischen; in ihr werden sie von einem ungeheuren Bedürfnis nach Erlösung bedrängt, nach einem Nachlassen des Druckes, nach einem Nicht-mehr-Kämpfen – einem Bedürfnis, dessen Intensität durch die gigantischen Maße ihres Seins bestimmt ist. Die Vollendung ihres Seins ist kein Widerspruch gegen dieses Begehren nach einem Volleren, Glückseligeren, Freieren: es gehört zu dem nicht leicht Ermeßlichen ihrer Existenz, daß ihre Sehnsucht als ein Teil ihres Seins in dieses eingeschlossen ist, wie ihr Sein in ihre Sehnsucht. Aber wie dieses Sein durchaus ein irdisches ist, genährt von den Kraftquellen aus allen weltlichen Dimensionen, so gilt ihr Sehnen freilich einem Absoluten, Unendlichen, Unerreichbaren – aber unmittelbar und eigentlich keinem Transzendenten; es ist ein irdisch Mögliches, wenn auch nie Wirkliches, auf das sie innerlich blicken, eine Vollendung, die keine religiöse, sondern die ihres eigenen gegebenen Seins ist, eine Erlösung, die von keinem Gotte kommt und ihrer Gerichtetheit nach nicht von ihm kommen kann, sondern die ein Schicksal aus den Mächten des Lebens ist. In jenem innersten Sinne, in dem die Sehnsucht der Wesen ihr Sein bildet, sind diese Gestalten zwar überempirisch, aber nicht überirdisch. Die religiöse Sehnsucht, wie das Christentum sie erweckt und die Gotik sie gestaltet hatte, ist wie durch eine Achsendrehung in die Richtung des Irdischen, des seinem Sinne nach Erlebbaren, obgleich nie Erlebten gefallen; sie hat die ganze Leidenschaft, das ganze Ungenügen an allem wirklich Gegebenen, die ganze Absolutheit eines »Dahin, Dahin« mitgebracht – hat in die Welt mitgebracht, was aus und in der Beziehung auf die Überwelt entstanden war. Der unendliche Verlauf irdischer Linien trat an die Stelle der Linienrichtung in das Überirdische, die, wenn man genau hinsieht, gar nicht in demselben Maße unendlich ist, sondern, wann immer es sei, an ihr Ziel und Definitivum gelangen kann. Es ist die tiefste Bezauberung durch das Religiöse, daß sein Gegenstand ein Unendliches ist, das schließlich doch durch eine endliche Bemühung und am Abschluß eines endlichen Weges, sei es am jüngsten Tage, gewonnen wird. Transponiert sich aber das religiöse Gefühl: der Rhythmus, die Intensität, das Verhältnis des einzelnen Momentes zum Ganzen des Daseins, wie die Transzendenz des Christentums es ausgebildet hatte – in das Irdische hinein, so kehrt jenes Verhältnis sich um: dem Geiste schwebt jetzt ein Ziel vor, das seinem Wesen nach endlich ist, aber nun ist es, indem es jene Bestimmungen in sich aufgenommen hat, ein Unerreichbares, ein ideelles Ziel, das zwar der Sehnsucht ihre Richtung vorschreibt, sie aber innerhalb jedes Endlich-Ausdenkbaren zu keinem Abschluß führt. Es hat sich ein Widerspruch zwischen der Form des begehrenden und strebenden Lebens und seinem Inhalt aufgetan, der Inhalt, den jene jetzt aufnehmen soll, ist ihr nicht innerlich adäquat, da sie sich an einem ganz anderen gebildet hat. Die christliche, gotische Sehnsucht braucht den Himmel, und, sich in die irdische, die Renaissancedimension verlegend, muß sie einem Unfindbaren nachglühen oder nachstarren. Die Religion zeigt dem Menschen das ersehnte Unendliche in einer endlichen Weite, während hier ein ersehntes Endliches in unendliche Weite rückt – der verhängnisvolle logische Ausdruck dafür, daß ein Mensch mit einer religiösen, dem Unendlichen, Absoluten zugewandten Seele in das Leben und den Stil einer Zeit hineingeboren wurde, die ihre Ideale vom Himmel auf die Erde zurückgeführt und ihre letzten Befriedigungen in der künstlerischen Formung des bloß Natürlichen gefunden hatte. Seine Gestalten scheinen an Größe, Kraft, Ausgeglichenheit aller menschlichen Energien den Punkt der Vollendetheit erreicht zu haben. Es geht auf ihrem Wege nicht weiter, auf dem sie sich dennoch zu einem Weitesten fortgetrieben fühlen. Solange der Mensch noch irdisch unvollkommen ist, mag er ins Unbestimmte hinein streben und hoffen; was aber bleibt dem, den eine für ganz andere Dimensionen bestimmte Sehnsucht erfüllt, wenn er in der ihm allein gegebenen irdischen an ihr Ende gelangt ist, das er nun doch nicht als wirklichen Abschluß fühlt – was anderes als ein hoffnungsloses Hinaussehen ins Leere? Vollkommen zu sein und zugleich unselig – damit ziehen diese Gestalten den Schluß aus ihren beiden Prämissen.

Es gibt ein Werk Michelangelos, für das alle bisherigen Bestimmungen nicht gelten, in dem weder der Dualismus der Lebensrichtungen in seiner künstlerisch formalen Aufhebung fühlbar ist, noch der hoffnungslosere zwischen dem im Anschaulichen beschlossenen Gebilde und der Forderung und Begehrung des Unendlichen. In der Pietà Rondanini ist die Gewaltsamkeit, die Gegenbewegung, das Ringen ganz verschwunden, es ist sozusagen kein Stoff mehr da, gegen den die Seele sich zu wehren hätte. Der Leib hat den Kampf um seinen Eigenwert aufgegeben, die Erscheinungen sind wie körperlos. Damit hat Michelangelo das Lebensprinzip seiner Kunst verleugnet; aber wenn dies Prinzip ihn in jene fürchterliche Unerlöstheit, jene Spannung zwischen einer transzendenten Leidenschaft und ihrer körperhaften und notwendig inadäquaten Ausdrucksform verstrickte, so ist hier die Verneinung des Renaissanceprinzips dennoch nicht zur Schlichtung dieses Widerstreits geworden. Die Erlösung nämlich bleibt eine rein negative, nirwanaähnliche; der Kampf ist aufgegeben, ohne Sieg und ohne Schlichtung. Die Seele, hier von der Körperschwere befreit, hat den Siegeslauf ins Transzendente nicht angetreten, sondern ist an dessen Schwelle zusammengebrochen. Es ist das verräterischste und tragischste Werk Michelangelos, es ist das Siegel unter seine Unfähigkeit, auf dem Wege des künstlerischen, in der sinnlichen Anschauung zentrierten Schaffens zur Erlösung zu gelangen.

Dies ist das letzte, erschütternde Verhängnis seines Lebens, wie seine späten Gedichte es verkünden: daß er seine ganze Kraft, die ganze lange Mühe seines Daseins an ein Schaffen gesetzt hat, das sein endgültiges Bedürfen, seine tiefsten Notwendigkeiten nicht erfüllt hat, nicht erfüllen konnte, weil es in einer anderen Ebene verläuft, als in der die Gegenstände dieses Sehnens liegen.

Die Lügen dieser Welt beraubten mich
Der Zeit, gegeben um auf Gott zu schauen. –

Nicht Malen und nicht Meißeln stillt die Seele,
Sie sucht die Liebe Gottes, die am Kreuze
Die Arme breitet, uns darein zu schließen.

Dem, der da lebt, kann das, was sterben wird,
Die Sehnsucht nicht befriedigen.

Es ist kein Zweifel: das tiefste, furchtbarste Erlebnis war für ihn dies, daß er schließlich in seinem Werke die ewigen Werte nicht mehr erblickte; daß er sah, sein Weg war in einer Richtung gelaufen, die ihn zu dem, was nottat, überhaupt nicht hinführen konnte. Die Konfessionen seiner Gedichte zeigen von vornherein, daß in der Kunst, die er schafft, und in der Schönheit, die er anbetet, ein Übersinnliches ist, aus dem für ihn der Wert beider fließt. Er spricht einmal von der beglückenden Schönheit des in der Kunst dargestellten Menschen; hätten aber die Unbilden der Zeit das Werk zerstört, so

– – taucht zeitlos erste Schönheit wieder auf
Und führt die eitle Lust in höhere Reiche.

Und nun war es offenbar die große Krisis seines Lebens, daß er den absoluten Wert, die über alle Anschauung hinausliegende Idee ursprünglich in der Anschauung der Kunst und der Schönheit vollgültig vertreten fand – und im Alter einsah, daß all jenes in einem Reiche liegt, zu dem es an der Hand dieser keinen Aufstieg gibt. Sein tiefstes metaphysisches Leiden war, daß dasjenige, wodurch uns das Absolute, Vollkommene, Unendliche allein offenbar wird: die Erscheinung und ihr Reiz – uns dieses zugleich verhüllt, uns zu ihm zu führen verspricht und uns von ihm wegführt. Und diese Erkenntnis wurde eben zur Krisis und zum erschütterndsten Leiden, weil sein Herz und seine künstlerisch sinnliche Passion darum nicht weniger gewaltsam und unablösbar an diesem Erscheinenden und seinem Reize haften blieben. Er sagt sich den Trost vor, den er schließlich doch im Tiefsten nicht glaubt: es könne doch keine Sünde sein, die Schönheit zu lieben, da Gott ja auch sie gemacht hätte – –.

Es ist begreiflich, daß diese Seele von der Kunst und von der Liebe beherrscht wurde; denn in dieser nicht weniger als in jener glauben wir mit dem Irdischen ein Mehr-als-Irdisches zu besitzen:

Was ich in deiner Schönheit lese, liebe,
Bleibt einer Erdenseele fern und fremd:
Wer es erschauen will, der muß erst sterben.

Es war die Schicksalsformel seiner Seele, die ganze Fülle des Unendlichen der ganzen Fülle des Endlichen abzufordern: Kunst und Liebe sind die beiden Mittel, die die Menschheit der Erfüllung dieser Sehnsucht bietet und für die das Genie und die Leidenschaft Michelangelos geboren ist – so daß er ihnen beiden verfallen bleibt, auch als er sie längst als untauglich für jene Schicksalsforderung erkannt hat. In diesem Verhältnis gipfelt sich das Gefühl auf, das seine ganze Existenz begleitet zu haben scheint: daß diese Existenz ein Fragment ist, daß ihre Stücke nicht zu einer Einheit zusammengehen. Vielleicht erklärt dies den ungeheuren Eindruck der Vittoria Colonna. Hier trat ihm vielleicht zum ersten Male der sozusagen formal in sich vollkommene Mensch gegenüber, der erste, der gar nicht Fragment und Dissonanz war; offenbar ein äußerster Fall der typischen Empfindung, die sehr vollkommene Frauen oft gerade in starken und hervorragenden Männern auslösen. Es ist gar nicht diese und jene einzelne Vollkommenheit, an die ihre Verehrung sich knüpft, sondern die Einheit und Ganzheit der Existenz, der gegenüber der Mann sein Leben als ein bloßes Bruchstück, als einen Komplex nicht fertig gewordener Elemente fühlt – gleichviel ob jedes von diesen jenes Ganze an Kraft und Bedeutung übertreffe. Als Michelangelo sie kennen lernte, war er ein alter Mann, so daß er wußte, er würde das Unvollendete seiner Existenz, das gegenseitige Sich-Hemmen und Abbruchtun seiner Wesensseiten nicht mehr aus eigener Kraft zur Geschlossenheit und Abrundung führen. Daher die maßlose Erschütterung beim Anblick einer Existenz, in der das Fragment keinen Platz hatte und die er deshalb in der Form des Lebens – die ihm, als dem ganz tiefen und von dem Renaissanceideal erfüllten Menschen, dessen eigentlichen Wert bedeutete – sich so unbedingt überlegen fühlte, daß ihm der Gedanke gar nicht kam, er habe doch in der Einzelheit seiner Leistungen auch etwas dagegen einzusetzen. Daher seine demütige Bescheidenheit ihr gegenüber. In die Schicht, in der ihre Vollkommenheit lag, ragte eben die einzelne Leistung als solche, wie gewaltig sie auch sei, ihrem Begriffe nach gar nicht hinein. Hier offenbart sich seine Liebe nicht als ein einzelnes, andern koordiniertes Erlebnis, sondern als die Konsequenz und Erfüllung eines Gesamtschicksals.

Und damit löst sich ein eigentümliches Problem, das sich gerade an den erotischen Zug seines Bildes knüpft. Seine Gedichte lassen durch ihre Zahl, ihren Ton und viele unmittelbare Äußerungen nicht den geringsten Zweifel, daß sein Leben fortwährend erotisch bewegt war, und zwar in der leidenschaftlichsten Weise. Oft genug bringen seine Gedichte dieses Liebesleben in symbolische Verbindung mit seiner Kunst. Und nun ist das ganz Merkwürdige: daß diese Kunst weder inhaltlich, noch stimmungsgemäß irgendein Zeichen dieser Erotik trägt. Bei allen anderen erotisch gestimmten Künstlern vibriert dieser Ton unverkennbar in ihren Gestaltungen, bei Giorgione wie bei Rubens, bei Tizian wie bei Rodin. Nichts davon bei Michelangelo. Das, was seine Gestalten zu sagen und zu leben scheinen, ebenso wie die stilistische Atmosphäre, in die die Stimmung des Schöpfers sie taucht, enthält keinen Laut dieses wie überhaupt irgendeines einzelnen Affektes. Sie stehen unter dem Druck eines allgemeinen Schicksals, in dem alle inhaltlich angebbaren Elemente aufgelöst sind. Es lastet auf ihnen und es erschüttert sie das Leben als Ganzes, das Leben als Schicksal überhaupt, das über uns allen, um uns alle liegt und nur im Verlauf der Tage sich zu Erlebnissen, Affekten, Suchen und Fliehen vereinzelt. Aus allen solchen Sondergestaltungen, in denen die Tatsache des Schicksals überhaupt konkret wird, tritt der Mensch Michelangelos zurück, er offenbart diese Tatsache in ihren Eigenschwingungen, gelöst von all den Erscheinungsweisen, zu denen das Dies und Das der Welt sie veranlaßt. Aber es ist nicht die Abstraktion des Menschen der klassischen Plastik, der, von wenigen Andeutungen (besonders an griechischen Jünglingsköpfen) abgesehen, sich jenseits des Schicksals stellt. Die griechischen Idealfiguren – vor der Zeit des Hellenismus – mögen »lebendig« genug sein, aber das Leben als solches ist ihnen nicht Verhängnis, wie für die Figuren der Sixtinischen Decke und der Mediceergräber. Von hier aus nun fällt auch über seine Liebesgedichte ein Licht, das ihre Fremdheit gegen den Charakter seiner Kunst mindert. So subjektiv, zugespitzt, als unmittelbar persönliches Erlebnis die erotische Leidenschaft ihn bewegt, so ist es doch das *Schicksalsmoment* der Liebe, in dessen Herrschergewalt all ihre Fulgurationen zentrieren. Der spezifische Inhalt der Erotik ragt nicht in seine Werke hinein; aber die Tatsache des Schicksals, auf das die Liebe zurückgeführt oder zu dem sie erweitert wird, ist der Generalnenner seines Erlebens, seiner Gedichte und seiner Kunst. Nur in einigen Bildern von Hodler ist diese Empfindung wieder mächtig: die Liebe ist nicht bloß der Affekt, der auf räumlich-zeitliche Punkte beschränkt wäre, sondern sie ist eine Luft, die wir atmen und der wir nicht entfliehen können, ein metaphysisches Schicksal, das dumpf und brennend, lastend und bohrend über der Menschheit und dem Menschen liegt. Sie ergreift uns wie die Drehung der Erde, die uns mit sich herumwirbelt, ein Los, das nicht nur den Menschen, als der Summe von Individuen, zum individuellen Schicksal wird, sondern das uns wie eine objektive, durch die Welt hindurch waltende Kraft erfaßt. Daß das Einzelschicksal ein mit dem Leben überhaupt gegebenes ist, daß der Rhythmus des Lebens das Wesentliche und Entscheidende der individuellen Lose ist, und daß jener Rhythmus ein Schweres, unentfliehbar Lastendes, jedem Atemzuge Beigemischtes ist, – das ist das Gemeinsame seiner Liebesgedichte und seiner Skulpturen. Es ist nicht das anthropomorphe Aufblasen des eigenen Loses zum Weltfatum, sondern das geniale metaphysische Fühlen des Weltwesens, aus dem ihm das eigene fließt und deutbar wird. Seine Gestalten drücken dasselbe Letzte an menschlicher Größe aus, wie seine innere Attitüde zum Leben: daß das Schicksal von Welt und Leben überhaupt den Kern und Sinn des persönlichen Geschickes bildet, und daß, von der anderen Seite gesehen, dies Persönliche nicht nach seinem ganz subjektiven Reflex, nach den verfließenden Zuständen von Lust und Leid gilt, sondern nach seiner überpersönlichen Bedeutung, nach seinem Wert als ein objektives Sein. Wenn deshalb seine späteren Gedichte von dem ewigen Verderben sprechen, das ihn erwartet, so zittert darin nicht etwa Angst vor den Leiden in der Hölle, sondern die rein innere Qual: ein solcher zu sein, der die Hölle verdient. Sie ist nur der Ausdruck für die Unzulänglichkeit seines Seins und Sichverhaltens, – absolut unterschieden von dem Zukreuzekriechen der Schwachen. Die Hölle ist hier nicht ein von außen drohendes Geschick, sondern die logische, kontinuierliche Entwicklung der irdischen Beschaffenheit. Das schlechthin Transzendente, den Richtungen der irdischen Geschicke schlechthin Entzogene von Himmel und Hölle, wie es etwa Fra Angelico empfunden hat, lag ihm ganz fern. Auch hier offenbart sich sein ganzes Renaissancetum: an das irdisch-persönliche Dasein wird die absolute Forderung gestellt, die objektiven Werte erfüllen sich mit subjektivem Leben, – aber eben damit wird dieses der zufälligen Subjektivität der egozentrischen Zuständlichkeit enthoben. Es ist der Personalismus, den Nietzsche gelehrt hat und der ihm eine so tiefe Beziehung zum Renaissance-Ideal gab; gewiß kommt es auf das Ich und schließlich nur auf das Ich an, aber nicht auf dessen Lust- und Leidempfindungen, die sozusagen das Weltsein nichts angehen, sondern auf den objektiven Sinn seiner Existenz. Daß er in seinem irdischen, von seiner Freiheit geformten und umgrenzten Leben unvollkommen, fragmentarisch, dem Ideal untreu ist – das ist die Qual Michelangelos, und die religiös-dogmatische Vorstellung der Höllenstrafe ist nur deren zeitgeschichtlich bestimmte Projizierung. In den Qualen, von denen er sich im Jenseits erwartet glaubt, versinnlicht sich nur, daß er einem transzendenten, absoluten Ideal nach den Bedingungen seiner Zeit und Persönlichkeit nur mit den Mitteln und in der Linie eines erdhaften Daseins zustrebte und über die Brückenlosigkeit des Abgrunds zwischen beiden erschauerte.

Ich erwähnte schon den Charakter der Tragik, den die Gestalten Michelangelos zeigen, und der nun hier seine ganze Tiefe an seinem Gesamtleben wiederholt. Tragik schien uns zu bedeuten, daß dasjenige, was gegen den Willen und das Leben, als deren Widerspruch und Zerstörung gerichtet ist, dennoch aus dem Letzten und Tiefsten des Willens und des Lebens selbst wächst – im Unterschied gegen das bloß Traurige, in dem die gleiche Zerstörung aus einem gegen den innersten Lebenssinn des zerstörten Subjekts zufälligen Verhängnis gekommen ist. Daß die Vernichtung aus demselben Wurzelgrunde stammt, aus dem das Vernichtete in seinem Sinn und seinem Wert gewachsen ist, macht das Tragische aus und darum ist Michelangelo die ganz und gar tragische Persönlichkeit. Was sein Leben, das auf das künstlerisch Anschauliche, irdisch-Schöne gerichtet war, zum Scheitern brachte, war die transzendente Sehnsucht, vor der jene Richtungsnotwendigkeit zerbrach; aber diese Sehnsucht war nicht weniger notwendig, sie stammte aus dem tiefsten Fundamente seiner Natur, und darum konnte er jener inneren Vernichtung so wenig entrinnen, wie er sich von sich selbst abtun konnte. Ihm und seinen Gestalten tritt die »andere« Welt entgegen, unbegreiflich fern, Unerfüllbares fordernd, fast mit der drohenden und schreckhaften Gebärde des Christus auf dem Jüngsten Gericht, das vernichtende Schicksal ihres Lebenswillens. Aber sie sind von vornherein mit diesem Problem und Bedürfnis eines Absoluten, eines allen irdischen Maßstäben entzogenen Daseins geschlagen. Wie ihrer Sehnsucht nach dem Aufwärts das Verhängnis ihrer lastenden, herabziehenden Materialität innewohnt, so haftet an ihrem irdisch erstreckten, irdisch selbstbefriedigten Dasein von seiner Wurzel her die Sehnsucht nach einer unendlichen Erstreckung, einer absoluten Befriedigung, durch dieses ganze Dasein hin unlösbar mit ihm verflochten, die Absicht seines tiefsten Willens: die Erfüllung ihres Seins ist die Vernichtung ihres Seins. Die Kräfte und die Rhythmik, die Dimensionen, die Formen und die Gesetze, in denen, mit denen seine Existenz und sein Schaffen in der irdischen Ebene allein sich vollenden konnten, waren selbst und zugleich bestimmt, diese Ebene zu überschreiten, in ihr sich gerade nicht vollenden zu können, und so, sich zurückwendend, jenes von ihnen selbst bestimmte Leben zu dementieren. Niemals ist bei einem Menschen größter Leistungen, soweit wir von solchen wissen, das Gegnerische, Vernichtende, Entwertende ihres Daseins so unmittelbar und unabwendbar aus diesem Dasein selbst und seinen wesenhaftesten, lebensreichsten Richtungen herausgewachsen, a priori mit ihnen verbunden gewesen, ja sie selbst *gewesen*. Das Titanische seiner Natur zeigt sich vielleicht noch mehr als an seinen Werken daran, daß ihm diese Werke schließlich nichts waren, gegenüber der Aufgabe, die er seiner Seele gestellt fühlte.

Die Idee, zu deren Märtyrer Michelangelo wurde, scheint zu den unendlichen Problemen der Menschheit zu gehören: die erlösende Vollendung des Lebens im Leben selbst zu finden, das Absolute in die Form des Endlichen zu gestalten. In den verschiedensten Abwandlungen und Anklängen begleitet sie das Goethesche Leben, anhebend von dem hoffnungssicheren Ausruf des Achtunddreißigjährigen: »Wie unendlich wird die Welt, wenn man sich nur einmal recht ans Endliche halten mag!« – bis zu der mystischen, gleichsam am anderen Ende beginnenden Forderung des Neunundsiebzigjährigen, daß die Unsterblichkeit als Bewährungsmöglichkeit unserer irdischen, aber im Irdischen nicht ausgelebten Kräfte notwendig sei. Faust verlangt mit der größten Leidenschaft vom Leben, daß der absolute Anspruch sich in ihm selbst realisiere: Er stehe fest und sehe hier sich um – Was braucht er in die Ewigkeit zu schweifen – Im Weiterschreiten find' er Qual und Glück. Und doch – ein paar Seiten später muß er im Himmel von neuem anfangen, er muß »belehrt« werden, da der neue Tag ihn blendet, die ewige Liebe muß von oben an ihm teilnehmen, um ihn zu erlösen! Bei Nietzsche der gleiche Verlauf der letzten Sehnsucht: die Leidenschaft nach einem Absoluten und Unendlichen, realisiert innerhalb eines realistischen Verbleibens im Irdischen; so erwächst ihm das Vornehmheitsideal als die Erfüllung jeder äußersten Forderung durch biologische Züchtung, so die ewige Wiederkunft und der Übermensch, Ideen, die das Unendliche, das Hinausgehen über jeden real erreichbaren Punkt dem Ablauf irdischer Geschehnisse abgewinnen wollen – bis schließlich dennoch mit dem Dionysostraum eine halb transzendente Mystik die Fäden aufnimmt, die sich innerhalb des Endlichen nicht wollen bis zu den Unendlichkeitswerten spannen lassen. Niemand hatte soviel getan wie Michelangelo, um in der irdisch anschaulichen Form der Kunst das Leben in sich zu schließen, es mit sich fertig werden zu lassen, indem er nicht nur aus dem Körper und der Seele, die bis dahin am Himmel hing, eine noch nie gewonnene Einheit der Anschaulichkeit schuf, sondern alle Diskrepanzen des Erlebens, alle Tragödien zwischen seinem Oben und seinem Unten in der einzigartigen Bewegtheit seiner Gestalten, in dem Kampf ihrer Energien zum geschlossenen Ausdruck brachte. Aber indem er so die Möglichkeit, das Leben auf dem Wege der Kunst zu Einheit und Geschlossenheit zu führen, zu Ende gestaltete, wurde ihm furchtbar klar, daß an diesen Grenzen nicht das Ende lag. Es scheint das bisherige Schicksal der Menschen zu sein, daß man in der Ebene des Lebens gerade am weitesten vorgeschritten sein muß, um zu sehen, daß man in ihr wohl an ihre, aber nicht an unsere Grenze gelangen kann. Vielleicht ist es der Menschheit beschieden, einmal das Reich zu finden, in dem ihre Endlichkeit und Bedürftigkeit sich zum Absoluten und Vollkommenen erlöst, ohne sich dazu in das andere Reich der jenseitigen Realitäten, der schließlich doch dogmatischen Offenbarungen versetzen zu müssen. Alle, die wie Michelangelo die Werte und Unendlichkeiten dieses weiten Reiches zu gewinnen trachten, ohne das erste zu verlassen, wollen den Dualismus in eine Synthese zusammendenken, zusammenzwingen; aber sie bleiben eigentlich bei der bloßen Forderung stehen, daß das eine Reich die Gewährungen des anderen hergeben soll, ohne zu einer neuen Einheit, jenseits jener Gegensätze, zu gelangen. Wie den Gestalten Michelangelos, so ist es seinem Leben zur letzten und entscheidenden Tragödie geworden, daß die Menschheit noch das dritte Reich nicht gefunden hat.

Rodin
mit einer Vorbemerkung über *Meunier*

In die Zweiheit von Inhalt und Form zerlegt unser Blick jegliches Kulturwerk. Seine Einheit so zu spalten berechtigt uns die Unabhängigkeit, mit der bald das eine, bald das andre dieser Elemente von einer Entwicklung ergriffen wird, die das andre oder das eine ruhig auf seinem bisherigen Platze beläßt. Die Kunst, als ein Träger oder ein Spiegel der allgemeinen Kultur, offenbart dies, indem der Genius, der sie eine Stufe aufwärts führt, ihre überlieferten Formen zugängig für Inhalte zeigt, die sich jenen bis jetzt völlig zu entziehen schienen – oder, um Originalität des *Inhaltes* unbekümmert, eine Form, einen Stil schafft, der nur eine neue Ausdrucksmöglichkeit, aber nun für eine Unbegrenztheit von Inhalten bedeutet. Zwei Plastiker, beide mit der Neuheit ihres Werkes die Neuheit unsrer Zeit verkündend, bedeuten das Verschiedenste für unsre Kultur eben dadurch, daß von dem einen die Plastik einen neuen Inhalt, von dem andern eine neue stilistische Ausdrucksform gewinnt, jener sozusagen einen neuen Kulturgedanken, dieser das neue Kulturgefühl in seiner Kunst lebendig machte: Meunier und Rodin.

Es ist die große Tat Meuniers, den künstlerischen Anschauungswert der körperlichen Arbeit entdeckt zu haben. Millet und andre Maler des arbeitenden Volkes haben die Arbeit mehr in ihrer ethischen oder auch gefühlsmäßigen Bedeutung, also das, was sich eigentlich erst an sie *knüpft,* – nicht aber ihre unmittelbare Erscheinung zum künstlerischen Problem gemacht. Der äußeren Geschlossenheit und dem Ausdruck eines Einheitlich-Innerlichen, worin die plastische Menschengestaltung ihren Sinn findet, schien die Arbeitsgebärde völlig zu widersprechen. Denn die Arbeit, am Objekt geschehend, führe den Menschen aus sich heraus und zerbreche damit das plastische Insichruhen seiner Gestalt, sie verflechte ihn in die ihm doch widerstrebende Außenwelt und hindere so gerade seine Heraushebung zu der selbstgenugsamen Einheit des Kunstwerkes – eine zufällige Notdurft des Menschen, in tiefstem Gegensatz zu der Notwendigkeit und gleichzeitigen Freiheit, die der Kunst und dem Menschen in der Kunst zukäme. Darum hat die Plastik ihn wohl als den spielenden oder den sinnenden, den ruhenden, den leidenschaftlichen oder selbst den schlafenden gezeigt, niemals aber als den arbeitenden. Meunier aber sah, daß die Arbeit nicht unser Äußeres ist, sondern unsre *Tat*, die das Äußere gerade in das Innere hineinzieht und damit unsre Peripherie erweitert, ohne unserer Einheit Abbruch tun zu müssen. Das ist das Wunder der Arbeit: daß sie das Tun des Subjekts den Forderungen eines Stoffes untertan macht (denn sonst brauchten wir nicht zu arbeiten, sondern könnten träumen oder spielen), und zugleich damit den Stoff in die Sphäre des Subjekts hineinzieht. Die künstlerische Geschlossenheit von Meuniers Gestalten mit ihrem Heben und Ziehen, Wälzen und Rudern zeigt uns die Kräfte, die der arbeitende Mensch in die Materie hingibt, als wieder auf ihn zurückströmende. Die Arbeit macht den Körper zum Werkzeug; Meunier erfaßte es, daß mit ihr auch das Werkzeug zum Körper wird. Indem für Meunier die Arbeitsbewegung den Sinn der menschlichen Erscheinung auf eine in sich befriedigte, geschlossene Art ausdrückte, hat er den Arbeiter für das Reich der ästhetischen Werte entdeckt. Als frühere Repräsentanten dieser Vision kommen (mit den selbstverständlichen Modifikationen) vielleicht nur die Gestalten des Hermann und der Dorothea in Betracht, Existenzen ohne jeden pathetisch oder ästhetisch gesteigerten Lebensinhalt, in engem Kreise für die Arbeit und von ihr lebend – und nun ohne diesen Bezirk zu verlassen, in klassisch großem Stile dargestellt. Dies arbeitsam eingeschränkte Leben zeigt sich als der Ort künstlerisch wertvoller Linienführung, die beiden Menschen werden nicht aus dem Charakter solchen Lebens herausgehoben, sondern aus ihm selbst gebiert sich die Möglichkeit künstlerisch vollendeter Gestaltung. Entsprechend hat die soziale Bewegung des 19. Jahrhunderts den Arbeiter für das Reich der *ethischen* Werte entdeckt. Was ihn als *Arbeiter* dem Reich der Werte überhaupt fernzuhalten schien: daß es in der Arbeit nur auf ihren Ertrag, aber nicht auf das Subjekt ankäme – das hat erst diese Bewegung richtiggestellt, hat zum Bewußtsein gebracht, daß es auch auf den Arbeiter *ankommt*; und eben dies hat Meunier künstlerisch gewendet, wenn er, als der Erste, die Arbeitsgeste als eine jeder andern gleichwertige ästhetische Formgebung des Menschenkörpers behandelt. Freilich lag, schon vor einigen dreißig Jahren, dies Motiv den Bauernzeichnungen van Goghs zum Grunde und ist von ihm auch ganz prinzipiell ausgesprochen worden: er verlangt von dem Maler, daß er sich den Bauern eben *arbeitend* vorstelle – welchem Problem die Alten ausgewichen seien – und dann die Bewegung um dieser (Arbeits-) Bewegung willen male. Hierin ist noch ein andres Element von großer kulturphilosophischer Bedeutung enthalten. Die Arbeitsbewegung, deren ästhetischer Wert nun entdeckt war, ist nicht nur eine isolierte reine Anschaulichkeit, in diese Anschaulichkeit vielmehr ist untrennbar verflochten, daß ihr Träger die breite Masse der unteren sozialen Schicht ist. Mit diesem Cachet stellt Meunier seine Arbeiter dar: nicht als die individuell erlesenen Menschenexemplare, wie die Plastik sie sonst gesucht hat und die nun als arbeitende »gestellt« würden, wie sonst in andern Attitüden. Sondern hier ist in und mit der Anschaulichkeit fühlbar gemacht: dies ist einer aus einer Menge, keine persönlich betonte Existenz; nicht eigentlich ein »Vertreter« der Masse – dies wäre ein unanschaulich gedankenmäßiges und doch auch ein individuell hervorhebendes Moment –, sondern wirklich nur ein Gleicher von Vielen; es ist keine Reflexion darin, die diesen Einzelnen zur Allegorie des »Arbeiters überhaupt« macht, dieser Einzelne bleibt durchaus innerhalb der Schicht seiner Genossen, in keinem Sinn ein »Besonderer«. Und gerade als ein solcher trägt er die ganze Erlesenheit der ästhetischen Vollendung an sich, jenen »besondern« Reiz, den man nur als aristokratisch zu bezeichnen gewohnt ist, der aber hier, rein anschaulich geworden, nicht mehr an den Unterschied des Einen gegen die Vielen gebunden ist. Hier ist für das ästhetische Gebiet das Wertverhältnis realisiert, das die Lebensphilosophie Maeterlincks für die Elemente der einzelnen Seele behauptet: daß unser Glück, unser Wert, unsre Größe nicht in dem Außergewöhnlichen, in den heroischen Aufschwüngen, in den prominenten Taten und Erlebnissen wohnen – sondern gerade in dem alltäglichen Dasein und jedem seiner gleichmäßigen, namenlosen Momente. Es ist das gleiche Motiv, das der Sozialdemokratie zugrunde liegt: das Wesentliche am Menschen sei das, was ihm mit allen andern gemeinsam ist, und deshalb sei ein Zustand möglich, in dem die subjektiven und objektiven Werte, die bis jetzt an den Unterschied, das Hinausragen, die besondere individuelle Begünstigtheit geknüpft scheinen, einem jeden gerade auf Grund der Gleichheit zugänglich seien. Indem Meunier zeigt: der Arbeiter braucht gar nichts andres zu sein und zu tun, als alle sind und tun, um den ästhetischen Höhenwert zu erreichen, da die Arbeit als solche diesen einschließt – fehlt ihm ganz das Agitatorische oder Sentimentale, das so vielen sonstigen künstlerischen Verherrlichungen des Arbeiters eigen ist. Denn alle diese besagen: *trotz* der Arbeit ist der Mensch so und so wertvoll und schön; er aber: einfach *wegen* der Arbeit ist es so. Noch einmal offenbart sich hier der tiefste Sinn und das ganz und gar Künstlerische seines Werkes – indem er den Menschen und die Arbeit nicht trennt, nicht an jenem einen Wert zeigt, den diese zu verschütten schien, sondern an ihr selbst, die sich durch die ganze Breite des arbeitenden Volkes gleichmäßig erstreckt, die ästhetische Vollendung entdeckt.

Aber es gehört vielleicht zu den tiefsten Bedingungen gerade dieser Koordination des neu entdeckten Inhaltes der Kunst, daß er ihn nicht in einem neuen Stile der Kunst darstellte: er hat nur bewiesen, daß der moderne Arbeiter ebenso künstlerisch anzusehen und zu stilisieren ist, wie ein griechischer Jüngling oder ein venezianischer Senator. So hat doch auch jene soziale Bewegung dem ethischen Empfinden nur einen neuen Inhalt gegeben: daß Gerechtigkeit, Mitempfinden, altruistische Interessiertheit sich auf die Arbeiterklasse als solche richtete, bedeutete eine ungeheure Erweiterung des moralischen Bewußtseins, aber keinen neuen Stil seiner; den gab erst Nietzsche. So hat Meunier ein neues Objekt gefunden, an dem das Leben künstlerisch wertvoll sein kann, aber er hat keine neue Form, kein neues Stilprinzip gefunden, in dem das Leben überhaupt künstlerisch gesehen werden kann. Dies fand erst Rodin, der der Plastik keine wesentlich neuen Inhalte gab, aber als der Erste einen Stil, mit dem sie die Haltung der modernen Seele dem Leben gegenüber ausdrückt. Ich zeichne, um dies zu begründen, mit einigen Strichen das Verhältnis, das die großen historischen Stile der Plastik zu der Lebensrichtung ihrer jeweiligen Gegenwart besaßen.

Die griechische Plastik, in ihren echten und klassischen Gestaltungen, ist dadurch bestimmt, daß die ganze Idealbildung des griechischen Geistes auf ein festes, geschlossenes, substantielles *Sein* ging, und daß sie dieses Sein als ein *geformtes* erfaßte, aufs entschiedenste betonend, daß die Form jenseits von Zeit und Bewegtheit stünde. Die Unruhe des Werdens, die Unbestimmtheit des Gleitens von Form zu Form, die Bewegung als das fortwährende Zerbrechen der festgefügten, in sich befriedigten Gestaltung – das war dem Griechen das Böse und Häßliche, vielleicht gerade, weil die Wirklichkeit des griechischen Lebens unruhig, zerrissen, unsicher genug war. So suchte denn die griechische Plastik, in ihrer besten Zeit, das Beharrende, die substantielle Form des Körpers, jenseits aller Sonderattitüden, die ihm durch die Bewegung des Körpers kommen, und seine anatomisch-physikalische Gestaltung, die eigentlich eine Abstraktion ist, weil in Wirklichkeit der Körper immer in irgendeiner einzelnen, individuellen Bewegung ist. Nur ein Minimum von Bewegung hatte in diesem Ideal der Antike Platz, weil jede Bewegung den Leib in der Ruhe seiner Festgefügtheit zu entstellen, ihn zu etwas Zufälligem und Vereinzeltem zu machen schien. Anderthalb Jahrtausende später hat dann die plastische Kunst der Gotik zum erstenmal den Körper zum Träger der Bewegtheit gemacht, hat die substantielle Sicherheit seiner Form aufgelöst. Sie entsprach damit der Leidenschaftlichkeit der religiösen Seele, die sich ihm, und zwar gerade seiner festen Materialität und selbstgenugsamen Geformtheit, eigentlich nicht zugehörig fühlte.

Der christliche Radikalismus erkannte nicht nur nicht den Wert, sondern sozusagen nicht einmal die Tatsache des Körpers an: eigentlich *ist* der Körper nicht, nur die Seele ist – wie in den gotischen Domen der Stein mit seiner Eigenbedeutung und Eigenschwere nicht existiert, sondern nur die sich selbst aufwärts tragende Kraft. Da nun die Plastik nur den Körper zur Verfügung hat, so entsteht damit ein Widerspruch, der sich in der gotischen Rücksichtslosigkeit auf die Körperform ausspricht, eben derselbe – daß der Körper nicht da ist und doch da ist –, dessen Konsequenz im Praktischen die Askese ist. All diese gedrückten und in die Länge gezogenen, verzerrten und ausgebogenen, verdrehten und disproportionierten Körper sind wie die plastisch gewordene Askese. Der Körper soll leisten, was er nicht leisten kann: der Träger der ins Transzendente strebenden, ja, im Transzendenten wohnenden Seele zu sein. Ein so ergreifend seelischer Ausdruck auch für uns in diesen Figuren wohnt: er kommt daher, daß ihre Seele eigentlich nicht mehr *ihre* Seele ist, sondern irgendwo jenseits ihrer ist, so daß der Körper mit den unmöglichsten Bemühungen versucht, ihr nachzukommen. Mit seinen Gesten drückte die Seele die Tatsache aus, daß sie sich nicht ausdrücken konnte, und indem er eigentlich nur dazu da war, damit die Seele sich von ihm entferne – entfernten seine Bewegungen ihn gleichsam von sich selbst.

Ghiberti erst und vor allem Donatello bringen beides zusammen. Die Bewegung ist jetzt ihrem Sinne und ihrer Tendenz nach in den Körper übergegangen, sie ist nicht mehr das Symbol einer Verneinung des Körpers, sondern die Seele, die sich in ihr ausspricht, ist durchaus die Seele des *Körpers*, der diese Bewegung trägt. Allein auch bei Donatello kommt die Zweiheit und Einheit der beiden Momente: der substantiell-plastischen Körperform und der passionellen Bewegtheit – noch nicht in der freistehenden Figur zum entschiedenen, starken Ausdruck, sondern nur im Relief, wo die Bewegung sich nach außen, in die Umgebung des Körpers hin, ausleben kann. Der Körper, als die dauernde Materialität in drei Dimensionen, ist noch nicht individuell und nicht gehalten genug, um die Bewegtheit – die Bewegtheit des Seelischen – in sich allein ausschwingen, in sich zurücklaufen zu lassen. Die Seele greift freilich nicht mehr, gleichsam an der Bewegung entlang, über den Körper hinaus ins Transzendente, aber sie ist noch nicht mit dem individuellen Sein gerade dieses Körpers ausschließlich und unverkennlich verbunden, man fühlt noch nicht die einheitliche Wurzel, die gerade diese organisch-plastische Gestaltung der Körpersubstanz und die momentane Bewegung als die Ausdrücke eines und desselben Seins aus sich hervorgehn läßt. So hat er den Lebenssinn der Renaissance zwar vorbereitet, aber auch nur *vorbereitet.* Denn wenn man – mit allen Vorbehalten solcher allgemeinen Schlagworte – als den Sinn der Renaissance bezeichnen kann, daß sie Natur und Geist, die das Christentum auseinandergerissen hatte, wieder als Einheit zu empfinden und zu leben suchte, so ist nun die besondere Ausgestaltung dieses Problems, die in dem Verhältnis der plastischen Körperform zur Bewegung liegt – denn jene ist mehr naturhaft, diese mehr geistig –, erst durch Michelangelo endgültig gelöst worden. Die Bewegtheit des Körpers, die Unendlichkeit eines ruhelosen Werdens, das seine Gestalten verkünden, ist hier zum Mittel geworden, die substantielle, plastische Form des Körpers zum vollkommensten Ausdruck zu bringen: und diese Form erscheint von sich aus in jedem Falle als der einzig angemessene Träger eben dieser Bewegung, dieses unvollendbaren Werdens. Dies ist die Tragik der Figuren Michelangelos: daß das Sein in das Werden hineingerissen ist, die Form in die unendliche Auflösung der Form. Künstlerisch ist der Konflikt gelöst, das antike Ideal und das der Bewegtheit haben ihr Gleichgewicht gefunden – freilich wird er dadurch menschlich und metaphysisch um so fühlbarer. Gegenüber den Körpern Michelangelos kommt einem gar nicht der Gedanke, daß sie sich auch anders bewegen könnten; und umgekehrt: der seelische Vorgang, sozusagen der Satz, den die Bewegung aussagt, kann kein andres Subjekt haben als eben diesen Körper. Trotz aller Gewalt, ja Gewalttätigkeit der Bewegung weist sie doch nirgends über die geschlossene Umrißlinie des Körpers hinaus. Er hat eben das, was dieser Körper seiner materialen Struktur nach, seiner Formung als ruhende Substanz nach ist, zugleich in der Sprache der Bewegung ausgedrückt.

Von hier aus gesehen, rückt nun bei Rodin der Akzent durchaus auf die Bewegtheit des Körpers: das Gleichgewicht zwischen dieser und der Körpersubstanz, das er gewinnt, ist auf einer andern Waage gemessen, auf einer, die erst bei einem viel größeren Maß von Bewegtheit einsteht. Die Voraussetzung oder der Grundton der erreichten Harmonie, der doch noch bei Michelangelo der »reine Körper«, die abstrakt-plastische Struktur war, ist bei Rodin die Bewegung. Sie ergreift bei ihm ganz neue Herrschaftsgebiete und Ausdrucksmittel. Er hat durch eine neue Biegsamkeit der Gelenke, ein neues Eigenleben und Vibrieren der Oberfläche, durch ein neues Fühlbarmachen der Berührungsstellen zweier Körper oder eines Körpers in sich, durch eine neue Ausnutzung des Lichts, durch eine neue Art, wie die Flächen aneinanderstoßen, sich bekämpfen oder zusammenfließen – dadurch hat er ein neues Maß von Bewegung in die Figur gebracht, das vollständiger, als es bisher möglich war, die innere Lebendigkeit des ganzen Menschen, mit allem Fühlen, Denken, Erleben anschaulich macht. Ebenso ist das Sichherausheben der Figur aus dem Stein, den Rodin oft noch Teile von ihr umfangen läßt, die unmittelbare Versinnlichung des *Werdens,* in dem jetzt der Sinn ihrer Darstellung liegt. Jede Figur ist auf einer Station eines unendlichen Weges erfaßt, durch die sie ohne Aufenthalt hindurchgeht – oft auf einer so frühen, daß sie nur in schwer erkennbaren Umrissen aus dem Block herausragt. Und hiermit besonders greift das Bewegungsprinzip aus dem Werk auf den Beschauer über. Es wird ein Äußerstes an »Anregung« gegeben, indem die Versagtheit der vollen Form die Eigentätigkeit des Betrachtenden aufs stärkste herausfordert. Läge irgend etwas Wahres in der Kunsttheorie: daß der Genießende den Schaffensprozeß in sich wiederholt – so könnte dieses nicht energischer geschehen, als indem die Phantasie das Unvollständige selbst zu vollenden hat und ihre produktive Bewegtheit zwischen das Werk und seinen Endeffekt in uns schiebt. Zweifellos ist die Bewegung dasjenige an uns, was dem *Ausdruck* am vollkommensten dient; denn keine andre Bestimmung unsres Seins ist dem Körper und der Seele gemeinsam, die Beweglichkeit ist gleichsam der Generalnenner für diese beiden, sonst einander unberührbaren Welten, die gleiche Form für das unvergleichbare *Leben* ihrer Inhalte. – In van Gogh sind dann die Elemente wieder ganz neu kombiniert. Er trägt in seine Bilder ein Leben, so ungestüm, vibrierend, fieberhaft, wie kein andrer Maler; und nun ist das Rätselhafte und Erschütternde, daß dies nicht (oder relativ selten) durch Darstellung und Erregung von *Bewegungs*vorstellungen geschieht. Äußerlich angesehen, ist in seinen meisten Landschaften und Stilleben eine einfache Zuständlichkeit, nicht wie bei Rodin, ein aufenthaltsloses Herkommen von irgendwoher und Gehen irgendwohin, und doch sind sie von einer haltlos stürmenden, Rodin noch überjagenden Unrast, deren Ursprung in dem ruhigen Dastehn ihres Gegenstandes eine der unheimlichsten künstlerischen Synthesen ist. Vielleicht hat gerade mit diesem immanenten Gegensatz – wie er, in freilich viel ausgeglichenerer Weise auch bei Michelangelo besteht – das Bewegtheitsgefühl seine äußerste, nicht mehr überbietbare Intensität erreicht.

Man kann die Bewegtheit der plastischen Figur, in ihrem Verhältnis zu deren beharrender Form, mit dem musikalischen Faktor der Lyrik und ihrem Verhältnis zu dem Gedankengehalte des Gedichtes vergleichen. Hier mag Goethes Lyrik jenes Gleichgewicht der Elemente zeigen, das der Plastik Michelangelos entspricht. Man möchte sagen, daß in seinen vollkommensten Gedichten oder in der Lyrik von Fausts Verklärung der Gedanke und der Klang deshalb eine so absolute Einheit bilden, weil jedes von beiden für sich auf seiner letztterreichbaren Höhe steht; der zeitlose gedankliche Inhalt und die Bewegung, in der er sich sinnlich gibt, sind hier aus einer so harmonischen Vollendung des Schöpfers herausgewachsen, daß auch im Geschaffenen ein jedes das andre bis zu seiner Grenze durchdringt, nichts leerlassend und nicht darüber hinausragend, keines das Erste und keines das Letzte. Dieselbe Entwicklung aber des modernen Geistes wie bei Rodin verratend, wird in der Lyrik Stefan Georges die Musik des Gedichts – nicht nur die äußerlich-sinnliche, sondern auch die innere – zum beherrschenden Ausgangspunkt. Nicht als ob der Inhalt darüber zu kurz kommen müßte; aber das Gedicht wirkt, als ob ihn die Musik, die rhythmisch-melodische Bewegtheit, von sich aus erwachsen ließe. So also scheint bei Rodin das Bewegungsmotiv das erste zu sein und die plastische Struktur ihres materialen Trägers gewissermaßen zu kooptieren. Gewiß sucht Rodin die Impression, im Gegensatz zu dem mechanischen Naturalismus und zum Konventionalismus, aber – so paradox es in begrifflichem Ausdruck klingt – die Impression des Übermomentanen, die zeitlose Impression; nicht die der einzelnen Seite oder des einzelnen Augenblickes des Dinges, sondern des Dinges überhaupt; auch nicht nur die Impression des Auges, sondern des ganzen Menschen. Wie es die große Leistung Stefan Georges ist, dem lyrischen Ausdruck des subjektiven Erlebens eine monumentale Form gewonnen zu haben, so geht auch Rodin den Weg zu einer neuen Monumentalität – der des Werdens, der Bewegtheit, während sie bisher an das Sein, an die Substantialität des klassischen Ideals gebunden schien. Nichts andres als dies ist es, was er selbst einmal als ein Ziel seines Suchens ausgesprochen hat: den »latenten Heroismus jeder natürlichen Bewegung«. Rodin erzählte, daß er oft ein Modell auffordere, vielfache, willkürlich wechselnde Stellungen einzunehmen; dann interessiere ihn plötzlich die Wendung oder Biegung irgendeines einzelnen Gliedes: eine bestimmte Drehung der Hüfte, ein gehobener Arm, der Winkel eines Gelenkes – und diesen Teil allein in seiner Bewegung halte er im Ton fest, ohne den übrigen Körper. Dann, oft nach langer Zeit, stehe die innere Anschauung eines ganzen Körpers in charakteristischer Pose vor ihm, und er wisse dann sogleich mit Sicherheit, welche von den auf jene Weise entstandenen Studien diesem zugehöre. Es hat also unzweifelhaft jene einzelne Gebärde, im Unbewußten weiterwachsend, sich den zu ihr gehörigen Körper sozusagen erzeugt, die Bewegung hat sich ihren Leib gebaut, das Leben seine Form. Deutlicher kann der Unterschied gegen die Antike nicht bezeichnet werden, aber auch nicht gegen Michelangelo. Denn eine so vollkommene Einheit und Gleichgewicht der Elemente er erreicht – so ist sein *Ausgangspunkt* doch das klassische Ideal, die Substantialität und Geschlossenheit der anatomischen Form, die er nun erst mit der Glut und Impulsivität seines Fühlens in Fluß bringt, mit Bewegung durchdringt, bis beides sich ineinander restlos aufgenommen hat. Auch nähert Michelangelo, indem er der Bewegung den Dauerwert, das zeitlos Bedeutsame zu geben sucht, sie wieder dem Stabilen. Bei aller verzehrenden Leidenschaft in seinen Bewegungen sind sie doch immer in einem relativen Ruhepunkt erfaßt, in einer Ausbalanciertheit, in der die Figur eine Weile verbleiben kann – dies ist *seine* Art, der Bewegung eine zeitlose Bedeutung zu geben. Darauf aber verzichten gerade die bedeutsamsten Gestalten Rodins, ihre Bewegungen sind wirklich die eines vorüberfliegenden Momentes. Aber in diesen ist der ganze Lebenssinn der Wesen so gesammelt, sie sind ihrem übermomentanen Sein so völlig verbunden, wie es sonst nur die substantielle, sich nicht ändernde Form der Körpererscheinung ist. Darum wirken ihre Gebärden einerseits vage – weil sie nicht, wie es dem Klassizismus naheliegt, mit zeitlosen *Begriffen* zu beschreiben und dadurch von der Kontinuität der Lebensbewegung abgeschnürt sind – andrerseits aber für das Gefühl, das ihre Strömung begleitet, völlig bestimmt und klar. Sie zeigen freilich nur einen Moment, aber dieser Moment ist das Ganze – das ganze Schicksal. Es ist keineswegs der »fruchtbare Moment«; diese Zuspitzung, dieses Haltmachen fehlt völlig; es ist ganz momentan, aber nicht so einzeln, wie der fruchtbare Moment – dessen Schwäche es war, die Momentaneität der Zeit durch eine bloße Verlängerung der Zeit, die man überblickte, zu überwinden. In dem fruchtbaren Moment liegt immer nur vieles, in der Rodinschen Geste liegt alles. Bis zu Rodin schien die Zeitlosigkeit für die Plastik nicht anders erreichbar, als daß man dem Objekt oder Inhalt des Werkes den Charakter der Ruhe, des Substantiellen, des Dauernden gab, man glaubte die Erhabenheit über zeitliches Entstehen und Vergehen nur durch oder als Beharrung in der Zeit gewinnen zu können. Rodin erst hat prinzipiell – Einzelerscheinungen waren natürlich vorangegangen – die künstlerische Zeitlosigkeit der reinen Bewegung entdeckt.

Wie nun bei Michelangelo die Koinzidenz der beiden Arten, auf die wir uns körperlich darstellen: des Seins und des Bewegens – auf ihren letzten Wurzelpunkt, auf die Seele hinweist, auf die Renaissanceseele, mit ihrem Ideal harmonischer Ausgeglichenheit aller Wesenselemente – gleichviel, in wie weitem Abstand von diesem Ideal die Sehnsucht seiner Gestalten sich fühlt – so ist die Seele, bei der Rodin den Brennpunkt des Körperlich-Sichtbaren bildet, eben die moderne Seele, die so viel labiler, in ihren Stimmungen und selbsterzeugten Schicksalen wechselnder und deshalb dem Bewegungselement verwandter ist, als die Seele des Renaissancemenschen. Das Trasmutabile per tutte guise, das Dante von sich aussagt, und das gewiß für die ganze italienische Renaissance gilt, ist mehr ein Hin- und Herpendeln zwischen verschieden gefärbten Seinszuständen, von denen aber jeder in sich substantiell und eindeutig ist: zwischen Melancholie und Rausch, Verzagtheit und Mut, Glaube und Unglaube – während die moderne trasmutabilità ein kontinuierliches Gleiten ohne feste Ausschlagspole und Haltpunkte ist, weniger ein Wechseln zwischen dem Ja und dem Nein, als eine Gleichzeitigkeit von Ja und Nein.

Mit alledem hat nun Rodin den entscheidenden Schritt über den Klassizismus und eben damit über den Konventionalismus hinaus getan. Da wir weder die Seinseinfachheit der Antike besitzen noch die renaissancemäßige Harmonie des Lebensideales, die unbeschadet des schließlichen Gleichgewichtes aller Elemente von der antiken Norm ausgehen konnte – so ist das Beharren der klassischen Form in der Plastik eine klaffende Diskrepanz gegen das Lebensgefühl des gegenwärtigen Menschen und kann gar nicht vermeiden, ein Konventionalismus zu sein. Dieser, in der Plastik mehr als in irgendeiner Kunst der Gegenwart herrschend, drückt aus, daß sie die spezifisch unmoderne Kunst ist. Als Zertrümmerer der Konvention bietet sich zunächst der Naturalismus an. Allein schließlich ist er doch nur das Pendant des Konventionalismus. Beide empfangen die Norm ihrer Gestaltungen von außen, der eine schreibt den Natureindruck ab, der andere die Schablone; beide sind sie Abschreiber (was natürlich nur der extreme Grenzbegriff ist) gegenüber dem eigentlichen Schöpfer, für den die Natur nur Anregung und Material ist, um die Form, die sich in ihm bewegt, in die Welt hinein zu gestalten. Naturalismus und Konventionalismus sind nur die künstlerischen Reflexe der beiden

Vergewaltigungen des neunzehnten Jahrhunderts: Natur und Geschichte. Beide drohten, die freie, sich selbst gehörende Persönlichkeit zu ersticken, die eine, weil ihr Mechanismus die Seele demselben blinden Zwang unterwarf wie den fallenden Stein und den sprießenden Halm, die andere, weil sie die Seele zu einem bloßen Schnittpunkt sozialer Fäden machte und ihre ganze Produktivität in ein Verwalten der Gattungserbschaft auflöste. Dem Individuum, so durch die überwältigenden Massen von Natur und Geschichte erdrückt, verblieb weder Eigenheit noch eigentliche Selbsttätigkeit, es wurde eine bloße Durchgangsstelle ihm äußerer Gewalten, und in der künstlerischen Produktion kam dies sozusagen am anderen Ende wieder heraus, indem die Unselbständigkeit des Naturalismus uns an die bloße Gegebenheit der Dinge fesselte, die Unselbständigkeit des Konventionalismus an das historisch Vorliegende und das gesellschaftlich Anerkannte; der eine an das, was ist, der andere an das, was war. Keiner von beiden gibt uns Freiheit und Notwendigkeit in dem Sinne, in dem wir beides im Kunstwerk suchen. Gegen die Konvention empören wir uns, weil sie keine wirkliche innere Notwendigkeit, sondern nur eine historische Zufälligkeit bedeutet, die uns nun dennoch als Gesetz zwingen will. Und die Natur ihrerseits, wie sie sich unmittelbar, unreflektiert bietet, ist einfache Wirklichkeit, die noch nicht in Freiheit und Notwendigkeit auseinandergegangen ist. Daß die Dinge naturhafterweise kommen »müssen«, wie sie kommen, daß das Naturgesetz sie »zwingt«, ist ein ebensolcher Anthropomorphismus und eine ungefähr ebenso leere Redensart, wie daß die Natur »immer wahrhaftig« wäre. Wie Wahrhaftigkeit nur da einen Sinn hat, wo die Lüge wenigstens als Möglichkeit in Frage kommt, so besteht aller Zwang, alles Müssen nur angesichts eines Widerstandes, einer sich entgegenstellenden Freiheit. Die Naturdinge *sind* schlechthin wie sie sind, und zu »müssen« scheinen sie nur, weil wir unser Gefühl von Andersseinkönnen, von Freiheit irgendwie in sie hineinlegen. Beides, Freiheit wie Notwendigkeit, sind Siege der Seele über das bloß Tatsächliche des Daseins; beide leben erst in *der* Gestaltung, deren Notwendigkeit in dem inneren Sinn und Sein des Schaffenden, in dem Lebensausdruck der geschaffenen Gestalt liegt – aber nicht in dem zufälligen Gesetz der Konvention noch in dem abstrakten »Gesetz« der Natur. Diese beiden, der Individualität äußeren Gesetzlichkeiten hat am vollkommensten Rembrandt durch die Inthronisierung des Individualitätswertes überwunden. Allerdings in einem so absoluten und zugespitzten Sinne eben dieses, daß die Menschen Rembrandts dessen entbehren, was man kosmisch nennen könnte. Auf ihren Gesichtern sind die Stationen dieses einen Lebensweges, von seinem Anfang an, abgelagert, und von diesem Komplex ihres inneren Erlebens werden sie überhaupt gebildet. Dagegen: die Verhängnisse, die Dunkelheiten und Seligkeiten dessen, was die einzelne Seele als das Metaphysische des Seins überhaupt, als der Grund der Dinge überhaupt umgibt – das klingt nicht aus diesen Menschen heraus. Der spezifisch-germanische Begriff der Individualität, der sie aus dem Einzigkeitspunkte des Einzelnen entwickelt und mit dem Rembrandt Freiheit und Notwendigkeit vereint, besteht bei Rodin nicht. Aber er führt die Lebenslinie seiner Gestalten in eine Richtung und eine Höhe, die man kosmisch nennen kann und mit der er sie nicht nur jenseits von Naturalismus und Konventionalismus, sondern sogar jenseits von Notwendigkeit und Freiheit der Person stellt. Freilich gehorcht auch hier die Seele in der Art, wie sie sich darstellt, keinem ihr von außen auferlegten Schema, freilich formt sie die Erscheinung und die Gesten des Körpers rein von innen her. Allein dieses Innere ist durchdrungen, überwältigt, beseligt von einem Schicksal, das mehr ist als sie selbst, das zwar in ihrem irdischen Erleben in ihr ist, aber zugleich in einem metaphysischen Raume um sie ist. Man fühlt, daß die Stürme, die sie treiben, Schicksale der Welt überhaupt sind, während sie den Rembrandtschen Menschen ausschließlich aus der eignen Seele brechen und nur in der Richtung von deren eigner Entwicklung wehen. Darum haben alle Rembrandtschen Menschen, ein zitterndes, vom Leben zermahlenes Mütterchen oder ein kleiner armseliger Judenjunge, noch immer etwas im tiefsten Grunde Selbstsicheres, während Rodins Menschen aufgelöst sind – und zwar von etwas Gewaltigerem als dem bloß persönlichen Schicksal, vielmehr von einem Verhängnis des Daseins, das den Raum überhaupt und damit auch ihren eigenen erfüllt und damit ganz von selbst auch ihr Verhängnis geworden ist. Es ist bei Rodin die Liebe überhaupt, die Verzweiflung überhaupt, die Versenkung überhaupt, die als kosmische Dynamik dem Einzelnen zum Schicksal wird – nicht als Allgemeinbegriff, wie im Klassizismus, den die Gestalt allegorisierte, sondern als unmittelbares Leben, dessen Träger das Sein und dessen Pulsschlag dieses Individuum ist. – Wenn ich die Überwindung des Klassizismus durch Rodin an das Souveränwerden des Bewegungsmotivs gegenüber dem Seinsmotiv knüpfte, so weist die jetzige Überlegung noch auf eine tiefere Schicht, in der diese Verbindung sich vollzieht. Der Klassizismus mußte weichen, weil er, jetzt nur noch eine erstarrte Konvention, ebenso wie der Naturalismus weder die Freiheit noch die Notwendigkeit im künstlerischen Sinne gewährte. Die Zentrierung des Gebildes in der rein inneren Gesetzlichkeit der Individualität vereinigt beides, und so sind Rodins Gestalten »sich selbst ein Gesetz«, ihre Formgebung ist der absolut nachgiebige Ausdruck ihres Inneren. Indem dieses Innere aber, worauf ich hinwies, in einer kosmischen oder metaphysisch-seelischen Atmosphäre gleichsam chemisch gelöst ist, von ihr durchdrungen und sie durchdringend, ist es dem Bewegungsmotiv sehr viel mehr verpfändet als die germanisch-rembrandtische Form der Individualität. Diese, mit der festumrissenen Persönlichkeit, dem individuellen Gesetz dieses Einzigen abschließend, hat einen festeren, beharrenden, dem Fluktuieren entzogenen Kern oder Umfang. So radikal sich Rembrandt sonst allem Klassizismus entzieht – zu dem Seinsideal in seiner höchsten Verallgemeinerung hat sein Individualitätsideal noch nicht die letzte Brücke abgebrochen. Hier hat das Individuum als solches noch immer eine Substanz, die, wenn auch nicht mit Begriffen beschreibbar, als ein Grenzgesichertes, nur sich selbst Verhaftetes, in aller wogenden Dynamik des Lebens darinsteht. Dieser aber sind die Rodinschen Wesen von innen her ausgeliefert, sie sind bis zu ihrem tiefsten Kern vergewaltigt durch etwas, was man freilich so wenig als ein Äußeres bezeichnen kann, wie der Wind etwas Äußeres ist gegenüber dem Luftatom, das in ihm fortgerissen wird – da bewegte Luftatome eben ein »Wind« sind. Man könnte hierzu in gewissen modernen Vorstellungen über Substanz und Energie eine Analogie sehen. Was sich an der einzelnen Erscheinung als starr und stabil darbot, wird in Oszillationen, in immer restlosere Bewegtheiten aufgelöst; aber diese Bewegtheit des Einzelwesens selbst ist nur eine Formung oder ein Durchgangspunkt des einheitlichen kosmischen Energiequantums. Es reicht nicht aus, daß ein Wesen, irgendwie in sich geschlossen, in sich reine Bewegung sei: seine Grenze selbst muß sich lösen, damit jene innere Bewegung unmittelbar eine Welle der kosmischen Lebensflutung sei. Nun erst ist das Bewegungsmotiv absolut geworden, wo nicht mehr die Form der Individualität wie ein Membran eine rein in ihr sich abspielende Bewegung umgrenzt, sondern wo diese letzte Geschlossenheit fällt, um ihren Inhalt, selbst schon Bewegtheit, als *eine* mit der unendlichen Bewegtheit von Welt, Leben, Schicksal zu zeigen. –

Die hier fragliche Bewegtheit ist eine völlig andre als die im Barock oder in der japanischen Kunst. Im Barock ist die Bewegung nur dem äußerlichsten Anschein nach eine größere. Denn die Erscheinung hat den festen Punkt in sich – kantisch zu reden: das Ich der Apperzeption – verloren, das auch der leidenschaftlichsten Bewegung erst den Gegenwurf gibt, an dem sie ermessen werden kann, und das an der räumlichen Geschlossenheit des Umrisses anschaulich wird. Dieses Entgleiten des Ichpunktes ist für eine Zeit begreiflich, die den Persönlichkeitsbegriff der Renaissance verloren und den modernen, durch Kant und Goethe ausgebildeten, noch nicht gewonnen hatte; die entsprechend auch in dem theoretischen Weltbild den Mechanismus, das bloß kausale Fließen, das Substanzlose und impersonalgesetzliche

Spiel der Naturkräfte zu ihrem Schiboleth machte. So sind viele Barockfiguren Konglomerate von Bewegungen, aber sozusagen nicht Bewegungen dieser *einen* bestimmten Person. In der japanischen Kunst – von der freilich hier die *Malerei* als Analogie heranzuziehen ist – bewegt sich überhaupt nicht der Körper, sondern nur die Linie des Körpers, der Zweck und Inhalt der Darstellung ist nicht der bewegte Körper um seiner selbst willen und aus sich heraus, sondern eine von dekorativen Gesichtspunkten aus bewegte Umrißlinie des Körpers. Erst wenn die Seele sich der Schwere des Körpers entgegensetzt, ihr Impuls seine Materialität nach aufwärts zieht, das bloß Naturhafte seines Bewegtwerdens ablenkt – kann sie in die Erscheinung treten; indem die japanische Kunst auf die Stoffsubstanz des Körpers verzichtet, findet die Seele nichts zum Beherrschen und Bewegen, was *ihre* Bewegtheit offenbarte.

Das Maß der inneren Bewegtheit ist bei Michelangelo gewiß kein kleineres als bei Rodin, aber sie ist eindeutiger, weniger problematisch, in einer Richtung höchster Intensität konzentriert; und diese Form verlangt zu ihrem Ausdruck kein so großes Maß äußerer Bewegung wie die vielspältige, vibrierende der modernen Seele, für die das einzelne Schicksal, das für Michelangelo ein definitives ist, vielmehr ein Durchgangspunkt einer aus dem Unbestimmten kommenden und ins Unbestimmte gehenden Wanderung ist, die die Wege ohne Ziele liebt und die Ziele ohne Wege. Die antike Plastik suchte sozusagen die Logik des Körpers, Rodin sucht seine Psychologie. Denn das Wesen der Moderne überhaupt ist Psychologismus, das Erleben und Deuten der Welt gemäß den Reaktionen unsres Inneren und eigentlich als einer Innenwelt, die Auflösung der festen Inhalte in das flüssige Element der Seele, aus der alle Substanz herausgeläutert ist, und deren Formen nur Formen von Bewegungen sind. Darum ist Musik, die bewegteste aller Künste, die eigentlich moderne Kunst; und darum war *die* Lyrik, die am meisten die Sehnsucht ihrer Zeit erfüllte, um ihre Musik aufgebaut. Darum ist die spezifisch moderne Errungenschaft der Malerei die Landschaft, die ein état d'âme ist und deren Farbigkeits- und Ausschnittscharakter der festen logischen Struktur mehr entbehrt als der Körper und die figurale Komposition. Und innerhalb des Körpers bevorzugt die Moderne das Gesicht, die Antike den Leib, weil jenes den Menschen in dem Fluß seines inneren Lebens, dieser ihn mehr in seiner beharrenden Substanz zeigt. Aber diesen Charakter des Gesichts hat Rodin dem ganzen Leib verliehen; die Gesichter seiner Figuren sind oft wenig ausgeprägt und individuell, und alle seelische Bewegtheit, alle Kraftstrahlen der Seele und ihrer Leidenschaft, die sonst am Gesicht den Ort ihrer Äußerung fanden, werden in dem Sichbiegen und Sichstrecken des Leibes offenbar, in dem Zittern und Erschauern, das über seine Oberfläche rinnt, in den Erschütterungen, die sich von dem seelischen Zentrum aus in all das Krümmen oder Aufschnellen, in das Erdrücktwerden oder Fliegenwollen dieser Leiber umsetzen. Das Sein eines Wesens hat für das andre immer etwas Verschlossenes, in seinem tiefsten Grunde Unverständliches; seine Bewegung aber etwas, das zu uns hinkommt oder dem wir nachkommen können. Wo deshalb die *psychologische* Tendenz das Bild des ganzen Leibes formt, hält sie sich an seine Bewegung.

Diese Bewegtheitstendenz ist die tiefgründigste Beziehung der modernen Kunst überhaupt zum Realismus: die gestiegene Bewegtheit des wirklichen Lebens offenbart sich nicht nur in der gleichen der Kunst, sondern beides: der Stil des Lebens und der seiner Kunst, quellen aus der gleichen tiefen Wurzel. Die Kunst spiegelt nicht nur eine bewegtere Welt, sondern ihr Spiegel selbst ist beweglicher geworden. Vielleicht ist dieses Gefühl, daß seine Kunst unmittelbar ihrem Stile nach und nicht nur wegen der Objekte, an die sie gewiesen ist, den Sinn des gegenwärtigen wirklichen Lebens lebt – vielleicht ist dies der Grund, weshalb Rodin selbst sich als »naturaliste« bezeichnete. Hier liegt die Kulturbedeutung Rodins, der gegenüber der Naturalismus, wenn er nur die *Inhalt*e der Dinge, wie sie sind, wiedergeben will, etwas ganz Äußerliches, Mechanisches ist. Der extreme Naturalismus perhorresziert den *Stil* und sieht nicht, daß ein Stil, der den Sinn unsres Lebens unmittelbar selbst lebt, sehr viel tiefer wahr, wirklichkeitstreuer ist, als alle Nachahmung; er *hat* nicht nur Wahrheit, er *ist* Wahrheit.

Empfindet man aber als das durchgehende Ziel der Kunst die Erlösung von den Trubeln und Wirbeln des Lebens, die Ruhe und Versöhntheit jenseits seiner Bewegungen und Widersprüche, so mag man bedenken, daß die künstlerische Befreiung von einer Beunruhigung oder Unerträglichkeit des Lebens nicht nur durch die Flucht in ihr Gegenteil, sondern auch gerade durch die vollkommenste Stilisierung und gesteigerte Reinheit ihres eignen Inhaltes gelingt. Die Antike hebt uns über die Fieber und die problematischen Schwingungen unsrer Existenz, weil sie deren absolute Verneinung, die absolute Unberührtheit durch sie ist. Rodin erlöst uns, weil er gerade das vollkommenste Bild dieses in der Leidenschaft der Bewegtheit aufgehenden Lebens zeichnet; wie ein Franzose von ihm sagt: c'est Michelange avec trois siècles de misère de plus. Indem er uns unser tiefstes Leben noch einmal in der Sphäre der Kunst erleben läßt, erlöst er uns von eben dem, wie wir es in der Sphäre der Wirklichkeit erleben.

Zur Religionsphilosophie

Die Persönlichkeit Gottes

Die Diskussionen über das Dasein Gottes münden oft in die Erklärung des positiv Behauptenden: er könne zwar nicht angeben, *was* Gott sei, er glaube oder wisse aber, *daß* Gott sei. Das ist nicht die Vorstellung der Mystiker, daß Gott »ein Nichts« sei; denn diese will nur von ihm keine einzelne Bestimmung aussagen lassen, die notwendig etwas Einseitiges, Einschränkendes, Ausschließendes ist und damit die Allumfassung, Alldurchdringung, Absolutheit des göttlichen Prinzips verneint; das göttliche »Nichts« des Mystikers bedeutet, daß Gott nichts Einzelnes, aber eben darum das Ganze ist. Jene erste Behauptung aber enthält keineswegs diesen pantheistischen Sinn, sondern die wunderliche Unlogik, die Existenz von Etwas zu behaupten, wovon man durchaus nicht sagen kann, was es denn eigentlich ist. Der Kritiker könnte ohne weiteres einwenden: mit welchem Rechte dieses Etwas Gott genannt werde? Gott sei ein leeres Wort, wenn zwar seine Realität behauptet, aber in keiner Weise aufgezeigt werden könne, *was* denn nun unter diesem Namen real sei. Der psychologische Grund dieses Verhaltens dürfte der sein: daß der Gottesbegriff für den modernen Menschen durch so viele und heterogene historische Inhalte und Deutungsmöglichkeiten hindurchgegangen ist, daß nur ein mit gar keinem Inhalt mehr festzulegendes Gefühl übrig geblieben ist, etwas viel Allgemeineres, als es der abstrakte Begriff wäre, der etwa das Gemeinsame all jener verschiedenen Bestimmungen des Gottesbegriffes sein könnte. Man kann dies als das Extrem der Gläubigkeit bezeichnen: es wird sozusagen nur *geglaubt,* die Form des Glaubens als solche ist in der Seele wirksam, ohne daß sein Inhalt noch irgendwie angebbar wäre. Von der Seite des Objekts her ausgedrückt: die Frage oder Tatsache des *Seins* hat in der Logik des religiösen Bewußtseins die Prärogative gewonnen, die Existenz hat sozusagen ihren Inhalt verschlungen; es ist die Akzentuierung, die zuerst an Parmenides deutlich wurde, für den allein das allumfassende einheitliche Sein *ist,* während alle *Bestimmungen,* alles Dies und Das, wesenlos und nichtig sind. So haftet hier an dem *Sein* Gottes alles Interesse, und – so wunderlich es in diesem abstrakten Ausdrucke erscheinen muß – *was* er ist, verschwindet in dem Abgrund dieses Seins-Gedankens. Diese objektive und jene subjektive Seite hängen zusammen: der Gegenstand des Glaubens ist das Sein. Das Was und Wie macht der Verstand, die Intuition, die Überlieferung aus; aber das gleichsam von diesen fertig gestellte Gebilde bleibt so noch in der Schwebe, in einer ideellen und noch fragwürdigen Begrifflichkeit. Erst der Glaube rückt es in die Festigkeit des Seins, das dem Verstande und der Phantasie mit ihren nur qualitativen und quantitativen Bestimmungen gar nicht ergreifbar ist. Der Glaube ist sozusagen das Sinnesorgan, durch das uns das Sein als solches vermittelt wird.

Dieser enge Zusammenhang, in dem das Sein nur dem Glauben zugängig, der Glaube, genau angesehen, nur auf das Sein gerichtet ist, bezeichnet sozusagen den einen Pol des religiös gerichteten Bewußtseins. An dem andern sammeln sich die seelischen Energien, die die religiöse Welt ihrem *Inhalte* nach aufbauen, die Bestimmungen des göttlichen Wesens, die Heilstatsachen, die Imperative des Verhaltens. So unbedingt in der Lebenswirklichkeit und Religion natürlich beides unmittelbar Eines ist: die religiösen Inhalte und der Glaube an ihre Wirklichkeit – so treten sie doch in der Analyse, und nicht *nur* in ihr, auseinander. Denn an ihren Polen stehen sich der religiöse Mensch als solcher und der Religionsphilosoph gegenüber. Für jenen ist der Glaube das Wesentliche, der Inhalt des Glaubens, obgleich er bis zur Selbstopferung für dessen Wahrheit eintritt, ist daneben doch sozusagen etwas Sekundäres; wie sich einerseits an der Gleichgültigkeit vieler tief religiöser Naturen gegen jedes Dogma zeigt, andrerseits an der Abhängigkeit der Dogmen von dem unendlich variabeln Zufall der historischen Situation – während das *religiöse Sein* dieser, so mannigfaltigen Inhalten zugeschworenen Persönlichkeiten zweifellos das wesentlich gleiche ist. Ihr Wirklichkeitsglaube als solcher, als die Form der Religion, ist derselbe, obgleich dessen Inhalte die heterogensten sein mögen. Wenn nun andrerseits diese Inhalte dem Religionsphilosophen zum Gegenstand der Konstruktion, der psychologischen Erklärung, der logischen Kritik werden, so ist ihm insofern gleichgültig, ob sie geglaubt werden und ob sie wirklich sind – wie, mutatis mutandis, der Mathematiker mit den geometrischen Figuren verfährt, unbekümmert darum, ob ihre Gegenbilder in dem realen Raum auffindbar sind und welche Rolle sie und ihre von ihm gefundenen Gesetzlichkeiten in den Prozessen des praktischen Bewußtseins spielen.

Innerhalb dieser Philosophie also verbleibend, der keine religiösen Entscheidungen obliegen, weil sie nur gleichsam immanent über die religiösen Inhalte – ihren Sinn, ihre Zusammenhänge, ihre logische Dignität –, nicht aber über deren Wirklichkeit urteilt – untersuche ich hier den Begriff der »Persönlichkeit« des göttlichen Prinzips. Gegen keinen andern desselben Bezirks vielleicht haben sich die verschiedensten Standpunkte mit so leidenschaftlicher Entschiedenheit gewendet, wie gegen diesen; für die »Aufklärung« ist er ein Beweis, daß es sich in der Religion nur um die Vergöttlichung des Menschlichen handelt, der Pantheismus und die Mystik umgekehrt lehnen ihn als Vermenschlichung des Göttlichen ab. Allein es gibt eine höhere, beiden Kritiken entgehende Perspektive. Mag das Person-Sein des Menschen die Gelegenheitsursache für die psychologische Entstehung des »persönlichen Gottes« sein; aber sein logisches und metaphysisches Fundament ist davon unabhängig.

Was heißt Persönlichkeit? Wie mir scheint: die Erhöhung und Vollendung, die die Form des körperlichen Organismus durch ihre Fortsetzung in das seelische Dasein gewinnt. Der Organismus ist innerhalb des physischen Daseins ein Ausschnitt, dessen Teile in einer engeren Wechselwirkung stehen, als irgend welche Zusammenfassungen solcher Elemente, die wir als unorganische bezeichnen. Das »Leben« kreist innerhalb eines geschlossenen Umfanges, in dem jeder Teil durch jeden bestimmt ist und den wir wegen dieses dynamischen Zusammenhanges als »Einheit« charakterisieren. Keinem Stück des Unorganischen kommt in diesem objektiven Sinne »Einheit« zu. Ein Felsen oder ein Metallklumpen ist »einer« nur im numerischen Sinne, weil er *ein Exemplar* eines an ihn herangebrachten Begriffes ist; wird er mechanisch gespalten, so ist jeder Teil für sich wieder Felsen oder Metall, das in demselben Sinne Einheit ist, wie vorher das größere – während keiner der Teile eines zerschnittenen Lebewesens in dem Sinne Einheit ist, in dem es vorher das ganze war. Nun aber ist die Geschlossenheit, in der die Elemente des körperlichen Organismus sich gegenseitig Form und Funktion bestimmen, keine vollständige, da das Lebewesen in fortwährenden Austauschverhältnissen mit seinem Milieu steht; aufnehmend und abgebend zeigt es sich einbezogen in ein größeres Ganzes, so daß es als eine Einheit in strengem Sinn, d. h. als ein sich selbst genügendes, aus den Relationen seiner Teile zueinander völlig verständliches Ganzes nicht gelten kann. Indem aber im Organismus die bewußte Seele erwächst, zeigen deren Inhalte nun einen Grad des Zusammenschlusses und der gegenseitigen Bedingtheit, der weit über jene körperliche Einheitlichkeit hinausgeht. Dies wird von einem fundamentalen Unterschied des Geistigen gegen das Körperliche getragen. Im Körperlichen verschwindet die Ursache in der Wirkung; nachdem diese eingetreten ist, ist jene so abgelöst und gleichgültig geworden, daß nicht einmal ein irgend sicherer Schluß von der Wirkung auf die Ursache möglich ist. Diese Art der Kausalität besteht auch im Geistigen; außer ihr, oder vielleicht genauer: innerhalb ihrer aber noch eine andre, die wir als Erinnerung bezeichnen. Diese bedeutet, daß das frühere Ereignis nicht nur ein in jenem Sinne ist, d. h. nicht nur sein Energiequantum, sei tung, seine Beschaffenheit in die morphologisch vielleicht völlig ders gestaltete Wirkung umsetzt, sondern daß es, in seinem Inhalt seiner morphologischen Identität sozusagen erhalten, als späteres Ereignis wiederkehrt. Während jede physische Wirkung, wie ich andeutete, prinzipiell durch eine beliebige Anzahl ganz verschiedener Ursachen hervorgerufen werden könnte, kann die erinnerte Vorstellung, insofern sie erinnert ist, nur eine einzige Ursache haben: eben die inhaltlich gleiche, in einem früheren Moment bewußt gewesene Vorstellung – vorbehalten natürlich, daß der ganze dazwischen liegende Verlauf und die ganze übrige jetzt kooperierende Verfassung der Psyche es überhaupt zu der Erinnerung kommen läßt. Dies aber ergibt eine ganz einzigartige Konstellation. Während der Zeitverlauf als solcher das Vergangene vergangen sein läßt und ihm nur eine *Wirkung* auf das Spätere gestattet, die aber dies Spätere nicht zurückgeben und also nicht zu einer Wechselwirkung gestalten kann, hebt die Erinnerung das Vergangene in die Gegenwart und damit in eine relative Gleichgültigkeit gegen den Zeitverlauf. Nun aber werden Bewußtseinselemente durch Bewußtseinselemente unbedingt beeinflußt, d. h. wir können uns den kontinuierlichen Fluß unsres inneren Lebens nur unter dem Symbol denken, daß dessen Inhalte, in unsrer Abstraktion zu einzelnen, umschriebenen »Vorstellungen« kristallisiert, sich untereinander modifizieren und so die Gegenwart des Menschen, im großen und ganzen, das Ergebnis seiner Vergangenheit ist. Allein da nun außerdem die Erinnerung das Vergangene zu Gegenwärtigem macht, so wird auch das so in uns lebende Vergangene durch die inzwischen und aktuell eintretenden Vorstellungselemente beeinflußt. Das heißt: die einsinnige, nur vorwärts drängende Kausalität der Zeit wird innerhalb des seelischen Lebens zu einer Wechselwirkung. Da wir in diesem das Vergangene noch als identisch permanierenden Erinnerungsinhalt haben, so geschieht hier das scheinbar Paradoxe, daß zugleich die Gegenwart auf die Vergangenheit wirkt und die Vergangenheit auf die Gegenwart. In unsrer jeweiligen Bewußtseinslage ist der momentan neu erzeugte Inhalt in der Regel nur ein Minimum, der Hauptsache nach wird sie von erinnerten Vorstellungen gespeist, und ihr Gesamtbild ergibt sich aus der Wechselwirkung oder als die Wechselwirkung zwischen diesen letzteren, die gewissermaßen unser ganzes bisheriges Leben repräsentieren, und den aktuell produzierten. So haben wir innerhalb des Bewußtseinsrayons eine Wechselwirkung und also eine organisch-personale Einheit, die unser körperliches Wesen an Geschlossenheit weit übertrifft. Wir werden auch nicht umhin können, die nicht bewußten Vorgänge, auf denen in irgendeiner Weise die bewußten ruhen, in dauernden Wechselwirkungen begriffen zu denken. Gewiß ist das Bild der mechanistischen Psychologie irrig, das »Vorstellungen« zu *Wesen* macht, die auf- und absteigen, sich verbinden und sich trennen usw. Ein solches Bild konnte nur so entstehen, daß die logisch ausdrückbaren Inhalte aus dem kontinuierlichen und einheitlichen Fluß des inneren Lebens heraus abstrahiert und mit einer Art von Körper bekleidet wurden, so daß sie nun, gewissermaßen selbständig bestehend, erst ihrerseits dieses Leben zusammenzusetzen scheinen konnten. Die »Vorstellung« als ein grenzumschriebenes, für sich tätiges oder leidendes Element ist ein reines Mythologem, zu dem die Analogie der physischen Atomistik verführt hat. Dennoch sehe ich vorläufig keinen Weg, diese Doppelheit der Betrachtung des Seelischen zu vermeiden: es ist einmal ein einreihiger, in der dimensionslosen Lebenseinheit abrollender *Prozeß* – dann aber auch ein Komplex außereinander befindlicher *Inhalte,* die wir uns in mannigfachen Verhältnissen stehend denken müssen. So wenig wir nun den Symbol- und Projizierungscharakter dieses letzteren Bildes vergessen, so wenig wir uns eine »Vorstellung« zwischen ihrem ersten Auftreten und ihrer späteren Reproduktion als tale quale im Unbewußten wie in einem Kühlraum konserviert denken dürfen, wie den Schauspieler, der unsichtbar hinter den Kulissen auf sein Stichwort wartet – so ist doch irgend eine, noch so rätselhafte Art ihres »Beharrens« unumgänglich. Da dieses Beharren nun unzählige Vorstellungen trifft und da keine einzige bei ihrem Wiederauftauchen eine absolute, starre Identität ihres Inhaltes zeigt, so müssen gegenseitige Beeinflussungen und Modifikationen während jenes Latenzzustandes angenommen werden. Die psychischen Elemente also, die irgendwie jenseits des Bewußtseins in uns bestehen, sind in fortwährenden Wechselwirkungen und schmieden sich dadurch gegenseitig zu der Einheit, die wir Persönlichkeit nennen. Denn diese ist doch nicht ein einfach beharrendes Zentrum, sondern ein Sich-Durchdringen, eine funktionelle Angleichung, ein Übertragen, Sich-Beziehen, Sich-Verschmelzen innerhalb des Umkreises aller Vorstellungsinhalte überhaupt. Im Gegensatz also zu dem isoliert betrachteten seelischen Elemente, das als solches gleichsam unlokalisiert und nicht untergebracht erscheint, erwächst unsere »Persönlichkeit« als das Geschehen, das wir mit dem Formsymbol der Wechselwirkung unter allen Elementen bezeichnen.

Wir wären also formal *vollkommene* Persönlichkeiten, wenn diese Wechselwirkung eine vollkommen geschlossene wäre und jedes seelische Geschehen seine Veranlassung ausschließlich in eben diesem Umkreis hätte. Allein das ist nicht der Fall. Wir sind auch mit unsrer Psyche, wie mit unsrem Körper, in die uns äußere Welt verwebt, es finden Wirkungen in ihr statt, die nicht aus ihr allein zu erklären sind, und es scheint auch, als ob gewisse ihrer inneren Vorgänge nach außen verliefen und sich nicht mit ihrer ganzen Wirkungsmöglichkeit in den psychischen Verlauf weitererstreckten. So wenig wir mit unsrem Körper den reinen Begriff des Organismus erfüllen, so wenig mit unsrer Seele den der Persönlichkeit. Mag dieser Begriff also auch psychologisch in der Erfahrung über uns selbst entstanden sein: seinem Sinne nach ist er »eine Idee«, eine Kategorie, der kein empirisches Einzelwesen ganz genügt. Schon daß unser Dasein einen zeitlichen Verlauf als seine Form hat, daß es sich deshalb »erinnern« muß, um seine Inhalte zu einer, immer fragmentarischen, Wechselwirkung zu bringen – verhindert jene Einheit der Inhalte, mit der wir Persönlichkeit im absoluten Sinne sein würden. Wie nun die Idee des Organismus sich nur an einer einzigen Vorstellung restlos realisiert: an der des Weltganzen, da dieses allein, seinem Begriffe nach, nichts außer sich hat, das die vollkommene, in sich geschlossene Wechselwirkung all seiner Elemente durchbrechen könnte – so ist der Begriff Gottes die eigentliche Realisierung der Persönlichkeit. Denn er, wie die metaphysisch abgeschlossene Religiosität ihn denkt, kennt keine »Erinnerung« in der menschlich-zeitlichen Form, die immer ihr Gegenteil, das Vergessen, in sich enthält. Für ihn besteht keine Vergangenheit, die ihre Inhalte nur in Bruchstücken an die Wechselwirkung des aktuellen Zustandes überlieferte; wer sich nicht erst zu »erinnern« braucht, für den gibt es keine Zeit, dem fällt nicht die Ganzheit und Einheit seines Seins in das Brüchige und Lückenhafte der zeitlichen Distraktion. Was man die »Ewigkeit« Gottes, sein Enthobensein aus der Zeitbedingtheit genannt hat, ist die Form, in der sein absolutes Persönlich-Sein möglich ist. Er wird durch dieses nicht vermenschlicht, sondern er bezeichnet gerade das, woran der Mensch nicht hinanreicht: die absolute Verknüpftheit und Selbstgenugsamkeit des ganzen Daseinsgehaltes. Ein Wesen, das der Teil eines Ganzen ist, wie der Mensch, kann nie vollkommene Persönlichkeit sein, weil es sich von außen speist und nach außen abgibt, – was in der Form des Nebeneinander eben dasselbe ist, was die Angewiesenheit unsrer Existenz auf die Erinnerung in der Form des Nacheinander ist: kein Moment jener wirklich in sich geschlossen, ein jeder auf Vergangenheit und Zukunft angewiesen und so keiner wirklich ganz er selbst. Es ist ganz irrig, daß der Gott in dem Maße Persönlichkeit sei, in dem der Mensch ihn in seiner Eingeschränktheit hinabzieht. Denn gerade das, was den Menschen einschränkt, daß er nur der Teil eines Ganzen ist, statt selbst ein Ganzes, und daß sein Dasein keine gesammelte Einheit ist, weil es in zeitliche und nur durch die Erinnerung verknüpfte Momente distrahiert ist – eben das verhindert sein ganz eigentliches Persönlichkeit-Sein. Gerade in dem Maße, in dem die Idee Gottes ein wirkliches Ganzes und ein zeitloses Ein-für-alle-Mal, eine absolute Verbundenheit aller seiner Daseinsmomente ist, in dem Maße also, in dem er über den Menschen hinausreicht, erfüllt er den Begriff der Persönlichkeit. Wie wir schon unsre eigene unvollkommene Einheit zu dem Ich verdichten, das sie in rätselhafter Weise trägt, so kristallisiert die wirkliche Einheit des Weltseins zu einer restlosen Ichform, zu der absoluten Persönlichkeit. Wenn man etwa sagt: der Gott als Persönlichkeit ist die Persönlichkeit als Gott – so ist das wohl wahr; nur daß dies nicht die kleine Persönlichkeit des Menschen ist, sondern gerade die große der Welt, die das jener versagte Ideal der Persönlichkeitsbestimmungen verwirklicht und damit der religiösen Empfindung entgegenkommt. Indem diese Empfindung sozusagen der Form des Alls gilt, jenseits seiner von ihr zusammengehaltenen Einzelheiten, ist ihr Gegenstand der Gott, zu dem dieser Sinn des Ganzen zusammenwächst.

Noch einmal sei betont: ob dieser Gott objektiv existiert oder auch subjektiv geglaubt wird, hat mit dieser rein ideellen Bestimmung seines Begriffes nichts zu tun, für die Sein oder Nichtsein nicht die Frage ist. Jedenfalls aber wird mit ihr die Alternative zwischen der pantheistischen und der personalistischen Auffassung des göttlichen Prinzips auf eine neue Basis gestellt. Macht man mit dem Begriff der Persönlichkeit Ernst – so daß sie nicht die Beschränktheit unseres Seins ist, sondern gerade das, woran unser Sein nur in beschränktem Maße teil hat, was wir gerade als beschränkte Wesen *nicht* sind – so kann es sich nur an einem absoluten Wesen realisieren, an einem, das entweder mit der Totalität der Welt Eins ist, substantia sive Deus, oder an einem, das sozusagen das Totalitätsmoment der Welt bedeutet, vergleichbar der Seele als ἐντελέχεια σώματος φυσικοῦ ὀργανικοῦ. Allein der pantheistische Gedanke macht noch weiterhin Probleme und Widersprüche im Gottesbegriff sichtbar, für die dessen Persönlichkeitsform eine Lösung gibt.

Die Bedeutung des göttlichen Prinzips knüpft sich in dem weit überwiegenden Teil aller Religionsgeschichte daran, daß der Gott dem Gläubigen und seiner Welt *gegenüber*steht. Der Gott, dem man sich gibt, ist vor allem der *mächtige*; und dieses Motiv, vom rohesten Aberglauben bis zu der sublimsten christlichen Spekulation führend, setzt irgendeine Selbständigkeit des Daseins voraus, an dem sich die Macht bewährt, formend, überwindend, lenkend; ein Gott, der mit dem Dasein in eine Einheit verschmolzen ist, kann keine Macht haben, weil er kein Objekt für diese besäße. Es bedarf dieses Gegenüber zwischen dem Gott und dem Einzelwesen nicht weniger für das Motiv der Liebe. Wenn die mystische Leidenschaft sich mit ihrem Gotte bis zur Einheit durchdringen und jede Schranke des Andersseins niederreißen will, so mag sie mit jedem Schritt zu dieser Vereinigtheit sich weiter, tiefer, in ihrer Liebe beseligter fühlen – aber in dem Augenblicke der völligen Erreichtheit würde sie sich im Leeren sehen; denn in dieser absoluten Einheit würde sie nur sich selbst greifen. Indem die Zweiheit *ganz* schwände, wäre auch die Möglichkeit des Gebens und Nehmens, des Liebens und Geliebtwerdens verschwunden, an die, wie die Seele nun einmal beschaffen ist, auch die religiöse Seligkeit geknüpft bleibt. Auch wo diese Gefundenhaben und Besitz ist, klingt die *suchende* Sehnsucht noch in irgendeiner seelischen Schicht an oder nach, auch die Ruhe in Gott wird nur an einer dennoch gefühlten Entferntheit gewonnen. Dieses Gegenüber aber, das die Liebe und das vor allem die Macht fordert, will sich mit der Absolutheit des göttlichen Wesens nicht vertragen. Denn jede Selbständigkeit der Dinge, jedes Nicht-Sein Gottes in ihnen ist eine Grenze seiner Macht, die doch keine Grenze kennen soll. Ohne den Willen Gottes fällt kein Sperling vom Dach – das heißt doch nicht, daß er, als ein passiver Zuschauer des Weltlaufs, nur nichts gegen ihn einzuwenden hat, sondern offenbar, daß er die wirksame, veranlassende Kraft in jedem Geschehen ist. Da nun aber alle Dinge in unaufhörlicher Bewegung sind, alle scheinbare Stofflichkeit in rastlose Oszillationen aufgeht – bleibt denn dann noch etwas, wo er *nicht* sei? Wenn die Welt Bewegung ist und er das Bewegende in jeder Bewegung, so ist die Welt nichts außerhalb seiner. Das Werk, das durch den Willen eines *menschlichen* Schöpfers wird, geht freilich in diesem Willen nicht auf, es ist noch etwas andres als er selbst; aber doch nur, weil der Mensch ein Sein, ein Material *vorfindet*, an dem er wirkt. Wenn Gott aber wirklich *all*mächtig ist und *alles* durch seinen Willen ist, so ist nichts außerhalb seiner, so ist er das Sein und Werden aller Dinge. Ganz willkürlich ist es deshalb auch, wenn die verschiedenen Punkte der Wirklichkeit von seinem Willen in verschiedenem Grade getragen sein sollen, wenn die Erscheinungen hier und dort den »Finger Gottes« zeigen, während andere in trotziger Freiheit und »Gottverlassenheit« sich ihm entzögen. Heißt das nicht, die Unterschiede unseres Erkennens, das Durcheinander von Blindheit und Scharfsichtigkeit unseres Blickes in die Wirklichkeit hineintragen? Wenn *ein* Punkt die Erscheinung des göttlichen Willens ist, so muß jeder andere es ebenso sein. Der strenge gesetzliche Zusammenhang des Kosmos einerseits, die Einheit Gottes andrerseits verbieten, daß die Welt in ihren verschiedenen Provinzen ein verschiedenes Verhältnis zu ihm habe. Wenn der Fall des Sperlings vom Dache der Kraftwille Gottes ist, so ist es die unvermeidliche Konsequenz, daß die Welt völlig in seiner Einheit befaßt ist, daß es zwischen ihm und ihr nirgends ein Gegenüberstehn, ein Anderssein geben kann.

Dieser dialektische Prozeß, der den konsequenten Gottesbegriff in den Pantheismus hinüberentwickelt, bei dem so entwickelten aber nicht stehen bleiben kann, weil unentbehrliche religiöse Werte an das Gegenüber und das Sondersein zwischen Gott und Welt, Gott und Mensch geknüpft sind – dieser Prozeß durchzieht mit seinen Erschütterungen das Innerste aller Religionen, die mit der Absolutheit des göttlichen Prinzips Ernst machen. Vielleicht bedarf es gar nicht einer »Versöhnung« dieses Gegenspieles von Verschmolzenheit und Trennung; vielleicht ist dieses Von-einem-zum-andern-Getriebenwerden der allein angemessene Ausdruck unseres Verhältnisses zum Unendlichen, das wir nicht mit einer einreihigen Formel festzulegen hoffen dürfen. Allein die Vorstellung Gottes, an der diese Konstellation gewissermaßen ihr anschauliches Symbol findet – ist seine *Persönlichkeit.* Denn es ist doch deren Wesen, daß eine Unbeschränktheit von Inhalten, deren jeder einzelne eine gewisse Selbständigkeit besitzt, dabei doch als Inhalte oder Erzeugnisse einer zusammenfassenden Einheit begriffen werden. Das Ich umgreift jeden seiner Gedanken, Gefühle, Entschlüsse als etwas nur an ihm, nur in ihm Mögliches und Wirkliches, als einen Pulsschlag seines Seins – und dennoch steht es jedem dieser Inhalte *gegenüber,* als ein Nicht-darin-Aufgehendes. Aber auch der Inhalt geht in ihm nicht auf; denn es *beurteilt* einen jeden, es akzeptiert oder verwirft ihn, es ist Herr über ihn oder nicht: das Geborensein aus dem Ich und daß er ein Teil von dessen Leben ist, ist jenes eigentümliche Zugehörigkeitsverhältnis, das eine Distanz und Freiheit nicht hindert. Wenn schon im körperlichen Leben das Glied dem ganzen Organismus anders verbunden ist, enger und freier, als der Teil eines mechanisch-starren Systems dem Ganzen – so spannen sich diese Gegensätzlichkeiten innerhalb des Psychischen noch mit ganz andrer Energie. Je mehr wir uns als *Persönlichkeit* fühlen, als desto unabhängiger wissen wir unser Ich von jedem einzelnen Inhalt, desto weniger reißt irgendeiner es mit, aber desto selbständiger steht auf dieser Ausbildungsstufe auch jeder einzelne Inhalt in seinem logischen und ethischen, seinem dynamischen und historischen Rechte dem Ich gegenüber, in dessen sonst bestimmtes Gesamtschicksal nicht hineingezogen. Und doch: je mehr wir Persönlichkeit sind, desto mehr färben wir die Gesamtheit unserer Inhalte mit der Färbung unseres Ich, desto charakteristischer ist jeder als zu uns gehörig erkennbar, desto souveräner ist dieses Ich nicht nur im Sinne der Unabhängigkeit von jedem einzelnen, sondern auch im Sinne der Herrschaft darüber. Alle »Persönlichkeit« hat dieses Doppel- und Gegenspiel zwischen dem einzelnen Element und dem einheitlichen Ganzen in sich; sie unterscheidet sich damit völlig von äußerlich verwandt aussehenden Erscheinungen, wie dem Staat; denn, wie omnipotent er sei, der Staat kann immer nur gewisse *Teile* der Gesamtexistenz seiner Bürger umgreifen. An der Existenzform der zur Persönlichkeit gestalteten Seele scheitern alle sonst gewohnten logischen Kategorien: wie hier das einzelne seelische Element dem Ich wurzelhaft einwohnt und das Ich in dem Innerlichsten von jenem lebt, und wie doch beide einander gegenüberstehen, um alle Mannigfaltigkeit von Nähe und Distanz, Kontrast und Verschmelzung zu erfahren – das kann eigentlich nicht beschrieben, sondern nur erlebt werden; und dazu gibt es in unsrer historischen Vorstellungswelt nur die eine Analogie: eben jenes, für die Logik so problematische Verhältnis zwischen Gott und Welt. Daß die Gleichzeitigkeit von Gegenüberstehn und Einssein, die das religiöse Bewußtsein dauernd erlebt, kein Widersinn ist, dafür besitzen wir gleichsam ein Pfand in dem Erlebnis der Persönlichkeit. Jenem Doppelverhältnis gemäß muß Gott, wenn man ihn überhaupt *denken* will, als Persönlichkeit gedacht werden: als die Einheit und Lebendigkeit des Daseins, die ihre einzelnen Produkte sich gegenübersieht, Macht über sie übend, aber in gewissen Intervallen doch ihrer Selbständigkeit nicht Herr, in jedem einzelnen lebend und es doch wie in einer Distanz haltend, die zwischen Fremdheit oder Abfall und innigstem Verschmolzensein unendliche Stufen zeigt. Indem Persönlichkeit Zentrum *und* Peripherie oder: einheitliche Ganzheit *und* Teile und jenes einzigartige Verhältnis zwischen ihnen bedeutet – ist die Persönlichkeit Gottes nicht der Widerspruch gegen den Pantheismus, sondern nur gleichsam der *lebendig* gewordene Pantheismus selbst.

So wenig wie die erste Bestimmung der Persönlichkeit: die geschlossene Wechselwirkung der Elemente, in ihrer Übertragung auf das göttliche Prinzip ein Anthropomorphismus war, so wenig ist es diese zweite. Denn mögen wir auch die in gleichzeitiger Umfassung und Sonderung bestehende Relation zwischen dem Ganzen und dem Einzelnen nur in uns selbst erleben, so ist sie doch ihrem Sinne nach eine allgemeine, gar nicht an ein bestimmtes Dasein geknüpfte Wesensform überhaupt, die in sehr verschiedenen Vollkommenheitsmaßen realisiert sein kann, eine Kategorie, unter die wir die unmittelbare Tatsache unsres Daseins bringen, um es anschauen und ausdrücken zu können. Ein Anthropomorphismus des Göttlichen liegt nur vor, wo ein aus der menschlichen Erfahrung und Existenz als solcher hervorgegangener und an diese prinzipiell gebundener Begriff auf das Transzendente übertragen wird. Wenn aber umgekehrt ein Begriff seinem Sinn nach über der menschlichen Existenz steht, ein Ideelles und gleichsam Absolutes, durch das diese Existenz, mehr oder weniger an ihm teilhabend, erst gedeutet wird – so haben wir an dieser Art von Begriffen gerade die einzige berechtigte Möglichkeit, das Göttliche als *ihre* Vollendung, als die Realisierung ihrer absoluten Bedeutung zu denken. Man mag den Glauben an das Göttliche, als ein Seiendes, grundsätzlich ablehnen; aber es seiner Idee nach, geglaubt oder nicht, als Persönlichkeit zu bezeichnen, ist keineswegs eine Vermenschlichung seiner. Sondern es ist, eher umgekehrt, die Unterordnung des menschlichen Ich unter den ganz allgemeinen Begriff einer Existenzart, von der jenes nur ein einzelnes, eingeschränktes Beispiel, Gott aber die absolute, dem Weltganzen gegenüber sich vollziehende Erfüllung bieten kann.

Endlich kann man dieses Wesensbild der Persönlichkeit noch in einer anderen, sozusagen gesammelteren Form anschauen. Als die entscheidende Charakteristik des persönlichen Geistes erscheint mir sein inneres Sich-Selbst-Trennen in Subjekt und Objekt, das eines und dasselbe ist, seine Fähigkeit, zu sich selbst so Ich zu sagen, wie zum andern Du, sein Selbstbewußtsein, mit dem er die *Funktion* seiner selbst zum *Inhalt* seiner selbst macht. Mit dem Selbstbewußtsein hat das Leben sich in sich gebrochen und hat sich wiedergefunden; womit natürlich nur ein schlechthin einheitlicher Akt für den Ausdruck in eine zeitliche Folge auseinandergezogen ist. Das ist die Grundtatsache, wenn man will: das Grundwunder des Geistes, das macht ihn zum persönlichen, daß er, in seiner Einheit verbleibend, sich dennoch sich selbst gegenüberstellt; die Identität des Wissenden und des Gewußten, wie sie im Wissen um das eigne Sein, um das eigne Wissen vorliegt, ist ein Urphänomen, das sich ganz jenseits des mechanisch-numerischen Gegensatzes von Einheit und Zweiheit stellt. Der Weg des Lebens, wo jeder spätere Augenblick des Wesens von seinem früheren lebt, ein andrer und doch *ein* Leben in beiden, wo das Erzeugte das Erzeugende fortsetzt, ein andres und doch irgendwie dasselbe – dieser zeitlich erstreckte Weg hat sich im Selbstbewußtsein zurückgebogen oder findet in ihm seine zeitlose Grundform. Was den Organismus im Tiefsten vom Mechanismus unterscheidet: daß eine Vielheit in ihm zur Einheit zusammengefaßt ist oder daß eine Einheit sich in ein nach Raum und Zeit vielheitliches Leben entfaltet, ist in dem Wesen des persönlichen Geistes, dem Bewußtsein von sich selbst, wie in einen Punkt gesammelt. Denn die »Wechselwirkung«, die das Wesen des Lebendigen und des Geistes überhaupt war, hat in dem Selbstbewußtsein – darin, daß das Subjekt sein eigenes Objekt ist – gleichsam ihre absolute Gestalt gewonnen.

Hiermit scheint auch die Form am reinsten ausgedrückt zu sein, in der die Einheit des göttlichen Wesens symbolisiert wird. Von religionsgeschichtlicher Seite ist behauptet worden, es hätte noch niemals einen ganz reinen Monotheismus gegeben. Es scheint, als ob das göttliche Prinzip eine Tendenz zur Spaltung – und sei es auch nur, daß

Seraphim oder »Geister« ihm zur Seite stünden – unvermeidlich in sich trüge. Und seine vollkommenste Einheit, wie sie im Pantheismus und teilweise in der Mystik empfunden wird, ist zugleich seine vollkommenste Auflösung in die Vielheit der realen Erscheinungen. Damit scheint mir eine Annäherung an den Persönlichkeitsbegriff gegeben zu sein, der freilich hier besonders vorsichtig vor Anthropomorphismus bewahrt werden muß. Das Selbstbewußtsein, mit dem das Denken, in seiner Einheit verbleibend, sich in sich spaltet, um sein eignes Objekt zu werden, ist die Grundtatsache des Denkens überhaupt und sein gesammelter Typus, seine reinste und sicherste Form, gewissermaßen der Vorentwurf für jedes Denken eines Einzelinhaltes. Die große Dunkelheit des Denkens: wie es, als ein in sich verbleibender Prozeß, doch einen *Gegenstand* haben könne, wie es mit der reinen Subjektivität seines Ablaufes doch ein ihm Gegenüberstehendes in sich einziehen könnte – ist dadurch aufgehellt, daß es dieses Insich und Außersich, diese Geschlossenheit und den Einschluß des Gegenüber schon, als Selbstbewußtsein, in sich selber hat, daß die Identität von Subjekt und Objekt die Form seines eignen Lebens ist. Damit zeichnet es, hier freilich nur innerhalb der Kategorie des menschlichen Denkens, die Idealform jener Spaltung, die das göttliche Prinzip erfährt, ohne darum doch – und mit steigender religiöser Entwicklung immer weniger – seine metaphysische Einheit einbüßen zu dürfen. So geht durch die ganze religionsphilosophische Spekulation das Motiv vom »Selbstbewußtsein Gottes«, das aber sehr oft nur ein andrer Ausdruck oder eine Deutung der »Persönlichkeit Gottes« ist. Das göttliche Prinzip ist nicht als Einheit schlechthin zu denken, weil diese für unsere Vorstellungsmöglichkeiten steril ist; es steht, wenn es innerhalb dieser gedacht werden soll, unter demselben kategorialen Problem wie die selbstbewußte Persönlichkeit: sich in sich selbst zu trennen und damit ein Gegenüber zu gewinnen, das Bewegung, Wirksamkeit, Leben ist, und doch in der eignen Einheit beschlossen bleibt – mag man dies nun mit spekulativer Phantasie zu einer Art immanenten Pantheons ausgestalten, wie etwa die christliche Dreieinigkeit, oder zu einem Pantheismus, für den der Reichtum des Weltprozesses nichts anderes ist, als diese Ausspannung der göttlichen Einheit zu ihrem eignen Objekt, wie es die Mystik Spinozas andeutet: unsre Liebe zu Gott wäre ein Teil der Liebe, mit der Gott sich selbst liebt. Dieser Begriff der Persönlichkeit aber fordert, um nicht in eine Vermenschlichung des Göttlichen hineinzugleiten, eine sehr hohe Abstraktion. Gerade ihr letztbetonter Sinn scheint ganz und gar an den *Geist* gebunden; auf dessen Begriff aber kann das göttliche Prinzip nicht eingeschränkt werden. Denn Gott als Geist zu bezeichnen ist nur ein auf den Kopf gestellter Materialismus, gleich diesem eine

Festlegung des Absoluten auf eine bestimmte Substanz. Vielmehr, wenn Persönlichkeit von Gott gelten soll, so muß sie als eine so allgemeine Form gefaßt werden, daß das geistige Selbstbewußtsein, das uns allein empirisch zugängig ist, nur als ein Sonderfall darunter gehört. Die einzige Art, in der wir von einem Subjekte erfahren können, das sein eignes Objekt ist, ist freilich ein solches Selbstbewußtsein des Geistes. Aber von diesem besonderen Substrat muß jene Form gelöst werden, wenn sie einem absoluten Wesen, einem, an dem das Dasein seine Totalität hat, zukommen soll. Wir können uns eine nähere Vorstellung, die dieses begrifflich Geforderte anschaulich machte, nicht bilden. Wenn es aber eine unerläßliche Vorstellung von dem göttlichen Wesen ist: daß es, über die tote Einheit hinaus, ein Gegenüber haben muß, ein Andres, mit dem es ein lebendig Wechselwirkendes sei, dieses Andre und Gegenüber aber seine Einheit nicht durchbrechen darf, sondern daß es in dieser ganzen »selbstseligen« oder die Welt bedeutenden Relation doch immer es selbst bleiben, also Subjekt und Objekt ein Identisches sein müsse – so ist dies freilich die Form der Persönlichkeit, aber durchaus nicht die menschliche. Kein Anthropomorphismus trägt hiermit das menschliche Beschränktsein auf die bloße *Bewußtseinsart* der einheitlichen Zweiheit in Gott hinein, sondern umgekehrt, »Persönlichkeit« ist die völlig formale, wenn man will: abstrakte Bestimmtheit, deren Realisierung im Umfang dieser Abstraktheit nur einem absoluten Wesen zukommen kann, während eine unvollkommenere, einseitig-geistige Stufe davon Sache *unsres* Lebens ist. Richtig verstanden, mag man deshalb sagen: Gott ist nicht der Mensch im Großen, aber der Mensch ist Gott im Kleinen.

Damit ist das Prinzip noch einmal bezeichnet, das diese Untersuchung geleitet hat. Für die Realitäten unsres Lebens gewinnen wir Ordnung und Wertung von einem Komplex von *Ideen* her, deren Bewußtsein freilich sich psychogenetisch aus dem zufälligen und fragmentarischen Zustand des empirischen Lebens erhebt, die aber ihrem Sinne nach eine ideelle Selbständigkeit und eine geschlossene Vollkommenheit besitzen, von der unsre menschlichen Existenzinhalte – gleichsam durch einen Subtraktionsakt – ihre Bezeichenbarkeit, ihr Maß, ihre Sonderform entlehnen. Ob und inwieweit dies geschieht, ist eine Frage der Tatsächlichkeit, die in die Feststellung jener Kategorien, in die Zusammenhänge ihres Sinnes, in ihre logische und normative Bedeutung nicht eingreift. Insoweit nun ein göttliches Wesen seinem Inhalte, seinem Was nach gedacht werden soll, so kann nichts andres, als jene Ideen, aber in ihrer Absolutheit oder Reinheit, in Frage kommen. Nicht um einen *Grad*unterschied kann es sich handeln, so daß Gott mehr Macht, mehr Gerechtigkeit, mehr Vollkommenheit hätte, als der Mensch; solche quantitative Steigerung nimmt ersichtlich ihren Ausgangspunkt vom Menschen und ist Anthropomorphismus. Sondern für den Gläubigen ist er die Idee der Macht, der Gerechtigkeit, der Vollkommenheit in der Form des Seins, sein Inhalt ist unmittelbar dasjenige, was über dem relativen Dasein des Menschen als seine ideelle Kategorie steht, als die reine Bedeutsamkeit, von der unser relatives, unvollkommenes, gemischtes Leben immerhin seine Bedeutung und seine Form bekommt.

Ich müßte mich sehr täuschen, wenn dieses Verhalten nicht in allem entwickelteren religiösen Wesen als ein Moment bestünde, das freilich nur in logischen Paradoxen aussagbar ist: nicht daß Gott über dem Menschen stehe ist das Wesentliche, sondern daß der Mensch unter Gott steht; jenes ist sozusagen das Selbstverständliche, aus diesem aber erst quillt die religiöse Lebensempfindung und Aufgabe des Menschen. In der Relation: Gott und Mensch – ist nur das zweite Glied etwas Relatives, das erste aber ein Absolutes – eben die Realität jenes Ideellen, mit dem der Mensch der Relativität seines Wesens Gestalt, Grad und Sinn zumißt. Ob diese Realität geglaubt wird oder nicht, das hat die Religion, aber nicht die Religionsphilosophie auszumachen; sie kann nur von dem reden, was dem religiösen Menschen – wiederum mit logischer Paradoxie – oft genug sekundär ist: von dem Was des göttlichen Prinzips, nicht von seinem Daß. Meine Aufgabe war es, an dem Begriff der Persönlichkeit, gerade weil er so entschieden von unten, vom Menschlichen her gebildet scheint, die Schicht aufzuzeigen, in der für unser Denken die Bestimmungen einer göttlichen Wesenheit allein liegen können. Der Persönlichkeitsbegriff muß nur in seinem Kern und seiner Reinheit gefaßt werden, um sich jener Ordnung zugehörig zu zeigen, die ihren Sinn nicht von dem Unteren her bezieht, sondern umgekehrt, dieses zu Sinn und Form bringt und über den besonderen menschlichen Gestaltungsinhalten ungefähr so steht, wie für den Gläubigen das Sein Gottes über dem Sein des Menschen. So unabhängig aber ist jenes von diesem, aus so andern Quellen der Seele und der sachlichen Ordnungen gespeist, daß die Religionsphilosophie sehr wohl behaupten kann: Gott ist Persönlichkeit – ohne im geringsten zu behaupten oder auch nur behaupten zu dürfen: Gott ist. In dieser Schicht sich haltend, steht sie jenseits der illegalen Spekulation: denn diese will ein *Sein* ersinnen und begnügt sich nicht mit ihrem Heimatsrecht in der ideellen Ordnung der *Inhalte* des Seins. Solange die Religionsphilosophie sich von dem unlautern Wettbewerb mit der Religion fernhält, hat sie das Recht des Gemäldes, das die innere Logik, den Sinn der Einzelheiten und Zusammenhänge anschaulicher Welt darlegt, die durch die Kunstform von ihrer zufälligen Wirklichkeit geschieden sind; die Spekulation aber gleicht dem Panorama, das mit Mitteln, wie sie zwar für den Bau jener ideellen Welt, aber nicht für den der Wirklichkeit – im Sinne der Empirie wie im Sinne des Glaubens – zureichen, dennoch den Versuch macht, die Zeugungskräfte dieser letzteren zu ersetzen.

Das Problem der religiösen Lage

Der Mensch der Gegenwart, der weder einer bestehenden Religion innerlich anhängt, noch mit oberflächlicher »Aufgeklärtheit« die Tatsache der Religionen für einen bloßen Traum der Menschheit hält, aus dem sie nach und nach erwacht – findet sich dieser Tatsache gegenüber in einer unsäglich beunruhigenden Situation. Innerhalb des Bestandes der historischen Religionen sieht er zwar gewaltige Unterschiede der metaphysischen Tiefe und der Gemütswerte, der ethischen Zulänglichkeit und der geistigen Bedeutung. Aber diese Unterschiede betreffen nur die *Inhalte* des religiösen Glaubens, nicht aber dessen prinzipiellen Standort der Wirklichkeit gegenüber. Als Wissen des Unwißbaren, als unmittelbare oder irgendwie vermittelte Erfahrung des Überempirischen ist zwischen Vitzliputzli und Ormuzd, zwischen Baal und Wotan, zwischen dem Christengott und Brahman kein Unterschied. Insoweit die Realitätsfrage das Bekenntnis zu einem dieser Gebilde grundsätzlich verhindert, tut sie es auch dem andern gegenüber. Der Mensch, von dem ich hier spreche, ist überzeugt, daß wir in der erfahrbaren Welt stecken wie in unsrer Haut, und daß mit unserm Körper diese überspringen zu wollen, kein hoffnungsloseres Unternehmen wäre, als mit irgendeinem der unsrer Seele gegebenen Mittel zur Welt des Jenseits hinaufzugreifen. Denn der religiöse Glaube, daß ein Transzendentes ist und daß es so und so beschaffen ist, verträgt keine Abschwächung, der Glaubensinhalt muß ein Sein haben, so fest, wie wir es überhaupt denken können, ein viel festeres als die sinnliche Erfahrungswelt. Von dieser mag vielleicht zugegeben werden, daß sie »meine Vorstellung« ist. Es genügt, daß sie ein nach den Maßstäben unsres Erkennens in sich zusammenstimmendes Bild ist, daß das Vorstellen dieses Bildes die praktischen Reaktionen in uns auslöst, die unser Leben innerhalb der Welt tragen. Wollte aber nun der Gläubige dem Empiristen, der ihm die Unerweislichkeit der Glaubensinhalte vorhält, erwidern: auch deine Welt ist ja im letzten

Grunde unerweisbar, auch ihr Sein ist schließlich Glaubenssache – so würde er sich selbst mißverstehen. Denn es reicht nicht aus, daß die Heilstatsachen »meine Vorstellung« sind, sie leisten nicht, wie die empirische Welt, ihre Dienste vielleicht auch dann, wenn ihre absolute Realität ganz anders oder überhaupt nicht ist. Wenn Jesus nicht die volle, durch keinen erkenntnistheoretischen Vorbehalt geschwächte Realität hat, so kann er uns eben nicht erlöst haben. Nicht die Vorstellung des Weines wird in die Vorstellung des Blutes Christi transsubstantiiert, sondern ein im absoluten Sinne realer Wein in das im absoluten Sinne reale Blut Christi. Die Wirklichkeit der Heilstatsachen verträgt kein Kompromiß. Gewisse geistig hochstehende Kreise der Gegenwart, die letzten Endes auf dem Standpunkt stehen, wie ihn der Anfang dieser Seiten bezeichnete, verkennen die harte Tatsächlichkeit der Glaubensinhalte, durch die deren Leistung in allen bisher bestehenden Religionen bedingt ist. Sie treiben mit der Vorstellung »Gott«, mit der transzendenten Bedeutung Jesu, mit der Unsterblichkeit ein mystisch-romantisches Spiel, das Recht dazu aus atavistischen Gefühlen, aus den Nachklängen einer ungeheuren Tradition ziehend, aus der aber gerade das Entscheidende, die absolute Realität des Transzendenten, ausgeschieden ist. Darum mißbrauchen sie insbesondere den Symbolbegriff, indem sie zugeben, alles von ihnen angeblich festgehaltene Christliche sei »nur symbolisch« gemeint – ohne irgend anzugeben, *was* denn eigentlich dadurch symbolisiert werde.

Von solchen nun abgesehen, die den bestehenden religiösen Inhalten gegenüber weder den Mut zum Glauben, noch den zum Unglauben haben, bleibt die irritierende Lage jenes modernen Menschen: daß gewisse Glaubensinhalte bestehen, zu deren Existenzbehauptung seinem intellektuellen Gewissen jede Brücke fehlt – und daß er eben diese von Geistern höchsten Ranges und überlegenster Denkkraft als gar nicht bezweifelbare Wirklichkeiten behauptet sieht. Er muß das beängstigende Gefühl haben, daß ihm ein Sinn fehlt, mit dem andre etwas Reales an einer Stelle wahrnehmen, wo, wie er schwören könnte, nichts ist und nichts sein kann.

In dieser Bedrohtheit: entweder den Glauben an die eigne Vernunft (keineswegs nur im Sinne wissenschaftlicher Beweiskriterien) oder den an die größten Menschen der Vergangenheit zu verlieren – bleibt ihm die Tatsächlichkeit eines festen Punktes: des unzweifelhaft vorhandenen religiösen Bedürfnisses, oder, vorsichtiger ausgesprochen, desjenigen Bedürfnisses, das bisher durch religiöse Erfüllungen befriedigt worden ist. Denn die Aufklärung würde Blindheit sein, meinte sie, mit den paar Jahrhunderten der Kritik an den religiösen Inhalten eine Sehnsucht zerstört zu haben, die die Menschheit von dem ersten Aufdämmern ihrer Geschichte an und vom niedrigsten

Naturvolk bis zu den äußersten Kulturhöhen beherrscht hat. Damit aber zeigt sich erst die ganze Problematik der Lage, in der sich jedenfalls ein ungeheuer großer Teil der Kulturmenschheit heute befindet: daß die erneute Macht von Bedürfnissen sie bedrängt, deren bisher angebotene und für jetzt allein anbietbare Befriedigungen sie als bloße Phantastik erkennt und mit denen sie also völlig im Leeren steht. Bisher hat die Religion noch immer die Religionen überlebt, wie ein Baum das immer wiederholte Abnehmen seiner Früchte. Der außerordentliche Ernst der jetzigen Situation ist, daß nicht dieses und jenes Dogma, sondern der transzendente Glaubensinhalt als solcher prinzipiell mit dem Illusionscharakter geschlagen ist; das Überlebende ist jetzt nicht mehr die Form der Transzendenz, die eine neue Erfüllung sucht, sondern etwas Tieferes und Hilfloseres: das *Bedürfnis*, das durch das Transzendente überhaupt gestillt wurde, das diese Erfüllung überlebt hat und nun durch die grundsätzliche Aufhebung der Glaubensinhalte gelähmt und wie vom Wege zu seinem eignen Leben abgeschnitten scheint. Ungangbar ist auch der Ausweg, der schon im 18. Jahrhundert versucht wurde, daß man, alle dogmatischen oder »offenbarten« Einzelheiten preisgebend, das Überweltliche als das Geheimnisvolle, niemals sicher zu Wissende bezeichnet, an dem unsre Hypothesen oder unser Glaube nur in größerem oder geringerem Abstand herumtasten. Damit bleibt prinzipiell alles beim alten: es werden nur die eigentlichen Inhalte der Gottesvorstellungen in ein Paket gesteckt und versiegelt, mit diesem Paket aber schließlich verfahren, wie zuvor mit den einzelnen Stücken. Die Unannehmbarkeit des einzelnen Inhaltes kann man damit außer Blickweite rücken, aber nicht die des Inhaltes überhaupt.

Wenn hier jeder andre Ausweg, als der ganz radikaler Umgestaltungen des inneren Verhaltens, ausgeschlossen ist, so muß zunächst die von Kant inaugurierte Wendung zu voller Klarheit gelangen: daß Religion ein inneres Verhalten der Seele ist, im Gegensatz zu der verschwommenen Vorstellung, als sei sie irgendein Mittleres und Gemischtes von diesem inneren Sein oder Tun oder Fühlen und einem darüber hinausgreifenden Dasein. Es mag ein Verhältnis zwischen der Seele und dem Transzendenten bestehen, so ist Religion doch jedenfalls der auf der Seite der Seele sich abspielende Teil dieses Verhältnisses. So wenig, nach dem Ausdruck Kants, die Dinge »in unsre Vorstellungskraft überwandern«, so wenig wandert Gott in unser Herz über. Und wenn dies, das Einssein oder das Verschmelzen der Seele mit Gott, dennoch behauptet wird, so mag das seitens der Metaphysik oder der Mystik geschehen – aber wenn Religion einen in eminenter Bedeutung »praktischen«, von der Spekulation gesonderten Sinn haben soll, so ist sie ein Sein oder Geschehen in der Seele, das *uns* beschiedene Teil – das wäre sie auch dann noch, wenn Gott wirklich unsrer Seele einwohnte. Wie eine erotische Natur vielleicht immer schließlich einen einzelnen lieben wird, während sie doch schon vorher und unweigerlich ihre Beschaffenheit als erotische Natur besitzt und diese prinzipiell noch von jener einzelnen Äußerung ihrer zu sondern ist – so ist die religiöse Natur zunächst eine von sich aus in gewisser Weise gestimmte, sie fühlt und gestaltet das Leben von vornherein anders als eine irreligiöse und würde das auch, wenn sie auf einer einsamen Insel lebte, wo kein Wort und Begriff von einer Gottheit sie erreicht. Der Einfachheit halber fasse ich hier zunächst nur diese, die im entschiedenen und restlosen Sinne »religiöse Natur« ins Auge. Rein als solche angesehen, *hat* sie nicht nur Religion als einen Besitz oder ein Können, sondern ihr *Sein* ist ein religiöses, sie funktioniert sozusagen religiös, wie unser Körper organisch funktioniert. Dieser letzten Seinsbestimmtheit sind nicht nur die Dogmen bloßer *Inhalt*, der sich hier so, dort anders gestaltet; sondern auch die angebbaren Einzelbeschaffenheiten ihrer Seele: das Abhängigkeitsgefühl und die Hoffnungsfreudigkeit, die Demut und die Sehnsucht, die Gleichgültigkeit gegen das Irdische und die Regulative des Lebens – alle diese sind noch nicht das zutiefst Religiöse am religiösen Menschen; sie sind noch immer etwas aus seinem Sein erst Hervorgegangenes, etwas, das er *hat*, wie der künstlerische Mensch Phantasie und technische Geschicklichkeit, sinnlich scharfes Empfinden und Stilisierungskraft *hat*, während die Substanz seines Seins, die ihn zum Künstler macht und deren Einheit nicht weiter zerlegbar ist, gleichsam unter alledem liegt. In den hergebrachten Auffassungen scheint mir die Religiosität des Menschen immer in Kombinationen und Modifikationen »allgemeiner« Energien: des Fühlens, des Denkens, des sittlichen oder des begehrlichen Wollens zu bestehen. In Wirklichkeit aber ist die Religiosität das fundamentale *Sein* der religiösen Seele und bestimmt erst die Färbung und Funktion jener allgemeinen oder auch besonderen Qualitäten der Seele. Sozusagen erst nachträglich – wenn auch nicht in der zeitlichen Bedeutung des Wortes – geht dies religiöse Grundsein in Bedürfnis und Erfüllung auseinander, wie das künstlerische Sein mit der Korrelation von Schaffenstrieb und objektiver Werkgestaltung in die Erscheinung tritt.

Mit dieser Zerlegung in *Bedürfnis und Erfüllung* also stellt sich der Religiosität, als der Naturbeschaffenheit des religiösen Menschen, die Objektivität eines religiösen *Gegenstandes* gegenüber. Indem das der Persönlichkeit zeitlos anhaftende religiöse Sein in das psychologische Stadium von Bedürfnis, Sehnsucht, Begehren tritt, fordert es eine Wirklichkeit als dessen Erfüllung. Hier finden nun alle die seelischen Agentien ihren Platz, die man von jeher als die götterschaffenden hervorgehoben hat: die Furcht und die Not, die Liebe und die Abhängigkeit, die Sehnsucht nach dem Wohlergehn auf Erden und die nach einer ewigen Erlösung. Aber die ganze Ursprungsfrage erhebt sich ersichtlich erst, wenn das innerlich religiöse Beschaffensein in jene Differenzierungsformen von Bedürfnis und Gewährung eingetaucht ist und damit einer Realität, einem geglaubten, ihm gegenüberstehenden Gotte zustrebt; um in all jene Affekte aus- oder einzugehen, muß die Religion sich erst an *Gegenstände* heften. Deshalb kann erst jetzt die Frage des Wahren oder Falschen der Religion entstehen, die ersichtlich sinnlos ist, insofern man unter Religion jene Grundbeschaffenheit des Menschen versteht; denn wahr oder falsch kann ein Sein nicht sein, sondern nur der Glaube an eine Realität jenseits des Gläubigen. Daß man das wissensähnliche Element in dem Bekenntnis: ich glaube an Gott, einerseits als zu viel, andrerseits als zu wenig empfindet – dies offenbart nur, daß das ganze Gegenüber eines glaubenden Subjekts und eines geglaubten Objekts nur eine sekundäre Zerlegung, ein nicht mehr völlig zutreffender Ausdruck für etwas Tieferes, für ein in sich selbst gewisses, wenngleich dem Wissen fremdes Sein ist. Die tastenden mystischen Benennungen: Gott sei »das reine Nichts« (im Gegensatz zu jedem angebbaren einzelnen Etwas) oder sei das »Überseiende«, wollen auch nichts anderes, als jener Wirklichkeitsfrage an Gott entgehen; sie liegt eben nicht mehr in der Schicht, in der die Wurzeln der Religion oder die Religion als letzte Wurzel des Wesens selbst entspringt. Aber weil der Mensch ein bedürftiges Wesen ist, und der erste Schritt seines Seins ihn in das Habenwollen und deshalb der erste seines Subjekts ihn in die Objektivität hinausführt, darum wird der religiöse Lebensprozeß, diese tiefe Seinsbestimmtheit des einzelnen Menschen, sogleich zur Relation zwischen einem Gläubigen und einem für sich seienden Gegenstand des Glaubens, zwischen einem Begehrenden und einem Gewährenden. Auch ist, sobald das *Bedürfnis* das Entscheidende ist, seine Befriedigung prinzipiell auf vielerlei Weise möglich, wie die jedes Bedürfnisses überhaupt. Es wäre also sogar keineswegs ausgeschlossen, daß diese Befriedigung durch andre als religiöse Darbietung erfolgte; kann doch auch das Hungergefühl durch andre Mittel als durch Essen gestillt werden, das Verlangen nach Wärme durch andre als durch Modifikation der äußeren Temperatur usw. Und tatsächlich hat man ja dem als religiös auftretenden Bedürfnis, seine Identität als solches durchaus behauptend, auf moralische oder ästhetische oder intellektuelle Weise genugtun wollen, was keineswegs mit seiner Ablenkung oder Übertäubung zusammenfällt. Mit dieser Differenzierung in Bedürfnis und Erfüllung ergreift die Realitätsform die Religiosität selbst: jetzt wird das Gebet, die Magie, der Ritus zu Mitteln von tatsächlicher Wirksamkeit. Indem so der subjektive Mensch der objektiven Wirklichkeit des Gottes gegenübersteht, ist die ganze »Wahrheitsfrage« aufgerollt, der Kampf um Richtigkeit oder Illusion, und das religiöse Sein bricht in der Ebene, in die es sich transponiert hat, auseinander.

Der Erfolg dieser, nach dem Zeugnis der Geschichte für den bisherigen Menschen unvermeidlichen Transposition ist eben das Entstehen der »Aufklärung«. Sie schließt: entweder gibt es »in der Realität« ein Metaphysisches, Transzendentes, Göttliches außerhalb des Menschen; oder, wenn der wissenschaftliche Geist eine solche Realität nicht gestattet, so ist der Glaube daran eine subjektive Phantastik, die rein psychologisch erklärt werden muß. Wenn diese Alternative das Metaphysische, psychologisch nicht Herleitbare zu widerlegen meint, so ist sie irrig; und wenn es überhaupt eine religiöse Zukunft geben soll, so muß sie überwunden werden. Ich sehe von dem fundamentalen Mißverständnis ab, auf den Wahrheitsbegriff in seinem wissenschaftlichen Sinne Annahme oder Widerlegung der Religion zu gründen; gäbe es selbst eine nach diesem Kriterium erweisliche »Wahrheit« über die letzten Dinge, so wäre Religion damit ebenso wenig überflüssig gemacht, wie die farbige Photographie, bis zu absolut genauer Reproduktion der menschlichen Erscheinung vervollkommnet, das künstlerische Porträt ersetzen könnte. Hier aber geht uns an, daß jene Alternative einem Dritten Raum gibt: vielleicht ist dieser Glaube, diese seelisch gegebene Tatsache selbst etwas Metaphysisches! – insofern nämlich darin ein Sein lebt und sich ausdrückt, jenes religiöse Sein, dessen Sinn und Bedeutung von dem Inhalt, den der Glaube ergreift oder erzeugt, völlig unabhängig ist. Wenn der Mensch ein metaphysisch-göttliches, alle empirische Einzelheit übersteigendes Gebilde sich gegenüberstellt, so projiziert er damit nicht immer und nicht nur seine psychologischen Emotionen: Furcht und Hoffnung, Überschwang und Erlösungsbedürfnis aus sich heraus: er projiziert auch damit dasjenige, was in ihm selbst metaphysisch ist, in ihm selbst jenseits aller empirischen Einzelheit liegt. Denn wie das Spiel der berechenbaren Weltelemente von der nicht weiter herleitbaren Tatsache getragen wird, daß überhaupt eine Welt und ein irgendwie charakterisierter Ausgangspunkt ihres Prozesses da ist – so ist die ganze psychologische Bewegtheit, die, prinzipiell berechenbar, die einzelnen religiösen Gebilde erzeugt, von dem vor aller Berechenbarkeit stehenden Sein und So-sein der Psyche getragen; daß diese psychologische Reihe entsteht und als eine solche entsteht, setzt eine Grundlage voraus, die nicht selbst wieder innerhalb der Reihe entstanden ist. Der Gedankengang Feuerbachs ist kurz vor diesem Punkte abgebogen. Gott ist für ihn nichts andres, als der Mensch, der, in der Not seiner Bedürfnisse, sich aus sich heraus ins Unendliche steigert und von dem so entstandenen Gott Abhilfe sucht. »Religion ist Anthropologie«. Und mit dieser Wendung glaubt er das Transzendente abgetan, weil er im Menschen nur den empirischen Fluß seelischer Einzelheiten sieht. Aber er hätte schließen sollen: also liegt der metaphysische Wert, das Übereinzelne, in dem Religiössein des Menschen selbst. Natürlich ist die Vergottung des Menschen ebenso abzulehnen wie die Vermenschlichung Gottes, denn mit beidem geschieht ein nachträgliches, gewaltsames Zusammenbiegen von Instanzen, die innerhalb *ihrer* Ebene sich unvermeidlich *gegenüber*stehen müssen. Aber man kann von vornherein unter ihren Dualismus heruntergreifen, indem man in oder gleichsam unter dem Glauben der Seele, mit dem zugleich sein Gegenstand entsteht, ihr religiöses Sein als das Absolute jenseits dieser Relation empfindet, als verschont von dem Gegensatz: Subjekt-Objekt. Wie die Vorstellung des Räumlichen, die wir in unserm Bewußtsein finden, nicht etwa erst den *Schluß* gestattet: also gäbe es auch außerhalb des Bewußtseins eine reale Raumeswelt; wie vielmehr, wenn Kant recht hat, jene Vorstellung selbst schon alles das ist, was wir räumliche Realität nennen – so *garantiert* die subjektive Religiosität nicht etwa das Vorhandensein eines metaphysischen Seins oder Wertes außerhalb ihrer, sondern sie ist selbst und unmittelbar ein solcher, sie, als eine Wirklichkeit, bedeutet schon all das Überweltliche, all die Tiefe, Absolutheit und Weihe, die an den religiösen *Gegenständen* verloren scheint. Man mag diese Wendung mit der der Ethik vergleichen, die die sittliche Bedeutung nicht in dem einzelnen Tatinhalt, sondern in dem »guten Willen« sucht; die »Güte« ist der fundamentale, nicht weiter auflösbare Charakter eines Willensprozesses, und obgleich sie die Wahl seiner Ziele bestimmt, so sind doch nicht *sie* ursprünglich »gut« und verliehen dem sie aufnehmenden Willen diesen Charakter, sondern umgekehrt, er, als die spontane Formungskraft unsres Innern, verleiht den Inhalten den moralischen Wert, den man ihnen, wie sie sich in ihrer angebbaren Materie bieten, bekanntlich niemals ansehen kann. Auch dem religiösen Inhalt ist niemals anzusehen, ob er religiös sei: die Vorstellung Gottes kann aus bloßer Spekulation heraus erzeugt, ja, geglaubt werden, die Dogmen aus bloßer Suggestion, die Erlösung aus bloßem Glückstrieb. Erst von jenem besonderen inneren Sein her, das wir religiös nennen, geschaffen oder nachgeschaffen, wird all dieses selbst religiös. Und wie nun der »gute Wille« eines Menschen seinen sittlichen Wert in voller Reinheit und vollem Maße behält, auch wenn das Schicksal ihm jegliche Möglichkeit, ein sichtbares Tun mit ihm zu erfüllen, abschnitte – so bleibt der religiöse Wert der Seele erhalten, auch wenn intellektuelle oder sonstige Momente die Inhalte annulliert haben, in die dieser Wert sonst eingeströmt ist und die er damit zu religiösen gemacht hat. Von hier aus kann man hinsichtlich des Wahrheits- oder Wirklichkeitsproblems die Paradoxe wagen: daß, je unwahrer eine religiöse Vorstellung als Wirklichkeitsbehauptung ist, desto reiner und entschiedener ihr Wesen – wenn man will, ihre »Wahrheit« – als religiöse, die Innerlichkeit, die seelische Spontaneität, daran zum Ausdruck kommt; natürlich ist der Abstand von der theoretischen Wahrheit nicht die ratio essendi der religiösen, wohl aber ihre ratio cognoscendi. So wäre auch das credo quia absurdum zu verstehen. Was theoretisch als richtig zu demonstrieren ist, kann ich *wissen*, ihm gegenüber ist der Glauben überflüssig und gar nicht angebracht. Erst wo der Verstand Nein sagt, ist der Ja-sagende Glaube überhaupt am Platz, hat er eine ihm eigene Funktion auszuüben. Freilich muß man angesichts der »Absurdität« der Glaubensinhalte beachten, daß die religiöse Stimmung als solche ihre Gegenstände nicht unmittelbar bildet, sondern mittels der Vorstellungskreise jenseits des Religiösen, die ihre ganzen Unzulänglichkeiten und Abstrusitäten dem religiösen Gebilde zubringen.

In das eigentlich religiöse Leben selbst wollen die Objektivierung und Logisierung ihre Schwierigkeiten und Dualismen hineintragen, was ihnen zum großen Teil, aber doch nicht immer gelingt. Sobald ein im metaphysisch-seelischen Grunde einheitliches Leben den Gott aus sich entlassen hat, daß er ihm gegenüberstehe, will es ihn auch schon wieder, auf den mannigfachsten Wegen und Umwegen, in sich zurücknehmen. Allein das Gegenüber kann und darf nicht rückgängig gemacht werden. So entsteht denn die Alternative von Einssein und Getrenntsein, die sich weder mit irgendeinem Mischungszustand noch mit einer der prinzipiellen Entscheidungen befriedigend löst. Allein diese Zwangswahl – so sehr sie bei dualistischer Wesensanlage in die allertiefsten Schichten hinabreichen mag – ist vielfach doch nur logisch-intellektualistisch, und das religiöse Leben erkennt sie sozusagen praktisch nicht an. Eben damit beweist es sich ganz als *Leben*, nämlich um die Widersprüche unbekümmert, die seine Bewegtheit allenthalben zeigt, wenn es auf die Ebene zeitloser Begrifflichkeit projiziert wird.

Das religiöse Sein aber ist nun kein ruhiges Dasitzen, keine qualitas occulta, kein bildhaftes Ein-für-alle-mal, wie die Schönheit eines Stückes Natur oder Kunst, sondern es ist eine Form des ganzen, lebendigen Lebens selbst, eine Art, wie es seine Schwingungen vollzieht, seine einzelnen Äußerungen aus sich hervorgehen läßt, seine Schicksale erfüllt. Wenn der religiöse Mensch – oder der Mensch als religiöser – arbeitet oder genießt, hofft oder fürchtet, froh oder traurig ist, so hat alles dies eine Gestimmtheit und Rhythmik an sich, eine Beziehung des einzelnen Inhaltes zum Ganzen des Lebens, eine

Akzentverteilung zwischen Wichtigkeit und Gleichgültigkeit – deren Besonderheit sich durchaus von eben denselben inneren Erlebnissen des praktischen, des künstlerischen, des theoretischen Menschen abhebt. Es scheint mir der große Irrtum früherer religionspsychologischer Theorien, daß sie die Religiosität erst da beginnen lassen, wo solche Inhalte sich in eine substantielle Transzendenz erstrecken, wo sie eine Gottheit außerhalb ihrer selbst bilden: erst indem der Glaube an die Gottheit, die ein Erfolg, ein Auswachsen, eine Hypostasierung jener rein empirischen Innenerlebnisse sei, in das Leben zurückwirke, werde dieses und seine Inhalte religiös. Statt dessen bin ich sicher, daß bei den Menschen, die überhaupt als religiöse in Frage kommen, die seelischen Vorgänge von vornherein nur als religiös gefärbte entstehen können – wie die Bewegungen eines anmutigen Menschen schon als solche anmutig sind, diese Beschaffenheit von ihrer Quelle mitbringen und sie nicht erst als eine nachträgliche Kolorierung eines an sich farblosen oder anders gefärbten Bewegungsinhaltes bekommen. Wenn ich Religion auf das Leben zurückführe, so bedeutet das nicht, daß ein indifferentes Leben da sei, das die Religion sozusagen akzidentell aus sich hervorgehen lasse; sondern daß unter den möglichen ursprünglichen Färbungen des Lebens auch die religiöse sich befinde. Nur eine nachträgliche Abstraktion kann innerhalb eines religiösen Lebens die Religion vom Leben scheiden – eine Abstraktion, die freilich außerordentlich durch das Aufwachsen der Sondergebilde begünstigt wird, mit denen das religiöse Sein sich sozusagen vom Leben abdestilliert und sich ein nur ihm gehöriges Gebiet erbaut: die Welt des Transzendenten, die kirchliche Dogmatik, die Heilstatsachen. In dem Maß, in dem die Religiosität ausschließlich für diese Reinkultur monopolisiert wird, kann sie sich vom Leben abtrennen und ihre Fähigkeit, eine Erlebens- und Gestaltensform *aller* Lebensinhalte zu sein, dagegen eintauschen, ein einzelner Lebensinhalt neben anderen zu sein. Aus diesem Grunde ist für alle von ihrem Sein her schwach oder gar nicht religiösen Menschen das Dogma die einzige Möglichkeit einer irgendwie religiösen Existenz. Das Religiöse bestimmt bei ihnen nicht den Lebensprozeß als seine immanente Form; darum müssen sie es als ein Transzendentes sich gegenüber haben. Damit wird die Religion etwas in ihrem Leben sachlich und zeitlich, man könnte fast sagen, auch räumlich Lokalisiertes: ihre Beschränkung auf den sonntäglichen Kirchgang ist die Karikatur dieser Sonderung der Religiosität vom Leben. All solches kann nur dadurch geschehen, daß die Religion ein Inhalt des Lebens statt ein Leben selbst ist, und daß sie selbst bei den wahrhaft religiösen Menschen, für die sie wirklich »das Leben selbst« ist, ihr Wesen als Prozeß, als Seinscharakter des Lebensganzen, doch zugleich in eine transzendente

Substanz, eine irgendwie gegenüberstehende Wirklichkeit übergeführt hat. Dadurch haben diese die Religion zu etwas gemacht, woran teilzuhaben auch einem nichtreligiösen Gesamtleben möglich ist. Bei ihnen selbst bleibt freilich Religion auch so die Form *alles* Denkens und Handelns, alles Fühlens und Wollens, alles Hoffens und Verzweifelns, und ist auch nicht etwa nur ein immer mitklingender Oberton zu alle dem; sondern ist die ursprüngliche Tonbildung aller der klingenden und verklingenden, sich spannenden und lösenden Harmonien und Disharmonien des Lebens, so daß sie ihre metaphysische Bedeutung nicht von einem Gegenstand, auf den sie sich richte, entlehnt, sondern sie in ihrem Dasein selbst trägt.

Es wird hiermit eine ganz prinzipielle weltanschauliche Wendung durchgeführt. Das Weltbild der europäischen Kultur war bis zur Neuzeit ein, der Gesinnung nach, durchaus objektives. So mannigfaltig und einander widersprechend die Vorstellungen vom Kosmos waren, immer wollten sie ihn in seinem objektiven Dasein ergreifen, die Seele des Vorstellenden trat nicht als schöpferische Bestimmung, nicht als Modifikationsgrund dieses Bildes in das Bewußtsein. Dies geschah erst in den letzten Jahrhunderten, bis es sich in den Idealismus aufgipfelte, für den die Welt »meine Vorstellung«, alles Denkbare in die Subjektivität des Ich eingeschlossen wurde. Dies aber ergab eine gewisse Unbefriedigtheit und Entwurzelung und führte zu allen möglichen Zwistigkeiten, Kompromissen, mehr oder weniger unklaren Mischungen mit dem weiterbestehenden objektivischen Prinzip. Und hier entsteht, nicht als äußerliches Halb- und Halbtum, sondern als weltanschauliche Einheit die Tendenz: das Subjekt selbst zu objektivieren – in der sich schon das Geistesleben Goethes bewegt*. Mag alles Wie der Welt von der Struktur eines Subjekts bestimmt sein – daß dies der Fall ist, und jeweils gerade so der Fall ist, ist in den metaphysischen Gründen des Kosmos verankert, das Vorstellen ist selbst ein Sein, das seine Objektivität in sich trägt und sie nicht als Abspiegelung eines ihm Äußeren zu entlehnen braucht. Dies ist der hier auch für das religiöse Leben zu gewinnende Aspekt. Mögen seine Inhalte darauf verzichten müssen, deckende Gegenbilder transzendenter Wirklichkeiten zu sein, das Entscheidende ist, daß dieses Leben da ist, und als ein solches gelebt wird, das diese Inhalte aus sich hervortreibt, daß es sich nicht aus einem Komplex von Dogmen zusammenzusetzen braucht, sondern sich als eine reale Totalität weiß, deren Einheit jetzt in seinem Religiös-Sein gegeben ist.

Man kann zwei Grundformen des Religiösen unterscheiden, deren keine freilich in absoluter Reinheit auftreten wird; ihrer Mischung

* Ich habe dies in meinem Buch: *Goethe*, 2. Aufl. 1917, durchgeführt.

aber gibt das Übergewicht jeweils *einer* einen entschiedenst differenten Charakter gegen die andre. Auf der einen Seite die *Objektivität* der religiösen oder kirchlichen Tatsachen: eine selbstgenugsam fertige, absolut eigenwertige Welt des Transzendenten, zu der das Individuum nur aufschauen, an der es irgendwie teilhaben oder Gnade von ihr empfangen kann. An dem andern Pol der Reihe ist Religion ausschließlich ein Zustand oder ein Vorgang in der Innerlichkeit des individuellen Subjekts, mag es auch Aufruf und Rechtfertigung dafür aus dem Wissen um jene metaphysischen Realitäten gewinnen. Hier nun handelt es sich darum, diese im Subjekt entspringende und beharrende Religiosität als eine objektive Tatsache zu begreifen und zu werten, sie an ihrer Stelle in der metaphysischen Welt anzuerkennen. Es ist eine sehr durchgehende, aber kaum klar auszudrückende Vorstellungsweise, als sei das im Subjekt Vorgehende und Verbleibende gar keine Tatsache im objektiven Sinne, eigentlich ein Nichts, ein zerflatternder Hauch: man stellt auch die Objektivität in sich selbst, als diese selbst, in Abrede, sobald für sie kein Gegenbild in einer äußeren Objektivität (die natürlich keine räumliche zu sein braucht) besteht. Damit ist aber ersichtlich die Ausschaltung des Subjektiven aus dem Bezirk der sachlichen Dignität ganz oberflächlich motiviert. Denn höchstens könnte man den *Inhalt* des nur subjektiven Denkens, insofern er einer äußeren Wirklichkeit zu entsprechen beansprucht und sie verfehlt, für Nichts und unter die flatus vocis rechnen. Die Tatsache aber, *daß* er gedacht wird, der Prozeß, der ihn – immerhin in einem hier nicht zu verfolgenden Verhältnis zu seinem Inhalt – trägt, ist eine objektive Tatsächlichkeit und von jener Schemenhaftigkeit seines für sich betrachteten Inhalts unbetroffen. Ich sehe keinen Grund, den Wert Objektivität nur derjenigen Religiosität zuzusprechen, die ihren Gegenstand außerhalb ihrer selbst hat; denn die ohne diese Bedingung bestehende gehört ebenso in die kosmische oder metaphysische Ordnung wie der Bestand des Götterhimmels.

Blicken wir von hier auf das Fundamentalproblem dieser Seiten zurück: wie denn dem unverloschenen Bedürfnis nach religiösen Werten ein Sinn und eine Erfüllung zukommen könne, wenn kein einziger der Inhalte, die es bisher befriedigten, diesen Dienst länger zu leisten vermag – so dämmert die Möglichkeit auf, daß die Religion sich aus ihrer Substantialität, aus ihrer Bindung an transzendente Inhalte zu einer Funktion, zu einer inneren Form des Lebens selbst und aller *seiner* Inhalte zurück- oder emporbilde. Die ganze Frage ist, ob der religiöse Mensch das Leben selbst, in dieser Weihe und Spannung, diesem Frieden und dieser Tiefe, diesem Glück und diesem Ringen verbracht – ob er ein solches Leben als einen so *absoluten* Wert selbst empfinden kann, daß er ihn, wie durch eine Achsendrehung, an die

Stelle der transzendenten Religionsinhalte rücken kann. Gegen den hier naheliegenden Ausdruck Schleiermachers, daß man nichts aus Religion, aber alles mit Religion tun solle, bleibt doch etwas ganz Wesentliches different. Wenn alle Lebensinhalte »mit Religion« vollzogen werden sollen, so ist die Religion noch immer etwas außerhalb dieser Gelegenes, das nur mit allem Denken und Handeln und Empfinden tatsächlich unlösbar verbunden ist, während dieses prinzipiell, ohne in seinem immanenten Ablauf geändert zu werden, auch ohne jene bestehen kann. Wie aber ein rationalistischer Mensch nicht nur sein Fühlen und Wollen »mit« verstandesmäßigen Überlegungen begleitet, sondern wie die Verständigkeit von vornherein als eine alles tragende Funktion die Art seiner seelischen Ereignisse bestimmt, so würde das Problem der religiösen Lage gelöst sein, wenn die Menschen ein religiöses Leben lebten, d. h. ein solches, das sich nicht »mit« Religion vollzieht, sondern dessen Vollzug selbst ein religiöser ist – geschweige denn, daß es sich »aus« Religion vollzöge. d. h. erst aus Rücksicht auf irgendein Objekt, das außerhalb seiner stünde; denn wie sehr dies auch das Produkt religiöser Innenvorgänge sei, so ist es als solches doch der Kritik unterworfen, während – ich erwähnte dies schon – ein von vornherein religiöses Sein so wenig kritisiert werden kann wie überhaupt ein Sein, im Unterschied gegen die Glaubens- und Wissensvorstellungen von einem solchen, der kritischen Frage unterliegt. Und dies ist das ganze Schicksalsproblem der religiösen Menschen: ob, wenn die Gegenstände der religiösen Sehnsucht – nicht nur die historischen, sondern »Gegenstände« überhaupt – sich durch keine Reaktion und keine Modernisierung mehr dieser Sehnsucht bieten können – ob dann nicht ihre religiöse Gestaltung des gesamten Seins ihnen dennoch das Gefühl geben muß, daß der Sinn ihres Lebens im tiefsten erreicht ist. – Eine solche Ablehnung jedes Dogmas, auch in einem keineswegs gehässigen Sinne seiner, hat mit dem religiösen »Liberalismus« gar nichts zu tun, weil auch dieser noch immer das religiöse Wesen an Inhalte bindet, zwischen denen er nur persönlich freie Wahl gestattet. Dieser Liberalismus wird völlig damit charakterisiert, daß Locke in seinen Verfassungsentwurf für einen amerikanischen Staat zwar die unbedingte Gleichberechtigung aller überhaupt möglichen Konfessionen aufnahm, Atheisten aber vom Bürgerrecht ausschloß.

Daß die religiöse Entwicklung etwa diese Richtung nehmen könnte, begegnet der Schwierigkeit, daß sie nur der spezifisch religiösen Natur offen zu stehen scheint. Gerade für diese aber birgt jene Problematik gar keine tiefere Gefährdung. Sie mag den Zweifel, die unruhige Sehnsucht, die Anfechtung, den Abfall durchmachen; im letzten Grunde ist sie dennoch ihrer Sache sicher, weil das für sie nur bedeutet, daß sie ihrer selbst sicher ist. Sie findet in ihrer Selbstbesinnung eine so transzendente Seinstiefe, daß sie sie gar nicht Gott zu nennen braucht; weshalb denn manche der erhabensten religiösen Mystiker eine merkwürdige Gleichgültigkeit gegen den Glaubensinhalt zeigen. Mag die religiöse Natur aber einem solchen auch aufs leidenschaftlichste anhangen, so wird die kritische Negierung seiner »Wahrheit«, der sie sich etwa nicht entziehen kann, entweder seinen Ersatz durch irgendeinen andern zur Folge haben, oder es wird eine Verzweiflung oder ein bilderstürmerischer Fanatismus der Abwendung und Bekämpfung eintreten, in denen die Religiosität mit der gleichen Energie wie vorher, nur mit negativem Vorzeichen, sich auslebt. Die religiöse Natur steht niemals im Leeren, weil sie die Fülle in sich hat. Nicht sie – daran ist für mich kein Zweifel – wird von der religiösen Not der Zeit getroffen, sondern der Mensch mit einigen religiösen Elementen, der Mensch, der Religion *braucht*, weil sein Sein sie nicht besitzt, der Mensch, in dem sie eine schmerzlich empfindbare Lücke der Existenz ausfüllt, der, von dem Goethe sagt: er »habe Religion«. Daß gerade die nicht-religiösen Menschen die Religion im historischen Sinne des Glaubens an eine transzendente Realität am nötigsten haben, verliert an Paradoxie durch die Analogie der Tatsache, daß die völlig und durch Instinkt sittliche Seele keines formulierten Sittengesetzes, das ihr als Imperativ gegenüberstünde, bedarf. Nur in dem Verführbaren, dem Unreinen, dem Schwankenden oder Fallenden sondert sich das irgendwie ihm eignende sittliche Bewußtsein aus und wird zum Sollen, während es des ganz sittlichen Menschen eignes, von ihm unabtrennliches Sein ist. In der hergebrachten religiösen Ausdrucksweise also: wer den Gott nicht in sich hat, muß ihn außer sich haben. Die stark religiösen Menschen der historischen Gläubigkeiten hatten ihn in sich und außer sich. Bei den genialen und schöpferischen Persönlichkeiten dieser Art war die innere Religiosität so kraftvoll und weit, daß sie sich an der Gestaltung des Gesamtlebens nicht genugtat, jene Form ihres Lebens griff über alle seine möglichen Inhalte hinweg zu einem Über-Leben, das religiöse Sein konnte seine Fülle und Leidenschaft nicht allein tragen, sondern warf sich in das Unendliche hinaus, um sich von ihm zurückzuempfangen, da es seine Weiten und Tiefen, seine Seligkeiten und Verzweiflungen nicht meinte sich selbst verdanken zu können. Dies sind überhaupt die beiden Typen in der Genesis der Religion: die Not, aus der heraus die Kreatur zu Gott schreit, das Zuwenig des Lebens, das die Fülle, die Freiheit, die Unendlichkeit sucht – und der Überschwang, das Zuviel des Lebens, das des Gegenstandes bedarf, an den es sich hinlebe und von dem es Form empfange, das in zu große Weiten seines Gefühls und Schöpfertums schwingt, um sich in dieser Entfernung noch selbst wiederzuerkennen, das seine formlose Unendlichkeit zwischen eine Quelle, aus der es kommt, und ein Meer, in das es fließt, eingrenzen muß, und die Quelle und das Meer als Eines empfindet. Vielleicht, daß in jedem religiösen Gesamtphänomen beide Ursprünge in irgendeinem Maße zusammen wirken, so daß, wie Plato den Eros als den Sohn der Armut und des Reichtums verkündet, auch die Religion von gleicher Abstammung ist.

Aber bis in diese letzten Tiefenschichten ist die Religion der ungeheuren Mehrzahl der Menschen gar nicht zu verfolgen. Sie finden die Gottheit schlechthin vor, sie steht ihnen als eine objektive Realität gegenüber, die wohl in den meisten Fällen ihre gebundenen oder halbwachen religiösen Energien erst in Wirklichkeit und Wirksamkeit ruft. Wenn jenen auch die Kritik den Gott rauben würde – sie würden nicht nur die Quelle, aus der er entsprungen ist, sondern auch den metaphysischen Wert, den er darstellte, noch immer in sich bewahren; diese aber haben mit ihm alles verloren, denn die Masse braucht etwas in ganz anderem Sinn »Objektives«, als das intensive und schöpferische Individuum. Das ungeheure Fragezeichen der jetzigen Lage und ihrer Zukunft steht hinter der Möglichkeit, ob die Religiosität der *Durchschnittstypen* die Wendung von der Substanz des Götterhimmels und der transzendenten »Tatsachen« vollziehen kann; die Wendung zu der religiösen Gestaltung des Lebens selbst; die Wendung, mit der alle überweltliche Sehnsucht und Hingabe, Seligkeit und Verworfensein, Gerechtigkeit und Gnade nicht mehr gleichsam in der Höhendimension über dem Leben, sondern in der Tiefendimension innerhalb seiner selbst gefunden wird. Es gehört allerdings zu den Schwierigkeiten einer weiter und tiefer greifenden Entwicklung nicht nur des religiösen, sondern des verinnerlichten Lebens überhaupt, daß diese Begriffe von den dogmatischen Religionen mit Beschlag belegt sind und durch diese historische Abstempelung und Belastung gar nicht mehr als das Selbstbewußtsein oder die Ausdrücke solcher sozusagen allgemein menschlichen reinen Innenerfahrungen zu verwenden sind. Was indes können alle Bemühungen helfen, die religiösen Werte auf die Dauer in die Realitäten des historischen Glaubens einzukapseln und so zu konservieren? Man versucht es auf dem kantisch-moralisierenden Wege, aus der Unnachlaßlichkeit der ethischen Forderung die ganz anders geartete Sicherheit der religiösen Glaubenswelt herauspressend; versucht es auf Wegen der Mystik, die die religiösen Gegenstände in so umrißverschleiernde Dämmerung rückt, daß der Erweis ihres Nichtseins unmöglich wird und dies im Handumdrehen als Erweis ihres Seins gilt; versucht es mit den Mitteln des Katholizismus, der seine ungeheure Organisation zwischen das Individuum und die Heilstatsachen schiebt, so daß diese an der festen Realität jener, durch die allein sie zugängig sind, teilhaben, und daß dem Individuum die Verantwortung für sein Fürwahrhalten abgenommen ist. Aber es scheint der Weg des Geistes zu sein, daß er schließlich, über all solche Mittel und Vermittlungen hinweg, seine Glaubensinhalte vor die unabgeschwächte, harte Frage des Seins oder Nichtseins stelle. Wie die Antwort in Hinsicht der historischen Religionen, ja, auch in Hinsicht aller etwa anderen schließlich lauten muß, die im Prinzip einer transzendenten, der Welt gegenüberstehenden Gottestatsache mit jenen auf einem Boden stehen – kann nicht zweifelhaft sein. Da aber ebenso zweifellos die Energien, die jene Gebilde emporgetrieben haben, nicht in deren Vergänglichkeit mit hineingezogen sind, so scheint das Schicksal der Religion der radikalen Wendung zuzutreiben, die jenen Energien eine andere Betätigungs- und gleichsam Verwertungsform bieten möchte, als die Schaffung transzendenter Gebilde und des Verhältnisses zu ihnen – und die den metaphysischen Wert vielleicht wieder dem religiösen Sein der Seele zurückgewähren wird, das jene aus sich entlassen hat und doch auch als *ihr* Leben in ihnen lebt.

Zur Philosophie der Kultur

Der Begriff und die Tragödie der Kultur

Daß der Mensch sich in die natürliche Gegebenheit der Welt nicht fraglos einordnet, wie das Tier, sondern sich von ihr losreißt, sich ihr gegenüberstellt, fordernd, ringend, vergewaltigend und vergewaltigt – mit diesem ersten großen Dualismus entspinnt sich der endlose Prozeß zwischen dem Subjekt und dem Objekt. Innerhalb des Geistes selbst findet er seine zweite Instanz. Der Geist erzeugt unzählige Gebilde, die in einer eigentümlichen Selbständigkeit fortexistieren, unabhängig von der Seele, die sie geschaffen hat, wie von jeder anderen, die sie aufnimmt oder ablehnt. So sieht sich das Subjekt der Kunst wie dem Recht gegenüber, der Religion wie der Technik, der Wissenschaft wie der Sitte – nicht nur von ihrem Inhalt bald angezogen, bald abgestoßen, jetzt mit ihnen verschmolzen wie mit einem Stück des Ich, bald in Fremdheit und Unberührbarkeit gegen sie; sondern es ist die Form der Festigkeit, des Geronnenseins, der beharrenden Existenz, mit der der Geist, so zum Objekt geworden, sich der strömenden Lebendigkeit, der inneren Selbstverantwortung, den wechselnden Spannungen der subjektiven Seele entgegenstellt; als Geist dem Geiste innerlichst verbunden, aber eben darum unzählige Tragödien an diesem tiefen Formgegensatz erlebend: zwischen dem subjektiven Leben, das rastlos, aber zeitlich endlich ist, und seinen Inhalten, die, einmal geschaffen, unbeweglich, aber zeitlos gültig sind.

Mitten in diesem Dualismus wohnt die Idee der Kultur. Ihr liegt eine innere Tatsache zugrunde, die man als ganze nur gleichnisweise und etwas verschwimmend ausdrücken kann: als den Weg der Seele zu sich selbst; denn keine solche ist jemals nur das, was sie in diesem Augenblick ist, sondern ein Mehr, es ist ein Höheres und Vollendeteres ihrer selbst in ihr präformiert, unreal, aber doch irgendwie vorhanden. Nicht ein benennbares, an irgendeiner Stelle der geistigen Welt fixiertes Ideal ist hier gemeint; sondern das Freiwerden der in ihr selbst ruhenden Spannkräfte, die Entwicklung ihres eigensten, einem inneren Formtrieb gehorsamen Keimes. Wie das Leben – und zuhöchst seine Steigerung im Bewußtsein – seine Vergangenheit in einer unmittelbareren Form in sich enthält als irgendein Stück des

Unorganischen, wie dies Vergangene nach seinem ursprünglichen Inhalt und nicht nur als mechanische Ursache späterer Umsetzungen im Bewußtsein weiterlebt, so umschließt es auch seine Zukunft in einer Weise, zu der das Unlebendige keine Analogie besitzt. In jedem Daseinsmoment eines Organismus, der wachsen und sich fortpflanzen kann, wohnt die spätere Form mit einer so innerlichen Notwendigkeit und Vorgebildetheit, die etwa derjenigen gar nicht zu koordinieren ist, mit der die gespannte Feder ihre Gelöstheit enthält. Während alles Unlebendige schlechthin nur den Augenblick der Gegenwart besitzt, streckt sich das Lebendige in einer unvergleichlichen Art über Vergangenheit und Zukunft. All die seelischen Bewegtheiten vom Typus des Wollens, der Pflicht, des Berufenseins, des Hoffens – sind die geistigen Fortsetzungen der fundamentalen Bestimmung des Lebens: in seiner Gegenwart seine Zukunft, in einer besonderen, eben nur am Lebensprozeß bestehenden Form zu enthalten. Und dies betrifft nicht nur einzelne Entwicklungen und Vollendungen, sondern die Persönlichkeit als ganze und als Einheit trägt ein wie mit unsichtbaren Linien vorgezeichnetes Bild in sich, mit dessen Realisierung sie sozusagen statt ihrer Möglichkeit erst ihre volle Wirklichkeit wäre. So sehr also auch das Reifen und Sichbewähren der seelischen Kräfte sich an einzelnen, sozusagen provinziellen Aufgaben und Interessen vollziehen mag, so steht irgendwie darunter oder darüber die Forderung, daß mit alledem die seelische Totalität als solche ein mit ihr selbst gegebenes Versprechen erfülle, und alle Einzelausbildungen erscheinen damit doch nur als eine Vielheit von Wegen, auf denen die Seele zu sich selbst kommt. Dies ist eine, wenn man will, metaphysische Voraussetzung unseres praktischen und gefühlsmäßigen Wesens – in wie weitem Abstand von dem realen Verhalten sich auch dieser symbolische Ausdruck halte: daß die Einheit der Seele nicht einfach ein formales Band ist, das die Entfaltungen ihrer Einzelkräfte in immer gleicher Weise umschließt, sondern daß durch diese Einzelkräfte eine Entwicklung ihrer als eines Ganzen getragen wird und dieser Entwicklung des Ganzen das Ziel einer Ausgebildetheit innerlich vorangestellt ist, zu der alle jene einzelnen Vermögen und Vollkommenheiten als Mittel gelten. Und hier zeigt sich die erste und vorläufig nur dem Sprachgefühl folgende Bestimmung des Kulturbegriffs. Wir sind noch nicht kultiviert, wenn wir dieses oder jenes einzelne Wissen oder Können in uns ausgebildet haben; sondern erst dann, wenn all solches der zwar daran gebundenen, aber damit nicht zusammenfallenden Entwicklung jener seelischen Zentralität dient. Unsere bewußten und angebbaren Strebungen gelten zwar den partikularen Interessen und Potenzen, und darum erscheint die Entwicklung jedes Menschen, auf ihre Benennbarkeiten hin angesehen, als ein Bündel von Wachstumslinien, die sich nach recht verschiedenen Richtungen und in recht verschiedene Längen erstrecken. Aber nicht mit diesen in ihren singulären Vollendungen, sondern erst mit ihrer Bedeutung für oder als die Entwicklung der undefinierbaren personalen Einheit kultiviert sich der Mensch. Oder anders ausgedrückt: Kultur ist der Weg von der geschlossenen Einheit durch die entfaltete Vielheit zur entfalteten Einheit. Unter allen Umständen aber kann es sich nur um die Entwicklung zu einer Erscheinung hin handeln, die in den Keimkräften der Persönlichkeit angelegt, als ihr ideeller Plan in ihr selbst gleichsam skizziert ist. Auch hier gewährt der Sprachgebrauch sichere Führung. Ein Gartenobst, das die Arbeit des Gärtners aus einer holzigen und ungenießbaren Baumfrucht gezogen hat, nennen wir kultiviert; oder auch: dieser wilde Baum ist zum Gartenobstbaum kultiviert worden. Wird dagegen vielleicht aus demselben Baum ein Segelmast hergestellt – und damit eine nicht geringere Zweckarbeit auf ihn verwendet, so sagen wir keineswegs, der Stamm sei zum Maste kultiviert worden. Diese Sprachnuance deutet ersichtlich an, daß die Frucht, so wenig sie ohne die menschliche Bemühung zustande käme, doch schließlich aus den eigenen Triebkräften des Baumes heraustreibt und nur die in seinen Anlagen selbst vorgezeichnete Möglichkeit erfüllt – während die Mastform seinem Stamme aus einem ihm selbst ganz fremden Zwecksystem und ohne jede Präformation in seinen eigenen Wesenstendenzen hinzugefügt wird. In eben diesem Sinne können alle möglichen Kenntnisse, Virtuositäten, Verfeinerungen eines Menschen uns noch nicht bestimmen, ihm wirkliche Kultiviertheit zuzusprechen, wenn jene sozusagen nur als Hinzufügungen wirken, die seiner Persönlichkeit aus einem ihr äußeren und ihr auch im letzten Grunde äußerlich bleibenden Wertgebiet kommen. In solchem Falle hat der Mensch zwar Kultiviertheiten, aber er ist nicht kultiviert; welches letztere nur eintritt, wenn die aus dem Überpersönlichen aufgenommenen Inhalte wie durch eine vorbestimmte Harmonie nur das in der Seele zu entfalten scheinen, was in ihr selbst als ihr eigenster Trieb und als innere Vorgezeichnetheit ihrer subjektiven Vollendung besteht.

Und hier tritt nun endlich die Bedingtheit der Kultur hervor, durch die sie eine Lösung der Subjekt-Objekt-Gleichung darstellt. Wir versagen ihren Begriff, wo die Perfektion nicht als Eigenentwicklung des seelischen Zentrums empfunden wird; aber er trifft auch nicht zu, wo sie nur als eine solche Eigenentwicklung auftritt, die keiner objektiven und ihr äußeren Mittel und Stationen bedarf. Vielerlei Bewegungen führen die Seele wirklich, wie jenes Ideal es fordert, zu sich selbst, das heißt zur Verwirklichung des ihr vorgesetzten, aber zuerst nur als Möglichkeit bestehenden, vollen und eigensten Seins. Aber indem oder insoweit sie dies rein von innen her erreicht: in religiösen Aufschwüngen, sittlicher Selbsthingabe, beherrschender Intellektualität, Harmonie des Gesamtlebens – kann sie doch noch des spezifischen Besitzes der Kultiviertheit entbehren. Nicht nur, daß ihr dabei jenes ganz oder relativ Äußerliche fehlen mag, das der Sprachgebrauch als bloße Zivilisation deklassiert. Darauf käme es durchaus nicht an. Aber Kultiviertheit in ihrem reinsten, tiefsten Sinne ist da nicht gegeben, wo die Seele jenen Weg von sich selbst zu sich selbst, von der Möglichkeit unseres wahrsten Ich zu seiner Wirklichkeit, ausschließlich mit ihren subjektiv personalen Kräften zurücklegt – wenngleich vielleicht von einem höchsten Blickpunkt aus gerade diese Vollendungen die wertvollsten sind; womit nur bewiesen wäre, daß Kultur nicht das einzige Wertdefinitivum der Seele ist. Ihr spezifischer Sinn indes ist nur da erfüllt, wo der Mensch in jene Entwicklung etwas, das ihm äußerlich ist, einbezieht, wo der Weg der Seele über Werte und Reihen geht, die nicht selbst subjektiv seelisch sind. Jene objektiv geistigen Gebilde, von denen ich im Anfang sprach: Kunst und Sitte, Wissenschaft und zweckgeformte Gegenstände, Religion und Recht, Technik und gesellschaftliche Normen – sind Stationen, über die das Subjekt gehen muß, um den besonderen Eigenwert, der seine Kultur heißt, zu gewinnen. Es muß *diese* in sich einbeziehen, aber es muß sie auch in *sich* einbeziehen, darf sie nicht einfach als objektive Werte bestehen lassen. Es ist das Paradoxon der Kultur, daß das subjektive Leben, das wir in seinem kontinuierlichen Strome fühlen, und das von sich aus auf seine innere Vollendung drängt, diese Vollendung, von der Idee der Kultur aus gesehen, gar nicht aus sich heraus erreichen kann, sondern nur über jene, ihm jetzt ganz formfremd gewordenen, zu selbstgenugsamer Abgeschlossenheit kristallisierten Gebilde. Kultur entsteht – und das ist das schlechthin Wesentliche für ihr Verständnis –, indem zwei Elemente zusammenkommen, deren keines sie für sich enthält: die subjektive Seele und das objektiv geistige Erzeugnis.

Hier wurzelt die metaphysische Bedeutung dieses historischen Gebildes. Eine Anzahl der entscheidenden menschlichen Wesensbetätigungen bauen unvollendbare, oder wenn vollendet, immer wieder abgerissene Brücken zwischen dem Subjekt und dem Objekt überhaupt: das Erkennen, vor allem die Arbeit, in manchen ihrer Bedeutungen auch die Kunst und die Religion. Der Geist sieht sich einem Sein gegenüber, auf das ebenso der Zwang, wie die Spontaneität seiner Natur ihn hintreibt; aber er bleibt ewig in die Bewegung in sich selbst gebannt, in einem Kreise, der das Sein nur berührt, und in jedem Augenblick, in dem er, in der Tangente seiner Bahn abbiegend, in das Sein eindringen will, reißt ihn die Immanenz seines Gesetzes wieder in seine in sich selbst beschlossene Drehung fort. In der Bildung der Begriffe: Subjekt-Objekt als Korrelate, deren jedes nur am anderen seinen Sinn findet, liegt schon die Sehnsucht und Antizipation einer Überwindung dieses starren, letzten Dualismus. Jene erwähnten Betätigungen nun transponieren ihn in besondere Atmosphären, in denen die radikale Fremdheit seiner Seiten herabgesetzt ist und gewisse Verschmelzungen zuläßt. Weil diese aber nur unter den Modifikationen stattfinden können, die gleichsam durch die atmosphärischen Bedingungen besonderer Provinzen geschaffen sind, können sie die Fremdheit der Parteien nicht in ihrem tiefsten Grunde überwinden und bleiben endliche Versuche, eine unendliche Aufgabe zu lösen. Unser Verhältnis aber zu denjenigen Objekten, an denen oder die in uns einbeziehend wir uns kultivieren, ist ein anderes, weil diese selbst ja Geist sind, der in jenen ethischen und intellektuellen, sozialen und ästhetischen, religiösen und technischen Formen gegenständlich geworden ist; der Dualismus, mit dem das auf seine eigenen Grenzen angewiesene Subjekt dem für sich seienden Objekt gegenübersteht, erlebt eine unvergleichliche Formung, wenn beide Parteien Geist sind. So muß der subjektive Geist zwar seine Subjektivität, aber nicht seine Geistigkeit verlassen, um das Verhältnis zum Objekt zu erleben, durch das seine Kultivierung sich vollzieht. Dies ist die einzige Art, auf die die dualistische Existenzform, mit dem Bestande des Subjekts unmittelbar gesetzt, sich zu einer innerlich einheitlichen Bezogenheit organisiert. Hier geschieht ein Objektivwerden des Subjekts und Subjektivwerden eines Objektiven, das das Spezifische des Kulturprozesses ausmacht und in dem sich, über dessen einzelne Inhalte hinweg, seine metaphysische Form zeigt. Sein tieferes Verständnis fordert deshalb eine weitergehende Analyse jener Vergegenständlichung des Geistes.

Diese Blätter gingen von der tiefen Fremdheit oder Feindschaft aus, die zwischen dem Lebens- und Schaffensprozeß der Seele auf der einen Seite und seinen Inhalten und Erzeugnissen auf der anderen besteht. Dem vibrierenden, rastlosen, ins Grenzenlose hin sich entwickelnden Leben der in irgendeinem Sinne schaffenden Seele steht ihr festes, ideell unverrückbares Produkt gegenüber, mit der unheimlichen Rückwirkung, jene Lebendigkeit festzulegen, ja erstarren zu machen; es ist oft, als ob die zeugende Bewegtheit der Seele an ihrem eigenen Erzeugnis stürbe. Hier liegt eine Grundform unseres Leidens an der eigenen Vergangenheit, an dem eigenen Dogma, den eigenen Phantasien. Diese Diskrepanz, die gleichsam zwischen dem Aggregatzustand des inneren Lebens und dem seiner Inhalte besteht, wird dadurch in gewissem Maße rationalisiert und weniger scharf fühlbar, daß der Mensch durch sein theoretisches oder praktisches Schaffen jene seelischen Erzeugnisse oder Inhalte als einen in einem bestimmten Sinne selbständigen Kosmos des objektivierten Geistes sich gegenüberstellt und erblickt. Das äußere oder immaterielle Werk, in dem das seelische Leben sich niederschlägt, wird als ein Wert besonderer Art empfunden; so sehr das Leben, darein einströmend, sich in eine Sackgasse verläuft, oder seine Fluten weiterrollt, die dieses ausgeworfene Gebilde an seiner Stelle liegen lassen, so ist dies doch eben der spezifisch menschliche Reichtum, daß die Produkte des objektiven Lebens zugleich einer nicht verfließenden, sachlichen Ordnung von Werten angehören, einer logischen oder sittlichen, einer religiösen oder künstlerischen, einer technischen oder rechtlichen. Indem sie sich als Träger solcher Werte, Glieder solcher Reihen offenbaren, sind sie nicht nur durch ihre gegenseitige Verwebung und Systematisierung der starren Isoliertheit enthoben, mit der sie sich der Rhythmik des Lebensprozesses entfremdeten, sondern dieser Prozeß selbst hat damit eine Bedeutsamkeit erhalten, die aus der Unaufhaltsamkeit seines bloßen Verlaufes nicht zu gewinnen ist. Es fällt auf die Vergegenständlichungen des Geistes ein Wertakzent, der zwar im subjektiven Bewußtsein entspringt, mit dem dieses Bewußtsein aber etwas meint, was jenseits seiner liegt. Der Wert braucht hierbei keineswegs immer ein positiver, im Sinne des Guten zu sein; vielmehr die bloße formale Tatsache, daß das Subjekt ein Objektives hingestellt hat, daß sein Leben sich aus sich heraus verkörpert hat, wird als etwas Bedeutsames empfunden, weil gerade nur die Selbständigkeit des so vom Geiste geformten Objekts die Grundspannung zwischen Prozeß und Inhalt des Bewußtseins lösen kann. Denn wie räumlich naturhafte Vorstellungen die Unheimlichkeit, innerhalb des fließenden Bewußtseinsprozesses als etwas völlig Formfestes zu beharren, dadurch beruhigen, daß sie diese Stabilität an ihrer Beziehung zu einer objektiv äußerlichen Welt legitimieren – so leistet die Objektivität der geistigen Welt den entsprechenden Dienst. Wir fühlen die ganze Lebendigkeit unseres Denkens an die Unverrückbarkeit logischer Normen, die ganze Spontaneität unseres Handelns an moralische geknüpft, unser ganzer Bewußtseinsverlauf ist mit Erkenntnissen, Überliefertheiten, Eindrücken einer irgendwie vom Geiste geformten Umgebung angefüllt; die Festigkeit und gleichsam chemische Unlösbarkeit von all diesem zeigt einen problematischen Dualismus gegen die ruhelose Rhythmik des subjektiv seelischen Prozesses, in dem es sich doch als Vorstellung, als subjektiv seelischer Inhalt erzeugt. Aber indem es einer ideellen Welt oberhalb des individuellen Bewußtseins angehört, wird dieser Gegensatz auf einen Grund und ein Recht gebracht. Gewiß ist es für den kulturellen Sinn des Objekts, auf den es uns hier schließlich ankommt, das Entscheidende, daß in ihm Wille und Intelligenz, Individualität und Gemüt, Kräfte und Stimmung einzelner Seelen (und auch ihrer Kollektivität) gesammelt sind. Allein indem dies geschehen ist, sind jene seelischen Bedeutsamkeiten doch auch an einen Endpunkt ihrer Bestimmung gelangt. In dem Glück des Schaffenden an seinem Werk, so groß oder gering dies sei, liegt neben der Entladung der inneren Spannungen, dem Erweise der subjektiven Kraft, der Genugtuung über die erfüllte Forderung wahrscheinlich immer noch eine sozusagen objektive Befriedigtheit darüber, daß dieses Werk nun dasteht, daß der Kosmos der irgendwie wertvollen Dinge nun um dieses Stück reicher ist. Ja vielleicht gibt es gar keinen sublimeren persönlichen Genuß des eigenen Werkes, als wenn wir es in seiner Unpersönlichkeit und seiner Gelöstheit von all unserem Subjektiven empfinden. Und wie so die Objektivierungen des Geistes wertvoll sind, jenseits der subjektiven Lebensprozesse, die als ihre Ursachen in sie eingegangen sind, so sind sie es auch jenseits der anderen, die als ihre Folgen von ihnen abhängen. Wir mögen die Organisationen der Gesellschaft und die technische Formung der Naturgegebenheiten, das Kunstwerk und die wissenschaftliche Erkenntnis der Wahrheit, die Sitte und die Sittlichkeit noch so sehr, noch so überwiegend auf ihre Ausstrahlung in das Leben und die Entfaltung von Seelen ansehen – es ist oft und vielleicht immer darein eine Anerkennung dessen verwebt, daß diese Gebilde überhaupt da sind, daß die Welt auch diese Gestaltung des Geistes umfaßt; es ist eine Direktive in unseren Wertungsprozessen, die an dem Eigenbestand des Geistig-Objektiven halt macht, ohne über das Definitive dieser Dinge selbst hinaus nach ihren seelischen Folgen zu fragen. Neben allem subjektiven Genuß, mit dem z. B. das Kunstwerk sozusagen in uns eingeht, wissen wir als einen Wert besonderer Art, daß es überhaupt da ist, daß der Geist sich dieses Gefäß geschaffen hat. Wie mindestens eine Linie innerhalb des künstlerischen Wollens an dem Eigenbestande des Kunstwerks mündet und eine schlechthin objektive Wertung in den Selbstgenuß der sich auslebenden Schöpferkraft verwebt, so verläuft eine gleichgerichtete Linie auch innerhalb der Attitüde des Empfangenden. Und zwar im deutlichen Unterschied gegen die Werte, die das rein sachlich Gegebene, das *naturhaft* Objektive bekleiden. Denn gerade solches: das Meer und die Blumen, die Alpen und der Sternenhimmel – gerade dieses hat, was man seinen Wert nennen kann, nur an seinen Reflexen in subjektiven Seelen. Denn sobald wir von mystischen und phantastischen Vermenschlichungen der Natur absehen, ist sie eben ein kontinuierlich zusammenhängendes Ganzes, dessen indifferente Gesetzmäßigkeit keinem Teile einen in seinem Sachbestande gegründeten Akzent, ja nicht einmal eine objektiv gegen andere abgegrenzte Existenz gönnt. Nur unsere menschlichen Kategorien schneiden aus ihm die einzelnen Stücke heraus, an die wir ästhetische, erhebende, symbolisch bedeutsame Reaktionen knüpfen: daß das Naturschöne »selig an ihm selbst« sei, besteht nur als dichterische Fiktion zu rechte; für das um Objektivität bemühte Bewußtsein hängt an ihm keine andere Seligkeit, als die es in uns auslöst. Während also das Erzeugnis der schlechthin objektiven Mächte nur subjektiv wertvoll sein kann, ist umgekehrt das Erzeugnis der subjektiven Mächte für uns objektiv wertvoll. Die materiellen und immateriellen Gebilde, in denen menschliches Wollen und Können, Wissen und Fühlen investiert ist, sind jenes objektiv Dastehende, das wir als Bedeutsamkeit und Bereicherung des Daseins auch dann empfinden, wenn wir von seinem Geschaut-, Genutzt- oder Genossenwerden völlig abstrahieren. Mag Wert und Bedeutung, Sinn und Wichtigkeit sich ausschließlich in der menschlichen Seele erzeugen, so bewahrheitet sich dies zwar dauernd der gegebenen Natur gegenüber, aber es hindert nicht den objektiven Wert derjenigen Gebilde, in denen jene – schaffenden und formenden – seelischen Kräfte und Werte gerade schon investiert *sind.* Ein Sonnenaufgang, den kein Menschenauge sieht, macht die Welt durchaus nicht wertvoller oder erhabener, weil ihre objektive Tatsächlichkeit für diese Kategorien überhaupt keinen Platz hat; sobald aber ein Maler in ein Bild dieses Sonnenaufgangs seine Stimmung, seinen Form- und Farbensinn, sein Ausdrucksvermögen hineingelegt hat, so halten wir dieses Werk (auf welche metaphysischen Kategorien hin, bleibe hier unerörtert) für eine Bereicherung, eine Wertsteigerung des Daseins überhaupt; die Welt erscheint uns sozusagen ihrer Existenz würdiger, ihrem Sinne näher, wenn die Quelle alles Wertes, die menschliche Seele, sich in eine solche, nun gleichfalls der objektiven Welt angehörige Tatsache ergossen hat – in dieser eigentümlichen Bedeutung unabhängig davon, ob eine spätere Seele diesen hineingezauberten Wert wieder erlösen und ihn in den Fluß ihres subjektiven Empfindens auflösen wird. Der natürliche Sonnenaufgang und das Gemälde stehen beide als Realitäten da, aber jener findet seinen Wert erst in dem Weiterleben in psychischen Subjekten, an diesem aber, das solches Leben schon in sich eingetrunken und zu einem Objekt gestaltet hat, macht unser Wertempfinden als an einem jeder Subjektivierung unbedürftigen Definitivum halt.

Spannt man diese Momente bis zu parteimäßiger Polarität aus, so steht auf der einen Seite die ausschließliche Schätzung des subjektiv bewegten Lebens, von dem aller Sinn, Wert, Bedeutung nicht nur erzeugt wird, sondern in dem allein all dieses auch wohnen bleibt. Andrerseits aber ist die radikale Akzentuierung des objektiv gewordenen Wertes nicht weniger verständlich. Natürlich sei dieser nicht an die originale Produktion von Kunstwerken und Religionen, Techniken und Erkenntnissen gebunden; aber was ein Mensch auch tue, es müsse einen Beitrag zu dem ideellen, historischen, materialisierten Kosmos des Geistes leisten, damit es als wertvoll gelte. Dies komme nicht der subjektiven Unmittelbarkeit unseres Seins und Handelns zu, sondern dessen objektiv normiertem, objektiv angeordnetem Inhalt, so daß schließlich nur diese Normierungen und Ordnungen die Wertsubstanz enthielten und sie dem verfließenden persönlichen Geschehen mitteilten. Sogar die Autonomie des moralischen Willens bei Kant involviere keinen Wert eben dieses in seiner psychologischen Tatsächlichkeit, sondern knüpfe ihn an die Realisierung einer in objektiver Idealität bestehenden Form. Selbst die Gesinnung und die Persönlichkeit haben ihre Bedeutung, im Guten wie im Bösen, darin, daß sie einem Reiche des Überpersönlichen zugehören. Indem diese Wertungen des subjektiven und des objektiven Geistes einander gegenüberstehen, führt nun die Kultur ihre Einheit durch beide hindurch: denn sie bedeutet diejenige Art der individuellen Vollendung, die sich nur durch Aufnahme oder Benutzung eines überpersönlichen, in irgendeinem Sinne außerhalb des Subjektes gelegenen Gebildes vollziehen kann. Dem Subjekt ist der spezifische Wert der Kultiviertheit unzugängig, wenn es ihn nicht auf dem Wege über objektiv geistige Realitäten erreicht; diese ihrerseits sind *Kultur*werte nur, insofern sie jenen Weg der Seele von sich selbst zu sich selbst, von dem, was man ihren Naturzustand nennen kann, zu ihrem Kulturzustand, durch sich hindurchleiten.

Man kann also die Struktur des Kulturbegriffs auch so ausdrücken. Es gibt keinen Kulturwert, der nur Kulturwert wäre; jeder vielmehr muß, um diese Bedeutung zu erwerben, auch Wert in einer Sachreihe sein. Wo aber auch ein Wert dieses Sinnes vorliegt und irgendein Interesse oder eine Fähigkeit unseres Wesens durch ihn eine Förderung erfährt, bedeutet er einen Kulturwert nur dann, wenn diese partielle Entwicklung zugleich unser Gesamt-Ich eine Stufe näher an seine Vollendungseinheit heranhebt. So nur werden zwei entsprechende, negative Erscheinungen der Geistesgeschichte verständlich. Einmal, daß Menschen der tiefsten Kulturinteressiertheit oft gegen die einzelnen Sachgehalte der Kultur eine merkwürdige Gleichgültigkeit, ja, Ablehnung zeigen – insofern es ihnen eben nicht gelingt, deren überspezialistischen Ertrag für die Förderung der Gesamtpersönlichkeiten zu entdecken; und es gibt wohl kein menschliches Erzeugnis, das einen solchen Ertrag notwendig zeigen *müßte,* freilich auch keines, das ihn nicht zeigen *könnte.* Andrerseits aber treten Erscheinungen auf, die *nur* Kulturwerte zu sein scheinen, gewisse Formalien und Verfeinerungen des Lebens, wie sie namentlich in überreife und müde gewordene Epochen gehören. Denn wo das Leben in sich hohl und sinnlos geworden ist, da ist alle willens- und werdensmögliche Entwicklung zu seiner Höhe nur noch eine schematische, und nicht mehr imstande, aus dem Sachgehalt von Dingen und Ideen Nahrung und Förderung zu ziehen – wie der erkrankte Körper sich nicht mehr aus den Nahrungsmitteln die Stoffe assimilieren kann, aus denen der gesunde Wachstum und Kräfte gewinnt. Hier kann sich die individuelle Entwicklung aus den sozialen Normen nur noch das gesellschaftlich gute Benehmen, aus den Künsten nur noch den unproduktiven Genuß, aus den technischen Fortschritten nur noch das Negative der Mühelosigkeit und Glätte des Tagesverlaufes herausholen – es entsteht eine Art formal-subjektiver Kultur, ohne jene innere *Verwebung* mit dem Sachelement, durch die der Begriff einer konkreten Kultur sich erst erfüllt. Es gibt also einerseits eine so leidenschaftlich zentralisierte Betonung der Kultur, daß ihr der Sachgehalt ihrer objektiven Faktoren zu viel und zu ablenkend ist, da er als *solcher* freilich nicht in seiner Kulturfunktion aufgeht und aufgehen kann; und andrerseits eine solche Schwäche und Leere der Kultur, daß sie gar nicht imstande ist, die objektiven Faktoren ihrem Sachgehalt nach in sich einzuziehen. Beide Erscheinungen, auf den ersten Blick als Gegeninstanzen gegen die Bindung der persönlichen Kultur an unpersönliche Gegebenheiten auftretend, bestätigen vielmehr der genaueren Betrachtung diese Bindung.

Daß sich in der Kultur so die letzten und entscheidenden Lebensfaktoren vereinigen, offenbart sich gerade darin, daß die Entwicklung eines jeden von diesen mit einer Selbständigkeit geschehen kann, die der Motivation durch das Kulturideal nicht nur entbehren kann, sondern sie geradezu ablehnt. Denn der Blick in der einen oder in der anderen Richtung fühlt sich von der Einheit seiner Intention abgelenkt, wenn er von einer Synthese zwischen beiden bestimmt werden soll. Gerade die Geister, die bleibende Inhalte, also das objektive Element der Kultur schaffen – diese Geister würden sich wohl weigern, Motive und Wert ihrer Leistung unmittelbar von der Kulturidee zu entlehnen. Hier vielmehr besteht die folgende innere Lage. Im Religionsstifter und im Künstler, im Staatsmann und im Erfinder, im Gelehrten und im Gesetzgeber wirkt ein Doppeltes: die Entladung ihrer Wesenskräfte, das Hinaufleben ihrer Natur zu der Höhe, auf der sie die Inhalte des Kulturlebens aus sich entläßt – und die Leidenschaft für die Sache, in deren eigengesetzlicher Vollendetheit das Subjekt sich selbst gleichgültig geworden und ausgelöscht ist; im Genie sind diese beiden Strömungen eine einzige: die Entwicklung des subjektiven Geistes um seiner selbst, seiner drängenden Kräfte willen, ist für das Genie ununterscheidbar Eins mit der völlig selbstvergessenen Hingabe an die objektive Aufgabe. Kultur ist, wie sich zeigte, immer Synthese. Aber Synthese ist nicht die einzige und nicht die unmittelbarste Einheitsform, da sie immer die Zerlegtheit der Elemente als ihr Vorangehendes oder als ihr Korrelat voraussetzt. Nur eine so analytisch gestimmte Zeit wie die moderne konnte in der Synthese das Tiefste, das Ein und Alles des Formverhältnisses vom Geiste zur Welt finden – während es doch eine ursprüngliche, vordifferenzielle Einheit gibt; indem diese die analytischen Elemente erst aus sich hervorgehen läßt, wie der organische Keim sich in die Vielheit gesonderter Glieder auseinanderzweigt, steht sie jenseits von Analyse und Synthese – sei es, daß diese beiden sich aus ihr in Wechselwirkung, eines auf jeder Stufe das andere voraussetzend, entwickeln, sei es, daß die Synthese die analytisch getrennten Elemente nachträglich zu einer Einheit bringt, die aber etwas ganz anderes ist, als die vor aller Trennung gelegene. Das schöpferische Genie besitzt jene ursprüngliche Einheit des Subjektiven und des Objektiven, die sich erst auseinanderlegen muß, um in dem Kultivierungsprozesse der Individuen in ganz anderer, synthetischer Form gewissermaßen wieder zu erstehen. Darum also liegt das Interesse an der Kultur mit jenen beiden: der reinen Selbstentwicklung des subjektiven Geistes und dem reinen Aufgehen in die Sache – nicht in einer Ebene, sondern hängt sich gelegentlich als ein sekundäres, reflexionsmäßiges an diese, als ein abstrakt allgemeines, jenseits des innerlich unmittelbaren Wertimpulses der Seele. Die Kultur bleibt aus dem Spiele, solange die Seele ihren Weg sozusagen nur durch eigenes Gebiet nimmt und sich in der reinen Selbstentwicklung des eigenen Wesens – gleichviel, wie dieses sachlich bestimmt sei – vollendet.

Sehen wir den anderen Faktor der Kultur: jene zu einer ideellen Sonderexistenz, unabhängig nun von aller psychischen Bewegtheit, gereiften Erzeugnisse des Geistes – in seiner selbstgenugsamen Isoliertheit an, so fällt auch sein eigenster Sinn und Wert keineswegs mit seinem Kulturwert zusammen, ja er läßt von sich aus seine Kulturbedeutung noch völlig dahingestellt. Das Kunstwerk soll nach den Normen der Kunst vollkommen sein, die nach nichts als nach sich selbst fragen und dem Werke seinen Wert geben oder verweigern würden, auch wenn es sozusagen auf der Welt gar nichts weiter als eben dieses Werk gäbe; das Ergebnis der Forschung als solches soll wahr sein und absolut weiter nichts, die Religion schließt mit dem Heil, das sie der Seele bringt, ihren Sinn in sich ab, das wirtschaftliche Produkt will als wirtschaftliches vollkommen sein und erkennt insoweit keinen anderen als den wirtschaftlichen Wertmaßstab für sich an. Alle diese Reihen verlaufen in der Geschlossenheit rein innerer Gesetzgebung und ob und mit welchem Werte sie sich in jene Entwicklung subjektiver Seelen einsetzen lassen, geht ihre, an rein sachlichen und für sie allein gültigen Normen gemessene Bedeutung durchaus nichts an. Aus dieser Sachlage wird begreiflich, daß wir ebenso an den Menschen, die nur auf das Subjekt gerichtet sind, wie an denen, die nur auf das Objekt gerichtet sind, oft eine scheinbar merkwürdige Gleichgültigkeit, ja, eine Aversion gegen die Kultur antreffen. Wer nur nach dem Heil der Seele oder nach dem Ideal der persönlichen Kraft oder nach der individuell-innerlichen Entwicklung, in die kein ihr äußeres Moment eingreifen darf, fragt – dessen Wertungen entbehren eben des einen integrierenden Faktors der Kultur, während der andere dem fehlt, der nur nach der reinen Sachvollendung unserer Werke fragt, danach, daß diese *ihre* Idee und keine erst irgendwie damit verbundene erfüllen. Das Extrem des ersten Typus ist der Säulenheilige, des anderen der im Fachfanatismus eingeschlossene Spezialist. Es hat auf den ersten Blick etwas Frappierendes, daß die Träger solcher unzweifelhaften »Kulturwerte«, wie Religiosität, Persönlichkeitsbildung, Techniken jeder Art den Begriff der Kultur verachten oder bekämpfen sollen. Dies klärt sich aber sogleich durch die Einsicht, daß Kultur eben immer nur die *Synthese* einer subjektiven Entwicklung und eines objektiven geistigen Wertes bedeutet und daß die Vertretung je eines dieser Elemente im Maße ihrer Exklusivität die Verwebung beider ablehnen muß.

Solche Abhängigkeit des Kulturwertes von der Mitwirkung eines zweiten Faktors, der jenseits der sachlich-eigenen Wertreihe des Objektes steht, macht es verständlich, daß eben dieses auf der Skala der Kulturwerte oft einen ganz anderen Teilstrich erreicht als auf der der bloßen Sachbedeutungen. Vielerlei Werke, die als künstlerische, technische, intellektuelle unter der Höhe des sonst schon Erreichten bleiben, haben doch die Fähigkeit, sich in den Entwicklungsweg vieler Menschen aufs wirkungsvollste einzufügen, als Entfalter ihrer latenten Kräfte, als Brücke zu ihrer nächst höheren Station. Wie es unter den Natureindrücken keineswegs nur die dynamisch gewaltigsten oder ästhetisch vollkommensten sind, von denen uns eine ganz tiefe Beseligung und das Gefühl kommt, daß dumpfe und unerlöste Elemente in uns plötzlich licht und harmonisch geworden sind – wie wir dies vielmehr oft einer ganz schlichten Landschaft oder dem Schattenspiele eines Sommermittags verdanken: so ist es auch der Bedeutung des Geisteswerkes, eine so hohe oder so niedrige sie in ihrer eigenen Reihe sein mag, daraufhin noch nicht anzusehen, was dies Werk uns für den Weg der Kultur leisten kann. Denn hier kommt alles darauf an, daß jene spezielle Bedeutung des Werkes gleichsam den Nebenertrag hat, der zentralen oder allgemeinen Entwicklung der Persönlichkeiten zu dienen. Und daß dieser Ertrag dem Eigen- oder Binnenwert des Werkes umgekehrt proportional sein kann, hat mancherlei tiefere Ursachen. Es gibt Menschenwerke von einer letzterreichbaren Vollendung, zu denen wir gerade um dieser lückenlosen Gerundetheit willen keinen Zugang oder die deshalb keinen Zugang zu uns haben. Ein solches bleibt sozusagen an seinem Orte, aus dem es nicht auf unsere Straße zu verpflanzen ist, ein einsam Vollendetes, zu dem wir uns vielleicht hinbegeben, das wir aber nicht mitnehmen können, um uns an ihm in die Vollendung unser selbst zu heben. Für das moderne Lebensgefühl hat vielfach die Antike diese selbstgenugsam vollendete Geschlossenheit, die sich der Aufnahme in die Pulsierungen und Rastlosigkeiten unseres Entwicklungstempos versagt; und dies mag heute so manchen bestimmen, gerade für unsere Kultur einen anderen fundamentalen Faktor zu suchen. Ebenso steht es mit gewissen ethischen Idealen. Die so bezeichneten Gebilde des objektiven Geistes sind vielleicht mehr als anderes bestimmt, die Entwicklung von der bloßen Möglichkeit zu der höchsten Wirklichkeit unserer Totalität zu tragen und ihr die Richtung zu geben. Allein nun enthalten manche ethische Imperative ein Ideal von so starrer Vollkommenheit, daß sich aus ihm sozusagen keine Energien, die wir in unsere Entwicklung aufnehmen könnten, aktualisieren lassen. Mit all seiner Höhe in der Reihe der ethischen Ideen wird es doch als Kulturelement leicht hinter anderen zurückstehen, die von ihrer tieferen Stelle in jener Reihe aus sich eher der Rhythmik unserer Entwicklung assimilieren und verstärkend einfügen. Ein anderes Motiv solcher Disproportionalität zwischen dem Sachwert und dem Kulturwert eines Gebildes liegt in der Einseitigkeit der Förderung, die wir durch jenes erfahren. Vielerlei Inhalte des objektiven Geistes machen uns klüger oder besser, glücklicher oder geschickter, entwickeln damit aber nicht eigentlich *uns*, sondern sozusagen eine selbst objektive Seite oder Qualität, die an uns haftet; es handelt sich hier natürlich um gleitende und unendlich zarte, äußerlich gar nicht faßbare Unterschiede, die sich an das geheimnisvolle Verhältnis zwischen unserer einheitlichen Ganzheit und unseren einzelnen Energien und Perfektionen knüpfen. Bezeichnen freilich können wir die volle, geschlossene Realität, die wir unser Subjekt nennen, nur mit der Summe solcher Einzelheiten, ohne daß sie doch aus diesen zusammensetzbar wäre; und die einzige zur Verfügung stehende Kategorie: der Teile und des Ganzen – erschöpft keineswegs dieses einzigartige Verhältnis. All jenes Singuläre aber hat, für sich betrachtet, einen objektiven Charakter, es könnte in seiner Isoliertheit an beliebig verschiedenen Subjekten bestehen, und gewinnt erst an seiner Binnenseite, mit der es eben jene Einheit unseres Wesens erwachsen läßt, den Charakter unserer Subjektivität. Mit der ersteren aber schlägt es gewissermaßen die Brücke zu dem Werte der Objektivitäten, es liegt an unserer Peripherie, mit der wir uns der objektiven, äußeren wie geistigen, Welt vermählen. Sobald sich aber diese nach außen gerichtete, von Äußerem genährte Funktion von ihrer nach innen zu gehenden, in unserem Zentrum mündenden Bedeutung abschnürt, entsteht jene Diskrepanz; wir werden belehrt, werden zwecktätiger, reicher an Genuß und Fähigkeiten, vielleicht auch »gebildeter« – aber unsere Kultivierung hält damit nicht Schritt, denn wir kommen so zwar von einem niedrigeren Haben und Können zu einem höheren, aber nicht von uns selbst als den Niedrigeren zu uns selbst als den Höheren.

Diese Möglichkeit der Diskrepanz zwischen Sachbedeutung und Kulturbedeutung eines und desselben Objektes habe ich nur hervorgehoben, um die prinzipielle Zweiheit der Elemente, in deren Verwebung allein Kultur besteht, nachdrücklicher zu veranschaulichen. Diese Verwebung ist eine schlechthin einzigartige, indem die Kulturbedeutende Entwicklung des personalen Seins ein rein am Subjekt bestehender Zustand ist, aber ein solcher, der absolut nicht anders als durch die Aufnahme und Ausnützung objektiver Inhalte erreicht werden kann. Deshalb ist Kultiviertheit einerseits eine im Unendlichen liegende Aufgabe – da die Verwendung objektiver Momente zur Vollendung des persönlichen Seins niemals als abgeschlossen anzusehen ist –, andrerseits folgt die Nuance des Sprachgebrauchs diesem Sachverhalt sehr genau, indem die an ein einzelnes Objektives gebundene Kultur: religiöse Kultur, künstlerische Kultur usw. in der Regel nicht zur Bezeichnung des Zustandes von Individuen, sondern nur vom öffentlichen Geiste gebraucht wird; in dem Sinne, daß in einer Epoche besonders viele oder beeindruckende geistige Inhalte einer bestimmten Art vorliegen, durch die hindurch sich die Kultivierung der Individuen vollzieht. Diese können, genau genommen, nur mehr oder weniger, aber nicht spezialistisch so oder so kultiviert sein; eine sachlich besonderte Kultur des Individuums kann nur entweder bedeuten, daß die kulturelle und als solche überspezialistische Vollendung des Individuums sich hauptsächlich vermittels dieses einen einseitigen Inhaltes vollzogen hat, oder daß neben seiner eigentlichen Kultiviertheit sich noch ein erhebliches Können oder Wissen in bezug auf einen Sachgehalt ausgebildet hat. Künstlerische Kultur eines Individuums z. B. – wenn sie noch etwas außer den kunstmäßigen Perfektionen, die sich auch bei sonstiger »Unkultiviertheit« eines Menschen einstellen können, sein soll – kann nur besagen, daß es in diesem Fall gerade *diese* sachlichen Perfektionen sind, die die Vollendung des persönlichen Gesamtseins bewirkt haben.

Nun aber entsteht innerhalb dieses Gefüges der Kultur ein Spalt, der freilich schon in ihrem Fundament angelegt ist und der aus der Subjekt-Objekt-Synthese, der metaphysischen Bedeutung ihres Begriffes, eine Paradoxe, ja, eine Tragödie werden läßt. Der Dualismus von Subjekt und Objekt, den ihre Synthese voraussetzt, ist doch nicht nur ein sozusagen substantieller, das Sein beider betreffender. Sondern die innere Logik, nach der jedes von beiden sich entfaltet, fällt mit der des anderen keineswegs selbstverständlich zusammen. Wenn gewisse erste Motive des Rechtes, der Kunst, der Sitte geschaffen sind – vielleicht nach unserer eigensten und innerlichsten Spontaneität – so haben wir es gar nicht mehr in der Hand, zu welchen einzelnen Gebilden sie sich entfalten; diese erzeugend oder rezipierend gehen wir vielmehr am Leitfaden einer ideellen Notwendigkeit entlang, die völlig sachlich und um die Forderungen unserer Individualität, so zentral sie seien, nicht weniger unbekümmert ist, als die physischen Mächte und ihre Gesetze es sind. Es ist freilich im allgemeinen richtig, daß die Sprache für uns dichtet und denkt, d. h. daß sie die fragmentarischen oder gebundenen Impulse unseres eigenen Wesens aufnimmt und zu einer Vollkommenheit führt, zu der diese, auch rein für uns selbst, sonst nicht gelangt wären. Allein dieser Parallelismus der objektiven und der subjektiven Entwicklungen hat dennoch keine prinzipielle Notwendigkeit. Sogar die Sprache empfinden wir gelegentlich wie eine fremde Naturmacht, die nicht nur unsere Äußerungen, sondern auch unsere innersten Gerichtetheiten verbiegt und verstümmelt. Und die Religion, die gewiß aus dem Suchen der Seele nach sich selbst entsprungen ist, der Flügel, den die eigenen Kräfte der Seele hervortreiben, um sie auf ihre eigene Höhe zu tragen – selbst sie hat, einmal aufgekommen, gewisse Bildungsgesetze, die ihre, aber nicht immer unsere Notwendigkeit entfalten. Was der Religion oft als ihr antikultureller Geist vorgeworfen wird, sind nicht nur ihre gelegentlichen Feindseligkeiten gegen intellektuelle, ästhetische, sittliche Werte, sondern auch dieses Tiefere: daß sie ihren eigenen, durch ihre immanente Logik bestimmten Weg geht, in den sie zwar das Leben hineinreißt; aber, welche transzendenten Güter auch immer die Seele auf diesem Wege findet, er führt sie oft genug nicht zu der Vollendung ihrer Totalität, auf die ihre eigenen Möglichkeiten sie weisen und die, die Bedeutsamkeit der objektiven Gebilde in sich aufnehmend, eben Kultur heißt.

Indem die Logik der unpersönlichen Gebilde und Zusammenhänge mit Dynamik geladen ist, entstehen zwischen diesen und den inneren Trieben und Normen der Persönlichkeit harte Reibungen, die in der Form der Kultur als solcher eine einzigartige Zusammendrängung erfahren. Seit der Mensch zu sich Ich sagt, sich zum Objekt, über und gegenüber sich selbst, geworden ist, seit durch solche Form unserer Seele ihre Inhalte in einem Zentrum zusammengehören – seitdem mußte ihr aus dieser Form das Ideal wachsen, daß dies so mit dem

Mittelpunkt Verbundene auch eine Einheit sei, die in sich geschlossen und deshalb ein selbstgenugsames Ganzes sei. Allein die Inhalte, an denen das Ich diese Organisierung zu einer eigenen, einheitlichen Welt vollziehen soll, gehören nicht ihm allein an; sie sind ihm *gegeben*, von irgendeinem räumlichen, zeitlichen, ideellen Außerhalb her, sie sind zugleich die Inhalte irgendwelcher anderer Welten, gesellschaftlicher und metaphysischer, begrifflicher und ethischer, und in diesen besitzen sie Formen und Zusammenhänge unter sich, die mit denen des Ich nicht zusammenfallen wollen. An diesen Inhalten, die das Ich in besonderer Weise gestaltet, ergreifen die äußeren Welten das Ich, um es in sich einzuziehen; indem sie die Inhalte nach *ihren* Ansprüchen formen, lassen sie jene nicht zur Zentrierung um das Ich kommen. In dem religiösen Konflikt zwischen der Selbstgenugsamkeit oder Freiheit des Menschen und seiner Einfügung in die göttlichen Ordnungen mag dies seine weiteste und tiefste Offenbarung finden; aber sie ist, nicht anders als der soziale Konflikt zwischen dem Menschen als abgerundeter Individualität und dem bloßen Gliede des gesellschaftlichen Organismus, doch nur *ein* Fall jenes rein formalen Dualismus, in den uns die Zugehörigkeit unserer Lebensinhalte zu noch anderen Kreisen als dem unseres Ich unvermeidlich verstrickt. Der Mensch steht nicht nur unzählige Male im Schnittpunkt je zweier Kreise von objektiven Mächten und Werten, deren jeder ihn mit sich reißen möchte; sondern er fühlt sich selbst als Zentrum, das all seine Lebensinhalte harmonisch und gemäß der Logik der Persönlichkeit um sich herum ordnet – und fühlt sich zugleich mit jedem dieser peripherischen Inhalte solidarisch, der doch auch einem anderen Kreise angehört und hier von einem anderen Bewegungsgesetz beansprucht wird; so daß unser Wesen sozusagen den Schnittpunkt seiner selbst und eines fremden Forderungskreises bildet. Die Kulturtatsache nun drückt die Parteien dieser Kollision aufs engste aneinander, indem sie die Entwicklung der einen geradezu daran bindet (d. h. sie nur so zur Kultiviertheit werden läßt), daß sie die andere in sich einbezieht, also einen Parallelismus oder eine gegenseitige Angepaßtheit beider voraussetzt. Der metaphysische Dualismus von Subjekt und Objekt, den dieses Gefüge der Kultur prinzipiell überwunden hatte, lebt als Diskordanz der einzelnen empirischen Inhalte subjektiver und objektiver Entwicklungen wieder auf.

Vielleicht aber noch weiter klafft der Riß, wenn auf seinen Seiten gar nicht entgegengesetzt gerichtete Inhalte stehen, sondern wenn das Objektive durch seine formalen Bestimmungen: der Selbständigkeit und der Massenhaftigkeit – sich seiner Bedeutung für das Subjekt entzieht. Es war doch die Formel der Kultur, daß subjektiv-seelische Energien eine objektive, von dem schöpferischen Lebensprozeß fürderhin unabhängige Gestalt gewinnen und diese ihrerseits wieder in subjektive Lebensprozesse in einer Weise hineingezogen wird, die dessen Träger zur abgerundeten Vollendung seines zentralen Seins bringt. Diese Strömung von Subjekten durch Objekte zu Subjekten, in der ein metaphysisches Verhältnis zwischen Subjekt und Objekt historische Wirklichkeit annimmt, kann nun aber ihre Kontinuität verlieren; das Objekt kann in prinzipiellerer Weise, als es bisher angedeutet war, aus seiner vermittelnden Bedeutung heraustreten und damit die Brücken abbrechen, über die hin sein kultivierender Weg ging. Solche Isolierung und Entfremdung ergreift es zunächst gegenüber den schaffenden Subjekten auf Grund der Arbeitsteilung. Die Gegenstände, die durch die Kooperation vieler Personen hergestellt sind, bilden eine Skala, je nach dem Maße, in dem ihre Einheit auf die einheitliche, gedankenmäßige Intention eines Individuums zurückgeht oder sich ohne solchen bewußten Ursprung von selbst aus den Teilbeiträgen der Kooperierenden hergestellt hat. An dem durch das letztere bezeichneten Pol steht etwa eine Stadt, die nach keinem zuvor bestehenden Plane, sondern nach den zufälligen Bedürfnissen und Neigungen der einzelnen gebaut ist und nun doch ein als Ganzes sinnvolles, anschaulich geschlossenes, organisch in sich verbundenes Gebilde ist. Den andern Pol exemplifiziert vielleicht das Produkt einer Fabrik, an dem zwanzig Arbeiter, jeder ohne Kenntnis der andern Teilarbeiten und ihrer Zusammenfügung und ohne Interesse für sie, zusammengewirkt haben – während das Ganze allerdings von einem persönlichen zentralen Willen und Intellekt geleitet ist; oder die Leistung eines Orchesters, in dem der Oboist oder der Paukenschläger keine Ahnung von der Violin- oder Cellostimme haben und die dennoch vom Taktstock des Dirigenten zu einer vollkommenen Wirkungseinheit mit diesen gebracht werden. Zwischen diesen Erscheinungen mag etwa die Zeitung stehen, deren mindestens äußerliche Einheit in Aspekt und Bedeutung zwar irgendwie auf eine führende Persönlichkeit zurückgeht, aber doch in erheblichem Maße aus gegeneinander zufälligen Beiträgen verschiedenster Art von den verschiedensten, einander ganz fremden Persönlichkeiten erwächst. Der Typus dieser Erscheinungen ist, absolut ausgedrückt, der: durch die Wirksamkeit differenter Personen entsteht ein Kulturobjekt, das als Ganzes, als dastehende und spezifisch wirksame Einheit, *keinen Produzenten hat,* nicht aus einer entsprechenden Einheit eines seelischen Subjektes hervorgegangen ist. Die Elemente haben sich zusammengetan wie nach einer ihnen selbst, als objektiven Wirklichkeiten, innewohnenden Logik und Formungsintention, mit denen ihre Schöpfer sie nicht geladen haben. Die Objektivität des geistigen Inhaltes, die ihn von allem Aufgenommen- oder Nicht-Aufgenommenwerden unabhängig macht, fällt hier schon auf die Seite seiner Produktion: gleichviel was die einzelnen gewollt oder nicht gewollt haben, das fertige Gebilde, rein körperlich realisiert, von keinem Geiste mit seiner jetzt wirksamen Bedeutung gespeist, besitzt sie dennoch und kann sie in den Kulturprozeß weitergeben – nur graduell anders, als wenn ein kleines Kind Buchstaben, mit denen es spielt, zufällig zu einem guten Sinn anordnet; dieser Sinn ist in geistiger Objektivität und Konkretheit in ihnen da, aus so völliger Ahnungslosigkeit heraus er auch produziert sei. Genau angesehen aber ist das doch nur ein sehr radikaler Fall eines ganz allgemeinen, auch jene Fälle von Arbeitsteilung übergreifenden menschlich-geistigen Schicksals. Die allermeisten Produkte unseres geistigen Schaffens enthalten innerhalb ihrer Bedeutung eine gewisse Quote, die wir nicht geschaffen haben. Ich meine damit nicht Unoriginalität, vererbte Werte, Abhängigkeit von Vorbildern; denn mit alledem könnte das Werk doch seinem ganzen Inhalt nach aus unserem Bewußtsein geboren sein, wenngleich dies Bewußtsein damit nur weitergäbe, was es tale quale empfangen hat. Vielmehr, in den weitaus meisten unserer objektiv sich darbietenden Leistungen ist etwas von Bedeutung enthalten, das von andern Subjekten herausgezogen werden kann, das wir selbst aber nicht hineingelegt haben. Nirgends natürlich gilt im absoluten Sinne, überall aber im relativen: Was er webt, das weiß kein Weber. Die fertige Leistung enthält Akzente, Relationen, Werte, rein ihrem Sachbestande nach und gleichgültig dagegen, ob der Schaffende gewußt hat, daß dies der Erfolg seines Schaffens sein wird. Es ist ein ebenso geheimnisvolles wie unbezweifelbares Faktum, daß an ein materielles Gebilde ein geistiger Sinn, objektiv und für jedes Bewußtsein reproduzierbar, gebunden sein kann, den kein Bewußtsein hineingelegt hat, sondern der an der reinen, eigensten Tatsächlichkeit dieser Form haftet. Der Natur gegenüber bietet der analoge Fall kein Problem: kein künstlerischer Wille hat südlichen Gebirgen die Stilreinheit ihres Umrisses oder dem stürmischen Meer seine erschütternde Symbolik verliehen. An allen Geisteswerken aber hat zunächst einmal das rein Naturhafte, insofern es mit solchen Bedeutungsmöglichkeiten ausgestattet ist, dann aber auch der geistige Gehalt seiner Elemente und ihr von selbst sich ergebender Zusammenhang einen Anteil oder kann ihn haben. Die Möglichkeit, einen subjektiven geistigen Inhalt herauszugewinnen, ist als eine nicht weiter beschreibliche objektive Formung, die ihren Ursprung völlig hinter sich gelassen hat, in ihnen investiert. In extremem Beispiel: ein Dichter habe ein Rätsel auf eine bestimmte Lösung hin verfaßt; wird ein anderes Lösungswort dafür gefunden, das genau so passend, so sinnvoll, so überraschend ist, wie jenes, so ist es eben auch genau so »richtig« und obgleich es seinem

Schöpfungsprozeß absolut fernlag, liegt es in dem geschaffenen genau so als ideelle Objektivität, wie jenes erste Wort, auf das hin das Rätsel geschaffen wurde. Sobald unser Werk dasteht, hat es nicht nur eine objektive Existenz und ein Eigenleben, die sich von uns gelöst haben, sondern es enthält in diesem Selbstsein – wie von Gnaden des objektiven Geistes – Stärken und Schwächen, Bestandteile und Bedeutsamkeiten, an denen wir ganz unschuldig sind und von denen wir selbst oft überrascht werden.

Diese Möglichkeiten und Maße der Selbständigkeit des objektiven Geistes sollen nur deutlich machen, daß er auch da, wo er aus dem Bewußtsein eines subjektiven Geistes erzeugt ist, nach erfolgter Objektivation eine nun von diesem gelöste Gültigkeit und unabhängige Chance der Re-subjektivierung besitzt; ebensowenig freilich braucht diese Chance realisiert zu werden – da ja, in dem obigen Beispiel, das zweite Lösungswort des Rätsels in seiner objektiven Geistigkeit zu Rechte besteht, auch bevor es aufgefunden wurde und auch wenn dies nie geschähe. Diese eigentümliche Beschaffenheit der Kulturinhalte – die bisher für die einzelnen, gleichsam isolierten gilt – ist das metaphysische Fundament für die verhängnisvolle Selbständigkeit, mit der das Reich der Kulturprodukte wächst und wächst, als triebe eine innere logische Notwendigkeit ein Glied nach dem andern hervor, oft fast beziehungslos zu dem Willen und der Persönlichkeit der Produzenten und wie unberührt von der Frage, von wie vielen Subjekten überhaupt und in welchem Maße von Tiefe und Vollständigkeit es aufgenommen und seiner Kulturbedeutung zugeführt wird. Der »Fetischcharakter«, den Marx den wirtschaftlichen Objekten in der Epoche der Warenproduktion zuspricht, ist nur ein besonders modifizierter Fall dieses allgemeinen Schicksals unserer Kulturinhalte. Diese Inhalte stehen – und mit steigender »Kultur« immer mehr – unter der Paradoxe, daß sie zwar von Subjekten geschaffen und für Subjekte bestimmt sind, aber in der Zwischenform der Objektivität, die sie jenseits und diesseits dieser Instanzen annehmen, einer immanenten Entwicklungslogik folgen und sich damit ihrem Ursprung wie ihrem Zweck entfremden. Es sind nicht etwa physische Notwendigkeiten, die hierbei in Frage kämen, sondern wirklich nur kulturelle, die freilich die physischen Bedingtheiten nicht überspringen können. Aber was die Produkte, als solche des Geistes, hervortreibt, eines scheinbar aus dem andern, ist die kulturelle Logik der Objekte, nicht die naturwissenschaftliche. Hier liegt der verhängnisvolle innere Zwangstrieb aller »Technik«, sobald ihre Ausbildung sie aus der Reichweite des unmittelbaren Verbrauchs herausgerückt hat. So kann etwa die industrielle Herstellung mancher Fabrikate die von Nebenprodukten nahelegen, für die eigentlich kein Bedürfnis vorliegt; allein der

Zwang, jene einmal geschaffenen Einrichtungen voll auszunutzen, drängt darauf; die technische Reihe fordert von sich aus, sich durch Glieder zu komplettieren, deren die seelische, eigentlich definitive Reihe nicht bedarf – und so entstehen Angebote von Waren, die erst ihrerseits künstliche und, von der Kultur der Subjekte her gesehen, sinnlose Bedürfnisse wachrufen. In manchen Wissenschaftszweigen ist es nicht anders. Die philologische Technik etwa ist einerseits zu einer unübertrefflichen Freiheit und methodischen Vollkommenheit entwikkelt, anderseits wachsen die Gegenstände, die so zu bearbeiten ein wirkliches Interesse der geistigen Kultur ist, nicht sehr schnell nach, und so wird die philologische Bemühung vielfach zu einer Mikrologie, einem Pendantismus und einer Bearbeitung des Unwesentlichen – gleichsam ein Leergang der Methode, ein Weitergehen der sachlichen Norm, deren selbständiger Weg nicht mehr mit dem der Kultur als einer Lebensvollendung zusammenfällt. In vielen Wissenschaftsbezirken erwächst auf diese Weise das, was man das überflüssige Wissen nennen kann – eine Summe methodisch tadelloser, von dem abstrakten Wissensbegriff her nicht angreifbarer Erkenntnisse, die dennoch dem eigentlichen Zwecksinn aller Forschung entfremdet sind; womit ich selbstverständlich keinen äußerlichen Zweck, sondern den idealen und kulturellen meine. Das ungeheure, auch durch ökonomische Gunst getragene Angebot von Kräften, die zu geistiger Produktion gewillt, oft auch begabt sind, hat zu einer Eigenwertung *jeglicher* wissenschaftlicher Arbeit geführt, deren Wert eben vielfach nur eine Konvention, beinahe eine Verschwörung der Gelehrtenkaste ist, zu einer unheimlich fruchtbaren Inzucht des wissenschaftlichen Geistes, deren Erzeugnisse dennoch im innerlichen Sinne, wie in dem des Weiterwirkens unfruchtbar sind. Hier gründet sich der Fetischdienst, der seit längerer Zeit mit der »Methode« getrieben wird – als sei eine Leistung schon allein durch die Korrektheit ihrer Methode wertvoll; dies ist das sehr kluge Mittel für Legitimation und Schätzung unbegrenzt vieler Arbeiten, die von dem noch so weitherzig gefaßten Sinn und Zusammenhang der Erkenntnisentwicklung abgeschnürt sind. Natürlich liegt der Einwand nahe, daß auch durch die scheinbar unwesentlichsten Untersuchungen jene Entwicklung manchmal aufs überraschendste gefördert worden ist. Das sind Zufallschancen, wie sie auf jedem Gebiet vorkommen, die uns aber nicht verhindern können, einem Tun sein Recht und seinen Wert nach unserer zurzeit bestehenden – wenngleich eben nicht allwissenden – Vernünftigkeit zu- oder abzusprechen. Niemand würde es für sinnvoll halten, irgendwo in der Welt aufs Geratewohl nach Kohlen oder Petroleum zu bohren, so unleugbar die Möglichkeit ist, daß er dabei wirklich etwas findet. Es gibt eben eine gewisse Wahrscheinlichkeitsschwelle für die Nützlichkeit wissenschaftlicher Arbeiten, die in einem unter tausend Fällen sich freilich als irrig gesetzt zeigen mag, daraufhin aber noch lange nicht den Aufwand für die 999 ins Leere fallenden Bemühungen rechtfertigt. Dies ist kulturgeschichtlich betrachtet auch nur eine Partikularerscheinung jenes Hinüberwachsens der Kulturinhalte in einen Boden, in dem andere Kräfte und Zwecke als die kulturell sinnvollen sie treiben und aufnehmen und in dem sie unvermeidlich oft taube Blüten erzeugen. Es ist das gleiche letzte Formmotiv, wenn in der Kunstentwicklung das technische Können groß genug wird, um sich von dem Dienst an dem kulturellen Gesamtzweck der Kunst zu emanzipieren. Jetzt nur noch der eigenen Sachlogik gehorsam, entfaltet die Technik Verfeinerung auf Verfeinerung, die indes nur noch *ihre* Vervollkommnungen sind, aber nicht mehr solche des kulturellen Sinnes der Kunst. Die ganze übermäßige Spezialisierung, die heute auf allen Arbeitsgebieten beklagt wird und doch deren Fortentwicklung wie mit dämonischer Unerbittlichkeit unter ihr Gesetz zwingt, ist nur eine Sondergestaltung jenes allgemeinen Verhängnisses der Kulturelemente: daß die Objekte eine eigene Logik ihrer Entwicklung haben – keine begriffliche, keine naturhafte, sondern nur ihrer Entwicklung als kultureller Menschenwerke – und in deren Konsequenz von der Richtung abbiegen, mit der sie sich der personalen Entwicklung menschlicher Seelen einfügen könnten. Darum ist diese Diskrepanz keineswegs mit der oft hervorgehobenen identisch: mit dem Auswachsen der Mittel zu dem Wert von Endzwecken, wie vorgeschrittene Kulturen es auf Schritt und Tritt zeigen. Denn dies ist etwas rein Psychologisches, eine Akzentuierung aus seelischen Zufälligkeiten oder Notwendigkeiten heraus und ohne jede feste Beziehung zu dem sachlichen Zusammenhang der Dinge. Hier aber handelt es sich gerade um diesen, um die immanente Logik der Kulturformungen der Dinge; der Mensch wird jetzt der bloße Träger des Zwanges, mit dem diese Logik die Entwicklungen beherrscht und sie wie in der *Tangente* der Bahn weiterführt, in der sie wieder in die Kulturentwicklung des lebendigen Menschen zurückkehren würden. Dies ist die eigentliche Tragödie der Kultur. Denn als ein tragisches Verhängnis – im Unterschied gegen ein trauriges oder von außen her zerstörendes – bezeichnen wir doch wohl dies: daß die gegen ein Wesen gerichteten vernichtenden Kräfte aus den tiefsten Schichten eben dieses Wesens selbst entspringen; daß sich mit seiner Zerstörung ein Schicksal vollzieht, das in ihm selbst angelegt und sozusagen die logische Entwicklung eben der Struktur ist, mit der das Wesen seine eigene Positivität aufgebaut hat. Es ist der Begriff aller Kultur, daß der Geist ein selbständig Objektives schaffe, durch das hin die Entwicklung des Subjektes von sich selbst zu sich selbst ihren Weg nehme; aber eben damit ist jenes integrierende, kulturbedingende Element zu einer Eigenentwicklung prädeterminiert, die noch immer Kräfte der Subjekte verbraucht, noch immer Subjekte in ihre Bahn reißt, ohne doch diese damit zu der Höhe ihrer selbst zu führen: die Entwicklung der Subjekte kann jetzt nicht mehr den Weg gehen, den die der Objekte nimmt; diesem letzteren dennoch folgend, verläuft sie sich in einer Sackgasse oder in einer Entleertheit von innerstem und eigenstem Leben.

In noch positiverer Weise aber setzt die Kulturentwicklung das Subjekt außerhalb ihrer selbst durch die schon angedeutete Form- und Grenzenlosigkeit, die dem objektiven Geist durch die numerische Unbeschränktheit seiner Produzenten kommt. Zu dem Vorrat der objektivierten Kulturinhalte kann ein jeder ohne irgendwelche Rücksicht auf die anderen Kontribuenten beisteuern; dieser Vorrat hat in den einzelnen Kulturepochen wohl eine bestimmte Färbung, also von innen her eine Qualitätsgrenze, aber nicht ebenso eine Quantitätsgrenze, er hat gar keinen Grund, sich nicht ins Unendliche zu vermehren, nicht Buch an Buch, Kunstwerk an Kunstwerk, Erfindung an Erfindung zu reihen: die Form der Objektivität als solcher besitzt eine schrankenlose Erfüllungskapazität. Mit dieser sozusagen unorganischen Anhäufbarkeit aber wird sie der Form des persönlichen Lebens im Tiefsten inkommensurabel. Denn dessen Aufnahmefähigkeit ist nicht nur nach Kraft und Lebensdauer begrenzt, sondern durch eine gewisse Einheit und relative Geschlossenheit seiner Form, und es trifft deshalb eine Auswahl mit determiniertem Spielraum unter den Inhalten, die sich ihm als Mittel seiner individuellen Entwicklung anbieten. Nun brauchte scheinbar für das Individuum diese Inkommensurabilität nicht praktisch zu werden, indem es beiseiteliegen läßt, was seine Eigenentwicklung sich nicht assimilieren kann. Allein so einfach gelingt das nicht. Der ins Unabsehbare wachsende Vorrat des objektivierten Geistes stellt Ansprüche an das Subjekt, weckt Velleitäten in ihm, schlägt es mit Gefühlen von eigener Unzulänglichkeit und Hilflosigkeit, spinnt es in Gesamtverhältnisse, deren Ganzheit es sich nicht entziehen kann, ohne doch ihre Einzelinhalte bewältigen zu können. So entsteht die typische problematische Lage des modernen Menschen: das Gefühl, von einer Unzahl von Kulturelementen umgeben zu sein, die für ihn nicht bedeutungslos sind, aber im tiefsten Grunde auch nicht bedeutungsvoll; die als Masse etwas Erdrükkendes haben, weil er nicht alles einzelne innerlich assimilieren, es aber auch nicht einfach ablehnen kann, da es sozusagen potentiell in die Sphäre seiner kulturellen Entwicklung gehört. Man könnte dies mit der genauen Umkehrung des Wortes charakterisieren, das die ersten Franziskaner in ihrer seligen Armut bezeichnete, in ihrer absoluten Befreitheit von allen Dingen, die irgendwie noch den Weg der

Seele durch sich hindurchleiten und zu einem indirekten machen wollten: Nihil habentes, omnia possidentes – statt dessen sind die Menschen sehr reicher und überladener Kulturen omnia habentes, nihil possidentes.

Diese Erfahrungen mögen schon in vielerlei Formen ausgesprochen sein*; worauf es hier ankommt, ist ihre tiefe Verwurzeltheit in dem Zentrum des Kulturbegriffes. Der ganze Reichtum, den dieser Begriff realisiert, beruht darin: daß objektive Gebilde, ohne ihre Objektivität zu verlieren, in den Vollendungsprozeß von Subjekten als dessen Weg oder Mittel einbezogen werden. Ob, vom Subjekt aus gesehen, die höchste Art seiner Vollendung so erreicht wird, bleibe dahingestellt; für die metaphysische Absicht aber, die das Prinzip des Subjekts und das des Objekts als solches in Eines zu bringen sucht, liegt hier eine der äußersten Garantien dagegen, sich nicht selbst als Illusion erkennen zu müssen. Die metaphysische Frage findet damit eine historische Antwort. In den Kulturgebilden hat der Geist eine Objektivität erlangt, die ihn von allem Zufall subjektiver Reproduktion unabhängig und zugleich dem zentralen Zweck subjektiver Vollendung dienstbar macht. Während die metaphysischen Antworten auf jene Frage sie eigentlich abzuschneiden pflegen, indem sie den Subjekt-Objekt-Gegensatz irgendwie als nichtig zeigen, hält die Kultur gerade an dem vollen Gegenüber der Parteien fest, an der übersubjektiven Logik der geistgeformten Dinge, an der entlang das Subjekt sich über sich selbst zu sich selbst erhebt. Die Grundfähigkeit des Geistes: sich von sich selbst lösen zu können, sich gegenüberzutreten wie einem Dritten, gestaltend, erkennend, wertend, und erst in dieser Form das Bewußtsein seiner selbst zu gewinnen – hat mit der Tatsache der Kultur gleichsam ihren weitesten Radius erreicht, hat das Objekt am energischsten gegen das Subjekt gespannt, um es wieder in dieses zurückzuführen. Aber eben an dieser eigenen Logik des Objektes, von der das Subjekt sich als ein in sich selbst und sich selbst gemäß vollkommeneres zurückgewinnt, bricht dieses Ineinander der Parteien entzwei. Was diese Blätter schon früh hervorhoben: daß der Schaffende nicht an den Kulturwert, sondern nur an die Sachbedeutung des Werkes, die von dessen eigener Idee umschrieben ist, zu denken pflege – dies gleitet mit den unmerklichen Übergängen einer rein sachlichen Entwicklungslogik in die Karikatur: in ein vom Leben abgeschnürtes Spezialistentum über, in den Selbstgenuß einer Technik, die den Weg zu den Subjekten nicht mehr zurückfindet. Eben diese Objektivität ermöglicht die Arbeitsteilung, die in dem einzelnen

* Ich habe sie in meiner *Philosophie des Geldes* für eine größere Anzahl historisch konkreter Gebiete ausgeführt.

Produkte die Energien eines ganzen Komplexes von Persönlichkeiten sammelt, unbekümmert darum, ob ein Subjekt das darin investierte Quantum von Geist und Leben zu seiner eigenen Förderung wieder herausentwickeln kann oder ob nur ein äußerlich peripherisches Bedürfnis damit befriedigt wird. Hier liegt der tiefe Grund des Ruskinschen Ideales, alle Fabrikarbeit durch kunstmäßige Arbeit der Individuen zu ersetzen. Die Arbeitsteilung löst das Produkt als solches von jedem einzelnen der Kontribuenten los, es steht in einer selbständigen Objektivität da, die es zwar geeignet macht, sich einer Ordnung der Sachen einzufügen oder einem sachlich bestimmten Einzelzweck zu dienen; aber damit entgeht ihm jene innere Durchseeltheit, die nur der ganze Mensch dem ganzen Werk geben kann und die seine Einfügung in die seelische Zentralität anderer Subjekte trägt. Deshalb ist das Kunstwerk ein so unermeßlicher Kulturwert, weil es aller Arbeitsteilung unzugängig ist, d. h. weil hier (mindestens in dem jetzt wesentlichen Sinne und von metaästhetischen Deutungen abgesehen) das Geschaffene den Schöpfer aufs innigste bewahrt. Was bei Ruskin als Kulturhaß erscheinen könnte, ist in Wirklichkeit Kulturleidenschaft: sie geht auf Rückgängigmachung der Arbeitsteilung, die den Kulturinhalt subjektlos macht, ihm eine entseelte Objektivität gibt, mit der er sich aus dem eigentlichen Kulturprozeß herausreißt. Und dann offenbarte sich die tragische Entwicklung, die die Kultur an die Objektivität von Inhalten bindet, die Inhalte aber gerade durch ihre Objektivität schließlich einer Eigenlogik überantwortet und der kulturellen Assimilation durch Subjekte entzieht – diese offenbarte sich endlich an der beliebigen Vermehrbarkeit der Inhalte des objektiven Geistes. Da die Kultur für ihre Inhalte keine konkrete Formeinheit besitzt, jeder Schaffende vielmehr sein Produkt neben das des andern wie in den grenzenlosen Raum stellt, so erwächst jene Massenhaftigkeit von Dingen, deren jedes mit einem gewissen Recht Anspruch auf Kulturwert macht und auch einen Wunsch, es so zu verwerten, in uns anklingen läßt. Die Formlosigkeit des objektivierten Geistes als Ganzheit gestattet ihm ein Entwicklungstempo, hinter dem das des subjektiven Geistes in einem rapid wachsenden Abstand zurückbleiben muß. Aber der subjektive Geist weiß eben die Geschlossenheit seiner Form nicht völlig gegen die Berührungen, Versuchungen, Verbiegungen durch all jene »Dinge« zu bewahren; die Übermacht des Objektes über das Subjekt, im allgemeinen durch den Weltlauf realisiert, in der Kultur zu glücklichem Gleichgewicht aufgehoben, wird nun innerhalb ihrer durch die Grenzenlosigkeit des objektiven Geistes wieder spürbar. Was man als die Behangenheit und Überladung unseres Lebens mit tausend Überflüssigkeiten beklagt, von denen wir uns doch nicht befreien können, als das fortwährende »Angeregtsein«

des Kulturmenschen, den all dies doch nicht zu eigenem Schöpfertum anregt, als das bloße Kennen oder Genießen von tausend Dingen, die unsere Entwicklung nicht in sich einbeziehen kann und die als Ballast in ihr liegen bleiben – all diese oft formulierten spezifischen Kulturleiden sind nichts anders, als die Phänomene jener Emanzipation des objektivierten Geistes. Daß diese besteht, bedeutet eben, daß die Kulturinhalte schließlich einer von ihrem *Kultur*zweck unabhängigen und von ihm immer weiter abführenden Logik folgen, ohne daß doch der Weg des Subjektes von all diesen, qualitativ und quantitativ unangemessen gewordenen, entlastet wäre. Vielmehr, da dieser Weg, als kultureller, durch das Selbständig- und Objektivwerden der seelischen Inhalte bedingt ist, so entsteht die tragische Situation, daß die Kultur eigentlich schon in ihrem ersten Daseinsmomente diejenige Form ihrer Inhalte in sich birgt, die ihr inneres Wesen: den Weg der Seele von sich als der unvollendeten zu sich selbst als der vollendeten – wie durch eine immanente Unvermeidlichkeit abzulenken, zu belasten, ratlos und zwiespältig zu machen bestimmt ist.

Das große Unternehmen des Geistes, das Objekt als solches dadurch zu überwinden, daß er sich selbst als Objekt schafft, um mit der Bereicherung durch diese Schöpfung zu sich selbst zurückzukehren, gelingt unzählige Male; aber er muß diese Selbstvollendung mit der tragischen Chance bezahlen, in der sie bedingenden Eigengesetzlichkeit der von ihm selbst geschaffenen Welt eine Logik und Dynamik sich erzeugen zu sehen, die die Inhalte der Kultur mit immer gesteigerter Beschleunigung und immer weiterem Abstand von dem Zwecke der Kultur abführt.

Weibliche Kultur

Man kann Kultur als die Vervollkommnung von Individuen ansehen, die vermöge des in der geschichtlichen Gattungsarbeit objektivierten Geistes gewonnen wird. Dadurch, daß die Einheit und Ganzheit des subjektiven Wesens sich durch die Aneignung jener objektiven Werte vollendet: der Sitte und der Erkenntnis, der Kunst und der Religion, der sozialen Gestaltungen und der Ausdrucksformen des Inneren – erscheint es als kultiviert. So ist Kultur eine einzigartige Synthese des subjektiven und des objektiven Geistes, deren letzter Sinn freilich nur in der Vervollkommnung der Individuen liegen kann. Allein da diesem Vervollkommnungsprozeß die Inhalte des objektiven Geistes erst als selbständige, von dem Schaffenden wie von dem Aufnehmenden gelöste, gegenüberstehen müssen, um dann als sein Mittel oder Stationen in ihn einbezogen zu werden, so mag man diese Inhalte: all das Ausgesprochene und Geformte, das ideell Bestehende und real Wirksame, dessen Komplex den Kulturbesitz einer Zeit ausmacht, als deren »objektive Kultur« bezeichnen. Von ihrer Feststellung unterscheiden wir das Problem: in welchem Maße, nach Ausdehnung und Intensität, die Individuen an jenen Inhalten teilhaben – als das Problem der »subjektiven Kultur«. Vom Standpunkt der Wirklichkeit wie von dem des Wertes aus sind beide Begriffe gegeneinander sehr selbständig. Von einer hochentwickelten objektiven Kultur ist vielleicht die große Masse der in Frage kommenden Persönlichkeiten ausgeschlossen; während umgekehrt an einer relativ primitiven Kultur eben diese Masse so teilhaben kann, daß die subjektive Kultur eine relativ außerordentliche Höhe gewinnt. Und entsprechend variiert das Werturteil: der rein individualistisch und vor allem der rein sozial Gesonnene wird alle Bedeutung der Kultur daran knüpfen, wie viele Menschen und in welchem Umfang sie an ihr teilhaben, wieviel Ausbildung und Glück, wieviel Schönheit und Sittlichkeit das im Individuum realisierte Leben aus ihr zieht. Andre aber, denen nicht nur der Nutzen der Dinge, sondern die Dinge selbst, nicht nur der unruhige Strom des Tuns und Genießens und Leidens, sondern der zeitlose Sinn geistgeprägter Formen am Herzen liegt, werden gerade nur nach der Ausbildung der objektiven Kultur fragen, und sich darauf berufen, daß der sachliche Wert eines Kunstwerkes, einer Erkenntnis, einer religiösen Idee, ja sogar der eines Rechtssatzes oder einer sittlichen Norm ganz unberührt davon ist, wie oft oder wie selten die zufälligen Wege der Lebenswirklichkeit all dieses in sich aufnehmen.

An dem Scheideweg dieser beiden Linien trennen sich auch die beiden Wertfragen, die die moderne Frauenbewegung aufwirft. Ihre Entstehung schien sie ganz in die Richtung der subjektiven Kultur zu bannen. Indem die Frauen zu den Lebens- und Leistungsformen der Männer übergehen wollten, handelte es sich für sie um den persönlichen Anteil an schon bestehenden, ihnen nur bisher versagten Kulturgütern – mochten diese ihnen nun neues Glück, neue Pflichten oder neue Persönlichkeitsbildung gewähren sollen; immer nur für einzelne Menschen, und mochten es noch so viele Millionen der Gegenwart wie der Zukunft sein, wird hier gerungen, nicht um etwas, das an sich über alles Einzelne und Persönliche hinausginge. Ein Wievielmal der Werte steht in Frage, nicht das Schaffen von objektiv neuen. Auf dieser Richtung ruhen vielleicht alle eudämonistischen, ethischen, sozialen Akzente der Frauenbewegung. Aber doch verschwindet vor ihr nicht die andre, viel abstraktere, von viel weniger dringender Not erzeugte: ob sich aus dieser Bewegung qualitativ neue Gebilde, eine Vermehrung des sachlichen Kulturgehalts erheben werde? Nicht nur Multiplikationen des Bestehenden, nicht nur ein Nachschaffen, sondern ein Schaffen? Mag die Frauenbewegung, gemäß der Meinung ihrer Anhänger, die subjektive Kultur unabsehbar steigern, oder mag sie diese, wie ihre Gegner prophezeien, mit Herabsetzung bedrohen: von dem einen wie von dem anderen Fall wäre der Gewinn an Inhalten objektiver Kultur durch die Frauenbewegung unabhängig, nach dessen Chancen hier gefragt werden soll; oder, genauer, nach der *Basis* dieser Chancen, den prinzipiellen Verhältnissen des weiblichen Wesens zu der objektiven Kultur.

Hier gilt es nun zunächst die Tatsache festzustellen, daß die Kultur der Menschheit auch ihren reinen Sachgehalten nach sozusagen nichts Geschlechtsloses ist und durch ihre Objektivität keineswegs in ein Jenseits von Mann und Weib gestellt wird. Vielmehr, unsre objektive Kultur ist, mit Ausnahme ganz weniger Gebiete, durchaus männlich. Männer haben die Kunst und die Industrie, die Wissenschaft und den Handel, den Staat und die Religion geschaffen. Daß man an eine, nicht nach Mann und Weib fragende, rein »menschliche« Kultur glaubt, entstammt demselben Grunde, aus dem eben sie nicht besteht: der sozusagen naiven Identifizierung von »Mensch« und »Mann«, die auch in vielen Sprachen für beide Begriffe das gleiche Wort setzen läßt. Ich lasse für jetzt dahingestellt, ob dieser maskuline Charakter der Sachelemente unserer Kultur aus dem inneren Wesen der Geschlechter hervorgegangen ist oder nur einem, mit der Kulturfrage eigentlich nicht verbundenen Kraft-Übergewicht der Männer. Jedenfalls ist er die Veranlassung, weshalb unzulängliche Leistungen der verschiedensten Gebiete als »feminin« deklassiert und hervorragende weibliche Leistungen als »ganz männlich« gerühmt werden. Darum wendet sich die Art, nicht nur das Maß, unserer Kulturarbeit an spezifisch männliche Energien, männliche Gefühle, männliche Intellektualität – was für die ganze Breite der Kultur, namentlich in jenen Schichten wichtig wird, die man als die der Halb-Produktivität bezeichnen kann; wo nicht ein Neues wie an einem ersten Tage aus dem geistigen Schöpfungsgrunde heraufgeholt wird, aber auch keine mechanische Wiederholung genau vorgezeichneter Muster geschieht, sondern ein gewisses Mittleres. Die kulturgeschichtliche Betrachtung hat diese, für den feineren Bau der Gesellschaft unendlich wichtige Besonderheit noch nicht hinreichend untersucht. In weiten Bezirken von Technik und Handel, von Wissenschaft und Kriegswesen, von Schriftstellertum und Kunst werden unzählige Leistungen von sozusagen sekundärer Originalität gefordert, Leistungen, die innerhalb gegebener Formen und Voraussetzungen nun doch wieder Initiative, Eigenart, Schaffenskraft enthalten. Und gerade hier ist die Beanspruchung spezifisch männlicher Kräfte evident, da jene Formen und Voraussetzungen aus männlichem Geiste stammen und dessen Charakter auch jenen gleichsam epigonalen Leistungen vererben.

Ich greife nur ein Beispiel dieses maskulinen Wesens scheinbar völlig neutraler Kulturinhalte heraus. Man betont häufig die »Rechtsfremdheit« der Frauen, ihre Opposition gegen juristische Normen und Urteile. Allein dies braucht keineswegs eine Fremdheit gegen das Recht überhaupt zu bedeuten, sondern nur gegen das *männliche* Recht, das wir allein haben und das uns deshalb als das Recht schlechthin erscheint – wie uns die historisch bestimmte, durch Zeit und Ort individualisierte Moral, die wir haben, den Begriff der Moral überhaupt zu erfüllen scheint. Das vielfach vom männlichen abweichende »Gerechtigkeitsgefühl« der Frauen würde auch ein anderes Recht schaffen. Denn alle logische Problematik jenes Gefühls darf nicht verbergen, daß Gesetzgebung wie Rechtsprechung letzten Endes auf einer nur so zu bezeichnenden Basis ruhen. Bestände ein objektiv festgestellter Endzweck alles Rechtes, so wäre freilich auf ihn hin jede einzelne Rechtsbestimmung prinzipiell auf rein rationalem Wege konstruierbar; allein auch er wäre seinerseits nur durch eine überlogische Tat zu setzen, die nichts als eine andre Form des »Gerechtigkeitsgefühles«, seine Kristallisierung zu einem festen, logischen Sondergebilde wäre. Da es aber zu diesem nicht gekommen ist, so bleibt das Gerechtigkeitsgefühl in seinem gleichsam flüssigen Zustand, in dem es sich jeder einzelnen Bestimmung und Entscheidung wirksam und lenkend beimischt, wie in fast allen Zellen auch des völlig gegliederten Tierkörpers sich noch irgendein Quantum des undifferenzierten Protoplasmas findet. Jedes in sich bestimmte, durchgehende Rechtsgefühl würde also ein Recht ergeben und ein auf diese Weise aus dem spezifisch weiblichen Rechtsgefühl entsprungenes würde nur deshalb nicht als sachlich gültiges »Recht« anerkannt werden können, weil das Sachliche a priori mit dem Männlichen identifiziert wird. Daß aber die Sachgehalte unserer Kultur statt ihres anscheinend neutralen Charakters in Wirklichkeit einen männlichen tragen, gründet sich in einer vielgliedrigen Verwebung historischer und psychologischer Motive. Die Kultur, letzten Endes ein Zustand von Subjekten, nimmt nicht nur ihren Weg durch die Objektivationen des Geistes, sondern, mit dem Vorrücken jeder ihrer großen Perioden verbreitert sich dieser Umkreis des Sachlichen immer mehr, die Individuen verweilen mit ihren Interessen, ihrer Entwicklung, ihrer Produktivität immer länger auf diesem Durchgangsgebiet; die objektive Kultur erscheint schließlich als die Kultur überhaupt und ihre Ausmündung in Subjekten nicht mehr als ihr Ziel und Sinn, sondern als deren eigentlich irrelevante Privatangelegenheit. Die Entwicklungsbeschleunigung ergreift mehr die Dinge als die Menschen und die »Trennung des Arbeiters von seinen Arbeitsmitteln« erscheint nur als ein sehr spezieller ökonomischer Fall der allgemeinen Tendenz, den Aktions- und Wertakzent der Kultur vom Menschen weg auf die Vervollkommnung und selbstgenugsame Entwicklung des Objektiven zu rücken. Diese, keines Beweises bedürftige Versachlichung unserer Kultur steht nun in engster Wechselwirkung mit ihrem anderen hervorstechendsten Zuge: mit ihrer Spezialisierung. Je mehr der Mensch statt eines Ganzen nur ein unselbständiges, für sich bedeutungsloses Stück eines solchen herstellt, desto weniger kann er das einheitliche Ganze seiner Persönlichkeit in sein Werk übertragen oder es in diesem erblicken: zwischen der Geschlossenheit der Leistung und der des Leistenden besteht ein durchgängiger Zusammenhang, wie er sich am bedeutsamsten am Kunstwerk zeigt, dessen eigne, selbstgenugsame Einheit einen einheitlichen Schöpfer fordert und sich unbedingt gegen jede Zusammensetzung aus differentiellen Spezialleistungen sträubt. Wo diese letzteren vorliegen, ist das Subjekt als solches aus ihnen gelöst, das Arbeitsergebnis wird einem unpersönlichen Zusammenhang eingeordnet, dessen objektiven Forderungen es sich zu fügen hat und das jedem der Beitragenden als ein von ihm nicht umfaßtes, ihn selbst nicht widerspiegelndes Ganzes gegenübersteht. Hätte in unserer Kultur nicht das Sachelement eine so entschiedene Prärogative vor dem Personalelement, so wäre die moderne Arbeitsteilung gar nicht durchzuführen, und umgekehrt, bestände diese Arbeitsteilung nicht, so könnte es nicht zu jenem objektivischen Charakter unserer Kulturinhalte kommen. Arbeitsteilung aber ist, wie die ganze Geschichte der Arbeit zeigt, offenbar dem männlichen Wesen unvergleichlich viel adäquater als dem weiblichen. Noch heute, wo gerade sie dem Haushalt eine große Anzahl differenter Aufgaben, die früher in seiner Einheit erfüllt wurden, entzogen hat, ist die Tätigkeit der Hausfrau eine mannigfaltigere, weniger spezialistisch festgelegte, als irgendein männlicher Beruf. Es scheint, als könne der Mann seine Kraft eher in eine einseitig festgelegte Richtung fließen lassen, ohne seine Persönlichkeit dadurch zu gefährden, und sogar gerade, weil er diese differenzierte Tätigkeit unter rein objektivem Aspekt empfindet, als ein von seinem subjektiven Leben Gelöstes, das sich von dessen gleichsam privater Existenz reinlich differenziert, und zwar eigentümlicher- und begrifflich schlecht ausdrückbarerweise auch dann, wenn er dieser objektiven und spezialistischen Aufgabe mit ganzer Intensität hingegeben ist. Diese männliche Fähigkeit, sich durch eine arbeitsteilige, keine seelische Einheit in sich tragende Leistung gerade deshalb sein persönliches Sein nicht zerreißen zu lassen, weil er die Leistung in die Distanz der Objektivität stellt – gerade diese scheint der weiblichen Natur zu mangeln; nicht im Sinn einer Lücke, sondern so, daß dieses hier als Manko Ausgedrückte durchaus dem Positiven dieser Natur entspringt. Denn wenn deren seelische Besonderheit überhaupt mit einem Symbol auszusprechen ist, so ist es dieses: daß ihre Peripherie enger mit ihrem Zentrum verbunden ist, die Teile mehr mit dem Ganzen solidarisch sind, als in der männlichen Natur. Hier findet die Einzelbewährung nicht die Sonderentwicklung und Sonderung von dem Ich mit seinen Gefühls- und Gemütszentren, die die Leistung in das Objektive rückt und dadurch ihre entseelte Spezialistisk mit einer vollen, beseelt persönlichen Existenz verträglich macht (ohne daß es freilich an männlichen Erscheinungen fehlte, in denen die letztere zugunsten der ersteren verkümmert).

Hier tritt die große und differenzierte Bedeutung des Entwicklungsbegriffs für die ganze männlich-weibliche Kulturfrage hervor. Das unruhig aktive, zur Bewährung in und an einem Außer-sich drängende Wesen des Mannes gibt dem Entwicklungsprinzip für ihn eine von vornherein entscheidende Macht. So wenig dies Prinzip sich etwa nur als Entfaltung ins Extensive verwirklicht, so wird es doch für ein in sich weniger differenziertes, in seiner Geschlossenheit befriedigteres Wesen von geringerer Bedeutung sein als für das männliche. Tatsächlich scheint nach allgemeiner Meinung den Frauen eine gewisse »Unentwickeltheit« anzuhaften, auf die hin Schopenhauer sie »zeitlebens große Kinder« nannte (s. o. S. 66). Während dies für die Antifeministen aller Schattierungen eine Unabänderlichkeit ist, die das weibliche Geschlecht von dem höheren und ganzen Menschentum ausschlösse, stützt sich die Frauenbewegung darauf, daß hier wirklich eine bloße Unentwickeltheit vorläge, eine Latenz von Kräften und Möglichkeiten, die sich, wenn ihnen nur Spielraum und Anregung gegeben würde, in volle Aktualität umsetzen könnten und also auch sollten. In die Tiefe des Problems scheinen mir beide Parteien damit nicht einzudringen; trotz ihrer Entgegengesetztheit sind beide Schlußweisen falsch, weil sie auf einem ganz unvollkommenen Begriff des Entwicklungswertes ruhen. Sie fassen ihn beide im Sinne organischer Naturhaftigkeit. Aber sie können ihm ihre Konsequenzen nur dadurch entlocken, daß sie in ihn hineintragen, was er gerade im reinen Natursinne nicht besitzt: den höheren Rang, das wertmäßig Fortgeschrittene der späteren und differenzierteren Stufe gegenüber der früheren und die Setzung eines mehr oder weniger genau fixierten Stadiums als Entwicklungshöhe, dessen Erreichtheit oder Entferntheit den andern Stadien ihren Wert bestimmt. Populärerweise freilich erscheint die Frucht als das wertmäßig Höhere, irgendwie Abschließende gegenüber der Blüte, gewissermaßen als ihr Endzweck, so sehr jede Besinnung auf den objektiven Naturlauf sie natürlich als ein Durchgangsstadium der Entwicklung zeigt; nur durch die sehr menschliche Betonung daraufhin, daß man sie essen kann, die Blüte aber nicht, vor dieser einen teleologischen Vorrang behauptend. Nehme man also wirklich an, die Entwicklung der Menschheit sei mit ihrem weiblichen Zweige auf einer früheren Stufe stehen geblieben als mit ihrem männlichen, so ist es eine völlig willkürliche Behauptung: sie erreiche ihre Vollendung erst mit dem Vorschreiten zum männlichen Stadium. Vielmehr, ein jedes Entwicklungsstadium hat in sich, als dieses bestimmte, seine Norm, an der sich der Grad seiner Vollendung mißt, und rangiert diese Norm nicht ihrerseits wieder unter ein anderes Stadium, bloß weil dieses ein späteres und irgendwie verändertes ist. Nun steht es natürlich jedem frei, das eine Stadium höher zu schätzen als das andere – obgleich ein Wertvergleich zwischen Wesensarten, deren jede nach ihrem, ihr allein eigenen Ideal beurteilt sein will und die keinen irgendwie sicheren Generalnenner besitzen, immer etwas Mißliches hat. Immerhin, macht man von jener Freiheit des Wertes Gebrauch, so geschehe es mit dem Bewußtsein seiner vollen Subjektivität und der Unmöglichkeit, es aus einer angeblichen Logik des Entwicklungsbegriffes zu rechtfertigen, dessen Objektivität überhaupt keine Wertunterschiede seiner Stadien kennt.

Diese irrige Teleologie wird durch gewisse Ausdrücke begünstigt, deren Kritik die Problemlage noch in ihren tieferen Schichten durchleuchtet. Man hat nicht nur sehr früh, aus einem metaphysischen Entwicklungsbegriff heraus, die Frau als die »Möglichkeit« bezeichnet, zu der erst der Mann die »Wirklichkeit« sei; sondern, in der psychologischen Linie der Frau selbst verbleibend, scheint ihr Wesen soviel unverwirklichte Möglichkeiten, uneingelöste Versprechungen, gebundene Spannkräfte zu enthalten, daß mit deren Entwicklung zur Aktivität erst dies Wesen zu seiner Bestimmung käme, seine Werte und Leistungen erst ganz offenbaren würde. War der obige Gedankengang mehr Sache der Antifeministen, so weist dieser auf die Emanzipation hin, ohne indes einen jenem ersteren verwandten Fehlschluß zu vermeiden. Denn keinerlei Logik oder Empirie verbietet es, daß vielleicht das Optimum des weiblichen Wesens gerade an den Latenzzustand gewisser Kräfte geknüpft ist. Auch in diesem sind sie ja nicht gleich Null, und es ist ein naiver Dogmatismus, daß alle Kräfte, alle Potentialitäten erst dann ihren wertvollsten Beitrag zu der subjektiven und objektiven Existenz gäben, wenn sie sich in dem Stadium, das wir volle Entwicklung nennen, befinden. Die »Möglichkeiten« eines Wesens sind doch keine ungreifbar über ihm schwebenden Prophezeihungen einer einmal eintretenden Aktualität, sondern schon jetzt etwas durchaus Positives, eine charakteristische Gegenwart, die keineswegs nur in der Anwartschaft auf eine andere, zukünftige Formung besteht. Und nun könnte es durchaus sein, daß der Zustand eines Wesens, der von einem vorwegnehmenden Standpunkt aus Potentialität heißt, tatsächlich aber doch schon selbst ein Wirkliches ist, für dieses Wesen der Höhepunkt und der denkbar vollkommenste Ausdruck seines Seins überhaupt ist. Unplausibel erscheint dies nur von der schlechten Gewohnheit her, die Fähigkeiten eines Menschen, intellektuelle oder nur dynamische, schöpferische oder gefühlshafte oder welche immer, wie isolierte Selbständigkeiten anzusehen, zwischen ihrem Anfang und ihrem Ende für sich verlaufende, für sich zu wertende Entwicklungsreihen. So betrachtet mag freilich die einzelne erst mit ihrer maximalen Entwickeltheit ein befriedigendes Bild ergeben. Erfaßt man sie aber als Glieder oder als Äußerungen eines individuellen Gesamtlebens, das sich in all unsern einzelnen Fähigkeiten gleichsam kanalisiert, so leuchtet sofort die Möglichkeit, sogar die Wahrscheinlichkeit auf, daß die werthöchste Entwicklung der ganzen und einheitlichen Persönlichkeit sich über sehr verschiedene Längen jener Einzelreihen erheben wird, daß die Lösung der Potentialitäten jetzt nicht mehr für sich gelten, sondern, der darüberstehenden Ganzheit des Menschen dienend, in sehr ungleichen Maßen erfordert sein wird, um die Vollendung dieser Ganzheit organisch zu tragen.

Und wie verhält sich denn jede menschliche, auch die männliche Existenz, zu diesem Problem der Möglichkeiten und ihrer Aktualisierungen? In jedem von uns ruhen unbegrenzte Möglichkeiten zu Betätigungen und unzählige Male belehren uns erst von außen herantretende Anreize oder Nöte über das, was wir eigentlich können. Dies sind natürlich durchaus reale, psychisch positive Elemente, die als Möglichkeiten nur insoweit gelten, als sie antizipatorisch auf das hin, was sich aus ihnen eventuell entfalten wird, angesehen werden; genau genommen könnte man deshalb jegliche Aktualität unseres Lebens als Möglichkeit ansprechen, da eine jede sich zu weiteren tatsächlichen Gestaltungen entfaltet oder entfalten kann. Allein im engeren Wortsinn gliedern wir nur solche inneren Reihen in Möglichkeit und Wirklichkeit, deren letztes Glied in besonderem Maße auf jene vorbereitende Zustände zurückweist, die entweder nur nach Entfaltung ihrer Folgen konstruiert werden können oder als dumpfe Gefühle und mehr oder weniger unsichere Versprechungen in uns leben. So verstanden, ist der Umkreis unserer Existenz in seinem extensiven Hauptteil von Möglichkeiten besetzt; was wir als Wirklichkeit voll entwickelten Bewußtseins sind, ist immer nur der Kern jenes Kreises und ein auf diesen Kern, diese Wirklichkeit, beschränktes Leben wäre in ganz unausdenkbarer Weise verändert und verarmt. Denn diese Potentialitäten *sind* wir doch gleichfalls, sie sind auch nichts bloß Gebundenes oder Scheintotes, sondern etwas fortwährend Wirksames – nur nicht gerade immer in der durch unsere Reflexion ihnen insinuierten Richtung von Möglichkeit zu einer ganz bestimmten Wirklichkeit, vielleicht überhaupt nicht zu einer ihnen zuzuordnenden weiteren Wirklichkeit. So mag manches vom männlichen Standpunkt aus Potentialität sein, Unentwickeltheit von Endwerten, deren Verwirklichung erst ihrer Möglichkeit Sinn gibt – während eben dies in der weiblichen Psyche ein sinnvoll Wirkliches ist, ein in dem Zusammenhange gerade solchen Gesamtlebens Vollendetes oder dessen Vollendung Tragendes.

Wo diese differentielle Struktur vorliegt, wird sie zugleich als relativ einheitliche, in sich eng geschlossene erscheinen; so daß man beides vielleicht als – selbstverständlich symbolische – Ausdrücke für eine und dieselbe seelische Geformtheit ansehen kann. Wo die einzelnen Reihen ihre Bedeutung für Wesensart und Bewußtsein, Willen und Wertung erst an dem Punkt, den wir ihre volle Entwickeltheit nennen, gewinnen, wird sich das Bild einer zentrifugalen, an manchen Stellen weit ausladenden, die einzelne Entwicklungslinie stark betonenden Existenz einstellen; das Entwicklungsprinzip und das der Differenzierung gehen zusammen. Umgekehrt, wo sich Wert und innere Wirksamkeit der Reihe dann verknüpfen, wenn diese in dem Stadium der Potentialität und der Unentwickeltheit stehen – zwei völlig schiefe Ausdrücke, weil sie ein gegenwärtig Bedeutsames durch Rückdatierung aus einer Zukunft, ein positiv Wirksames durch eine bloße Negation charakterisieren – da wird der Umfang des Wesens enger an seinem Zentrum, an dem Quellpunkt des persönlichen Lebens überhaupt verbleiben. Je mehr Potentialitäten, immer in dem Sinn wesensbestimmender Wirklichkeit, diesen Umfang besetzen, als desto einheitlicher, desto weniger in weit ausgreifende Singularitäten gespalten, werden wir ihn empfinden.

Ich führe nur zwei spezielle und voneinander sehr abgelegene Züge dieser Einheitlichkeit des weiblichen Wesens an, die wir vielleicht nur deshalb mit so negativen Begriffen wie Undifferenziertheit, Mangel an Objektivität usw. ausdrücken, weil die Sprache und Begriffsbildung in der Hauptsache auf männliches Wesen eingestellt ist. Erfahrene Praktiker des Gefängniswesens haben gelegentlich der Einführung weiblicher Gefängnisaufseherinnen hervorgehoben, man dürfe dazu nur durchaus gebildete Frauen nehmen. Der männliche Sträfling nämlich füge sich in der Regel willig seinem Wärter, auch wenn dieser an Bildung tief unter ihm stände, während weibliche Gefangene einer ihnen an Bildung untergeordneten Wärterin fast immer Schwierigkeiten machten. Das heißt also: der Mann sondert seine Gesamtpersönlichkeit von dem jeweiligen einzelnen Verhältnis ab und erlebt dieses in der reinen, kein außerhalb gelegenes Moment hineinziehenden Sachlichkeit. Die Frau umgekehrt kann dieses momentane Verhältnis sich nicht als ein unpersönliches abspielen lassen, sondern erlebt es in Ungetrenntheit von ihrem einheitlichen Gesamtsein und zieht deshalb die Vergleichungen und Konsequenzen, die die Relation ihrer ganzen Persönlichkeit zu der ganzen Persönlichkeit ihrer Wärterin mit sich bringt. Aber auf dieser Verfassung dürfte nun auch, zweitens, die größere Empfindlichkeit, die Leichtverletzlichkeit der Frauen beruhen – viel eher als auf einer zarteren oder schwächeren Struktur der einzelnen seelischen Elemente. Die mangelnde Differenziertheit, die geschlossene Einheitlichkeit des seelischen Wesens läßt sozusagen keinen Angriff lokalisiert bleiben, jeder setzt sich von seinem Ansatzpunkt aus gleich auf die ganze Persönlichkeit fort, wobei er dann leicht auf alle möglichen, überhaupt leicht verwundbaren oder wunden Punkte trifft. Man sagt den Frauen nach, daß sie leichter beleidigt wären, als Männer es unter den gleichen Umständen sind; aber dies bedeutet eben, daß sie einen singulären, auf irgendeinen Einzelpunkt gerichteten Angriff häufig als einen ihre ganze Person treffenden empfinden – weil sie die einheitlicheren Naturen sind, in denen der Teil sich nicht aus dem Ganzen zu selbständigem Leben herausgeschieden hat.

Man kann diese Grundstruktur des weiblichen Wesens, die in dessen Fremdheit gegen die spezialistisch-objektive Kultur nur ihren historischen Ausdruck gewinnt, in einen psychologischen Zug zusammenfassen: in die Treue. Denn Treue bedeutet doch, daß das Ganze und Einheitliche der Seele sich mit einem einzelnen ihrer Inhalte unablöslich verbindet. Über die Beobachtungstatsache, daß die Frauen, mit den Männern verglichen, die treueren Wesen sind, besteht wohl Einstimmigkeit – anhebend von ihrer Anhänglichkeit an alte Besitzstücke, eigene wie die geliebter Menschen, an »Erinnerungen« greifbarer wie innerlichster Art. Die ungespaltene Einheit ihrer Natur hält zusammen, was sich je in ihr getroffen hat, läßt an jedem Ding die einst damit verbundenen, in das gleiche Zentrum einbezogenen Werte und Gefühle schwerer trennbar haften. Der Mann ist pietätloser, weil er kraft seiner Differenziertheit die Dinge mehr in ihrer herausgelösten Sachlichkeit ansieht. Das Vermögen, sich in eine Mehrheit gesonderter Wesensrichtungen zu zerlegen, die Peripherie von dem Zentrum unabhängig zu machen, Interessen und Betätigungen von ihrer einheitlichen Verknüpftheit fort zu verselbständigen – dies disponiert zur Treulosigkeit. Denn nun kann die Entwicklung bald das eine, bald das andere Interesse ergreifen, den Menschen in wechselnde Formen bringen, jeder Gegenwart die volle Freiheit geben, sich aus sich selbst und rein sachlich zu entscheiden; damit aber ist ihr eine Fülle und Unpräjudiziertheit von Betätigungsrichtungen gegeben, wie sie der Treue versagt sind. Differenziertheit und Sachlichkeit sind, nach der Logik der Psychologie, die Gegensätze der Treue. Denn sie, die das Ganze der Persönlichkeit vorbehaltlos mit einem einzelnen Interesse, Gefühl, Erlebnis verschmilzt und bloß weil diese einmal da waren, mit ihnen verschmolzen bleibt, hindert jenes Zurücktreten des Ich von seinen einzelnen Erfüllungen. Die Scheidung der Sache von der Person hat etwas Treuloses, und damit widerstrebt sie der treueren Wesensart der Frauen und trennt damit diese freilich innerlich von einer produktiven Kultur, die auf Grund ihrer Spezialisierung versachlicht und auf Grund ihrer Sachlichkeit spezialisiert ist. Die laxere sexuelle Treue der Männer – eine nur von dogmatischer Misogynie, banalem Nachsprechertum oder bloßer Frivolität geleugnete Tatsache – hängt eben damit zusammen, daß ihnen die Frau vielfach als »Sache« gilt; mag auch der begriffliche Ausdruck kraß und paradox erscheinen, hierin zentriert tatsächlich der ganze Unterschied zwischen dem Verhältnis des Mannes zur Frau und dem der Frau zum Manne; in den Fällen, wo jene Kategorie nicht in Wirksamkeit tritt, vermindert sich der Unterschied der beiden Relationsrichtungen in überraschender Weise.

Insoweit also die Frauen an der objektiven Kulturleistung versagen, braucht dies kein dynamisches Manko gegenüber einer allgemeinen menschlichen Forderung zu bedeuten, sondern nur die Inadäquatheit zwischen einer Wesensart, in der alle Lebensinhalte nur aus der Kraft eines unteilbaren subjektiven Zentrums heraus und unmittelbar mit diesem verschmolzen existieren – und der Bewährung in einer Sachenwelt, wie sie durch die differentielle Natur des Mannes aufgebaut ist. Gewiß sind die Männer sachlicher als die Frauen. Aber dies ganz selbstverständlich als das Vollkommnere anzusehen und das Leben in der Ungeschiedenheit des Einzelnen vom Ganzen als das Schwächere und »Unentwickeltere« – das ist nur durch einen circulus vitiosus möglich, indem man von vornherein nicht eine neutrale, sondern die männliche Wertidee über den Wert von Männlichem und Weiblichem entscheiden läßt. Freilich kann hier konsequenterweise nur ein ganz radikaler Dualismus helfen: nur wenn man der weiblichen Existenz als solcher eine prinzipiell andere Basis, eine prinzipiell anders gerichtete Lebensströmung als der männlichen zuerkennt, zwei Lebenstotalitäten, jede nach einer völlig autonomen Formel erbaut – kann jene naive Verwechslung der männlichen Werte mit den Werten überhaupt weichen. Sie ist von historischen Machtverhältnissen getragen, die sich logisch in dem verhängnisvollen Doppelsinn des Begriffes vom »Sachlichen« ausdrücken: das Sachliche erscheint als die rein neutrale Idee, in gleichmäßiger Höhe über den männlich-weiblichen Einseitigkeiten; aber nun ist das »Sachliche« doch auch die Sonderform der Leistung, die der spezifisch männlichen Wesensart entspricht. Das Eine eine Idee von übergeschichtlicher, überpsychologischer Abstraktheit, das Andere ein historisches, der differentiellen Männlichkeit entspringendes Gebilde, – so daß die von dem letzteren ausgehenden Kriterien, durch das gleiche Wort getragen, sich mit der ganzen Idealität des ersteren decken und daß die Wesen, deren Natur sie von der Bewährung an der spezifisch männlichen Sachlichkeit ausschließt, von dem Standpunkt der übergeschichtlichen, der schlechthin menschlichen Sachlichkeit aus (den unsere Kultur überhaupt nicht oder nur sehr sporadisch realisiert) deklassiert erscheinen.

Da sich der hier wirksame Gegensatz zwischen dem ganz allgemeinen Wesen der Frauen und der ganz allgemeinen Form unserer Kultur spannt, so wird innerhalb dieser Kultur die weibliche Leistung um so gehemmter sein, je unmittelbarer gerade dieses Allgemeinste und Formale ihr als *Forderung* gegenübersteht: dies ist am entschiedensten bei originellem Schöpfertum der Fall. Wo schon geformte Inhalte aufgenommen und kombinatorisch weiter verarbeitet werden, ergibt sich leichter eine Anpassung an den Gesamtcharakter des Kulturbezirks; wo aber eine spontane Schöpfung aus dem Eigensten des Subjekts hervordrängt, wird eine ganz und gar aktive, totale Formung, vom Elementarsten her, verlangt. Dies Tun hat hier, im extremen Fall, nicht von seinem Material her schon etwas von der allgemeinen Form in sich, sondern die Distanz zu dieser hin muß von der schaffenden Seele Schritt für Schritt und ohne Nachlaß überwunden werden. Damit ergibt sich die Reihenfolge, in der weibliche Betätigungen innerhalb der objektiven, männlich bestimmten Kultur gelingen. Unter den Künsten sind die reproduktiven ihre eigentliche Domäne: Schauspielkunst (worüber von einem anderen Aspekt her noch nachher zu reden ist) und ausübende Musik bis zu dem höchst bezeichnenden Typus der Stickerin, deren unvergleichliche Geschicklichkeit und Fleiß eben ein »gegebenes« Muster wiederholt; in den Wissenschaften fällt ihre Sammler- und »Kärrner«fähigkeit auf, und dieses Arbeiten mit Aufgenommenem steigert sich zu ihren großen Leistungen als Lehrerinnen, die, bei aller funktionellen Selbständigkeit, ein Gegebenes überliefern usw. Kurz, im Rahmen der bisher vorliegenden Kultur bewähren sie sich in dem Maße mehr, in dem der Gegenstand ihrer Arbeit schon den Geist dieser Kultur, d. h. den männlichen, in sich aufgenommen hat und versagen in dem Maße, in dem Urproduktion verlangt wird, d. h. in dem sie ihre von vornherein anders disponierte *originale* Energie erst in die Formen gießen müßten, die die objektive, also die männliche Kultur verlangt.

Nun aber ist diese Kultur sozusagen in doppelter Art männlich. Nicht nur weil sie in objektiver und arbeitsteiliger Form verläuft, sondern auch weil die Erfüllungen dieser Form, die einzelnen Leistungen in einer Weise vorgezeichnet, die Leistungselemente in einer Weise zu besonderen Berufen zusammengefaßt sind, wie es eben der männlichen Fähigkeit, ihrer besonderen Rhythmik und Intention angemessen ist. Von jener grundsätzlichen Formschwierigkeit also abgesehen, wäre es noch einmal eine Inadäquatheit, noch einmal ein Verzicht auf Schaffung neuer Intensitäten und Qualitäten der Kultur, wollten die Frauen in demselben Sinne Naturforscher oder Techniker, Ärzte oder Künstler werden, wie die Männer es sind. Gewiß wird dies oft genug geschehen und das Quantum subjektiver Kultur reichlich vermehren. Allein wenn nun schon objektive Kultur sein soll und die Frauen sich ihrer Form fügen, so sind neue kulturelle Nuancen und Grenzerweiterungen nur dann von den Frauen zu erwarten, wenn sie etwas leisten, *was die Männer nicht können.* Das ist der Kern der ganzen Frage, der Drehpunkt des Verhältnisses zwischen der Frauenbewegung und der objektiven Kultur. Auf gewissen Gebieten wird eine Zerlegung der Tätigkeit, die man jetzt als eine sachliche Einheit ansieht (während in Wirklichkeit diese Synthese von Teilfunktionen der männlichen Arbeitsweise adäquat war), spezifisch weibliche Tätigkeitssphären schaffen. In einem engen und materiellen Bezirk haben englische Arbeiter dies Prinzip durchgeführt. Frauen haben vielfach ihre niedrigere und billigere Lebenshaltung benutzt, um die Männer zu unterbieten, und damit eine Verschlechterung des Standardlohnes herbeigeführt, so daß im allgemeinen die Gewerkvereine die Verwendung der weiblichen Arbeitskraft in der Industrie aufs bitterste bekämpfen. Einige Gewerkvereine nun, z. B. Baumwollweber und Strumpfwirker, haben einen Ausweg gefunden, durch Einführung einer Standardlohnliste für sämtliche, auch die kleinsten Teilfunktionen der Fabrikarbeit. Diese werden ganz gleichmäßig bezahlt, mögen sie von Männern oder von Frauen ausgeführt werden. Wie von selbst nun hat sich durch diesen, zunächst nur zur Beseitigung der Konkurrenz zwischen Männern und Frauen erdachten Modus eine Arbeitsteilung herausgebildet, derart, daß die Frauen die ihren Körperkräften und ihrer Geschicklichkeit adäquaten Funktionen für sich gleichsam monopolisiert haben, den Männern die *ihren* Kräften zusagenden überlassend. Der beste Kenner der Verhältnisse englischer Industriearbeiter urteilt: »Soweit es sich um Handarbeit handelt, bilden die Frauen eine besondere Klasse von Arbeitern, die andere Fähigkeiten und andere Bedürfnisse als die Männer haben. Um beide Geschlechter in demselben Zustande von Gesundheit und Leistungsfähigkeit zu halten, ist oft eine *Differenzierung der Aufgabe* nötig.« Hier ist also sozusagen naiv das große Problem der weiblichen Kulturarbeit schon gelöst, die neue Linie ist durch den Aufgabenkomplex gelegt, die die für das spezifisch weibliche Können prädestinierten Punkte verbindet und zu besonderen Berufen zusammenschließt. Schon hier gilt, daß die Frauen etwas tun, was die Männer nicht können. Denn obgleich diese es bisher getan haben, so werden die Aufgaben, die den weiblichen Kräften zusagen, durch die spezifische Arbeit dieser sicher besser gelöst werden.

Ich gehe auf diese Möglichkeit, die auch für die *Erkenntnis* nur innerhalb der Praxis sichtbar werden dürfte, nicht näher ein und wende mich zu der anderen: daß eine in höherem Maße originelle und spezifisch weibliche Leistung gleichsam in den Lücken, die die männliche läßt, erwachse. Auch für den Bezirk der Wissenschaft sind hier nur ganz sporadische Anmerkungen möglich, zunächst etwa für die Medizin. Nach dem – sicherlich sehr großen – praktischen und sozialen Wert des weiblichen Arztes, der eben dasselbe kann und tut wie der männliche, steht hier nicht die Frage, sondern ob von ihm eine solche qualitative Mehrung der medizinischen Kultur, wie sie durch männliche Mittel nicht erreichbar ist, zu erwarten ist. Und das scheint mir daraufhin zu bejahen, daß sowohl Diagnose wie Therapie zu einem nicht kleinen Teil von dem Nachfühlen des Zustandes des Patienten abhängt. Die objektiv-klinischen Untersuchungsmethoden kommen oft an ein frühes Ende, wenn sie nicht ergänzt werden durch ein entweder unmittelbar-instinktives, oder durch Äußerungen vermitteltes, subjektives Wissen um den Zustand und die Gefühle des Kranken. Ich halte dieses Mitwissen für ein ausnahmslos wirksames Apriori der ärztlichen Kunst, das nur wegen seiner Selbstverständlichkeit nicht bewußt zu werden pflegt; weshalb denn freilich auch seine Abstufungen, mit ihren sehr nuancierten Bedingungen und Folgen, noch keine Untersuchung gefunden haben. Zu diesen Bedingungen aber, die in *irgend*einem Grade immer vorhanden sein müssen und dann mit ihrem Maße eben das Maß des ärztlichen Verständnisses entscheiden, gehört eine gewisse Konstitutionsanalogie zwischen dem Arzte und dem Kranken; die eigentümlich dunkle und vieldeutige, aber darum nicht weniger wirksame Tatsache der inneren Nachbildung des Zustandes des Patienten ist zweifellos davon getragen und in ihrem Maße bestimmt, daß der Arzt eben ein Wesen derselben Art ist. In diesem Sinne hat ein sehr erfahrener Nervenarzt einmal gesagt, daß man gewisse nervöse Zustände erst dann ärztlich ganz durchschauen könnte, wenn man selbst einmal ähnliche erlebt habe. Es drängt sich also die Konsequenz auf, daß Frauen gegenüber der weibliche Arzt nicht nur oft die genauere Diagnose und das feinere Vorgefühl für die richtige Behandlung des einzelnen Falles haben wird, sondern auch rein wissenschaftlich typische Zusammenhänge entdecken könne, die dem Mann unauffindbar sind, und so zu der *objektiven* Kultur spezifische Beiträge leisten würde; denn die Frau hat eben an der gleichen Konstitution ein Werkzeug der Erkenntnis, das dem Mann versagt ist. Und ich möchte glauben, daß die größere Ungeniertheit der Frauen gegenüber der Ärztin – neben der freilich, aus hier nicht anführungsbedürftigen Motiven, die Praxis vielleicht überwiegend das Umgekehrte zeigt – auch aus dem Gefühl stammt, in vielem von der Frau als solcher besser verstanden zu werden als vom Manne; weshalb jene Tatsache auch besonders für die Frauen der untern Stände gilt, deren Ausdrucksmittel unvollkommen sind und die sich deshalb mehr auf das instinktmäßige Verstandenwerden verlassen müssen. Hier könnten also vielleicht auch in rein theoretischem Sinne die Frauen *vermöge ihres Geschlechtes* etwas leisten, was dem Manne versagt ist. – Von derselben Voraussetzung aus, daß von einem verschiedenen Sein auch ein verschiedenes Erkennen getragen wird, könnte die weibliche Psyche der historischen Wissenschaft mit spezifischen Leistungen dienstbar werden. Die Erkenntniskritik hat die Falschheit und Oberflächlichkeit jenes Realismus herausgestellt, für den die wissenschaftliche Geschichte eine möglichst photographische Wiedergabe des Geschehens ist, »wie es wirklich war«, ein Hineinschütten der unmittelbaren Realität in das wissenschaftliche Bewußtsein. Wir wissen jetzt vielmehr, daß aus dem »Geschehen«, das überhaupt als solches nicht gewußt, sondern nur gelebt werden kann, »Geschichte« nur durch die Wirksamkeit von Funktionen wird, die durch die Struktur und die Intentionen des erkennenden Geistes bestimmt sind; aus der Besonderheit dieser Bestimmung folgt die Besonderheit des resultierenden Gebildes, der Geschichte. Darum wird diese keineswegs etwas »Subjektives«, dem Unterschied von Wahrheit und Irrtum Unzugängiges; nur daß Wahrheit nicht auf dem Spiegelcharakter des Geistes gegenüber den Ereignissen beruht, sondern auf einem gewissen funktionellen Verhältnis zu diesen, und darauf, daß die Vorstellungen, ihren eigenen Notwendigkeiten folgend, damit zugleich einer Forderung der Dinge gehorchen – die, was sie sonst auch sei, jedenfalls nicht die Forderung ist, von jenen photographiert zu werden. Ich gehe hier nur auf eines der Probleme ein, in denen diese unvermeidliche Abhängigkeit des geschichtlichen Bildes von der geistigen Struktur des Historikers und ihrer Besonderheit ihren Sitz hat. Beschränkte sich die Geschichtskenntnis auf das, was im genauen Sinne festgestellt und »erfahren« ist, so hätten wir einen Haufen zusammenhangsloser Bruchstücke; erst durch fortwährendes Interpolieren, Ergänzung aus Analogien, Anordnung nach Entwicklungsbegriffen werden daraus die einheitlichen Reihen der »Geschichte« – wie bekanntlich nicht einmal die Schilderung eines Straßenauflaufs durch Augenzeugen auf andere Weise zustande kommt. Allein unterhalb dieser Schicht, in der sogar die Reihen der unmittelbaren Tatsachen nur durch geistige Spontaneität zu zusammenhängenden und sinnvollen werden, liegt eine andere, geschichtsbildende, die sich ganz und gar durch diese Spontaneität gestaltet. Wenn selbst alles sinnlich feststellbare Geschehen in der Menschenwelt lückenlos bekannt wäre, so wäre all dies Sicht-, Tast- und Hörbare etwas so Gleichgültiges und Sinnloses wie das Ziehen der Wolken oder ein Rascheln in Zweigen, wenn es nicht zugleich als seelische Manifestation verstanden würde. Das metaphysische und erkenntnistheoretische Problem: wie denn der ganze Mensch, in dem die sinnliche Existenz und alles Denken, Fühlen, Wollen eine Einheit ist, durch die geringen Teilstücke seines historischen Überliefertseins uns zugängig werden könnte (ein Problem, in dem sich nur das gleiche des täglichen Lebens in besonderer Formung und Erschwerung wiederholt), steht hier nicht zur Diskussion. Nur dies muß festgestellt werden, daß das Begreifen von historischen Persönlichkeiten keine einfache »Nachbildung« ihres inneren Seins und Geschehens im Geiste des Begreifenden ist und ebensowenig ein »Einfühlen« von des letzteren eigener Seelenhaftigkeit in jene; von beidem ist weder die Möglichkeit einzusehen noch die Erklärung des rätselhaften Vorgangs zu erwarten. Vielmehr scheint, was wir Verstehen eines Menschen oder einer Menschengruppe seitens eines anderen nennen, ein Urphänomen zu sein, von dem keine einfacheren oder kausalen Elemente, sondern nur einige gewissermaßen äußere Bedingungen und Folgen seines Eintretens anzugeben sind. Zu den ersteren gehört das eigentümliche Gleichheits- und Ungleichheitsverhältnis zwischen dem historisch erkennenden Subjekt und seinen Objekten. Eine gewisse fundamentale Gleichheit muß vorhanden sein: ein Erdbewohner würde vielleicht den Bewohner eines anderen Sternes überhaupt nicht »verstehen«, auch wenn ihm dessen ganzes äußeres Verhalten bekannt wäre; und im allgemeinen verstehen wir die Volksgenossen besser als andere Völker, die Familienangehörigen besser als Fremde, die Menschen gleichen Temperamentes besser als die des entgegengesetzten. Wir begreifen einen Geist keineswegs schon deshalb, weil wir ihm gleichen; allein in irgendeinem Maß (so wenig der Quantitätsbegriff Maß hier recht zutreffen mag) erscheint jenes durch dieses bedingt. Nur verstehe man dies nicht als einen mechanisch nachzeichnenden Parallelismus: man braucht kein Cäsar zu sein, um Cäsar zu verstehen, und kein Augustin, um Augstin zu verstehen; ja eine gewisse Unterschiedlichkeit schafft oft eine günstigere

Distanz für die psychologische Erkenntnis eines Andern, als das Befangensein in der genau gleichen seelischen Konstellation. Das psychologische und also auch historische Verständnis bestimmt sich ersichtlich nach einer sehr variabeln und noch gar nicht analysierten Relation zwischen seinem Subjekt und seinem Objekt, die sicher nicht mit dem abstrakten Ausdruck einer einfach quantitativen Mischung von Gleichheit und Ungleichheit zu erledigen ist. Aber auf der Basis des bisher Angedeuteten scheint nun das weitere festzustehen: daß unbezweifelte äußere Tatsachen eine prinzipiell überhaupt nicht begrenzte Zahl psychologischer Unterbauten zulassen; innerhalb eines Spielraums, den freilich phantastische und in sich brüchige Konstruktionen umgeben, wird das gleiche äußere Bild in verschiedenen Seelen verschiedene innere, d. h. jenes Äußere vom Seelischen her deutende Bilder hervorrufen können, die alle gleich berechtigt sind. Es sind keineswegs nur verschiedene Hypothesen über einen und denselben Sachverhalt, von denen nur eine richtig sein kann (obgleich natürlich auch dies oft genug vorkommt); sondern sie verhalten sich etwa wie die Porträts verschiedener, gleich qualifizierter Maler von dem gleichen Modell, deren keines »das richtige« ist – jedes vielmehr eine geschlossene, sich in sich selbst und durch ihr besonderes Verhältnis zu dem Objekt rechtfertigende Totalität, jedes von diesem etwas aussagend, was in der Aussage des andern gar keinen Platz hat, aber diese doch nicht dementiert. So ist etwa die psychologische Deutung, die Männer durch die Frauen finden, vielfach eine fundamental andere, als Frauen sie sich untereinander zuteil werden lassen – und ebenso umgekehrt. Die hiermit angedeuteten Zusammenhänge scheinen mir zu ergeben, daß, soweit die Geschichte angewandte Psychologie ist, das weibliche Naturell die Basis ganz origineller Leistungen in ihr sein könnte. Die Frauen als solche haben nicht nur eine andere Mischung jener Gleichheit und Ungleichheit mit den historischen Objekten, als die Männer, und dadurch die Möglichkeit, anderes zu sehen als diese; sondern durch ihre besondere seelische Struktur auch die Möglichkeit, anders zu sehen. Wie sie das Dasein überhaupt von ihrem Wesensapriori aus anders deuten als die Männer, ohne daß diese beiden Deutungen der einfachen Alternative: Wahr oder Falsch – unterliegen, so könnte auch die geschichtliche Welt durch das Medium ihrer psychologischen Interpretation einen anderen Aspekt der Teile und des Ganzen bieten. So problematisch und vorläufig nur um der prinzipiellen Zusammenhänge willen wichtig solche Möglichkeiten erscheinen – so meine ich, daß es spezifisch weibliche Funktionen in der Geschichtswissenschaft geben könnte, Leistungen aus den besonderen Wahrnehmungs-, Nachfühlungs- und Konstruktionsorganen der weiblichen Seele heraus, von dem Verständnis dumpfer Volksbewegungen und den uneingestandenen Motivierungen in Persönlichkeiten an bis zur Entzifferung von Inschriften.

Am annehmbarsten wird die Objektivierung des weiblichen Wesens in Kulturproduktionen auf dem Gebiet der Kunst erscheinen, wo schon gewisse Ansätze dazu bestehen. Immerhin gibt es in der Literatur schon eine Reihe von Frauen, die nicht den sklavenhaften Ehrgeiz haben, zu schreiben »wie ein Mann« und die nicht durch männliche Pseudonyme zu erkennen geben, daß sie von dem eigentlich Originellen und spezifisch Bedeutsamen, das sie als Frauen leisten könnten, keine Ahnung haben. Gewiß ist das Herausbringen der weiblichen Nuance auch in der literarischen Kultur sehr schwierig, weil die allgemeinen Formen der Dichtung männliche Produkte sind und daraufhin wahrscheinlich einen leisen inneren Widerspruch gegen die Erfüllung mit einem spezifisch weiblichen Inhalt zeigen. Sogar an weiblicher Lyrik, und zwar gerade an sehr gelungener, empfinde ich oft zwischen dem personalen Inhalt und der künstlerischen Form eine gewisse Zweiheit, als hätte die schaffende Seele und ihr Ausdruck nicht ganz denselben Stil. Das innere Leben, das zu seiner Objektivierung in ästhetischer Gestalt drängt, füllt einerseits die gegebenen Umrisse dieser nicht ganz aus, so daß, da ihren Forderungen doch einmal genügt werden muß, dies nur mit Hilfe einer gewissen Banalität und Konventionalität geschehen kann; während andrerseits auf der Seite der Innerlichkeit ein Rest von Gefühl und Lebendigkeit ungestaltet und unerlöst bleibt. Vielleicht macht sich hierin geltend, daß »Dichten selbst schon Verrat« ist. Denn es scheint, daß die beiden Bedürfnisse des Menschen: sich zu enthüllen und sich zu verhüllen – in der weiblichen Psyche anders gemischt wären als in der männlichen. Nun aber sind die überlieferten inneren Formen der Lyrik: ihr Wortschatz, der Gefühlsbezirk, in dem sie sich hält, die Relation zwischen Erlebnis und Ausdruckssymbol – diese sind, bei allem Spielraum im einzelnen, auf ein gewisses generelles Maß der Offenbarung des Seelischen, nämlich auf das männliche, eingestellt. Will sich nun die in dieser Hinsicht anders temperierte weibliche Seele in den gleichen Formen ausdrücken, so ensteht begreiflicherweise auf der einen Seite leicht eine Fadheit (die freilich vieler männlichen Lyrik ebenso eigen ist, ohne daß aber dafür ein so *genereller* Zusammenhang haftbar wäre); auf der anderen die verletzende Schamlosigkeit, die bei mancher modernen weiblichen Lyrikerin aus der Diskrepanz ihres Wesens und dem tradierten Stil der lyrischen Äußerung sozusagen von selbst entsteht, bei mancher ihre Freiheit von der inneren Form der Weiblichkeit dokumentieren soll. Immerhin scheint mir in einigen Veröffentlichungen der letzten Jahre die Bildung eines lyrischen Stiles als einer spezifisch weiblichen Wesensdokumentation wenigstens von fern angebahnt. Es ist übrigens interessant, daß auf der Stufe des Volksgesangs die Frauen bei vielen Völkern mindestens ebenso und in gleich originalem Sinne produktiv sind wie die Männer. Dies bedeutet eben, daß bei noch unentwickelterer Kultur, bei noch fehlender Objektivation des Geistes keine Gelegenheit zu der hier fraglichen Diskrepanz ist. Insoweit die kulturellen Formen noch nicht speziell und fest geprägt sind, können sie auch nicht entschieden männlich sein; solange sie sich noch in dem Indifferenzzustande befinden (entsprechend der anthropologisch festgestellten größeren Gleichheit der männlichen und weiblichen Physis bei den Primitiven), sind die weiblichen Energien nicht in der Zwangslage, sich in einer ihnen nicht adäquaten Art zu äußern, sondern gestalten sich frei und den eignen – aber hier von den männlichen noch nicht wie jetzt differenzierten – Normen folgend aus. Hier wie in vielen Entwicklungen wiederholt die höchste Stufe die Form der niedrigsten: das sublimierteste Gebilde der Geisteskultur, die Mathematik, steht vielleicht mehr als irgendein anderes Geistesprodukt jenseits von Männlich und Weiblich, ihre Gegenstände geben nicht den geringsten Anlaß zu differentiellen Reaktionen des Intellekts. Und daraus erklärt sich, daß gerade in ihr mehr als in allen anderen Wissenschaften die Frauen ein tiefes Eindringen und bedeutende Leistungen gezeigt haben. Die Abstraktheit der Mathematik steht sozusagen ebenso *hinter* der psychologischen Unterschiedlichkeit der Geschlechter, wie jene Stufe der Volksliederproduktion *vor* ihr steht. – Geringere Schwierigkeiten als die sonstigen Literaturformen scheint dem weiblichen Schaffen der Roman zu bieten; und zwar weil er seinem Problem und seiner künstlerischen Struktur nach die wenigst strenge und festgelegte Form hat. Seine Umrißlinie ist nicht sicher geschlossen, er kann nicht alle in ihm angesponnenen Fäden wieder in seine Einheit zurückknüpfen, sondern viele verlaufen sozusagen außerhalb seiner Grenze ins Unbestimmte, sein unvermeidbarer Realismus läßt nicht zu, daß er sich mit so unnachlaßlicher Rhythmik, so anschaulich gesetzmäßigem Aufbau dem Chaos der Wirklichkeit enthebe, wie Lyrik und Drama es tun. Mit den strengen Formen dieser letzteren ist ihnen ein männliches Apriori gegeben, von dem die Läßlichkeit und beliebigere Ausgestaltbarkeit des Romans frei ist, so daß der Instinkt der literarischen Frauen sie von vornherein auf den Roman als auf ihre eigentliche Domäne geführt hat. Seine Form ist, gerade weil sie nicht in sehr rigorosem Sinne »Form« ist, hinreichend biegsam, um einige moderne Romane zu spezifisch weiblichen Schöpfungen werden zu lassen.

In den Anschauungskünsten nun, in denen die Bindung an das fest tradierte Wort sich erübrigt, liegt vielleicht die Ausprägung des weiblichen Seins in charakteristisch weiblichen Werken prinzipiell am nächsten. Wir zweifeln nicht mehr daran, daß alle bildende Kunst von den psychisch-physischen Verhältnissen abhängt, von der Umsetzungsart der seelischen Bewegungen in körperliche, von den Innervationsempfindungen, von dem Rhythmus des Blickens und Tastens. Die teils unmittelbarere, teils reserviertere Art, mit der das Innenleben der Frauen in die Sichtbarkeit tritt, ihre besondere, anatomisch und physiologisch bestimmte Art sich zu bewegen, das Verhältnis zum Raum, das aus dem eigentümlichen Tempo, Weite und Formung ihrer Gesten hervorgehen muß – dies alles müßte von ihnen in den Künsten der Räumlichkeit eine besondere Deutung und Gestaltung der Erscheinungen erwarten lassen. Wenn es für die theoretische Erkenntnis richtig ist, daß der Raum in der Seele ist, so zeigt die Geste, daß die Seele im Raum ist. Die Gebärde ist nicht die Bewegung des Körpers schlechthin, sondern die daraufhin angesehene, daß sie der Ausdruck eines Seelischen ist. Darum ist sie eine der wesentlichsten Brükken und Voraussetzungen der Kunst, deren Wesen doch ist, daß das Anschauliche der Träger und die Offenbarung eines Seelischen, Geistigen, wenn auch nicht immer im Sinne der Psychologie, sei. Mit der Gebärde nimmt der Mensch einen durch sie designierten Teil des Raumes gleichsam in geistigen Besitz. Wir würden die Räumlichkeit ganz anders oder gar nicht verstehen, wenn wir uns nicht in ihr bewegten, und die Art dieser Bewegungen trägt die Art dieses Verständnisses. Natürlich überträgt der Künstler nicht seine Gebärde mechanisch in sein Bild, aber durch vielerlei Umsetzungen und Vermittlungen hindurch bestimmt doch die Art, wie er im Raum sich bewegt, seine anschauliche Deutung der Raumerscheinungen. Am deutlichsten wird dies vielleicht an dem kalligraphischen Charakter, der für die ostasiatische Malerei bestimmend war: hier stellt der Pinselzug unmittelbar den physiologischen Zug der Hand dar und sein Reiz liegt in der durch optische Vermittlung nachgefühlten Leichtigkeit, Rhythmik und Natürlichkeit der Handbewegung. Mit der besonderen Geste der Frauen offenbart sich das Besondere ihrer seelischen Artung am direktesten in einem feststellbaren Äußeren. So hat sich ihre innere Rhythmik von jeher besonders in der Tanzkunst objektiviert, indem in ihr die Schematik überlieferter Formen der individuellen Impulsivität, Anmut, Gebärdungsart einen unvergleichlich weiten Spielraum läßt. Ich bin überzeugt: wenn man die Bewegungen der wirklichen Künstlerinnen des Tanzes als ornamentale Linien fixieren würde, so wären es solche, wie ein Mann sie durch keinerlei Innervationen (außer in bewußter Nachahmung) zustande brächte. Es läßt sich – bis Psychophysik und Ästhetik sehr viel weiter fortgeschritten sind – nur tastend und beweislos darauf hinweisen, daß die Frau wohl ein anderes Verhältnis zum Raum hat als der Mann – was ebenso aus ihrer überhistorischen physisch-psychischen Eigenart wie aus der historischen Beschränkung ihrer Tätigkeitssphäre auf das Haus hervorgehen mag. Die Gesten eines Menschen sind davon abhängig, in welchen Räumen er sich zu bewegen pflegt. Man vergleiche die Gesten auf deutschen Bildern des 15. Jahrhunderts mit denen auf gleichzeitigen italienischen und sehe sich dann Nürnberger Patrizierhäuser neben italienischen Palästen an. All das etwas Schüchterne, Geknitterte, Verlegene der Gebärden – daß die Gewänder über diesen Gebärden aussehen, als hätten sie zu lange in denselben Falten im Schrank gelegen – ist die Art von Menschen, die sich nur in engen Räumen zu bewegen gewohnt sind. Die Umgrenztheit der weiblichen Bewegungen durch die »vier Wände« scheint mir aber ihre Folgen keineswegs nur an deren Enge zu knüpfen, sondern vielmehr an die dauernde Gleichheit und Gewohnheit dieses Milieus. Dadurch, daß sich der Mann als »außerhalb« Tätiger in wechselnden, unübersichtlicheren, weniger von ihm beherrschten Räumen bewegt, fehlt ihm oft das Geschlossene, reibungslos Gleitende, ruhig Ausgeglichene, das die spezifisch weibliche Anmut ausmacht; dies hingegen mag durch dauernde Bewegung in Räumen entstehen, in denen man sozusagen nichts mehr zu erobern hat, sondern die nur zum erweiterten Leibe der Persönlichkeit geworden sind. Eben deshalb bedeutet dies auch nichts rein Ästhetisches, sondern wahrscheinlich eine besondere Art, den Raum zu fühlen, eine besondere Relation zwischen dem unräumlich Innerlichen und dem räumlich Anschaulichen der Bewegung; wie gesagt: ohne einen jetzt schon möglichen Beweis, erscheint plausibel, daß in den Künsten, für die die Raumgestaltung wesentlich ist, das in den Gesten der Frauen angedeutete, spezifische Verhältnis zum Raum eine Objektivierung in spezifisch weiblichen Werken zulassen müßte – gerade wie die besonderen Arten, auf die der ostasiatische, der griechische, der Renaissancemensch den Raum empfunden hat, sich in ihren Kunststilen niedergeschlagen haben.

Ganz unzweideutig aber offenbart sich das Spezifische der weiblichen Leistung in der Schauspielkunst, und zwar keineswegs nur weil die Rolle hier schon ihrem Inhalt nach eine weibliche Aufgabe ist, sondern aus dem tieferen Wesen der Schauspielkunst überhaupt heraus. Es gibt keine Kunst, in der die Leistung und die Totalität der Persönlichkeit zu so enger Einheit verbunden sind. Malerei, Poesie, Musik haben gewiß ihr Fundament in dem ganzen geistig-körperlichen Menschen; allein sie leiten dessen Kräfte in einseitiger fließende Kanäle, an deren Ende erst die Leistung heraustritt und vieles von jenen Kräften unsichtbar werden läßt – selbst die Tanzkunst tut dies, indem sie die Rede unterdrückt, und die reproduzierende Musik, indem hier die Anschaulichkeit irrelevant wird. Den zeitlichen Ausdruck dafür bildet in jenen Künsten die Trennung des aktuellen Schöpfungsmomentes von dem selbständig weiterexistierenden Produkt, während die Schauspielkunst kein mögliches Intervall zwischen dem Prozeß und dem Ergebnis der Leistung lassen kann; ihre subjektive und ihre objektive Seite fallen hier unbedingt in einen Lebensmoment zusammen und bieten damit das Korrelat oder die vorgebildete Form für jenes vorbehaltlose Eingehen der gesamten Persönlichkeit in die künstlerische Erscheinung. Wenn es aber überhaupt etwas wie eine Formel des weiblichen Wesens gibt, so deckt sie sich mit diesem Wesen der Schauspielkunst. Denn – ich muß das oben Gesagte hier wiederholen – die unzähligen Beobachtungen über das Differentielle der weiblichen Psyche lassen sich doch wohl so zusammenfassen: daß für sie das Ich und sein Tun, das Zentrum der Persönlichkeit und seine Peripherie enger verschmolzen sind, als beim Manne, daß sie den inneren Vorgang – soweit er nicht durch Sitte oder Interesse Verhüllung fordert – unmittelbarer in seine Äußerung umsetzt, bis zu der eigentümlichen Verbundenheit, die bei den Frauen seelische Alterationen so viel leichter als bei Männern in körperliche übergehen läßt. Dies ist eben doch der tiefste Grund – er wird uns noch später beschäftigen –, aus dem die Frauen an der Schöpfung objektiver Kultur zu versagen pflegen: daß sie ihr Tun nicht zu einem jenseits des Tuns weiterexistierenden Objektiven führen, daß der Strom ihrer inneren Lebendigkeit seine Mündung unmittelbar aus seiner Quelle speist. Dieses, das so leicht, wenn auch irrigerweise als ein Manko erscheint – da es doch eine eigene positive, zu der männlichen polare Wesensart ist –, ist in der Schauspielkunst die innerste Struktur der Leistung; hier, wo eben diese nur über einen einzigen Moment verfügt, ist in ihm das Innere und das Äußere, das Aufspringen des zentralen Impulses und seine dargebotene Erscheinung nicht auseinanderzuziehen, das Resultat des Tuns ist nicht dem Tun gegenüber objektivierbar. Den engen Zusammenhang aller Wesensteile, der die Frau nicht, wie man so oft hört, zu einem subjektiven Wesen, sondern zu einem solchen macht, für das die Scheidung des Subjektiven und Objektiven eigentlich nicht besteht – eben diesen zeichnet gleichsam die ästhetische, durchaus übersubjektive »Idee« der Schauspielkunst, in der, durch keinen zeitlichen, räumlichen oder sachlichen Hiatus getrennt, das innere Leben seine Versichtbarung und Verlautbarung an sich selber trägt. Es wird kein Zufall sein, daß die romanischen Völker, denen ein freilich schwer substantiierbarer Instinkt von je einen irgendwie weiblichen Charakter zugesprochen hat, die eigentlichen Schauspielervölker sind.

Nun enthält die Schauspielkunst eine Verwebung von letzten Elementen, die sie noch in eine andere und sehr fundamentale Beziehung zum weiblichen Wesen setzt. Das dramatische Gedicht stellt die Kontinuität abrollender, von ihrer inneren Logik pausenlos bewegter Schicksale dar. Indem der Schauspieler diese nun versinnlicht, die von ihm gebotene Anschaulichkeit aber keine einfache Überführung der Dichterworte in volle natürliche Konkretheit, sondern selbst ein Kunstwerk ist, von eigenen Wertnormen gelenkt – zerlegt es jenes absatzlos gleitende, gleichsam innere Geschehen des Dramas in eine Reihe von mehr oder weniger beharrenden Anschauungsbildern, denen ein Schönheitsgesetz auferlegt ist. In einer besonderen Art sind hier die Kategorien des Werdens und des Seins zur Harmonie gebracht, ist die ewige Unruhe des Schicksals in die zeitlose Stille der Schönheit gefaßt, sowohl im Bühnenbild als ganzem wie in der Erscheinung des einzelnen Schauspielers. Jene Harmonie aber kann verschieden abgestimmt sein, es kann mehr das Werden, also das Schicksal und die Aktivität, oder mehr das Sein, hier also sozusagen der anschauliche Querschnitt durch das stetig sich vollziehende Schicksal zur Betonung gelangen. Je mehr das letztere geschieht, desto adäquater wird die Leistung dem weiblichen Wesen, desto mehr erfüllt sich an ihr jene objektive Kulturforderung an die Frau: zu leisten, was der Mann nicht kann. Darum hat einer unserer kenntnisreichsten Theatertheoretiker hervorgehoben, daß, wo die Frauen im Drama wirklich aktive, das Schicksal in Bewegung setzende Rollen spielen, sie stets mit männlichen Zügen ausgestattet sind.

Und hier bedarf, scheinbar in Abbiegung von unserem Gegenstand, aber tatsächlich in engem Zusammenhang mit der tiefsten Kulturbedeutung der Frau – die Frage der »Schönheit« einer besonderen Reflexionsreihe. Die widerwärtige Banalität, die die Frauen als »das schöne Geschlecht« bezeichnet, enthält dennoch einen bedeutsamen Hinweis. Gibt es eine Polarität von Wesenswerten, derart, daß der eine die machtwillige und Form gebende Beziehung auf ein reales oder ideelles Äußres darstellt, der andere die Vollkommenheit der in sich geschlossenen, alle ihre Seinselemente nach ihrer eignen inneren Harmonie abstimmenden Existenz – so wird man den ersteren Wert als »Bedeutendheit«, den letzteren als »Schönheit« bezeichnen dürfen. Was bedeutend ist, bedeutet »etwas«, Bedeutendheit ist freilich ein Sein, aber ein transitives, das als Leistung, Gewinn, Erkenntnis, Wirksamkeit den eigenen Umriß durchbricht und, so selbstherrlich es im übrigen sei, aus dieser Relation sein Wertmaß gewinnt. Wenn wir die Unzähligkeiten des Sollens, die historisch als die »männlichen« gelten, auf einen abstrakten Ausdruck bringen – also absehend von dem menschlich-allgemein Ethischen –, so wird es dieser sein: daß der Mann »bedeutend« sein soll; wobei das Wort natürlich alle zufälligen Abbiegungen des Sprachgebrauches abtun muß. Faßt man entsprechend das historische »weibliche« Sollen dahin zusammen: die Frau soll schön sein – so gilt auch dies in dem weiten und abstrakten Sinn, der jede Verengerung der Schönheit, etwa auf ein hübsches Gesicht, natürlich ablehnt. Es ist durchaus keine Vergewaltigung des Begriffes, zu sagen, daß eine verkrümmte Greisin »schön« sein kann. Denn in seinem vollen Sinn bedeutet er die Geschlossenheit des Gesamtseins in sich selbst, die dem Kunstwerk, dem geschlossensten Menschenwerk, seine freilich oft mißdeutete Beziehung zur »Schönheit« verschafft hat, die Einheit des Inneren und des Äußeren mit ihrer vielfach sehr umwegreichen Symbolik, die Fähigkeit, mit allem Für-den-andern-dasein dennoch immer selbstgenugsam in sich zu ruhen. Während der Mann aus sich herausgeht, seine Kraft in seine Leistung entläßt und damit etwas »bedeutet«, was in irgendeinem Sinne außer ihm liegt, dynamisch oder ideell, schaffend oder darstellend – ist die Wesensidee der Frau jene Undurchbrochenheit der Peripherie, jenes organische Beschlossensein in der Harmonie der Wesensteile unter sich und in ihrer gleichmäßigen Beziehung zu ihrem Zentrum – wie es eben die Formel des Schönen ist. Denn sie ist, in der Symbolik der metaphysischen Begriffe, die Seiende und der Mann der Werdende; darum muß er an einer Sache oder einer Idee, einer historischen oder Erkenntniswelt seine Bedeutung gewinnen, während die Frau in dem Sinne schön sein soll, in dem dieses »selig an ihm selbst« ist. Diese Beziehung zwischen dem weiblichen Prinzip und dem Schönheitsprinzip (wobei das letztere sozusagen nicht als Wert, sondern einfach als eine Existenzformung gedacht ist) offenbart sich allerdings auch an der körperlichen Erscheinung für sich selbst. Schopenhauers Gründe für das höhere Schönheitsmaß des männlichen Körpers scheinen mir nicht zulänglich. Auch hier kann das Männliche mehr als *bedeutend* gelten. Die stärkere Ausprägung der für die Arbeit wirksamen Muskeln, die entschiedener sichtbare Zweckmäßigkeit des anatomischen Aufbaus, der Ausdruck der Kraft samt der gleichsam aggressiven Eckigkeit der Formen – alles dies ist weniger der Ausdruck der Schönheit als der Bedeutung, d. h. der Möglichkeit des Aus-sich-Heraustretens, der wirkungsvollen Berührung mit einem Draußen. Denn die »Zweckmäßigkeit« des *weiblichen* Körpers geht nicht auf eine derartige Berührung, sondern mehr auf eine passive, oder jenseits von Aktivität und Passivität verlaufende Funktion. Die Bartlosigkeit, der Mangel des kleinlichen und den Fluß der Linien unterbrechenden Sexualorgans, die gleichmäßiger gerundeten Fettpolster – weisen den weiblichen Körper viel mehr auf das Stilideal der »Schönheit« als auf das Aktivitätsideal der »Bedeutung« hin. Zu jenem sind runde Formen mehr disponiert als eckige, weil sie die Beziehung auf ein überall gleichmäßig zusammenhaltendes Zentrum und ebendamit die Geschlossenheit in sich, mit der das weibliche Wesen seinen symbolischen Ausdruck findet, anschaulich machen. So wird also die Schönheitsqualität der weiblichen Erscheinung näher liegen als der männlichen – wenn auch nur in dem Sinne, daß sie eine größere natürliche Disposition für die Schönheit mitbringt; wie entsprechend im Seelischen zwar keineswegs alle Frauen »schöne Seelen« sind, aber dennoch in ihrer psychischen Struktur die Intention auf diese konfliktlose, die Gegensätze des männlichen Lebens wie von selbst in ihre Einheit aufhebende, in ihrer Wirklichkeit die Idee einschließende Daseinsform tragen; so daß diese sich empirisch fast nur an Frauen verwirklicht findet. Wie nun das Kunstwerk überhaupt den Zauber besitzt, Wertreihen, die in der empirischen Wirklichkeit unabhängig und beziehungslos gegeneinander verlaufen, in selbstverständlicher Einheit zusammenzubinden, und in dieser Fähigkeit vielleicht sein tiefstes Wesen hat – so verknüpft der Schauspieler das dramatische Geschehen mit der anschaulichen Schönheit – zwei von sich aus für einander völlig gleichgültige Reihen – zu einer künstlerischen Einheit. Es gibt, abgesehen von dem damit verwandten Tanze, keine Kunst, in der die Schönheit so unmittelbar von der persönlichen Leistung – nicht von dem Resultat der Leistung – gefordert würde, sei es von der Statik des Momentes, sei es von dem Gleiten der Gebärde; denn indem über die Unaufhaltsamkeit des Geschehens und Sich-Bewegens die Ruhe der bildhaften Schönheit kommt, entsteht das spezifische Phänomen der »Anmut«. Der männliche Schauspieler transponiert jene Forderung mehr in das Wertgebiet der Bedeutendheit hinüber, die Schauspielerin aber (gleichviel wie weit auch an sie diese letztere Forderung ergeht) ist schon durch die Formel ihres Wesens dazu disponiert, durch Aufnahme des dramatischen Inhalts in diese Formel, die schauspielerische Synthese zu realisieren. –

Ich verfolge die Möglichkeiten nicht weiter, innerhalb der allgemeinen Kulturgebiete Provinzen für weibliche, den Männern versagte Schöpfungen, also für Steigerung der objektiven Kultur durch die Frauen abzugrenzen, sondern weise jetzt auf die beiden Gebiete weiblicher Leistungen hin, die im großen Stile kulturschöpferisch sind oder dafür gelten: das Haus und der Einfluß der Frauen auf die Männer. Man hat auch da, wo die höchsten Wertungen an das »Haus« gewandt worden sind, diese doch eigentlich immer an seine einzelnen Leistungen geknüpft, nicht aber an die Kategorie des Lebens überhaupt, die es darstellt. Eine Reihe der allerwichtigsten kulturellen Gebilde zeigt das eigentümliche Schema: daß ein solches einerseits ein Teil des Gesamtlebens ist, andern, gleichfalls durch ihre Wesensform abgegrenzten Gebieten koordiniert, mit diesen zusammen und in Wechselwirkung mit ihnen die Gesamtheit unseres individuellen, gesellschaftlichen, geistigen Daseins ausmachend. Andrerseits aber bildet ein jedes von ihnen eine *ganze* Welt, d. h. eine Form, in die die Lebensinhalte überhaupt aufgenommen und nach einem besonderen Gesetz angeordnet, behandelt, erlebt werden. Die Struktur unseres Daseins erscheint in ersterer Hinsicht als eine Summe ineinander verwebter, geformter Inhalte, in der anderen sozusagen als eine Summe von Welten, deren jede den gleichen Daseinsinhalt in je eine spezifische oder eine Totalität darstellende Form faßt. So die Religion, die Kunst, die praktische Lebendigkeit, die Erkenntnis. Jedes dieser ist ein Teil des Lebens, in wechselnden Kombinationen als Haupt- und Nebensachen bilden sie zusammen die Einheit eines ganzen individuellen wie öffentlichen Daseins. Nun aber ist auch jedes von ihnen eine *ganze* Welt, d. h. alle Erlebnisinhalte können unter dem Aspekte ihrer religiösen Bedeutung erlebt werden, die Gesamtheit der Dinge untersteht prinzipiell künstlerischen Formungsmöglichkeiten, alles, was die Welt uns bietet, kann Gegenstand ethisch-praktischer Attitüde werden, der Umkreis des Gegebenen überhaupt bildet zugleich Erfüllung oder Aufgabe des Erkennens. Die empirische Verwirklichung dieser durch je ein apriorisches Formgesetz gestalteten Welten ist natürlich fragmentarisch genug. Die Herrschaft eines solchen Formgesetzes ist jeweils durch die gegebene historische Lage beengt, die Hineinnahme der Inhalte durch Kraft und Lebensdauer der Individuen verendlicht. Prinzipiell aber bestehen so viele Welttotalitäten, wie Formen dieser Art bestehen, und in je eine von ihnen muß jeglicher Inhalt eingehen, um erlebt zu werden – jenseits ihrer ist er nur als abstrakte Idee ausdrückbar. In der Art dieser Formen wirken, in gewissen Einschränkungen, auch konkretere Gebilde. So der Staat. Innerhalb der Ganzheit eines Lebens, auch des für den Staat engagiertesten, ist er doch immer nur ein Element neben anderen, die anderen Formungskreisen unserer Interessen angehören. Andrerseits aber kann der Staat als eine allumfassende Form gelten, in deren Organisation und Einflußsphäre alle möglichen Lebensinhalte irgendwie hineingezogen werden können – in so wechselnden Maßen auch die historischen Staaten diese prinzipielle Möglichkeit verwirklichen. Und nun endlich: auch das »Haus« spielt diese kategoriale Doppelrolle. Es ist einmal ein Lebensmoment seiner Teilnehmer, die mit personalen und religiösen, geschäftlichen und geistigen Interessen, wie erheblich oder minim diese auch sonst seien, doch über das »Haus« hinüberreichen und aus ihm und jenen ihr Leben zusammenbauen; dann aber ist das Haus doch eine besondere Art, in der die *gesamten* Lebensinhalte gestaltet werden, es gibt – wenigstens innerhalb der entwickelteren europäischen Kultur – kein Interesse, keinen Gewinn oder Verlust äußerer und innerer Art, kein von den Individuen irgend berührtes Gebiet, das nicht, mit allen anderen zusammen, in die einzigartige Synthese des Hauses einströmte, keines, das nicht irgendwie in ihm abgelagert wäre. Es ist ein Teil des Lebens und zugleich eine besondere Art, das ganze Leben zusammenzubringen, abzuspiegeln, zu formen. Dies nun zustande gebracht zu haben, ist die große Kulturleistung der Frau. Hier ist ein objektives Gebilde, dessen Eigenart mit nichts anderem verglichen werden kann, durch die besonderen Fähigkeiten und Interessen, Gefühlsweise und Intellektualität der Frau, durch die ganze Rhythmik ihres Wesens geprägt worden. Jene beiden Bedeutungen des Hauses: als ein Teil und als ein Ganzes – gelten freilich für beide Geschlechter, verteilen aber ihre Maße doch so, daß für den Mann das Haus mehr einen Teil des Lebens überhaupt, für die Frau mehr dessen besonders gestaltete Ganzheit bedeutet. Darum ist der Sinn des Hauses, weder objektiv noch für die Frau, mit irgendeiner einzelnen seiner Aufgaben erschöpft, auch nicht mit der auf die Kinder bezüglichen; sondern es ist ein selbstgenugsamer Wert und Zweck, insoweit dem Kunstwerk analog, das zwar an seinem Erfolge für die Aufnehmenden seine ganze subjektive Kulturbedeutung findet, dem aber doch noch außerhalb dieser eine nur nach seiner Vollkommenheit, gemäß eignen Gesetzen, objektive Bedeutung zukommt. Daß man sich die so angedeutete kulturelle Formation des Hauses nicht oft klar gemacht hat, liegt an den flüssigen, labilen, dem Tage und den Personen dienenden Einzelheiten seiner Erscheinung – worüber man die objektive Kulturbedeutung der *Form,* in der das Haus die Synthese dieser fließenden, verfließenden Leistungen vollzieht, übersehen hat. Immerhin ist das, was das »Haus« über die Summe seiner momentanen Leistungen hinaus und als deren eigenartige Formung an Dauerwerten von Einwirkungen, Erinnerungen, Lebensorganisation besitzt, in einer radikaleren Weise mit dem variablen und persönlichen Leben von Stunde und Jahr verknüpft, als es bei objektiven Kulturleistungen männlicher Herkunft der Fall ist. Man könnte hier, freilich mit einer weiteren Abstraktion, auf eine allgemein menschliche Korrelation hinweisen. Das dualistische, unruhige, der Unbestimmtheit des Werdens hingegebene Wesen des Mannes (denn so läßt es sich, jenseits individueller Modifikationen, in seinem Gegensatz zum Weiblichen bezeichnen) fordert seine Erlösung in dem objektivierten Tun. All die fluktuierenden Differenziertheiten des Kulturprozesses, mit denen der Mann sich, wie man es wohl symbolisch ausdrücken muß, von dem Boden des naturhaften Seins hinwegentwickelt hat, erzeugen sozusagen ihr Gegengewicht in dem bleibenden, objektiven, überindividuellen Werke, zu dem die Kulturarbeit des Mannes als solchen, des Königs oder des Kärrners, hin tendiert. Man könnte schließen, daß der Mensch überhaupt eine gewisse Mischung oder Proportion dieser beiden Grundtendenzen brauche: des Werdens und des Seins, der Differenziertheit und der Gesammeltheit, der Hingebung an den Zeitverlauf und der Enthobenheit über ihn in ein Ideelles oder Substantielles. Diese Gegensätze sind selbst mit derartigen Abstraktionen nicht in ihrer Reinheit auszudrücken, es sind die formalen Wesenselemente des Menschlichen, die dem Bewußtsein immer nur an irgendeinem einzelnen Material ihrer Funktionierung ergreifbar werden. Die Art ihrer Kombination im Typus Frau ist der eben angedeuteten im Typus Mann genau entgegengesetzt. Wir empfinden die Frau nicht so sehr unter der Idee des Werdens, als der des Seins – so unbestimmt und nur von fernher andeutend dieser Begriff auch sei. Aber das Einheitliche, Naturhafte, In-sich-Gesammelte, wodurch das weibliche Wesen sich vom männlichen abhebt, findet wohl so seine abstrakteste Kategorie. Seinen »Gegenwurf« aber, und damit jene Balance der allgemein menschlichen Existenz, findet es in dem Charakter der weiblichen Tätigkeitsinhalte: die ein Verfließendes und dem einzelnen Hingegebenes sind, ein mit der Forderung des Augenblicks Werdendes und Vergehendes, nicht ein Bauen an einer in irgendeinem Sinn bleibenden, überpersonalen Kulturwelt, sondern ein Dienen an den Tagen und an den Personen, die diesen Bau sich erheben lassen. Daher ist es die gleiche, nur etwas speziellere Korrelation, daß die Frau zwar dem Manne, der sozusagen der geborene Grenzen-Durchbrecher ist, gegenüber als das geschlossene, von strenger Grenze umzirkte Wesen erscheint – aber mit ihren künstlerischen Leistungen gerade da versagt, wo die strenge Geschlossenheit der Form prävaliert: im Drama, in der musikalischen Komposition, in der Architektur. Unter dem Vorbehalt, daß solche Begriffs-Symmetrien keine starren Konstruktionen sind, sondern nur einen schmalen, von tausend Veränderlichkeiten umspielten Kern darstellen, – scheinen das Wesen und die Bewährung bei den Geschlechtern die Rollen getauscht zu haben: das eine in seinem tiefsten Wesen unaufhörlich werdend, expansiv wirkend, in das zeitliche Spiel eines innerlichsten Dualismus verflochten – in seiner Bewährung aber an dem Objektiven, Beharrenden, Substantiellen wirkend; das andere in sich selbst konzentrisch, in seinem Sinn ruhend, seiner Bewährung nach aber dem fließenden Leben gewidmet und auf kein Resultat gerichtet, das nicht wieder in dieses παντα ῥει aktueller Interessen und Ansprüche hineingezogen würde.

Indem das Haus nun diese eigenartige Struktur besitzt: in seiner ruhigen Geschlossenheit (wie sie wenigstens in seiner Idee liegt) doch alle Linien des kulturellen Kosmos irgendwie in sich zusammenzuführen und das Tun und Schaffen in ihm doch in einer anschaulich-beharrenden, inneren Einheit ablaufen zu lassen, eignet ihm jene reale und symbolische Beziehung zum Wesen der Frau, durch die es deren große Kulturtat werden konnte. – Nach einer ganz anderen Formel ist die andere kulturelle Bedeutung gebaut, die man der Frau ungefähr in folgender Weise zugeschrieben hat. Die originale und objektive Kulturleistung der Frauen bestünde darin, daß die männliche Seele zum großen Teil von ihnen gestaltet wird. So gut, wie etwa die Tatsache der Pädagogik oder die rechtliche Einwirkung der Menschen aufeinander oder auch: die Bearbeitung eines Materiales durch einen Künstler zur objektiven Kultur gehören, so gut täten es die Einflüsse, Bildungen und Umbildungen seitens der Frauen, dank deren die männliche Seele eben so ist, wie sie ist. In der Formung dieser drückten die Frauen sich selbst aus, sie schüfen hier ein objektives und nur durch sie mögliches Gebilde, in dem Sinne, in dem man überhaupt von menschlichem Schaffen reden kann, das immer nur eine Resultante der schöpferischen Einwirkung und der eigenen Kräfte und Bestimmtheiten ihres Gegenstandes bedeutet. Das Werk der Frau, so könnte man in diesem Zusammenhang sagen, ist der Mann, da in der Tat die Männer anders wären als sie sind, wenn nicht Einwirkungen der Frauen auf sie stattfänden; und dies geht ersichtlich dahin weiter, daß das Verhalten und die Tätigkeit der Männer, kurz die ganze männliche Kultur zu irgendeinem Teil auf die Einwirkung oder, wie man es ausdrückt, auf die »Anregung« der Frauen begründet ist. Allein hier liegt doch wohl eine Unklarheit vor. Jene »Einwirkung« mag noch so stark sein – eine Bedeutung für die objektive Kultur gewinnt sie erst, indem sie sich in den Männern in diejenigen Erfolge umsetzt, die der männlichen Wesensart entsprechen und eben nur in dieser hervorgerufen werden können. Dies ist radikal von jeder wirklichen Kulturproduktion unterschieden, deren Inhalte auf andere übergehen und dann erst eventuell in diesen mannigfaltige Wirkungen provozieren mögen. Unsere Kultur ist eben nicht nur ihren zufälligen Inhalten, sondern ihrer Form als objektive Kultur nach männlich, und dadurch, daß ihre aktiven Träger Einwirkungen, wie tiefe auch immer, von Frauen erfahren, wird diese Kultur als solche so wenig in irgendeinem Sinne »weiblich«, wie eine Kultur südlicher Länder, deren Träger durch das warme Klima aufs erheblichste in ihren Betätigungen, Tendenzen, Lebensinhalten beeinflußt sind, darum eine »warme Kultur« ist. Jene Lehre von der »indirekten« Kulturbedeutung der Frau begeht eine tiefe kategoriale Verwechslung: zwischen dem Übergeben eines substantiell-geistigen Inhalts (der dann in dem Lebensprozeß des Empfangenden weiterwirken mag) und einer unmittelbaren Einwirkung auf dieses Leben selbst, die nicht durch einen irgendwie zeitlosen und von seinem Träger ideell lösbaren Inhalt vermittelt wird. In allen Beziehungen der Menschen zu einander, von den flüchtigsten bis zu den historisch wesentlichsten, besteht diese Unterschiedenheit, mit ihren freilich unzähligen praktischen Vermischungen – ob ein Subjekt auf das andere wirkt, wie entfaltender Sonnenschein oder entwurzelnder Sturm auf die Pflanze, also einen Erfolg hervorrufend, der in dem Bewirkenden selbst in keiner Weise vorgebildet ist, Ursache und Wirkung durch keinerlei *Inhaltsgleichheit* verbunden; oder ob diese letztere zwischen ihnen besteht, ein Geschaffenes, in seiner Identität beharrend; wie ein Geschenk, das aber, als ein geistiges, nicht dem Besitz des Einen verloren geht, weil es in den des Andern übergeht. Dort überträgt sich eine Wirkung des Lebens, hier ein Inhalt des Lebens. Jene mag oft die tiefere sein, mag die Geheimnisse der letzten Erschütterungen und Lebensumbildungen zwischen Mensch und Mensch tragen; aber die eigentlich kulturelle ist die andere, sie macht den Menschen zum historischen Wesen, zum Erben der Schöpfungen seines Geschlechtes, sie offenbart es, daß der Mensch das objektive Wesen ist. In diesem Falle erst empfängt der Mensch, was der andere besessen hat oder besitzt, in jenem aber etwas, was der Gebende selbst nicht hat, etwas, was in dem Empfangenden selbst, durch sein Wesen und seine Energien allein bestimmt, zu einem neuen Gebilde wird. Erst daß im Geiste der Lebensprozeß sich von seinem Inhalt gesondert hat – worin die erste und letzte Möglichkeit der Kultur sich gründet – enthebt die Einwirkung der Menschen aufeinander der einfachen Kausalität, in der die Wirkung sozusagen gegen die Ursache morphologisch gleichgültig ist, und läßt den Empfangenden eben das haben, was der Gebende gibt, und nicht nur dessen Wirkung. Diese beiden Bedeutungen der »Einwirkung« verwechselt jene Theorie von der Kulturleistung der Frauen in ihrer Einwirkung auf die Männer. Was sie nur meinen kann, ist nicht das Übergehen eines Inhaltes, den jene geschaffen hätten, auf diese letzteren. Selbst die »Milderung der Sitten«, die man allenfalls hier anführen könnte, ist viel weniger von den Frauen ausgegangen, als es die banale Tradition will. Weder die Aufhebung der Sklaverei zu Beginn des Mittelalters noch die spätere der Leibeigenschaft, weder die Humanisierung der Kriegsgebräuche und der Behandlung der Besiegten noch die Abschaffung der Tortur, weder die Einführung der Armenpflege im großen und wirksamen Stil noch die Beseitigung des Faustrechts gehen, soviel wir wissen, auf weibliche Einflüsse zurück. Vielmehr ist die Beseitigung sinnloser Grausamkeiten gerade einer Objektivierung des Lebens zu danken, einer Versachlichung, die das Zweckmäßige von allen Impulsivitäten, Unenthaltsamkeiten, Kurzsichtigkeiten der Subjekte entlastet. Gewiß bringt die reine Sachlichkeit (z. B. innerhalb der Geldwirtschaft) Härten und Rücksichtslosigkeiten mit sich, die bei personalerem, also gefühlsmäßigerem Verfahren vielleicht nicht aufkommen. Dennoch ist die »Milderung der Sitten« nicht von diesem, sondern von den rein objektiven Entwicklungen des Geistes ausgegangen, die gerade das spezifisch Männliche der Kultur darstellen. Der Typus: daß ein Mensch einem andern gibt, was er selbst nicht hat, ist nirgends stärker als im Verhältnis der Frauen zu den Männern realisiert. Das Leben, ja die Geistigkeit unzähliger Männer wäre anders und ärmer, wenn sie nicht etwas von Frauen empfingen. Aber was sie empfangen, ist nicht ein Inhalt, der so schon in den Frauen bestünde – während das, was die Männer dem geistigen Leben der Frauen geben, ein bereits formfest Gewordenes zu sein pflegt. Was die Frauen geben, ist, paradox gesagt, ein Unmittelbares, ein in ihnen verbleibendes Sein, das, indem es den Mann berührt, in ihm etwas auslöst, was phänomenologisch mit jenem gar keine Ähnlichkeit hat; erst in ihm wird es »Kultur«. In dieser Modifikation allein kann es verstanden werden, daß die Frauen die »Anregerinnen« der männlichen Kulturleistungen sind. In einem unmittelbareren, den Inhalt selbst einschließenden Sinne aber nicht: man kann unmöglich Rahel die »Anregerin« der Arbeit Jakobs nennen, sowenig wie in einem solchen Sinne Dulcinea von Toboso die Taten Don Quixotes oder Ulrike von Levetzow die Marienbader Elegie »angeregt« hat. –

Im großen und ganzen bleibt also das Haus die große Kulturleistung der Frauen, weil die angedeutete, einzigartige Struktur des Hauses als einer Lebenskategorie es ermöglicht hat, daß Wesen, die im allgemeinen der Objektivierung ihres Lebens so fern stehen, diese doch gerade an ihm im breitesten Maße vollziehen konnten. Die Hausführung gehört in eminentem Maße in jene, am Anfang dieser Seiten hervorgehobene Kulturkategorie der »sekundären Originalität«. Hier sind typische Zwecke und allgemeine Verwirklichungsformen vorgezeichnet, beide aber doch in jedem Falle auf individuelle Variabilität angewiesen, auf spontane Entschlüsse, Verantwortung in unwiederholten Situationen. Der Hausfrauenberuf, in all seiner Mannigfaltigkeit von einem durchaus einheitlichen Sinn gelenkt, ist so ein mittleres Gebilde zwischen der Produktion aus dem urschöpferischen Ich heraus und der bloßen Wiederholung vorgezeichneter Betätigungsformen; und dies begründet seine Stellung in der sozialen Wertungsreihe. Es gibt eine Reihe männlicher Berufe, zu denen es keiner spezifischen Begabung bedarf und die dennoch nicht inferior sind, nicht notwendig schöpferisch und individuell und doch das Individuum von keinem sozialen Range ausschließend: so der juristische und viele kaufmännische Berufe. Diese soziale Formung besitzt auch der Hausfrauenberuf: er kann von jeder bloß durchschnittlichen Begabung erfüllt werden und ist doch nicht subaltern, braucht es wenigstens nicht zu sein. Eine längst trivial gewordene Beobachtung muß hier wiederholt werden. Indem die moderne Entwicklung für eine steigende Zahl von Frauen den Hausfrauenberuf ausschließt, ihn für andere innerlich entleert: durch Ehescheu der Männer, durch die Schwierigkeit der Ehe bei gewachsener Individualisierung, durch die Beschränkung der Kinderzahl, durch Expatriierung unzähliger Herstellungen aus dem Hause heraus – wird die Betätigungsschicht der sekundären Originalität den Frauen mehr und mehr verschlossen, und sie werden in die Alternative der ganz hohen und der ganz tiefen Berufe gedrängt: in die höchsten, geistig produktiven, für die die Begabung immer nur ganz exzeptionell ist, und in die inferioren, die unter ihren sozialen und personalen Ansprüchen bleiben. Als Pendant zu der juristischen Laufbahn, die unspezifisch und doch nicht subaltern ist, besitzen sie, von ganz engen Bezirken abgesehen, nur den Hausfrauenberuf; denn daß der Lehrerinnenberuf als ein solcher gilt, ist ein verhängnisvolles Mißverständnis, das nur aus der drängenden Not um einen derartigen Zwischenberuf erklärlich ist; in Wirklichkeit fordert die pädagogische Tätigkeit genau so spezifische Beanlagtheit, wie irgendeine wissenschaftliche oder künstlerische.

Ist dies der Aspekt von der geschichtlichen Gegebenheit her, so ist es naturgemäß viel schwieriger, in der Richtung der obigen Andeutungen die Zukunftsmöglichkeiten zu ermessen, die für eine objektiv weibliche Kultur bestehen, für die Produktion solcher Inhalte, die die Männer als solche prinzipiell nicht leisten können. Führte die neu erstrebte Bewegungsfreiheit der Frau zu einer *Objektivation des weiblichen Wesens,* wie die bisherige Kultur eine solche des männlichen Wesens ist, und nicht zu inhaltsgleichen Wiederholungen der letzteren durch die Frauen (den spezifischen Wert hiervon diskutiere ich nicht) – so wäre damit freilich ein neuer Weltteil der Kultur entdeckt. Nicht ein »selbständiges Menschentum«, das man von einem andern Standpunkt aus als das Ideal der Frauenbewegung bezeichnet hat, sondern ein »selbständiges Weibtum« kann uns hier als solches Ideal gelten; schon weil angesichts der historischen Identifizierung von Männlich und Menschlich jenes Menschentum sich, auf seine Inhalte hin genau angesehen, als Männertum herausstellen würde. Alle derartigen Zielsetzungen gehen schließlich dahin, daß die Frauen werden und haben wollen, was die Männer sind und haben. Den Wert davon stelle ich hier nicht in Abrede, aber vom Standpunkt der objektiven Kultur aus ist nicht er zu erwägen, sondern nur das selbständige *Weib*tum, d. h. die Herauslösung des spezifisch Weiblichen aus der Unmittelbarkeit des verfließenden Lebensprozesses zu der Selbständigkeit realer und ideeller Gebilde. Man könnte um dieses Ideales willen freilich so weit gehen, in sein völliges Gegenteil als in seine *nächste* Bedingung zu willigen: in die mechanische Gleichmacherei von Erziehung, Rechten, Berufen, Verhalten; man könnte meinen, daß, nachdem die Leistung und die Position der Frauen so lange in einer übertriebenen Ungleichheit mit den Männern verharrten, die das Herausarbeiten einer spezifisch weiblichen Objektivität hintangehalten hat, nun zunächst einmal das entgegengesetzte Extrem, die übertriebene Gleichheit, passiert werden müßte, – ehe sich, über diese hinweg, die neue Synthese: eine objektive Kultur, die mit der Nuance des Weiblichen bereichert ist, erheben könne – wie es heute extreme Individualisten gibt, die Sozialisten sind, weil sie allein von dem Durchgang durch einen nivellierenden Sozialismus eine wahrhaft naturgemäße Rangierung und eine neue Aristokratie, die wirklich die Herrschaft der *Besten* wäre, erwarten.

Ich diskutierte hier indes weder die Wege zu einer objektiven weiblichen Kultur noch das Quantum ihrer Inhalte, zu dessen Realisierung eine Chance bestehen möchte. Aber unüberhörbar bleibt in der Schicht der Prinzipien ein formales Problem, auf das als auf das tiefste und letztentscheidende die bisherigen Überlegungen allenthalben hingedrängt wurden: ob nicht überhaupt dem spezifisch weiblichen Sein in seinem Innersten die Objektivation seiner Inhalte widerspricht; ob nicht etwa schon mit dieser Frage und Forderung der hier gerade so oft gerügte Denkfehler begangen wird: an das weibliche Wesen ein Leistungskriterium heranzubringen, das gerade aus dem differentiell männlichen Wesen hervorgegangen ist. Der Begriff der objektiven Kultur erschien als ein so abstrakter, daß, wenn er auch geschichtlich nur mit männlichem Inhalt gefüllt wäre, doch die Idee einer zukünftigen weiblichen Konkretisierung seiner aufkommen konnte. Vielleicht aber ist doch die objektive Kultur nicht nur als ihr bisheriger Inhalt, sondern rein als solche, als Bewährungsform überhaupt dem weiblichen Wesen derartig heterogen, daß objektive weibliche Kultur eine contradictio in adiecto ist.

Niemand wird leugnen, daß einzelnen Frauen objektive Kulturschöpfungen gelingen oder gelingen können; aber damit ist noch nicht entschieden, ob in dieser Schöpfung das Weibliche als solches, das, was kein Mann kann, objektiviert ist. Es gilt nur unter sehr starken Modifikationen, daß man den Menschen an seinen Werken erkennt: wir sind manchmal mehr als unser Werk, manchmal, – so paradox es klingt – ist unser Werk mehr als wir, manchmal ist beides wie fremd gegeneinander oder deckt sich nur mit zufälligen Abschnitten. Ob in irgendeinem Kulturgebilde – von dem »Hause« mit seiner einzigartigen Struktur abgesehen – die Wesenseinheit der Frau wirklich »objektiver Geist« geworden ist, können wir mit vollkommener Sicherheit nicht sagen; wodurch denn freilich um so wahrscheinlicher wird, daß nicht der Zufall der einzelnen Kulturinhalte und ihrer geschichtlichen Entwicklung die spezifisch weibliche Kultur hintangehalten hat, sondern eine prinzipielle Diskrepanz zwischen der Form des weiblichen Wesens und der der objektiven Kultur überhaupt. Je radikaler auf diese Weise männliches und weibliches Wesen auseinandertreten, desto weniger folgt aus dieser Spaltung die – gewöhnlich von ihr abgeleitete – Deklassierung der Frauen, desto autonomer erhebt sich ihre Welt auf einem völlig eignen, mit der männlichen Welt nicht geteilten und von ihr nicht entlehnten Baugrund –, wobei natürlich unzählige Gemeinsamkeiten dadurch entstehen können, daß keineswegs alles, was der Mensch tut und lebt, sich aus jenem letzten Grund seines Weibtums oder Manntums entwickelt. Der äußerste Punkt, zu dem sich das Selbständigkeits- und Äquivalenzideal der Frauen innerhalb der kulturgeschichtlichen Betrachtung schien erheben zu können: eine objektive weibliche Kultur, der männlichen parallel und damit deren historisch gewalttätige Idealisierung aufhebend – auch dieser Punkt ist hier noch, in der gleichen Richtung, überschritten. Jene männliche Monopolisierung der objektiven Kultur würde nun wieder zu Rechte bestehen, weil sie schon als formales Prinzip ein einseitig-männliches wäre, neben dem, an seinem Maßstab nicht zu messen und seinen Inhalten keine gleichgeformten zur Seite stellend, die weibliche Existenzform als eine andere und von dem letzten Wesen her selbständige sich darböte. Der Sinn dieser ginge nun nicht mehr auf eine Äquivalenz innerhalb der allgemeinen Form objektiver Kultur, sondern auf eine solche zweier ganz verschieden rhythmisierter Existenzarten, deren eine die dualistische, auf Werden, Wissen und Wollen gerichtete ist und damit ihre Lebensinhalte aus dem Lebensprozeß heraus in eine Kulturwelt objektiviert; während die andere jenseits der so subjektiv angelegten und der so objektiv entwickelten Zweiheit steht und deshalb ihre Lebensinhalte nicht in eine gleichsam ihr äußere Form hineinleben, sondern für sie eine nach innen gewandte Perfektion suchen müßte. Und daraufhin könnte man nun noch den vorherigen Ausdruck widerrufen: daß die Frauen eine eigne, von den Fundamenten her mit der männlichen unvergleichbare Welt besäßen. Denn wird das weibliche Wesen in dem radikalen Sinne gefaßt, der nicht eine einzelne Frau, sondern das Prinzip ihrer Eigenart beschreiben will; der nun zwar die Gleichung: objektiv = männlich anerkennt, um die andere männlich = menschlich um so fundamentaler aufzuheben – so gestaltet sich das weibliche Bewußtsein vielleicht gar nicht zu einer »Welt« aus. Denn »Welt« ist eine Form von Bewußtseinsinhalten, gewonnen durch die Zugehörigkeit eines jeden von ihnen zu einem Ganzen, in dem jeder Teil außerhalb jedes andern und ihre Summe irgendwie außerhalb des Ich ist. Sie ist also das –

niemals ganz realisierbare – Ideal eines Ich, dessen transzendentale Funktion das Herausgehen aus sich selbst und das Bilden außerhalb seiner ist. Sie würde also als transzendentale Kategorie nicht in Frage kommen, wo das metaphysische Wesen von Seelen sich nicht in der dualistisch-objektivistischen Richtung orientiert, sondern sich in einer Vollkommenheit des Seins und des Lebens selbst abschließt.

Über den Autor

1. März 1858 Georg Simmel in Berlin als siebtes Kind getaufter jüdischer Eltern (schlesischen Ursprungs) geboren. Vater Kaufmann, früh gestorben. Bis 1914 spielt sich Simmels Leben in Berlin ab.

Ab 1870 Besuch des Friedrich-Werder-Gymnasiums.

Ab 1876 Studium von Geschichte, Philosophie, Völkerpsychologie, Kunstgeschichte, Altitalienisch. Wichtigste Lehrer: Droysen, Mommsen, Steinthal, Lazarus, Hermann Grimm, Jordan, Bastian, Harms, Zeller.

1881 Promotion mit einer Dissertation über *Das Wesen der Materie nach Kants Physischer Monadologie.*

1885 Privatdozent.

1890 Eheschließung mit Gertrud Kinel, die als Schriftstellerin unter dem Pseudonym Marie-Luise Enckendorf hervortrat (*Vom Sein und Haben der Seele* 1906, *Realität und Gesetzlichkeit im Geschlechtsleben* 1910, *Über das Religiöse* 1919).

1901 a. o. Professor.

1911 Dr. rer. pol. h. c. der Universität Freiburg.

1914 (nachdem eine von Simmel erhoffte Berufung nach Heidelberg sich zerschlagen hatte) ord. Professor in Straßburg.

26. September 1918 in Straßburg gestorben.

Werke von Georg Simmel

Die Probleme der Geschichtsphilosophie. Eine erkenntnistheoretische Studie. Leipzig 1892. 2., völlig veränd. Aufl. 1905. – 5. Aufl. 1923.

Einleitung in die Moralwissenschaft. Eine Kritik der ethischen Grundbegriffe. 2 Bde. Berlin 1892-93. – Neuausgabe Aalen 1983.

Philosophie des Geldes, Leipzig 1900. 2., verm. Aufl. 1907. – 6. Aufl. 1958.

Kant. 16 Vorlesungen, gehalten an der Berliner Universität. Leipzig 1904. – 6. Aufl. 1924.

Kant und Goethe. Berlin 1906. – 4. Aufl. 1920.

Die Religion. Frankfurt am Main 1906. 2., veränd. u. verm. Aufl. 1912. – 3. Aufl. 1922.

Schopenhauer und Nietzsche. Ein Vortragszyklus. Leipzig 1907. – 3. Aufl. 1923.

Soziologie. Untersuchungen über die Formen der Vergesellschaftung. Leipzig 1908. – 4. Aufl. 1958. 5. Aufl. 1968.
Hauptprobleme der Philosophie. Leipzig 1910. – 8. Aufl. 1964.
Philosophische Kultur. Gesammelte Essais. Leipzig 1911. 2., verm. Aufl. 1919. – 3. Aufl. 1923.
Goethe. Leipzig 1913. – 5. Aufl. 1923.
Rembrandt. Ein kunstphilosophischer Versuch. Leipzig 1916. – 2. Aufl. 1919. – Neuausgabe der Wissenschaftlichen Buchgesellschaft, Darmstadt 1958. – Neuausgabe München 1985.
Grundfragen der Soziologie (Individuum und Gesellschaft). Berlin u. Leipzig 1917. – 2. Aufl. 1920.
Der Konflikt der modernen Kultur. Ein Vortrag. München u. Leipzig 1918. – 3. Aufl. 1926.
Lebensanschauung. Vier metaphysische Kapitel. München u. Leipzig 1918. – 2. Aufl. 1922.
Zur Philosophie der Kunst. Philosophische und kunstphilosophische Aufsätze. Hrsg. von Gertrud Simmel. Potsdam 1922.
Fragmente und Aufsätze aus dem Nachlaß und Veröffentlichungen der letzten Jahre. Mit einem Vorwort hrsg. von Gertrud Kantorowicz. München 1923.
Rembrandtstudien. Basel u. Darmstadt 1953.
Brücke und Tür. Essays des Philosophen zur Geschichte, Religion, Kunst und Gesellschaft. Im Verein mit Margarete Susman hrsg. von Michael Landmann. Stuttgart 1957; leicht verändert wieder aufgelegt unter dem Titel *Das Individuum und die Freiheit.* Essais. Westberlin 1984.
Briefe Simmels in: Auf gespaltenem Pfad. Festschrift für Margarete Susman. Darmstadt 1964.
Das individuelle Gesetz. Philosophische Exkurse. Hrsg. von Michael Landmann. Frankfurt am Main 1968
Schriften zur Soziologie. Eine Auswahl, herausgegeben und eingeleitet von Heinz-Jürgen Dehme und Otthein Rammstedt. Frankfurt am Main 1983.

Buch des Dankes an Georg Simmel. Briefe, Erinnerungen, Bibliographie. Zu seinem 100. Geburtstag am 1. März 1958 hrsg. von Kurt Gassen und Michael Landmann. Berlin 1958.